LE

MARI DE CHARLOTTE

PAR

Hector MALOT

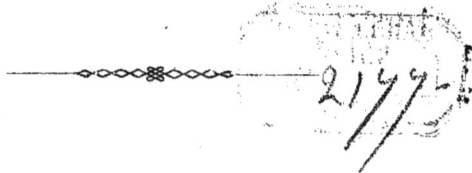

PARIS

AUX BUREAUX DE L'ADMINISTRATION DU **BIEN PUBLIC**

5, RUE COQ-HÉRON, 5

1875

LE

MARI DE CHARLOTTE

I

Le train venant de Nantes, qui doit s'arrêter à Vannes à dix heures vingt minutes du matin, allait bientôt arriver. Le quart après dix heures avait sonné à l'horloge et aussitôt il s'était fait dans la cour de la gare un mouvement de va-et-vient avec un grand brouhaha, des cris, des appels, des claquements de fouet : les cochers des diligences et des omnibus qui causaient tranquillement en groupes s'étaient séparés pour monter sur leurs siéges ; les commissionnaires s'étaient rapprochés de la porte d'arrivée, et des cafés, des cabarets environnants on avait vu sortir des gens attardés qui s'étaient dirigés vers la gare, à grands pas.

À la suite des voitures rangées dans la cour de la gare, mais à une certaine distance d'elles, se trouvait un char-à-bancs à quatre roues, attelé de deux petits chevaux qu'une jeune fille, assise sur le siége de devant, retenait difficilement.

La voiture n'avait rien de luxueux ; c'était une sorte de carriole en bois peint, évidemment fabriquée dans le pays, et qui n'avait d'autre mérite que la légèreté et la solidité.

Les chevaux non plus n'avaient rien de remarquable : c'étaient des Bretons à la tête grosse, à l'encolure courte, au corps arrondi, à la croupe large et avalée, aux extrémités fortes, en tout deux bonnes bêtes de trait, sans rien de plus, et qui eussent été mieux à leur place, attelées à une charrette, qu'à une voiture de maître.

Mais si l'équipage n'était pas digne d'attirer les regards des curieux, il n'en était pas de même pour celle qui le conduisait.

Les chevaux qui, bien certainement, n'étaient point habitués au bruit et au mouvement des villes, ne voulaient pas rester en place ; ils frappaient la terre, secouaient leur crinière et hennissaient en se cabrant ; parfois ils tiraient sur leur mors au point de soulever la jeune fille qui, s'arc-boutant sur ses pieds, tenait bon sans se troubler. Lorsqu'elle se rasseyait, elle ramassait les guides dans une seule main et de l'autre elle rejetait en arrière ses cheveux blonds frisants que les secousses données par les chevaux autant que le vent ramenaient sans cesse devant son visage.

Dans ce mouvement, elle relevait la tête, et alors on pouvait voir que ce visage était tout à fait charmant ; un teint d'une fraîcheur transparente et veloutée ; de grands yeux profonds, doux et sauvages comme ceux d'une gazelle ; des lèvres à la peau fine, colorées par un sang vigoureux ; avec cela une toilette simple et gracieuse ; un chapeau de feutre gris sans voile et sans plume, un manteau de molleton blanc, et aux mains des gants montant plus haut que le poignet.

Parmi les voyageurs qui arrivaient à la gare pour prendre le train, il en était peu qui fussent gens à regarder cette jeune fille et à la remarquer. C'étaient pour la plupart des paysans des villages environnants, des ouvriers ou des marchands de la ville qui avaient vraiment autre chose à faire qu'à perdre leur temps à regarder une femme, si jolie qu'elle pût être : l'heure du train, le prix du blé noir au marché de Vannes, celui du chanvre et du lin à la foire de Ploërmel, la dernière partie de dominos, — chacun a ses préoccupations ici-bas.

Cependant, dans ce nombre, se trouvèrent deux jeunes officiers de marine qui eurent des yeux pour voir.

Ils arrivaient sans se presser, en causant. Lorsqu'ils entrèrent dans la cour de la gare, leur attention fut provoquée par les hennissements des chevaux du char-à-banc.

— Ah ! la belle enfant ! s'écria l'un d'eux en s'arrêtant ; que me contais-tu qu'il n'y avait pas de femmes à Vannes ? dit-il en se tournant vers son compagnon ; en voici une, et charmante ; c'est la beauté blonde.

— Ce n'est pas une femme, c'est une jeune fille.

— Femme, veuve, jeune fille, je n'ai pas de préjugés, dès qu'elle est jolie ; et elle l'est.

— Oui, mais est-elle de Vannes ? Voilà la question ; à sa voiture je croirais que c'est une jeune châtelaine des environs.

— Allons la voir de plus près.

— Et le train

— Nous avons le temps.

— Tu vas nous le faire manquer.

— Eh bien, va prendre nos billets, je te rejoindrai tout à l'heure ; si je ne te rejoins pas, c'est que je manque le train, alors je te retrouverai à Lorient ; si tu ne me vois pas arriver demain, ce sera pour un autre jour, à moins que je ne reste ici à jamais ; elle est charmante.

Et laissant là son compagnon, il se dirigea vers celle qu'il trouvait charmante les doigts dans les emmanchures de son gilet, la tête haute, en vainqueur.

Pendant assez longtemps la jeune fille ne remarqua point cet officier qui, campé à dix pas d'elle, l'examinait curieusement. Elle avait assez affaire de surveiller ses chevaux et de les retenir. Mais à la fin, ces yeux dardés sur elle forcèrent son attention : ce regard brillant agit comme une lumière qui perce la nuit ; elle tourna la tête du côté de cette lumière.

Que lui voulait cet officier qu'elle ne connaissait point ? Pourquoi la regardait-il ainsi ?

Un sourire vint répondre à ces questions. Elle détourna la tête en rougissant.

Mais, bien qu'elle tînt ses paupières baissées, elle sentait ce regard obstiné qui ne la quittait point, et de seconde en seconde son embarras s'augmentait ; elle restait les yeux posés sur le dos de ses chevaux sans oser les relever jusqu'à leurs oreilles.

Tout à coup le sifflet d'une machine se fit entendre au loin. C'était le train ; encore quelques minutes et elle serait délivrée de ce fâcheux.

Mais en entrant en gare le machiniste siffla aux freins, et les coups de sifflet éclatant brusquement effrayèrent les chevaux qui se cabrèrent.

L'officier alors qui peu à peu s'était rapproché se jeta en avant et les prit par la bride.

— Ne craignez rien, mademoiselle, dit-il en les contenant, ils ne nous emporteront pas.

Elle ne répondit rien.

Les chevaux se sentant retenus par une main vigoureuse se calmèrent : le train d'ailleurs était arrêté et les coups de sifflet avaient cessé.

— Ils sont calmés, continua l'officier, sans se troubler de l'accueil peu encourageant qu'on lui faisait ; ils n'ont sans doute pas l'habitude d'être attelés ; bons chevaux, d'ailleurs, bonnes bêtes.

Et doucement il les flatta d'une main, tandis que de l'autre il les maintenait toujours.

Cependant la porte de sortie avait été ouverte, et les voyageurs descendus du train commençaient à apparaître. Dans les cinq ou six premiers se trouvait un vieux monsieur à cheveux blancs, à l'air doux et distingué, décoré, qui, en arrivant dans la cour de la gare, redressa sa grande taille voûtée et se faisant un abat-jour de sa main, levée au-dessus de ses yeux, regarda autour de lui.

Sa recherche ne fut pas longue ; ayant aperçu le char-à-bancs, il se dirigea vivement de son côté.

A ce moment les chevaux s'étaient tout à fait rassurés.

— Je vous remercie, monsieur, dit la jeune fille en faisant à l'officier une légère inclinaison de tête qui était plutôt un congé qu'un remerciement.

— Ils vont peut-être s'effrayer encore au départ du train.

— Ah ! peu importe ; voici mon père.

Il était difficile de jouer plus longtemps le rôle de sauveur ; l'officier lâcha la bride des chevaux, et, ayant salué respectueusement, il remonta sur le trottoir, mais sans s'éloigner.

— Comment, Charlotte ! s'écria le vieux monsieur en arrivant au char-à-bancs, tu es venue seule ?

— Martin était malade depuis hier soir.

— J'aurais pris la voiture de Sarzeau, et de Sarzeau j'aurais fait la route à pied ; cela aurait beaucoup mieux valu que de t'exposer avec les chevaux.

Pendant qu'il parlait ainsi, il était monté dans le char-à-bancs.

Sa fille se haussa jusqu'à lui et l'embrassa.

— Oh ! père, ne me gronde pas, dit-elle, je suis assez punie.

— Je ne te gronde pas, mais je suis peiné de te voir faire toujours des imprudences.

Un facteur, apportant une malle sur son dos, vint interrompre cette remontrance paternelle, qui, par ses paroles et par le ton dont elle avait été débitée n'avait rien de bien dur.

— Veux-tu prendre les guides ? demanda Charlotte à son père, lorsque la malle fut placée dans la voiture, ou bien veux-tu que je te conduise ?

— Puisque tu t'es bien confiée aux chevaux, je peux m'y confier moi-même à mon tour ; va donc.

Et les chevaux sentant qu'on leur rendait la main, partirent au grand trot, comme s'ils étaient satisfaits de quitter enfin cette gare dans laquelle on entendait des bruits si peu rassurants.

L'officier était resté sur le trottoir ; quand le char-à-bancs passa devant lui, il ôta sa casquette galonnée en saluant respectueusement ; puis, sans perdre son temps à suivre des yeux la voiture qui s'éloignait, il courut après le facteur qui avait apporté la malle :

— Vous connaissez monsieur ? demanda-t-il.

— Si je connais M. de la Héraudière ; oui, mon lieutenant, et pour un digne homme.

Disant cela, le facteur fit sonner la monnaie qu'il tenait dans sa main et l'officier comprit à quel prix on était un digne homme.

— Voulez-vous ouvrir la main ? dit-il au facteur.

— Oui, mon lieutenant.

L'officier mit une pièce de cinq francs dans cette main ouverte.

— Maintenant, fermez la main et ouvrez la bouche. Qu'est-ce que c'est que M. de la Héraudière ? Dites-moi tout ce que vous savez.

— M. de la Héraudière est un savant, un antiquaire, un homme qui cultive des arbres inconnus et qui fait des fouilles pour ramasser des os et des tas de choses. Il est venu s'établir dans le pays il y a deux ou trois ans, et il s'est fait construire une maison au bord de la mer, à la Crique, entre Sarzeau et Saint-Gildas de Rhuis. Il vit là avec sa demoiselle et il passe un peu pour sorcier dans le pays, parce que vous comprenez, les gens de par là, ça ne connaît pas les savants et ça s'imagine un tas de bêtises ; enfin, un digne homme.

— Il y a une voiture pour Sarzeau ? demanda l'officier.

— Oui, mon lieutenant, la voilà devant vous.

A ce moment, l'officier qui était entré dans la gare pour prendre les billets, parut sous la porte d'entrée.

— Adrien, dit-il en appelant de la main son camarade, arrive vite, tu vas manquer le train.

— Je le manque, et je pars pour Sarzeau ; je te reverrai demain ou bien je t'écrirai.

L'officier, qui était sous la porte, rentra dans la gare en haussant les épaules, tandis que son ami montait dans l'omnibus sur la portière duquel on lisait en lettres blanches : « Sarzeau,»

II

En quittant le chemin de fer, le char-à-bancs avait pris la route de la Roche-Bernard.

Tant qu'on fut aux abords de la ville, croisant ou dépassant çà et là des voitures, M. de la Héraudière demeura silencieux, attentif seulement à la façon dont Charlotte conduisait ses chevaux qui, se sentant sur le chemin de leur écurie, détalaient grand train. Lorsqu'ils voyaient une voiture devant eux, ils allongeaient le trot pour la dépasser, et lorsqu'ils en entendaient une qui venant derrière eux, menaçait de les rejoindre, ils partaient comme le vent.

Bientôt on fut en pleine campagne; les voitures devinrent rares, et les chevaux n'eurent plus qu'à courir droit devant eux sur la route qui se montrait au loin libre d'obstacles. A moins de se jeter sur les tas de cailloux, ce qui n'était guère probable, il n'y avait plus d'accidents à craindre. Alors M. de la Héraudière se tourna du côté de sa fille.

— Tu vois toi-même, dit-il, comme les chevaux sont disposés à s'emballer, et j'espère que tu comprends maintenant la sottise que tu as faites en venant à Vannes.

— J'ai bien mieux compris ma sottise tout à l'heure quand j'étais à Vannes même, dans la cour de la gare.

— Tu as été exposée à un danger?

Il avait fait son observation sur le ton de la gronderie amicale, en père de famille qui s'impose une juste sévérité, mais l'accent ému de son interruption montra combien cette sévérité était peu redoutable, et combien il y avait de tendresse dans sa remontrance.

— Le danger n'a pas été bien grand, répliqua Charlotte, mais l'ennui l'a été.

— Quel ennui? que t'est-il arrivé? Vite, vite; mais parle donc vite.

— Les chevaux n'ont pas été méchants, mais ils n'ont pas non plus été bien sages. Ils se sont impatientés à attendre, et ils ont fait leurs tours ordinaires: ils ont reculé, ils ont avancé, enfin ils n'ont pas voulu rester tranquilles à leur place. Jusque-là tout cela n'est pas bien grave, et tu vois que le récit de mes dangers n'est pas pour te faire frémir. Je n'ai pas perdu la tête, tu dois bien le penser, et je les ai tenus bon. Mais votre train entre en gare, et deux coups de sifflet éclatent brusquement: ces pauvres bêtes, déjà assez inquiètes, s'effrayent et se cabrent. Il ne faut pas leur en vouloir, c'est bien naturel, n'est-ce pas, des sauvages.

— Va donc.

— Voilà tout pour le danger; maintenant c'est l'ennui qui commence. Mais si tu voulais, j'aimerais autant ne pas te raconter cela.

— Parce que?

— Pour rien.

M. de la Héraudière s'était tourné du côté de sa fille, il la regarda et la vit rougir.

— Raconte comme tu voudras et ce que tu voudras, dit-il, en détournant la tête, seulement arrange-toi pour que je comprenne quel a été cet ennui dont tu parles.

— Eh bien, il faut que tu saches qu'un peu avant l'arrivée du train un officier de marine était venu se camper devant les chevaux et devant moi pour nous examiner comme si nous avions été trois bêtes curieuses.

— L'officier que j'ai vu sur le trottoir et qui a salué quand nous avons passé devant lui?

— Précisément. Quand il a vu les chevaux se cabrer, il s'est jeté à leur bride, il les a retenus, ce qui n'était pas très difficile et ce que j'aurais bien fait toute seule. Puis, quand les chevaux se sont calmés, il a voulu engager une conversation, avec moi, bien entendu, pas avec les chevaux. Enfin j'ai vu le moment où il allait monter dans la voiture pour mieux me protéger. Heureusement, tu es arrivé.

— C'est tout?

— Tu trouves que ce n'est pas assez?

— Je trouve que c'est beaucoup trop; mais d'un autre côté, je ne suis pas fâché de cette petite aventure. J'espère qu'elle te servira de leçon.

— Tu sais, père, que si tu me grondes, cela fera la troisième fois pour la même chose: une fois à la gare, une seconde fois tout à l'heure, et puis maintenant.

— Eh, mon enfant! je ne veux pas te gronder, tu sais bien que je suis le moins grondeur des pères; seulement je veux mettre cette occasion à profit pour te faire quelques observations que je crois utiles.

Sans répliquer, Charlotte se renversa en arrière et prit l'attitude résignée d'un enfant qui doit écouter une remontrance.

— Assurément, poursuivit M. de la Héraudière, tu es une excellente petite fille que j'aime de tout cœur.

— Si c'est là ton observation, interrompit Charlotte en souriant, je suis tout oreilles.

— Je parle sérieusement, chère enfant, et je dis en toute sincérité ce que je pense : tu es la meilleure des filles, tu es ma joie, ma fierté, et jamais tu ne m'as causé un chagrin véritable. Tu as la bonté, la douceur, la tendresse. A un âge où les jeunes filles ne pensent ordinairement qu'aux plaisirs du monde, aux fêtes, à la toilette, tu es venue t'enterrer avec moi au fin fond de la Bretagne et tu n'as jamais fait entendre une plainte ou même un regret.

— Oh ! papa, gronde-moi, je t'en prie ; j'aime mieux tes reproches, et c'est moi qui te les demande.

— J'y arrive. Tu es un peu comme la Belle au bois dormant ; si à ton baptême tu as eu cinq ou six fées qui t'ont fait des dons heureux, il s'en est par malheur trouvé une septième qui t'a fait un don fâcheux : c'est le manque de raisonnement, la réflexion, la prévision, autrement dit l'esprit de conduite. Lorsqu'une idée te passe devant l'esprit et te plaît, tu te mets à courir après elle sans t'inquiéter de savoir où elle te conduira et surtout sans te demander par quels chemins elle te fera passer ; tu vois un but plus ou moins attrayant et tu ne te demandes jamais quels dangers tu auras avant de l'atteindre. Est-ce vrai, cela ?

— C'est-à-dire...

— Je n'exagère pas et je reste plutôt au-dessous de la vérité que je ne vais au-dessus. Malheureusement, je connais bien ce mauvais côté de ta nature. Que n'as-tu pris l'esprit d'ordre, de prévoyance et de calcul de ta mère, au lieu de prendre la...

— La ?

— Au lieu de prendre ce que tu as pris à ton père. Je sais comment cette idée de venir à Vannes au-devant de moi a surgi dans ta tête ; je peux te dire comment elle s'est formée et comment elle s'est développée. En recevant hier la lettre qui t'annonçait mon retour pour ce matin, tu as pensé que ce me serait une joie de t'apercevoir en descendant de chemin de fer.

— C'est vrai.

— Alors, tu as disposé ton plan : tu viendrais avec Martin, tu conduirais toi-même et tu aurais Martin auprès de toi. C'était parfait : je serais heureux de te voir deux heures plus tôt, et tu serais heureuse, toi, de m'avoir fait plaisir. Mais voilà que l'indisposition de Martin se jette à travers ton projet. Il ne peut pas t'accompagner. Que vas-tu faire ? Une personne raisonnable, la fille de ta mère, par exemple, aurait prévu que nos chevaux, qui sont à moitié sauvages et qui n'ont pas travaillé depuis plusieurs jours, seraient disposés à se livrer à des caprices peu rassurants, s'ils n'étaient retenus par une main vigoureuse, une main d'homme ; de plus, cette personne raisonnable aurait prévu encore qu'une jeune fille de dix-neuf ans, qui se promène seule par les grands chemins et surtout par les rues d'une ville, est exposée à des aventures pénibles. Toi, fille de ton père, tu n'as pas pensé à tout cela. Tu n'as pensé qu'à une chose : venir quand même au-devant de moi.

— C'est vrai.

— Et alors, comme Martin ne pouvait pas t'accompagner, tu as résolu de te passer de Martin. C'était bien simple, et comme tu n'avais personne auprès de toi pour t'obliger à réfléchir ou pour te montrer les inconvénients d'un pareil projet, tu as fait atteler et tu es partie, très fière, j'en suis certain, de la surprise que tu allais me faire.

— Mais oui, très heureuse surtout.

— Je n'ai pas besoin que tu confirmes mes paroles, je sais ce qui s'est passé en toi comme si de minute en minute j'avais lu dans ton esprit. Ainsi, je parie qu'en route tu as regardé à ta montre plusieurs fois, mettons cinq fois.

— Cinq ou six.

— Tu avais peur d'être en retard, tu voyais le train arrivé, tu n'étais pas là.

— C'est vrai, toujours vrai.

— Et tu pressais les chevaux, de sorte qu'au lieu d'entrer dans la gare quelques minutes avant l'arrivée du train, tu as eu longtemps à attendre ; combien de temps ?

— Vingt-cinq minutes.

— Les chevaux se sont reposés, ils se sont ennuyés, ils ont voulu se distraire, ils se sont livrés aux plaisanteries en usage chez les jeunes chevaux, et comme ils n'étaient pas retenus par la main vigoureuse qui était indispensable, ils s'en sont donnés au point de fatiguer et même d'inquiéter notre jeune fille. Là-dessus s'est produit l'incident des coups de sifflet, et comme un officier de marine se trouvait là, par hasard, depuis assez longtemps déjà, regardant curieusement, et peut-être effrontément, cette pauvre fille toute seule, il a pris les chevaux par la bride, un peu pour les retenir, beaucoup pour offrir ses services et entrer en conversation. Si bien que notre jeune fille, déjà fort mal à son aise de se donner en spectacle, s'est trouvée tout à fait embarrassée, véritablement confuse et honteuse, et qu'elle a juré, mais trop tard, qu'on ne la prendrait plus à venir toute seule attendre son père dans la gare de Vannes.

— Ah! non, je te le promets.

— Je n'ai pas besoin de ta promesse; la leçon, j'en suis sûr, produira ce résultat. Seulement, je voudrais qu'elle en produisît encore une autre. L'expérience serait peu de chose si elle ne nous servait qu'à nous empêcher de recommencer ce que nous avons fait une première fois, car chaque jour nous trouvons de nouvelles sottises à commettre et notre vie se passerait ainsi à aller de sottises en sottises, sans être plus sages aujourd'hui que nous ne l'étions hier. Tu viens de voir à quoi l'on s'expose quand on s'abandonne à son premier mouvement et quand, sans vouloir rien écouter, on suit son caprice et son désir. Eh bien! ma chère petite, fais ton profit de cette leçon pour l'avenir. C'est la grâce que je te souhaite et c'est là que je termine ce sermon trop long déjà.

— Pas pour moi, je t'assure.

— Pour moi au moins qui n'aime pas à prêcher et qui ne suis jamais si malheureux que quand je suis obligé de te faire une observation.

— Je tâcherai de t'en éviter les occasions, je te le promets.

— Je désire si ardemment te voir heureuse ma chère fille, et notre bonheur, crois-le bien, c'est nous qui le faisons; il est en nous, en nous seuls. Notre vie, c'est-à-dire la santé, la position, la fortune, nous n'en sommes pas maîtres, au-dessus de nous il y a les circonstances qui échappent à notre volonté, la fatalité qui nous écrase ou nous caresse; mais notre bonheur, — je veux dire cet état de félicité intime qui est au-dessus des choses matérielles, — notre bonheur, nous le tenons dans notre main et il dépend de nous de le garder ou de le perdre.

— Comme tu me dis cela; ta voix tremble.

— C'est que je suis très ému, mon enfant, très tourmenté.

— Qu'ai-je fait? Ne te désole pas ainsi pour ce qui, en réalité, n'a été qu'une imprudence.

— Et ce n'est pas de cette imprudence qu'il s'agit. Je t'ai dit là-dessus ce que j'avais à te dire, et je ne veux pas y revenir. Ce qui me préoccupe et m'inquiète, c'est une chose plus grave, — celle même qui doit décider ta vie, assurer ton bonheur ou ton malheur.

— Tu me fais peur.

— J'ai quitté Liége avant-hier, aussitôt après la séance du Congrès et je suis venu immédiatement à Paris, où j'ai vu Georges; lors de mon passage en allant en Belgique, il était absent; hier, il était de retour d'un voyage en Bourgogne, où il avait été défendre un journal, et j'ai passé vingt-quatre heures avec lui. Eh bien! pourquoi tes mains tremblent-elles?

— Mais elles ne tremblent pas, il me semble.

— Si, mon enfant, elles tremblent en entendant parler de Georges, comme ma voix a tremblé, il y a quelques minutes, quand j'ai parlé de ton bonheur. Soyons francs tous les deux; ni l'un ni l'autre ne cachons notre émotion, et puisque le moment est venu de nous expliquer sur Georges, faisons-le loyalement, sans réticences.

III

Depuis assez longtemps déjà le char-à-bancs avait dépassé le *Poteau-Rouge* et quitté la route de la Roche-Bernard pour celle de Sarzeau, qui cotoie le rivage du Morbihan » dentelé comme une feuille de vigne. »

Les hasards du chemin ouvraient des échappées de vues sur les nombreux îlots de cette petite mer. La marée allait bientôt atteindre son plein, et çà et là ces îlots grands et petits émergeaient de l'eau bourbeuse, verdoyants ou noirâtres, selon qu'ils étaient couverts de terre végétale ou simplement formés de granit dénudé. Entre leurs bords frangés d'une écume jaune passaient des barques qui, les voiles déployées, filaient rapidement, poussées par la brise du large et entraînées par le courant de la mer montante. Tout au loin dans l'ouest, à l'horizon, on apercevait un long cordon de fumée qui se déroulait au-dessus des îles et traçait dans le ciel gris la route du vapeur d'Auray.

Pendant longtemps, M. de la Héraudière se tint tourné du côté de la mer, comme s'il prenait un intérêt extrême à suivre ce spectacle mouvant. Surprise de ce silence, Charlotte leva les yeux sur lui, mais en voyant son regard qui restait fixe, perdu dans l'espace, tandis que ses lèvres s'agitaient machinalement sans articuler un seul mot, elle comprit que, plongé dans sa pensée intérieure, il était insensible à ce qui se passait autour de lui, et si impatiente, si anxieuse qu'elle fût d'apprendre ce qu'il allait lui dire, elle n'osa troubler sa réflexion.

Enfin il rompit ce silence :

— Tu me vois bien perplexe, dit-il, et tout a fait mal à l'aise pour te parler de Georges; je suis obligé de le juger comme s'il était un étranger, et je ne puis oublier qu'il est fils de la sœur de ta mère et de plus ton ami, ton camarade d'enfance. Jusqu'où va cette amitié, c'est là ce qui m'inquiète.

— Mais, père....

— Je ne t'interroge pas, je m'interroge moi-même, car je ne veux pas que tu me parles de Georges avant que je t'aie dit tout ce que j'ai à t'en dire. Je n'aurais plus ma liberté de parole, je n'aurais même plus ma liberté d'appréciation, si j'étais influencée par toi, et cette liberté, il me la faut entière.

— Et moi, quelle liberté me restera-t-il quand tu auras parlé ?

— Si j'étais un père comme beaucoup d'autres, je te répondrais : « Il te restera à obéir »; mais je n'ai pas l'habitude d'employer ce mot avec toi, et je ne veux pas commencer aujourd'hui. Ma méthode pour t'élever et t'instruire n'a pas été de faire appel à l'obéissance; je me suis adressé à ton intelligence, à ta raison ou à ton cœur, et je m'en suis toujours bien trouvé. Je ne veux pas changer maintenant. C'est une conviction que je désire t'imposer, ce n'est pas une volonté.

— Je t'écoute, père.

— Je n'ai pas besoin de te rappeler, n'est-ce pas, comment Georges s'est trouvé placé sous ma direction. Son père, qui avait perdu sa femme, sœur de ta mère, à son lit de couche, venait de mourir. M. Saffarel laissait des affaires très embarrassées, et lorsque son étude d'avoué à la cour fut vendue, il ne se trouva que le nécessaire pour payer ses créanciers. Georges restait orphelin de père et de mère, et il était sans fortune. Il avait alors dix ans, et tu en avais deux. Mon devoir m'imposait l'obligation de me charger de ce pauvre enfant. Je le pris chez moi. C'est ainsi que tes premiers souvenirs peuvent te rappeler un grand garçon qui jouait avec toi dans notre jardin d'Orléans le jeudi et le dimanche.

— Je le vois encore avec son képi, sa tunique et ses bas bleus chinés.

— C'est que tu le vois en collégien; tu étais trop jeune en effet pour remarquer son entrée à la maison. Tout d'abord j'avais voulu le garder près de nous, et faire son éducation comme j'aurais fait celle de mon fils, si j'en avais eu un, ne l'envoyant au collége que comme externe pour suivre les cours. Il me semblait que cet enfant, n'ayant plus ni père ni mère, avait plus qu'un autre besoin des soins et de la tendresse de la famille. Par malheur, Georges n'était point un caractère qu'on pouvait conduire par la douceur ou la persuasion, et je ne l'avais pas depuis quinze jours, qu'il me fit cette réponse remarquable chez un gamin de dix ans :

« Au collége, j'obéis parce qu'il y a des pensums; plus tard, j'obéirai parce qu'il y a des lois, des juges et des gendarmes; mais avec les parents, non. »

Je fus un moment abasourdi, puis, comme je ne pouvais me résigner à employer les punitions et les claques, je renonçai à m'occuper de Georges et le mis au collége. Il faut dire que cela ne se fit pas sans une certaine difficulté. Ta mère, parmi ses qualités, avait portée au plus haut degré celle du sentiment de la famille, et surtout de sa famille. Ce qui était son sang était pour elle l'objet d'un véritable fétichisme. Moins timorée que moi à l'égard des punitions et ne se faisant nul scrupule de tirer les oreilles de son neveu ou de lui administrer de vertes réprimandes, elle ne voulut pas entendre raison lorsque je parlai du collège et me reprocha de vouloir m'en débarrasser, parce qu'il n'était pas mon fils. Je répliquai que si Georges était mon fils, il aurait un caractère qui n'exigerait pas le bâton de correction que j'étais incapable de manier, et je te citai comme exemple à l'appui de mon dire, car déjà tu étais une bonne petite fille, facile et docile. Enfin Georges partit pour le collège.

— Et il fut puni beaucoup?

— Très peu, car sachant qu'il devait obéir, il se plia à l'obéissance. C'est là un des côtés de ce caractère sur lequel j'appelle ton attention. Libre, Georges n'eût agi qu'à sa tête, et la crainte de me peiner ne l'eût pas plus retenu de mal faire que le désir de me contenter ne l'eût engagé à bien faire; il lui fallait une volonté supérieure qui le soumît, il la trouva dans la règle du collège et l'accepta sans révolte. Intelligent, orgueilleux, excité par le désir de primer, il fut un bon élève, ou, plus justement, un brillant élève, car pour bon c'est autre chose. Enfin il fut toujours un des premiers de sa classe et obtint de beaux succès. Tu dois te souvenir des couronnes qu'il rapportait à la maison.

— Je me souviens même des volumes qui étaient frappés d'un timbre doré sur le plat.

— Ta mère, qui était fière de ces succès, ne voulut pas qu'il achevât ses études à Orléans; elle désira qu'il allât à Paris pour trouver un théâtre digne de sa gloire, et il entra à Louis-le-Grand pour faire sa rhétorique. Je n'ai pas à te rappeler ses prix aux concours; cela n'a rien à faire dans les observations que je te présente, et je serai toujours le premier à reconnaître qu'il a su travailler. A l'Ecole de droit, il fut ce qu'il avait été au collège: il travailla d'une façon remarquable; et je dois dire qu'il ne fit aucune des folies qu'on a souvent à reprocher aux jeunes gens de son âge. De ce côté encore, je lui rends pleine justice. A vingt-quatre ans il revint à la maison. Qu'allait-il faire? De fortune, il n'en avait aucune, et son seul avoir consistait dans son titre de docteur en droit, et aussi, il ne faut pas l'oublier, dans sa volonté d'arriver, — volonté qui était ardente et forte. Je désirais qu'il s'établît à Orléans, où par ma position je pouvais le servir, Directeur de l'enregistrement et des domaines, j'étais naturellement en relations avec tous les officiers ministériels de la ville, et par là il m'était possible de l'aider à se créer un cabinet; il pourrait en peu de temps devenir un avocat occupé.

Mais les petites affaires et la vie modérée de la province n'étaient point pour lui convenir; il avait de plus hautes visées. Il était ambitieux et voulait la première place dans sa vie d'homme, comme il l'avait voulue dans sa vie de collégien. Bien souvent j'avais tâché de combattre en lui cette maladie de l'ambition qui l'avait envahi de bonne heure. Mais je n'avais pas réussi. D'ailleurs, il faut dire que s'il avait trouvé en moi une volonté hostile à la sienne, il en avait trouvé une favorable dans ta mère. Ta mère, elle aussi, était ambitieuse et, malheureusement pour elle, je n'avais point été l'homme qu'il aurait fallu pour réaliser ses aspirations. Jeté dans l'administration plutôt par hasard que par vocation, y restant plutôt par devoir que par goût, et seulement pour assurer la vie matérielle de ma famille, j'avais mis toutes mes espérances et toutes mes satisfactions dans l'étude de la science.

Un bonhomme de mari, qui se passionne pour la botanique, la géologie, la paléontologie, l'ethnologie et autres sciences, n'est guère fait pour rendre heureuse une femme ambitieuse. Et je conviens que par mon apathie à l'endroit des positions que je pouvais obtenir ou tout au moins demander, j'ai imposé un long martyre à ta pauvre mère. Je le regrette cruellement, car le mariage est une association dans laquelle chaque époux doit avoir pour souci le bonheur de son associé; mais enfin, j'étais entièrement impropre à la sollicitation aussi bien qu'à l'intrigue, et c'est là mon excuse.

Au reste, c'est là, je l'espère, le seul chagrin que, pendant une union de vingt années, j'ai causé à ta mère; au moins c'est le seul qui à l'heure présente charge ma conscience, car il est malheureusement trop vrai que je n'ai pas fait tout ce que je pouvais pour le lui éviter.

M. de la Héraudière s'arrêta un moment, la voix émue, mais bientôt il reprit:

— Si à la place d'une fille nous avions eu un fils, ta mère aurait pu se consoler de ses déceptions ambitieuses et reporter sur lui ses espérances. Son neveu Georges remplaça ce fils et elle combina un projet qui, réussissant, devait réaliser ses rêves. Ce projet que tu n'as jamais connu, au moins dans son entier, car je me suis opposé à ce qu'il te fût expliqué, le voici tel que ta mère le trouva.

Par tous les moyens en notre pouvoir, argent, relations, influence, nous aidions Georges à faire son chemin à Paris, et plus tard, lorsqu'il était en bonne route, il devenait ton mari : ainsi ta mère assurait l'avenir de son neveu, assurait le tien et jouissait enfin dans son gendre et dans sa fille des joies que je n'avais pas su, ou n'avais pas voulu lui donner, tu vois que tout cela était savamment combiné ; cependant il y avait bien de mauvaises choses dans ce beau projet, et la principale était qu'il avait été arrangé en négligeant ton consentement et le mien.

— Oh ! mon consentement, interrompit Charlotte, à mon âge !

— Il est vrai que tu n'avais que treize ans, et je conviens qu'il était assez difficile de te demander si cinq ou six ans plus tard tu voudrais devenir la femme de ton cousin Georges. Tout ce que tu aurais pu répondre, je crois, c'est que pour le moment tu avais beaucoup d'amitié pour ton cousin, une amitié d'enfant reconnaissant des cadeaux qu'on lui fait et de la complaisance qu'on met à se prêter à ses jeux. Est-ce cela ?

— Georges était très bon pour moi ; toutes les fois qu'il revenait en vacances il arrivait les mains pleines et pendant tout le temps qu'il restait à la maison, bien qu'il fût un vrai monsieur, avec de la barbe et des cravates blanches, il ne me trouvait pas trop petite fille pour causer sérieusement avec moi, de même qu'il ne se trouvait pas trop grave pour jouer quand j'aimais mieux jouer.

— C'est bien cela ; et dans ces conditions, il était peu utile de te consulter. Mais moi, j'avais l'âge de raison et je dus intervenir en ton nom et au mien. Tu as assez vécu avec ta mère et moi pour remarquer qu'habituellement je ne la contrariais pas dans ce qu'elle décidait, et qu'à vrai dire même, je la laissais diriger toutes choses comme elle l'entendait ; c'est en effet, je crois, le meilleur parti pour l'homme qui a une femme de volonté et de caractère, et ta mère était cette femme. Mais dans une circonstance aussi sérieuse qui devait décider de ta vie, faire ton bonheur ou ton malheur, mon devoir exigeait que je ne restasse point enfermé dans ce rôle de mari débonnaire, et je fis mon devoir.

Après avoir représenté à ta mère les dangers que je trouvais dans la voie où elle voulait pousser son neveu, je lui déclarai que je mettais à l'acceptation de ce projet de mariage une condition suspensive : c'est-à-dire que je voulais quelques années d'expérience qui me permissent de juger Georges et de voir comment il soutiendrait les luttes de la vie qu'on lui faisait entreprendre.

Il avait vingt-quatre ans ; j'exigeai six ans d'attente, ce qui remettait ma décision au moment où tu approchais de ta vingtième année.

Ce moment va bientôt arriver ; il nous faut donc examiner ce qu'a fait Georges pendant ce temps d'épreuve.

IV

Pendant ce long entretien, les chevaux avaient continué de détaler grand train sur la route. Ils avaient traversé Saint-Armel, le Hézo, et, à Saint-Colombier, ils avaient quitté la grande route pour prendre un chemin de traverse qui, coupant la presqu'île de Rhuis, les avait amenés en vue de la pleine mer.

Pour l'étranger qui n'est jamais venu sur ce littoral, cette presqu'île est un objet de surprise, ou tout au moins de curiosité. En effet, après avoir quitté les landes de la Bretagne, à peine couvertes d'une maigre végétation, on se trouve tout à coup au milieu de champs de vignes bordés de figuiers, avec çà et là, s'élevant au-dessus des toits, des pins parasols, des chênes verts et des lauriers ; de telle sorte que si, à l'avance, on ne connaît pas la douceur du climat de ce coin de terre, on peut croire que, pendant un moment de sommeil, on a été transporté miraculeusement au bord de la Méditerranée.

De l'éminence sur laquelle le char-à-bancs était arrivé, on découvrait dans un vallon et à une petite distance de la mer, une maison entourée d'arbres et d'arbustes au feuillage vert : c'était la Crique.

— J'avais espéré terminer pendant la route, dit M. de la Héraudière, tout ce qui a rapport à Georges, mais nous avons marché vite, et je me suis perdu dans des réflexions qui m'ont écarté de mon sujet. Nous voici arrivés et l'essentiel n'est pas dit, nous reprendrons cet entretien après déjeuner, en nous promenant au bord de la mer, car je ne veux pas d'oreilles curieuses autour de nous.

Comme il disait ces derniers mots, ils arrivaient à la barrière du jardin ; cette barrière était grande ouverte et la voiture s'engageait dans une allée ombragée de chaque côté par une sorte de bambou qui, dans l'intérieur de la France, n'est guère qu'une herbe chétive et qui, sous ce climat doux et humide, avait projeté des gerbes de verdure qui s'élevaient à huit ou dix mètres de haut, garnies de la base au sommet d'un léger feuillage retombant en cascade,

— A Paris, dit M. de la Héraudière, les *arundinaria falcata* sont en ce moment sous un lit de feuilles sèches, empaillés et ficelés.

Après les *arundinaria* venait une petite avenue formée de palmiers de la Chine qui déployaient dans l'air leurs belles feuilles en éventail.

— Pour mes palmiers, continua le vieillard qui, en se retrouvant chez lui, paraissait éprouver une joie d'enfant, on m'a traité de Gascon quand j'ai raconté que je les cultivais en pleine avenue, ni plus ni moins que si j'habitais l'Algérie. Et encore, en Algérie, auraient-ils cette fraîcheur et cette verdure ! Ah ! cela fait plaisir de se sentir au milieu de ce qu'on aime. Pendant que tu feras servir le déjeuner, je vais aller faire un petit tour dans le jardin.

— Mais tu dois mourir de faim ?

— Je te demande quelques minutes seulement; fais servir; je reviens, le temps de voir si le *cordyline indivisa* n'a pas souffert. Ils ont parié, au Jardin des Plantes, que je le trouverais mort, et moi j'ai parié que je le retrouverais assez bien portant pour en obtenir des exemplaires que je leur enverrais et qui remplaceraient ceux qu'ils ne peuvent pas faire vivre dans leurs serres.

Et sans écouter les observations et les prières de sa fille, il descendit vivement de voiture et se dirigea à grands pas vers la partie du jardin où se trouvait ce fameux pied de *cordyline* : sa taille voûtée s'était redressée, il semblait rajeuni et reconforté.

C'était la clémence du climat de ces côtes qui avait décidé M. de la Héraudière à quitter Orléans pour venir habiter la Bretagne.

Amené un jour par les hasards d'une excursion botanique dans la presqu'île de Rhuis, il avait été surpris de trouver là des arbres et des plantes qui ne poussent ordinairement que dans les pays compris par les savants dans la zone tempérée chaude, c'est-à-dire l'Espagne, le Roussillon, l'Italie, la Grèce, les îles de la Méditerranée. En sa qualité de savant, il avait lu dans beaucoup de livres que certains végétaux qui, pendant les hivers rigoureux, périssent en Provence et dans tout le midi de la France, vivent parfaitement sur les côtes de Bretagne, réchauffées par le grand courant marin qui, sous le nom de Gulf-Stream, leur arrive du golfe du Mexique, mais il n'avait pas vu le développement que ces végétaux peuvent atteindre.

Aussi, lorsque dans les jardins de la côte de Rhuis, et même en plein champ, il trouva des figuiers aussi grands et aussi vigoureux que les plus beaux pommiers de la Normandie, des lauriers-roses vieux de plusieurs siècles, des camélias, des grenadiers, des aloès; surtout lorsque dans les ruines du château de Sucinio, au milieu d'un amas de pierres, il découvrit une petite plante à laquelle les savants ont donné le joli nom d'*helichrysum orientale*, et que le vulgaire appelle tout simplement l'immortelle jaune, il fut émerveillé. Sans doute, cette petite plante couverte d'un duvet blanc cotonneux, n'avait pas en elle de quoi provoquer l'attention du passant, mais M. de la Héraudière était un savant, et cette petite immortelle à fleurs jaunes lui parlait une langue que le passant vulgaire n'entend pas : en deux mots, elle lui disait que la flore de l'Orient pouvait se développer sur ces côtes, sinon pour tous ses végétaux, au moins pour une partie; c'était une expérience à tenter, et une expérience s'appuyant sur un point de départ qui était un fait.

Or, depuis qu'il habitait Orléans, il avait entrepris, dans son jardin du boulevard Saint-Jean, une série d'expériences d'un autre genre qui, par leurs insuccès répétés, l'avaient à la longue exaspéré, Passant une grande partie de sa vie dans son jardin, il avait voulu que ce jardin, hiver comme été, fût toujours vert, et pour cela il ne l'avait planté que d'arbres et d'arbustes à feuillage persistant. Mais le climat d'Orléans comme celui de Paris et de tout le centre de la France est peu favorable à ce genre de végétaux. Pendant quelques années, ils poussent à merveille; puis survient un hiver rigoureux et ils gèlent jusqu'aux racines. C'était ce qui s'était produit pour le jardin de M. de la Héraudière.

Après trois années de plantation, tous ses arbres et ses arbustes avaient gelé, et il avait fallu les arracher. Il ne s'était point découragé et il en avait planté d'autres, les choisissant parmi les plus rustiques. Un hiver plus rigoureux les avait tués encore. Il avait persévéré, restreignant son choix aux espèces les plus résistantes ; 15 degrés de froid en avaient eu raison. De telle sorte qu'après une série d'épreuves plus malheureuses les unes que les autres, il ne lui était resté pour toute ressource que trois ou quatre espèces indigènes, les ifs, les houx, les buis.

Quelle chute ! Trois arbustes sous les yeux quand on en avait des milliers dans l'esprit !

Assurément si Sarzeau ou Saint-Gildas de Rhuis eussent eu une direction de l'enregistrement et des domaines, M. de la Héraudière, qui n'avait jamais rien demandé au ministre, se fût fait solliciteur pour obtenir son changement.

Ce moyen lui manquant, il se rejeta sur une autre combinaison : il achetait un terrain sur le bord de la mer, à un endroit quelconque de la presqu'île, il y plantait les arbres et les arbustes dont depuis longtemps il portait la liste dans sa tête, enfin il y faisait construire une cabane et tous les ans il y venait passer quelques semaines, en famille, pour surveiller les progrès de ses plantations ; plus tard, au moment de sa retraite, on agrandissait la cabane, qu'on transformait en maison, et il se retirait là avec sa femme pour y finir leurs jours.

Bien que savant, M. de la Héraudière était homme d'imagination ; à peine cette idée eut-elle traversé son esprit, qu'il se mit à courir après elle ; il calcula le nombre d'hectares de terre qu'il lui fallait pour ses plantations, décida leur exposition et l'espacement qu'il leur donnerait, dessina le plan de sa cabane et de la maison qui plus tard la remplacerait, traça les courbes idéales de ses pelouses,

creusa leur vallonnement. Puis cela fait, et après s'être enquis auprès des notaires de Sarzeau du prix qu'il faudrait payer les terrains, il retourna à Orléans pour communiquer son projet à sa femme.

Malheureusement Mme de la Héraudière n'avait aucune passion pour la botanique et l'idée d'avoir devant ses fenêtres une flore plus ou moins tropicale n'était pas pour l'entraîner.

Aux premiers mots de son mari elle haussa les épaules, et le pria de ne pas lui fatiguer les oreilles avec de pareilles niaiseries ; mais, sans se décourager, celui-ci insista et développa son plan.

De la porte d'entrée à la maison, une avenue formée avec des *chamærops excelsa*, en quinze ans ils atteindraient cinq ou six mètres d'élévation ; rien ne serait plus beau que de passer sous leurs frondes en éventail et de voir leurs tiges revêtues du haut en bas d'une épaisse fourrure. Sur la pelouse un groupe d'*araucaria imbricata*, et çà et là des exemplaires isolés de conifères exotiques. Dans des rochers, des *agave* et des *aloès*. Pas de gelées à craindre en hiver, et en été assez de chaleur pour mûrir le raisin.

Pendant un quart d'heure il s'était laissé emporter par l'enthousiasme et il eût sans doute continué longtemps, car l'énumération des plantes qu'il voyait était longue, si sa femme ne l'avait brusquement interrompu pour lui demander s'il était fou.

— Se retirer en Bretagne, pourquoi pas en Chine ou en Australie ? Pendant vingt années, elle lui avait demandé chaque jour de faire des démarches pour obtenir une position à Paris. Il n'avait jamais voulu y consentir. A elle maintenant de s'enfermer dans un refus catégorique : elle n'irait jamais en Bretagne, et quand l'heure de la mise à la retraite aurait sonné pour eux à Orléans, elle irait à Paris.

Mme de la Héraudière était une femme à laquelle on ne répliquait pas, son mari le savait depuis longtemps ; il renonça à ce projet comme il avait déjà renoncé à tant d'autres, et il dut se contenter de dessiner sur le papier ses plans de jardin et de voir en rêve ses *araucaria* et ses *chamærops*. Il irait à Paris, puisque sa femme voulait aller à Paris : il faut toujours faire le possible pour ceux qu'on aime.

Ces plans étaient serrés depuis longtemps déjà au fond d'un tiroir, et M. de la Héraudière n'apercevait plus les frondes de ses *chamœrops* que dans les rêveries du souvenir, lorsqu'un jour il fut tout surpris d'entendre sa femme revenir à son projet et parler comme d'une idée réalisable d'acheter un terrain en Bretagne pour y construire une petite maison.

Que s'était-il donc passé ?

Une chose bien simple.

Mme de la Héraudière, qui allait tous les ans faire une saison au bord de la mer, avec sa fille, tantôt dans un endroit, tantôt dans un autre, s'était lassée des hôtels du Croisic et de Trouville. Elle avait trouvé qu'il était plus « respectable» d'avoir sa maison à soi. Enfin elle avait réfléchi qu'à l'époque où M. de la Héraudière atteindrait sa retraite, il ne serait plus jeune et qu'il ne serait guère agréable d'habiter le quartier du Jardin des-Plantes avec un vieux bonhomme de savant qui voudrait se coucher à dix heures; tandis que, si ce savant habitait la Bretagne, elle pourrait venir chaque année passer la saison d'hiver avec sa fille et son gendre, dans un monde où l'on trouverait des distractions.

C'était ainsi que dans un petit vallon de la presqu'île de Rhuis, M. de la Héraudière avait acheté trois ou quatre hectares de terrain dans lesquels il avait créé un jardin qui, par le nombre et la beauté de ses arbres et de ses plantes exotiques, était une véritable merveille.

Mais s'il avait pu réaliser les espérances de toute sa vie, Mme de la Héraudière n'avait pas eu le bonheur de réaliser les siennes.

Quelques mois avant que son mari obtînt sa mise à la retraite, elle avait succombé à une maladie aiguë.

Et c'était seul avec sa fille, qui atteignait alors sa dix-septième année, que M. de la Héraudière était venu s'établir à la Crique pour l'habiter définitivement.

V

Si le jardin était admirable, la maison, par contre, était des plus simples.

Au moment où on l'avait bâtie on s'était contenté des travaux qui devaient la rendre logeable pendant deux mois de l'été seulement, et l'on avait retardé ceux qui pouvant être différés ne se feraient

qu'à l'époque où Mme de la Héraudière, quittant Orléans définitivement, viendrait l'habiter pour toujours.

Mme de la Héraudière ayant été surprise par la mort, son mari n'avait pas fait faire ces derniers travaux, qui pour lui étaient complétement inutiles. Ce n'était point de tentures contre les murailles, ni de peinture sur les boiseries qu'il avait souci. Ce n'était pas sous le toit de sa maison qu'il était heureux ; c'était dans son jardin, au milieu de ses arbres.

Pour le plan de sa construction, M. de la Héraudière s'était inspiré du modèle qui a été mis en œuvre dans plusieurs sémaphores de ces côtes, c'est-à-dire qu'il lui avait donné la forme d'un T, dont la barre horizontale, faisant façade, était tournée vers le jardin, tandis que la verticale l'était vers l'Océan.

C'était dans cette sorte de coin s'avançant sur la mer que M. de la Héraudière avait établi son cabinet de travail, et comme de larges fenêtres avaient été ouvertes sur la face et des deux côtés, on se trouvait avoir une vue qui embrassait trois points cardinaux, de l'est à l'ouest en passant par le sud ; immédiatement au-dessous du jardin, une grève de sable; à gauche dans les lignes confuses de l'horizon, les plages du Croisic et la masse sombre de Noirmontier; en face et formant une ceinture sur la mer, les îles d'Haedik, du Houat et de Belle-Ile; enfin, à droite pénétrant au loin dans les eaux, les dunes de Quiberon, avec leurs sapins noirs et leurs moulins à vent.

C'était dans cette pièce que Charlotte, voulant faire une surprise à son père, avait commandé qu'on servît le déjeuner, et ce fut là qu'elle vint l'attendre.

Quand M. de la Héraudière rentra de son excursion au jardin et ne trouva pas le couvert mis dans la salle à manger, il appela la domestique.

Mais avant que celle-ci eût le temps de répondre, Charlotte ouvrit la porte qui, de la salle à manger, donnait dans le cabinet, et M. de la Héraudière aperçut la table dressée devant le feu qui flambait.

— Ah ! la chère enfant, dit-il en venant embrasser sa fille, elle a voulu faire une surprise à son vieux père.

— Et j'ai réussi ?

— Rien ne pouvait me donner plus de joie que de me retrouver après quinze jours d'absence dans ce cabinet de travail, au milieu de mes livres, de mes collections, de mes pierres, et de m'y retrouver avec toi, c'est-à-dire avec tout ce que j'aime au monde. Tu as eu une charmante idée, et nous allons faire ici un bon déjeuner.

Et le dos au feu, il promena son regard autour de ce cabinet, s'arrêtant longuement sur une vitrine, passant vite sur une autre, et revenant à sa fille, qui arrangeait des pommes sur une assiette : dans ses yeux brillants, dans son visage épanoui par le sourire se montrait une joie émue,

— Allons, à table, dit-il, le cœur est heureux, la tête est satisfaite, maintenant l'estomac réclame sa part. Jeannette, vous pouvez servir.

Mais, prêt à s'asseoir, il changea la table de place en la faisant tourner à demi.

— Non, pas ainsi, dit-il, je ne veux pas que tout soit pour moi, je ne veux pas faire face à la mer, tandis que toi tu n'auras pour tout plaisir que de regarder le feu. Partageons également, toi d'un côté de la cheminée, moi de l'autre ; comme cela nous aurons chacun la moitié de la vue.

Puis s'étant assis.

— Et tu ne seras pas la plus mal partagée maintenant, continua-t-il tout en mangeant, tu auras devant les yeux la vitrine de la *pierre-polie*, et je connais plus d'un honorable savant qui voudrait bien être à ta place.

Cela fut dit avec un tel sérieux et un si naïf sentiment de supériorité que Charlotte ne put s'empêcher de sourire.

— Tu souris, méchante fille, s'écria M. de la Héraudière, parlant la bouche pleine ; il n'en est pas moins vrai que ce que je dis là est l'exacte vérité ; il y a dans cette armoire des hameçons en os qui, pour la conservation, laissent loin derrière eux ceux des stations lacustres de la Suisse ; il y a un filet auprès duquel ceux de Robenhausen ne sont rien ; et mes haches en silex emmanchées dans des gaines en bois de cerf, et mon collier en ambre !

— Ah ! père, je ne mets pas en doute la valeur de tes richesses.

— Je l'espère bien.

— Et même à propos de silex, j'ai oublié de te dire que M. le curé de Guéhano était venu pour te prévenir que, dans une carrière de sa paroisse on avait trouvé des silex taillés et qu'il te priait de venir les voir.

— Le curé de Guéhano, je m'en défie, et de ses silex encore plus. Je ne veux pas qu'on me fasse les mauvaises farces inventées pour Boucher de Perthes, et qu'on m'enfouisse dans les carrières des silex fabriqués ou des os lavés au lait de chaux, pour me les faire découvrir ensuite. Il y a quelques braves gens par ici qui ont été ameutés contre moi par le bruit de mes derniers travaux; ils se figurent que mes recherches préhistoriques ne vont à rien moins qu'à détruire leur religion, et ils ne seraient pas fâchés de me faire tomber dans quelque piége. Mais je me tiens sur mes gardes, et si le curé de Guéhano est le complice de ces honnêtes gens, il lui en coûtera cher. J'irai voir cela après déjeuner.

A ce mot, Charlotte laissa échapper un mouvement que M. de la Héraudière remarqua, malgré l'animation qui l'excitait. Il regarda sa fille un moment; puis, lui tendant la main par-dessus la table :

— Pardonne-moi, dit-il, je suis un mauvais père. J'oubliais ce que je t'avais promis. Après déjeuner, nous avons un sujet plus sérieux à traiter que les silex du curé de Guéhano. Et il y a cruauté à moi de te tenir si longtemps dans l'attente. Tu es inquiète, troublée, et tu ne manges pas.

— J'ai mangé.

— A ton appétit, c'est possible, mais tu n'avais pas d'appétit, c'est ce que je veux dire. Mais tu n'auras pas longtemps à te tourmenter maintenant. J'ai fini. Donne-moi une pomme et descendons sur la grève.

Disant cela, il s'était levé et ayant pris la pomme de reinette que sa fille lui tendait, il avait mordu dedans à pleines dents, comme l'eût fait un gamin de douze ans.

Marchant le premier, et traversant le jardin sans même regarder ses arbres qu'il n'avait pas vus depuis quinze jours, il atteignit bien vite la grève : le rivage était désert et l'on apercevait seulement au loin, assis sur la pointe d'un rocher, un douanier, dont la silhouette immobile se profilait en noir sur le ciel pâle.

— Je t'ai dit, commença M. de la Héraudière, combien j'étais inquiet en me demandant comment Georges voudrait faire son chemin. Une fable ancienne montre un homme arrêté au carrefour de deux routes : l'une conduit au vice, l'autre à la vertu. Les routes qui s'offrent à l'homme moderne sont plus nombreuses, sans compter que nous avons inventé la vapeur et les chemins de fer. Georges était pressé, il n'avait rien du voyageur qui se contente de faire régulièrement et péniblement quelques lieues à pied tous les jours, satisfait si, avant de mourir, il atteint le but qu'il s'était proposé.

A Georges, il fallait le train express, celui qui vous fait arriver rapidement, coûte que coûte. Je l'avais placé comme secrétaire chez Gontaud, qui est une des gloires du barreau, l'honneur et le devoir même. Mais Gontaud est l'ennemi du tapage, et il imposait à son secrétaire une vie discrète qui ne pouvait convenir à celui-ci. Georges le quitta et entra chez un autre avocat qui est le contraire de Gontaud l'avocat du monde de la finance et des affaires, l'ami des artistes, des journalistes, des comédiens, des gens en vue pour lesquels il plaide, accompagné par toutes les musiques de la publicité.

Dans ce monde qui était son élément, Georges manœuvra habilement et sut s'y créer bien vite des relations ; il profita des orchestres de son patron. Il n'y a pas de jeune avocat qui soit tambouriné comme lui par les journaux. Mais le tambour et son tapage ne suffisent pas pour faire vivre, surtout quand on mène le genre d'existence adopté par Georges, c'est-à-dire quand on a un bel appartement dans la Chaussée-d'Antin et quand on vit au café Riche.

— Tu sais toi-même qu'il est peu sensible à ces délicatesses du luxe.

— Pour lui, cela est vrai, mais il juge qu'elles sont nécessaires au but qu'il poursuit, et qui est d'éblouir. Pour se procurer ces ressources, il fait ce qui est rigoureusement interdit aux avocats, il fait des affaires ou tout au moins il négocie ou arrange celles de quelques financiers de second ordre ; c'est ainsi que l'année dernière il a été à Tunis. Et voilà comment il gagne de l'argent.

— Il le gagne.

— Sans doute, mais contrairement aux principes de sa profession. L'année der-nière je lui ai fait de graves reproches à ce sujet, car j'étais déjà fort mécontent de la voir engagé dans cette voie. Cette année, j'en ai de plus graves à lui adresser encore, car ce que je craignais depuis quelque temps déjà, s'est réalisé, Georges s'est jeté dans la politique. Trouvant que les affaires ne lui donnaient pas des résultats assez rapides, il a voulu être un homme politique.

— Est-ce un crime ?

— Oui, mon enfant, lorsqu'on n'obéit pas à une conviction, mais seulement à l'ambition. Et c'est là le cas de Georges, qui n'a pas d'opinion et qui ne croit en rien, si ce n'est en son propre mérite. Pour lui, la politique est un moyen d'arriver à une haute position, et il prend ce moyen. Avec le clair regard de ceux qui ne sont pas troublés par leur conscience, il a froidement examiné la situation ; il s'est dit que le gouvernement que nous avons depuis une quinzaine d'années commençait à être usé, qu'aujourd'hui ou demain il faudrait en prendre un autre, et il s'est décidé à se ranger parmi ceux qui l'attaquent, en attendant qu'ils puissent le remplacer.

Voilà pourquoi depuis un certain temps Georges a plaidé tant de procès de presse : il préparait sa candidature. Voilà pourquoi aussi on le voit assister chaque jour aux séances du Corps législatif ; plus assidu que les journalistes qui font le compte-rendu de ces séances, il apprend son métier. Il veut être député, et il le sera.

M. de la Héraudière cessa de parler, et pendant un moment il marcha silencieux près de sa fille, qui restait les yeux fixés sur le sable, respirant avec effort.

— L'homme que je viens de t'expliquer, continua M. de la Héraudière, peut-il être le mari d'une honnête femme et la rendre heureuse ? Je ne le crois pas, car il n'y a pas de bonheur en ce monde sans l'accord de deux consciences, et jamais la conscience d'une honnête femme ne pourra approuver un mari tel que Georges. Georges sera député, peut-être même sera-t-il ministre, mais pour moi il n'est plus l'homme que je veux donner pour mari à ma fille.

— Mais, père...

— Mon enfant, ne discutons pas, je t'en prie. Un vieil auteur a dit que pour devenir riche il ne fallait pas tourner le dos à Dieu pendant cinq ou six ans. A mon sens, Georges a commencé ce mouvement de rotation. Je t'en avertis, afin que ma vieille expérience te serve de lunettes pour l'étudier de près. Georges viendra passer avec nous une partie de ses vacances; en vivant près de lui, tu te souviendras de ce que je t'ai dit aujourd'hui; tu l'étudieras, et après tu m'apprendras ce que tu as décidé. Jusque-là , nous ne parlerons plus de Georges, si tu le veux bien ; ou tout au moins nous n'en parlerons que comme de ton cousin.

VI

M. de la Héraudière n'était point un homme de résolution.

Son caractère ne l'avait jamais poussé aux actions énergiques; son esprit, habitué à considérer les questions sous toutes leurs faces, s'était toujours complu dans les ménagements et les compromis; enfin vingt années passées sous la domination de sa femme lui avaient fait perdre à peu près complètement l'usage de la volonté pour tout ce qui n'était pas science et travail.

Aussi avait-il eu toutes les peines du monde à se décider à une explication catégorique avec sa fille.

De Paris à Vannes, il avait agité cette question, la tournant dans tous les sens, pesant le pour et le contre.

Que son neveu fût ou ne fût pas digne d'être le mari de Charlotte, il n'avait plus maintenant le moindre doute à ce sujet.

La femme que Georges épouserait serait infailliblement malheureuse : là-dessus, sa conviction était arrêtée.

Avec un ambitieux tel que Georges, capable de tout sacrifier et lui-même et les siens pour atteindre le but qu'il poursuivait, une vie heureuse était impossible.

D'un autre côté, il était bien certain aussi qu'une honnête femme mariée à un homme sans scrupules, qui n'agissait que pour tirer des choses un profit immédiat ou tout au moins réalisable dans un temps déterminé, — il était bien certain que cette femme aurait cruellement à souffrir dans son amour, si elle aimait son mari, et en tout cas, l'amour ayant succombé, dans sa dignité et dans sa conscience.

Il ne fallait donc pas que Georges devînt le mari de Charlotte.

Mais s'il était parfaitement fixé sur ce point et déterminé dès lors à s'opposer à ce mariage, il ne l'était nullement sur les moyens à employer pour empêcher qu'il se fît.

Devait-il s'adresser franchement à son neveu et lui signifier qu'après les années d'épreuves qu'il avait exigées, il était éclairé et ne l'acceptait pas pour gendre?

C'était là, sans aucun doute, la marche la plus simple et la plus correcte.

Devant cette volonté nettement formulée, Georges n'aurait qu'à obéir.

Mais Charlotte?

Que Georges se plaignît, qu'il parlât de son amour, de ses espérances brisées, M. de la Héraudière était parfaitement sûr à l'avance de ne pas se laisser émouvoir au point de revenir sur sa détermination.

Mais si c'était Charlotte elle-même qui se plaignait, si c'était elle qui parlait de son amour ?

Dans ce cas, M. de la Héraudière était sûr à l'avance aussi qu'il n'écouterait pas la voix de sa fille avec la même fermeté que celle de son neveu. Que Charlotte vînt à lui les larmes dans les yeux, qu'elle lui jetât les bras au cou, qu'elle pleurât contre sa poitrine, et il était bien certain encore que, si affermi qu'il fût dans sa volonté, si convaincu qu'il pût être de la justice de son refus, il se laisserait toucher, et volonté aussi bien que refus ne tiendraient pas contre ces larmes.

Il se connaissait, et par expérience il savait combien il était faible devant le regard de son enfant.

Charlotte aimait-elle son cousin et espérait-elle devenir sa femme?

Là était désormais toute la question.

Sans doute elle était assez facile à résoudre. Pour cela il n'y avait qu'à l'adresser à Charlotte elle-même et à l'interroger.

M. de la Héraudière avait assez foi dans sa fille, pour être convaincu qu'elle répondrait avec sincérité. Pourquoi cacherait-elle cet amour, d'ailleurs? N'était-il pas tout naturel qu'elle aimât son cousin ; ils avaient été élevés ensemble et jusqu'à un certain point elle avait pu croire que c'était le mari qu'on lui destinait. Si par prudence il n'avait jamais autorisé la plus légère allusion à ce projet; Mme de la Héraudière n'avait peut-être eu la même réserve, et dans son désir de le préparer, dans son espérance de le voir réussir, elle en avait entretenu sa fille qui dès lors avait pu considérer Georges comme son mari.

Qu'à son interruption directe Charlotte répondit dans ce sens, que ferait-il et que dirait-il ?

Il aurait imprudemment ouvert une porte, qu'il serait trop faible pour refermer.

Autorisée à parler de son amour, Charlotte abuserait de cette autorisation ; et pour se défendre il aurait, comme seule ressource, de dire que Georges n'était pas digne d'elle. Quelle influence cette accusation aurait'elle sur le cœur de Charlotte ? Les sentiments des jeunes filles ne se déterminent point par les mêmes raisons que ceux des pères de famille.

Il ne fallait donc pas qu'il permît à Charlotte d'avouer qu'elle aimait son cousin.

Et cependant, il fallait qu'il s'expliquât catégoriquement avec elle sur le compte de Georges et lui fît savoir comment il jugeait celui-ci.

En agissant ainsi, il empêchait sa fille de parler de Georges, c'est-à-dire de le défendre, tandis qu'il s'assurait la possibilité d'en parler lui-même, c'est-à-dire de l'attaquer.

Arrivé là dans son raisonnement, il s'arrêta et un sourire de satisfaction épanouit son visage. Il était assez content de lui, et il lui semblait que pour un bonhomme de savant, peu habile dans les choses de sentiment, tout cela n'était pas trop mal combiné.

Il le fut bien davantage encore après son entretien avec Charlotte.

Il avait empêché celle-ci de parler de Georges, et lui-même avait pu dire à peu près tout ce qu'il avait sur le cœur.

Maintenant, il n'y avait plus qu'à laisser faire le temps.

Charlotte réfléchirait à ce qu'elle avait appris; et dans son esprit préparé, les semences qui avaient été jetées germeraient.

Le point de vue d'où elle avait, jusqu'à ce jour, regardé son cousin, était changé, et maintenant il était probable qu'elle ne verrait plus Georges avec les mêmes yeux.

En tous cas, et quoi qu'il arrivât, il avait désormais plusieurs mois devant lui ; on était en février, Georges ne viendrait qu'en août; c'était une période de tranquillité pendant laquelle il verrait surgir les événements et pourrait même jusqu'à un certain point les préparer.

Ah ! qu'un père qui aime sa fille et qui, par suite d'une trop grande tendresse, a peu à peu perdu le droit de dire : « je veux », rencontre de difficultés pour obtenir ce qu'il croit sage et juste.

Cependant ces espérances de tranquillité sur lesquelles il croyait pouvoir compter ne se réalisèrent pas; au lieu d'avoir devant lui plusieurs mois, comme il avait cru, il eut à peine quelques jours.

Ce qui avait hâté son retour à Rhuis, c'avait été une invitation au bal de la préfecture de Vannes. Bien entendu, il était peu sensible à ce genre de plaisir, et les fêtes, les dîners ou les soirées n'étaient pas pour lui plaire ; mais il ne voulait pas que sa fille vécût tout à fait en sauvage; et tous les ans il s'imposait le devoir de la conduire aux deux grands bals du préfet. Pour ces bals, il lui offrait chaque fois une toilette nouvelle, et afin que la fête fût complète, il tenait à arriver avec les premiers invités et à partir avec les derniers. C'était sa façon de lui payer les douze mois qu'il lui faisait passer dans la solitude à la Crique.

— Amusons-nous bien, disait-il, et faisons comme les paysans qui se donnent une indigestion quand ils dînent en ville.

A vrai dire, il ne s'amusait guère, et les heures lui paraissaient longues à voir les danseurs tourbillonner devant lui ou à regarder les joueurs; mais au moins il jouissait de la joie de sa fille. Volontiers il eût félicité de leur bon goût les jeunes gens qui venaient la prier à danser; et plus d'une fois il lui arrivait de répondre pour elle, par un remerciement empressé, car il ne permettait pas qu'elle restât sur une banquette plus qu'il n'était nécessaire pour se reposer.

— Amusons-nous, amusons-nous.

A ce bal, où ils se rendirent deux jours après son retour de Paris, le premier danseur qui vint inviter Charlotte fut précisément l'officier de marine qui l'avant-veille avait retenu ses chevaux. Si elle avait osé, elle aurait refusé cette invitation, et son premier mouvement, lorsqu'il lui tendit la main, fut de reculer d'un pas. Mais sous quel prétexte refuser, et quel reproche avait-elle à adresser à cet officier, qui, en réalité, lui avait rendu service ? Elle accepta donc, et, pendant la soirée, elle dansa même plusieurs fois avec lui. Autant son regard avait été hardi dans la cour de la gare, autant maintenant il était doux et respectueux.

Quelques jours après le bal, M. de la Héraudière, qui n'avait avec le préfet que des relations de politesse, fut surpris de voir celui-ci arriver à la Crique.

— J'ai tant entendu parler de votre admirable jardin, dit le préfet, et des merveilles que vous réalisez, que j'ai voulu les visiter.

Mais après cette visite, qui fut complète et longue, le préfet s'expliqua plus franchement.

En réalité, il venait demander à M. de la Héraudière si celui-ci voudrait accorder la main de sa fille à un lieutenant de vaisseau, âgé de vingt-neuf ans, plein d'avenir, possesseur d'un nom honorable, Adrien de Rosnoblet, riche pour le moment d'une belle fortune, et qui était amoureux fou de Mlle Charlotte.

— Mais nous ne connaissons pas de lieutenant de vaisseau, répondit M. de la Héraudière.

— Vous vous trompez, vous en connaisser un ; au moins Mlle Charlotte en connaît un qui a eu le plaisir de lui rendre un petit service en arrêtant ses chevaux, et qui a dansé avec elle à ma soirée.

— Mais on ne peut pas épouser une jeune fille pour cela, il me semble.

— Permettez-moi de vous répondre que ni vous ni moi ne sommes d'âge maintenant à savoir pourquoi on devient amoureux. Ce qu'il y a de certain, c'est que M. de Rosnoblet adore mademoiselle votre fille, et que je suis chargé de vous demander si vous consentiez à la lui donner un jour pour femme. Bien entendu, ce n'est pas votre consentement à ce mariage que je viens ainsi vous demander brutalement. Je désire vous mettre en relations avec M. de Rosnoblet, et pour cela je viens vous prier à dîner à la préfecture pour demain. Vous le verrez, vous ferez sa connaissance, et plus tard vous déciderez.

M. de la Héraudière que le préfet laissa abasourdi était disposé à considérer cet incident comme purement romanesque, cependant, cette invitation exigeant une réponse, il dut en parler à Charlotte.

Mais au premier mot celle-ci l'arrêta.

— L'année dernière, dit-elle, tu m'as proposé un mariage qui paraissait beaucoup plus sérieux que celui-là.

— Plus sérieux peut-être, mais non plus avantageux ; M. de Rosnoblet a tout pour lui, position, nom, fortune, et je sais que sa famille est des plus honorables : sous tous ces rapports, ce mariage serait digne de toi.

— Que t'ai-je répondu l'année dernière ?

— Que tu ne voulais pas te marier.

— Eh bien, maintenant et après l'entretien que nous avons eu à ton retour de Paris, je serai plus franche, je te répondrai que je ne peux pas me marier.

— Et pourquoi donc ne peux-tu pas ?

— Parce que... parce que nous sommes engagés envers Georges.

— Nullement engagés ; j'ai voulu attendre un certain temps avant de te donner en mariage, mais je n'ai pas pris l'engagement de te donner ce temps écoulé.

— Ce temps est-il écoulé ?

— Non.

— Eh bien ! alors, il me semble que nous sommes engagés au moins à attendre.

— Mais, mon enfant...

M. de la Héraudière s'arrêta :

— C'est bien, dit-il, nous attendrons ; mais souviens-toi que je n'accepterai Georges que s'il est digne de toi.

Puis, de peur d'engager une discussion qui pouvait l'entraîner plus loin qu'il ne voulait, il entra dans son cabinet pour écrire au préfet.

VII

Cette réponse de Charlotte inquiéta vivement M. de la Héraudière.

Mieux qu'un aveu formel, en effet, elle lui apprenait quels étaient les sentiments de sa fille.

Elle aimait Georges.

Et l'entretien qu'il avait eu avec elle pour lui démontrer que Georges n'était pas digne de devenir son mari, n'avait produit aucun résultat ; elle l'aimait à ce moment, elle l'aimerait encore le jour où il faudrait trancher définitivement la question.

Alors, que se passerait-il ?

Aurait-il la force nécessaire pour s'opposer à ce mariage, ou bien serait-il assez faible pour se laisser arracher son consentement ?

S'il résistait, il aurait le chagrin de voir les larmes et le désespoir de sa fille.

S'il cédait, il aurait le remords d'avoir préparé son malheur pour un jour ou l'autre.

Ce fut alors qu'il se repentit cruellement d'avoir été faible autrefois avec sa femme. Que n'avait-il à cette époque maintenu fermes ses droits de père de famille ?

Mais il avait voulu la tranquillité, et, pour s'assurer la liberté de son travail dans le présent, il avait compromis le bonheur de sa fille dans l'avenir. Déjà, quand Mme de la Héraudière avait préparé ce projet de mariage, il avait de justes motifs de suspicion contre Georges et de sérieux reproches à faire valoir contre lui. Pourquoi n'avait-il pas parlé haut ? Pourquoi de guerre lasse avait-il inventé cette condition suspensive qui, en réalité, n'avait rien suspendu du tout ? Son consentement était resté libre, mais ce n'était pas son consentement qui devait rester libre ; c'était le cœur de Charlotte.

Vivant près de son cousin, ayant le droit jusqu'à un certain point de se considérer comme sa fiancée, pouvant croire qu'un mariage entre lui et elle était arrangé par ses parents, elle l'avait aimé. Quoi de plus naturel et de plus légitime ! Ce n'était point elle qu'on devait rendre responsable de cet amour, mais seulement ceux qui avaient permis qu'il se développât.

Et parmi ceux-là, le plus coupable c'était lui-même, car, tandis que sa femme voyait Georges Saffarel avec des yeux aveuglés ou tout au moins prévenus, lui le jugeait tel qu'il était déjà et pressentait surtout ce qu'il serait un jour.

Pour un homme scrupuleux, cette responsabilité était déjà par elle-même assez lourde à porter ; les circonstances cependant vinrent l'aggraver encore et en rendre le poids plus pénible.

M. de la Héraudière avait espéré qu'après sa lettre de refus au préfet, il n'entendrait plus parler de M. de Rosnoblet, et que l'officier de marine, en lisant ce refus, qui était parfaitement catégorique, comprendrait qu'il devait renoncer à son projet.

Il n'en fut rien.

Le préfet revint à la charge, et, en manœuvrant adroitement, il obligea M. de la Héraudière à se rencontrer avec M. de Rosnoblet.

Jugeant l'officier sur sa demande bien plus que sur le portrait esquissé par le préfet, M. de la Héraudière avait cru que c'était un original de peu de cervelle ; il fut tout surpris de reconnaître que, pour ce portrait, le préfet n'avait nullement exagéré les qualités de son modèle. Après une heure d'entretien, il fut convaincu qu'il avait devant lui un homme de cœur, et en l'écoutant plaider sa cause, il ne put s'empêcher de le plaindre.

Mais que pouvait-il ? si ce n'est lui répéter qu'il avait écrit au préfet : Sa fille ne voulait pas se marier.

— Eh bien ! monsieur, répliqua l'officier, j'attendrai. Je comprends parfaitement qu'un sentiment tel que le mien, et qui n'est né que depuis quelques jours, vous paraisse peu sérieux ; je vous jure cependant que dans six mois, dans un an, dans deux ans, je vous renouvellerai la demande que je viens de vous adresser.

M. de la Héraudière n'était assurément pas d'un caractère romanesque, et l'amour n'avait jamais tenu une bien grande place dans sa vie ; cependant il se sentit troublé par ces paroles et plus encore par l'accent passionné avec lequel elles furent dites ; et en revenant à la Crique, il ne put s'empêcher de comparer M. de Rosnoblet à Georges Saffarel. Quelle différence entre ces deux hommes : l'un à la mine futée et aux yeux inquiets, l'autre au visage ouvert, sur lequel se lisaient tous les nobles instincts ; l'un à la parole habile, étudiée, insinuante ; l'autre d'une franchise dans ses discours qui allait parfois jusqu'à la naïveté ; l'un qu'on connaissait après avoir passé une heure avec lui, l'autre qu'on ne pouvait pénétrer après l'avoir étudié pendant plusieurs années !

— Pourquoi le marin n'était-il pas son neveu ?

Ou plutôt pourquoi avait-il commis la faute de se laisser arracher un engagement au profit de Georges ?

Il est vrai qu'alors même qu'il eût été libre de tout engagement, il n'eût pas accordé son consentement à une demande telle que celle de M. de Rosnoblet. Mais enfin, au lieu d'opposer à cette demande un refus formel, il eût ajourné sa réponse; il eût pris le temps d'étudier l'officier et, en fin de compte, il eût peut-être été possible de donner pour mari à Charlotte un homme qui, malgré l'étrangeté de sa démarche, se montrait au premier abord avec des côtés extrêmement sympathiques.

Ce n'était pas le premier mariage qui se présentait ainsi pour Charlotte. Il avait fallu les repousser tous, même ceux qui paraissaient les plus avantageux; combien d'autres se présenteraient encore avant le mois de septembre qu'il faudrait repousser aussi!

Rentré à la Crique, il ne crut pas devoir raconter à Charlotte cette nouvelle tentative de M. de Rosnoblet. A quoi bon? Le seul résultat certain serait d'en arriver à parler de Georges, et il tenait essentiellement à éviter tout ce qui pouvait les entraîner sur ce sujet.

Charlotte, d'ailleurs, observait de son côté la même retenue, et les choses en vinrent à ce point que le nom de Georges ne fut même plus prononcé entre eux. A s'en tenir à l'apparence des choses, c'était à croire qu'il était mort et pour tous deux profondément oublié; tandis qu'en réalité, il n'avait jamais si souvent occupé leur esprit.

Au reste, si attentifs qu'ils fussent à vouloir s'enfermer strictement dans cette réserve, ils n'arrivaient pas à se tromper l'un l'autre; le père devinait les agitations qui troublaient le cœur de sa fille, et celle-ci ressentait les inquiétudes qui traversaient l'esprit de son père.

Les efforts mêmes qu'ils faisaient pour s'observer les trahissaient.

En effet, avant le dernier voyage de M. de la Héraudière à Paris, le nom de Georges se présentait à chaque instant dans la conversation, à tout propos et souvent même sans aucun à-propos. Cela arrivait surtout à l'occasion de la lecture des journaux.

— J'ai vu que Georges a plaidé dans une affaire politique, commençait Charlotte.

— Et que dit-on de lui? demandait M. de la Héraudière, qui avait pour habitude de ne lire les journaux que le soir dans son lit, quand il n'avait plus rien à faire et que son esprit était fatigué par le travail de la journée.

L'entretien ainsi engagé allait son train; un mot en amenait un autre, et Georges restait sur le tapis tout autant de temps que Charlotte voulait l'y tenir.

Mais après ce voyage il fut d'autant moins question des journaux entre le père et la fille, qu'ils parlaient plus souvent de Me Saffarel.

C'était, en effet, le moment où les procès politiques sévissaient comme une véritable épidémie sur la France entière : le réveil de l'opinion publique commencé depuis quelques années, allait s'accentuant de mois en mois, et le gouvernement, pour arrêter ce mouvement, ne trouvait rien de mieux que d'appeler à son aide la main de la magistrature : procès de presse, procès contre les associations et les sociétés plus ou moins secrètes, procès pour manœuvres à l'intérieur, on en inventait de toutes sortes.

Dans cette bataille, Georges Saffarel se montrait au premier rang; il plaidait aux quatre coins de la France; les journaux qu'il défendait lui payaient ses honoraires en réclames que reproduisaient naturellement tous les journaux du parti; et comme il avait d'autres préoccupations que de faire acquitter ses clients, ce qui était le petit côté de l'affaire, il plaidait surtout pour lui-même, c'est-à-dire pour sa réputation, qui grandissait rapidement.

Bien entendu, M. de la Héraudière lisait le compte-rendu de ces procès, et, bien entendu aussi, Charlotte le lisait de son côté; mais ils n'en parlaient jamais, et tous deux cachaient avec soin les impressions que cette lecture produisait en eux.

Cette contrainte devint bientôt très pénible pour M. de la Héraudière et les six mois qui s'écoulèrent de février en septembre furent pour lui les plus douloureux de ses dernières années.

Pendant longtemps, il avait vécu sans liberté, n'ayant pas le droit d'avoir un sentiment sur les choses de ce monde, ou tout au moins ne pouvant pas l'exprimer sans s'assurer à l'avance si ce sentiment ne contrariait pas les idées de sa femme.

Avec sa fille, il avait retrouvé la liberté de sa jeunesse; avec elle, il avait pu parler de toutes choses à cœur ouvert ; et maintenant il était obligé comme autrefois de chercher des sujets de conversations qui ne fussent pas dangereux ; il lui fallait s'observer, prendre des précautions. Maintenant, cette douce intimité de tous les instants qui l'avait rendu si heureux depuis qu'il était installé à la Crique, était détruite ; plus d'abandon, plus de franchise ; ils étaient en défiance l'un de l'autre.

Peu à peu cependant les mois s'écoulèrent et le moment des vacances arriva.

Georges allait venir à la Crique.

La lutte allait s'engager ; la bataille décisive allait se livrer. Quel en serait le résultat ?

Que s'était-il passé dans l'esprit de Charlotte pendant ces six mois ? Quelles avaient été ses réflexions ? A quelle décision s'était-elle arrêtée ?

Au moins était-elle en état d'en prendre une maintenant en toute liberté, sans se laisser dominer par les entraînements du cœur ?

A mesure que l'époque des vacances approchait, elle se montrait malgré elle impatiente et nerveuse ; et c'était là un symptôme inquiétant.

En même temps, dans mille petites choses, elle laissait voir que Georges occupait sans cesse son esprit. Elle faisait préparer sa chambre avec un soin qui allait jusqu'à la coquetterie. Chaque jour elle s'inquiétait de savoir si la pourriture ne menaçait pas d'envahir des groseillers qu'elle avait fait empailler, parce que Georges aimait beaucoup les groseilles, qui, au mois de septembre, sont ordinairement passées.

Enfin elle allait tous les matins au-devant du facteur au lieu d'attendre comme d'habitude qu'il vint apporter à la cuisine ses lettres et boire un coup.

Tout cela n'était pas trop significatif.

Mais ce qui le fut plus encore, ce fut de voir son désappointement quand la lettre qu'elle attendait avec une si vive impatience annonça que Georges, au lieu de venir le 1er septembre, comme il l'avait promis, n'arriverait que le 3.

— Qui enverrons-nous au-devant de Georges ? demanda-t-elle, pour cacher son émotion.

M. de la Héraudière fut attendri par cette voix tremblante, et la pitié l'entraîna.

— Envoyer, dit-il, pas du tout, nous irons nous-mêmes, toi et moi, si tu veux ; le trois, c'est lundi prochain.

VIII

Le lundi, le char-à-bancs se trouva, comme six mois auparavant, dans la cour de la gare de Vannes, attendant l'arrivée du train de Nantes.

Mais cette fois Charlotte n'eut pas à subir les ennuis auxquels elle avait été exposée lorsqu'elle était venue au-devant de son père.

Ils descendirent en effet tous deux de voiture et, les chevaux ayant été confiés à un commissionnaire qui les garda en les tenant à la bride, ils allèrent attendre Georges à la porte même de sortie.

— Il n'est pas à craindre que nous nous trouvions aujourd'hui face à face avec ton officier de marine, dit M. de la Héraudière en souriant.

— Pourquoi ?

— Tu ne lis donc pas le journal ?

— Quelquefois.

— Alors tu le lis mal, et tu ne choisis pas pour tes lectures ce qu'il y a de plus intéressant. Si, au lieu des faits divers ou des tribunaux, tu lisais la partie intelligente et sérieuse du journal, tu aurais vu que M. de Rosnoblet est en ce moment dans l'Indo-Chine, où il a entrepris une exploration qui peut lui coûter la vie.

Charlotte resta impassible.

— Cela ne t'émeut pas, continua M. de la Héraudière, de penser que ce pauvre garçon est peut-être mort en ce moment.

— Mais si.

En réalité, Charlotte n'était pas à ce que son père lui disait en ce moment, mais bien à ce qu'il lui avait dit quelques secondes auparavant. Comment, après avoir pendant six mois évité de faire la plus petite allusion aux journaux, en parlait-il maintenant ? Comment avait-il l'air de vouloir l'interroger à propos des tribunaux ? Il était donc décidé à une explication immédiate aussitôt après l'arrivée de Georges. Cela l'inquiétait autrement que de savoir ce que M. de Rosnoblet pouvait faire dans l'Indo-Chine, et les dangers auxquels il se trouvait exposé. Le train allait arriver dans quelques minutes ; ce n'était pas à M. de Rosnoblet qu'elle pensait. Ce n'était pas le nom de l'officier qu'elle avait sur les lèvres ; ce n'était pas lui qu'elle voyait.

— En jugeant que M. de Rosnoblet était un esprit aventureux, je ne m'étais pas trompé, continua M. de la Héraudière. Au lieu de passer à terre le congé qu'il avait obtenu, il s'est embarqué de nouveau, et il est parti pour l'Indo-Chine. Son but est de remonter le Mekong jusqu'aux frontières de la Chine et de redescendre par le Menam. S'il réussit, il nous fera connaître les royaumes de Cambodge et de Siam ; mais réussira-t-il et ne laissera-t-il pas, comme ceux qui l'ont précédé, sa vie dans cette entreprise ? Les dernières nouvelles qu'on a de lui, le laissent seul dans une barque, remontant le Mekong. Quand tu liras les journaux, je te recommande de le suivre. Il mérite qu'on s'intéresse à lui. Ils sont trop rares, les Français qui donnent leur vie à la science. C'est là vraiment un brave garçon : de l'enthousiasme, du courage, du désintéressement, des connaissances sérieuses, l'amour de la science...

L'arrivée du train interrompit cet éloge que Charlotte n'écoutait guère, et que M. de la Héraudière faisait en appuyant sur les mots, comme s'il voulait les introduire de force dans les oreilles de sa fille.

Pensait-il seulement à M. de Rosnoblet, en s'exprimant ainsi, et les mots d'enthousiasme, de courage, de désintéressement, sur lesquels il insistait par l'accent, ne s'appliquaient-ils pas autant à l'avocat qu'à l'officier de marine ? L'éloge de l'un n'était-il pas, par contraste, l'accusation de l'autre ?

Le train était arrêté. D'un compartiment de première on vit descendre un voyageur vêtu d'un costume complètement noir et portant sous le bras un gros paquet de journaux dépliés.

— Voici Georges, dit M. de la Héraudière, en regardant sa fille qui avait pâli ; fais-lui donc signe avec ton mouchoir ; qu'il voie que nous sommes-là à l'attendre.

Charlotte agita son mouchoir, mais Georges n'était point pour le moment en situation de voir ce signal.

Descendu sur le quai, il s'était arrêté pour réparer le désordre de sa toilette : d'une main il faisait plisser son pantalon qui, par le frottement, s'était plissé aux genoux, et de l'autre il redressait son col droit, qui encadrait ses longs favoris roux.

A le voir s'attarder ainsi dans des soins de coquetterie, un observateur n'eût jamais eu l'idée qu'il avait devant lui une des célébrités du jeune barreau. L'avocat ne se devinait que dans la couleur noire du costume, car cette couleur était assez insolite pour un voyage en temps de chaleur et de poussière, dans la moustache rasée, enfin dans un certain pli des lèvres que contractent seuls ceux qui font un fréquent usage de la parole ; par tout le reste, par la coupe même du costume, par la désinvolture de la tournure, par la fraîcheur des gants et le luxe du linge, on devait croire qu'on se trouvait en présence d'un désœuvré du boulevard.

Après s'être livré à ces soins, il campa un lorgnon sur son nez et regarda autour de lui.

Le mouchoir blanc de Charlotte appela son attention, et du bout de la main, il répondit par un petit geste saccadé à cet appel.

— Enfin ! dit M. de la Héraudière, c'est heureux.

Georges arrivait à la porte.

Il prit son oncle dans ses bras et l'embrassa sur ses deux joues.

Pour Charlotte, il lui prit la main et la lui serra longuement.

— Ah ! mon oncle, dit-il, c'est bien aimable à vous d'être venu au-devant de moi, et je remercie Charlotte de vous avoir amené.

— Mon garçon, je dois te prévenir que tu fais fausse route ; c'est moi qui ai amené Charlotte ; elle m'a accompagné.

— Avec plaisir, dit Charlotte, pour corriger ce que cette réplique avait de peu encourageant.

— Veux-tu monter sur le siége de derrière ? dit M. de la Héraudière à son neveu lorsqu'ils eurent rejoint le char-à-bancs ; c'est Charlotte qui conduit ; il est plus prudent que je sois près d'elle.

On se mit en route.

— Tu sais que nous t'attendions ici samedi matin, dit M. de la Héraudière.

— En effet, j'avais l'intention de venir comme je vous l'avais promis.

— Et tu n'es pas venu ?

— J'ai été empêché.

— Je ne te fais pas de reproches et ne te demande pas d'explications. Tu es assez grand garçon pour avoir ta liberté. Je te dis que nous t'attendions, voilà tout.

— Je dois donc vous expliquer pourquoi je ne suis pas venu.

— Mais pas du tout.

— Mon oncle, je vous demande la permission d'insister.

— Si tu veux plaider, plaide, mon garçon; on te tiendra en haleine pendant les vacances. Tu sais seulement qu'avec nous tu n'as pas besoin de te livrer de temps en temps à ces éclats de voix qui sont en usage au palais pour réveiller les juges endormis.

Georges n'était pas habitué à ce ton chez son oncle : depuis son arrivée, c'était la seconde fois que celui-ci paraissait vouloir le prendre à partie.

Que signifiait cet accueil?

Il regarda Charlotte pour chercher une indication qui le guidât, mais celle-ci tenait les yeux fixés sur ses chevaux.

— Je demande de plus en plus à me défendre, dit-il, et suivant l'expression de nos voisins, je plaide « mon coupable.»

— Naturellement un avocat peut donner à un client trop gravement compromis, le conseil d'avouer; mais pour lui il n'avoue jamais ,n'est-ce pas ?

— Je ne sais pas, mon oncle.

— Je veux dire que celui qui se sait habile dans l'art de la parole, met sa confiance dans son habileté.

— Enfin, mon oncle ,voici mon cas : vous vous souvenez, n'est-ce pas de m'avoir entendu souvent parler d'Emmanuel Narbanton.

— Narbanton, il me semble avoir entendu prononcer ce nom, mais je ne me rappelle pas dans quelle circonstane.

— C'est quand je suis allé finir mes classes à Paris : Narbanton s'est trouvé mon camarade ; et aux vacances je vous ai parlé de lui, car nous nous écrivions souvent.

— N'était-il pas de la Bourgogne ?

— Précisément; son père était un des plus riches propriétaires de vignobles de la Bourgogne, et vous avez dû en entendre parler.

— Peut-être ; je ne m'en souviens que confusément.

— A l'Ecole de droit. notre intimité continua, puis les circonstances de la vie nous séparèrent ; peu à peu les habitudes et les relations ne pouvaient pas être les mêmes pour un garçon qui avait deux cent mille francs de rente, car il avait hérité de son père, et un petit avocat qui à force de travail gagnait difficilement le nécessaire. Cependant nous continuâmes de nous écrire de temps en temps ; je veux dire que Narbanton m'écrivit quelquefois, car à cette époque il entreprit un voyage autour du monde, et les lettres qu'il m'envoya des pays qu'il parcourut sont très intéressantes.

— Tu demandes aux lettres d'amitié d'être intéressantes, toi! Enfin continue.

— Emmanuel revint il y a dix-huit mois. Nous dînâmes alors ensemble, car il n'avait qu'un jour à passer à Paris. Puis,depuis ce temps, nous restâmes sans nous voir. Il y a quinze jours, il m'écrivit de la Rochelle qu'il faisait en ce moment une excursion sur les côtes de France, dans son yacht, car il adore le canotage, la navigation et tous les exercices du corps. Je lui répondis pour lui demander s'il visiterait la Bretagne. Il me dit qu'il serait au Croisic dans les premiers jours de septembre. Alors je suis parti de Paris vendredi, comme je le devais. Seulement, au lieu de venir directement ici, je me suis arrêté au Croisic, où j'ai passé deux jours avec mon ami Narbanton, qui a été très heureux de me revoir.

— C'est lui qui a été heureux ?

— Nous l'avons été tous deux, je vous assure. Maintenant que vous connaissez la vérité, m'en voulez-vous, mon cher oncle, d'avoir fait passer, pour quarante-huit heures, l'amitié avant la famille ? Si j'avais osé, j'aurais donné rendez-vous à Narbanton à la Crique, mais j'ai eu peur d'être indiscret.

— Tu as eu tort de ne pas le faire.

— Je le regrette d'autant plus maintenant, que Narbanton, à qui j'ai parlé de vos expériences d'acclimatation, désire très vivement voir les résultats que vous avez obtenus, car il s'intéresse aux plantes et aux arbres.

— Eh bien, écris-lui de venir, il pourra mettre son yacht à l'abri à Port-Navalo.

Pendant que Georges faisait ce récit, Charlotte réfléchissait. Ainsi, c'était pour une simple visite d'amitié qu'il avait retardé son arrivée ! Sans doute, il n'avait pas vu cet ami depuis dix-huit mois. Mais il semblait que cette intimité s'était bien relâchée depuis la séparation de l'Ecole de droit. Et puis, est-ce qu'elle n'attendait pas elle-même depuis onze mois ce 1er septembre qui avait été si long à venir. Ah ! bien certainement si Georges avait compté les jours comme elle les avait comptés elle-même, il ne serait point arrêté au Croisic. Ne pouvait-il pas venir tout de suite à la Crique, le 1er septembre, comme il l'avait promis, et, après quelques jours, partir de la Crique pour aller visiter son ami?

Ces pensées occupèrent son esprit tant que dura la route, et la rendirent muette.

On arriva.

Pendant que M. de la Héraudière donnait au domestique des ordres pour les chevaux, elle emmena Georges du côté de la maison.

Alors, marchant près de lui :

— N'ayez aucun entretien avec mon père, dit-elle, avant que nous ne nous soyons entendus. Il faut que je vous parle, et longuement.

— Alors, ce soir, comme l'année dernière.

— Non, pas ce soir.

— Que se passe-t-il donc?

— C'est ce que je veux vous apprendre après déjeuner mon père sortira sans doute, nous l'accompagnerons, et pendant qu'il travaillera à ses *Kjoekken-Moedding* : nous pourrons causer librement. Parlez moi de Paris ou de n'importe quoi, afin qu'il ne soupçonne pas que nous nous sommes entendus.

IX

S'il est un nom peu agréable pour des oreilles françaises et en même temps peu facile à prononcer, c'est assurément celui de *kjoekken-moedding*.

Cependant Charlotte avait si souvent entendu ce mot pendant ces derniers mois, et si souvent aussi elle l'avait prononcé elle-même, que sur ses lèvres il ne paraissait pas trop barbare.

En l'entendant, Georges ne parut pas surpris, et bien qu'il ne le connût pas, il ne demanda pas sa signification. C'était un mot à l'usage des savants, sans doute,

il ne lui convenait pas de paraître et ignorer la langue que parle la science.

Aussi, lorsqu'après le déjeuner M. de la Héraudière annonça qu'il allait travailler à son *kjoekken-moedding*, et demanda à Charlotte et à Georges s'ils voulaient l'accompagner, celui-ci ne fit pas la moindre observation.

— Volontiers, dit-il ; pour mon compte, je suis très curieux de voir ces *kjoekken-moeddings*.

— Tu en as déjà vu ? demanda M. de la Héraudière ; où donc ? Ceux d'Outreau, ou ceux de Saint-Valery ?

— Je n'en ai point vu.

— Ah ! dit M. de la Héraudière en souriant ; mais au moins, tu sais ce que c'est, n'est-ce pas ?

— Comme tout le monde.

— Ma parole d'honneur, les avocats sont admirables pour pouvoir parler de tout et sur tout. Ainsi tu entends tout à à l'heure pour la première fois le nom de *kjoekken-moedding*. Non-seulement ce nom bizarre ne t'étonne pas, mais encore tu le retiens et tu trouves moyen de le placer dans la conversation, comme s'il s'agissait d'une chose courante. Pour un peu, tu aurais soutenu avec moi une discussion sur ce sujet, et il n'est pas du tout certain que j'aurais eu le dernier, car en discutant tu aurais fini par me comprendre, tu m'aurais fait expliquer ce que tu ne savais pas, et comme toi, de ton côté, tu ne m'aurais rien expliqué du tout, puisque tu aurais parlé pour ne rien dire, j'aurais au bout du compte eû le dessous; c'est vraiment très joli.

Ces attaques répétées indiquaient décidément de mauvaises dispositions chez M. de la Héraudière, qu'il serait utile de connaître.

Cependant, obéissant à la demande de Charlotte, Georges ne fit rien pour obliger son oncle à les expliquer.

Au contraire, il se mit à rire.

— Chacun combat avec ses armes, dit il ; le savant avec son raisonnement, l'avocat avec sa parole : la parole a été vaincue, n'ayant pas [eu la liberté de combattre. Qu'est-ce que c'est que cette machine dont vous vous occupez en ce moment?

— Tu vas voir cela sur la grève.

C'était en se dirigeant vers la mer que cette conversation s'était engagée; on arriva bientôt au rivage, et dans la dune, on se trouva en face d'une petite élévation recouverte d'une maigre végétation.

Par une entaille qui avait été récemment faite dans cette élévation, on voyait qu'elle n'était pas formée de terre ou de sable, mais que c'était un amas de coquilles et de débris de toutes sortes assez difficiles à reconnaître au premier examen.

— Voilà ce que c'est que cette machine dont tu parles, dit M. de la Héraudière; autrement dit, voilà un *kjoekken-moedding*. C'est tout simplement, comme tu le vois, une accumulation de coquillages marins et d'ossements. Seulement, cet amas, qui peut te paraître la chose la plus vulgaire du monde, est un véritable musée, le plus riche, le plus intéressant pour l'histoire de l'homme qu'on puisse désirer. En effet, ce que nous avons devant les yeux n'est point un banc de coquilles fossiles formé par la nature ; chacun de ces coquillages a été apporté par la main de l'homme.

— Pardon, mon oncle, mais vous accusez les avocats de parler avec leur imagination et sans connaître les choses dont ils parlent ; les savants, eux, ne regardent-ils pas avec leur imagination? A quoi reconnaissez-vous que ces coquilles ont été apportées là par la main de l'homme ?

— A ce que ces diverses coquilles appartiennent à quatre espèces qui, dans la nature, ne vivent jamais ensemble ; à ce qu'il n'y en a pas de jeunes parmi elles ; à ce qu'elles ont été vidées avant d'être entassées là ; enfin, à ce que, dans cette accumulation, on trouve des ossements de mammifères, des restes de poisson, des silex taillés, des débris de foyers. De là même leur nom composé de deux mots danois : *kjoekken*, cuisine, et *moedding*, débris. Ce sont, en effet, des rebuts de cuisine que des peuplades primitives vivant de pêche et de chasse ont lentement amassés là, jetant autour de leurs cabanes les restes de leurs repas.

— En un mot, des tas d'ordures.

— Précisément ; seulement ces tas d'ordures remontent aux temps préhistoriques, à ce que les savants appellent l'époque de la pierre polie, et par ce qu'ils renferment, ils nous disent quelle était alors l'alimentation de l'homme, comment il vivait, de quels instruments de pêche il se servait, quelles étaient ses armes ; d'un autre côté, ils nous montrent quels étaient les animaux qui, à cette époque, habitaient notre pays. Tu vois qu'un tas d'ordures peut dire bien des choses, quand le chiffonnier qui le fouille a des yeux pour regarder et un esprit pour raisonner. Si le cœur t'en dit d'essayer, prends une pioche et aide-moi.

Mais ce n'était point de savoir ce que ces amas pouvaient contenir que Georges avait souci pour le moment ; il s'excusa sur la maladresse de ses mains, et se contenta de regarder son oncle qui, ayant assujetti solidement ses lunettes derrière ses oreilles, fouillait avec précaution le *kjoekken-moedding*, examinant chaque coquille et chaque débris.

Après quelques instants, Charlotte lui fit signe de la suivre, et elle descendit sur la grève.

M. de la Héraudière était si bien absorbé dans sa recherche, qu'il ne s'aperçut de leur disparition qu'assez longtemps après qu'ils se furent éloignés.

Il regarda autour de lui ; ne les voyant pas, il releva ses lunettes sur son front pour mieux chercher au loin ; et alors, il les aperçut se promenant côte à côte sur le sable que la marée qui baissait venait de découvrir ; pendant quelques minutes, il les regarda ; puis il se remit au travail.

Ce n'était pas pour que Georges ne pût point avoir d'entretien avec Charlotte qu'il avait fait venir son neveu à la Crique ; c'était au contraire pour que, dans un long tête-à-tête se répétant chaque jour, celui-ci se fît bien connaître et juger. L'épreuve décisive était commencée; il n'y avait plus qu'à attendre. Mais en donnant un coup de pioche dans les coquilles, il sentit que sa main était moins ferme ; ses yeux voyaient trouble.

— Eh bien, que se passe-t-il ? demanda Georges à Charlotte, lorsqu'ils furent arrivés sur la grève ; tous ces retards me font mourir d'impatience.

— Vous attendez depuis deux heures, moi j'attends depuis six mois; mais ces six mois bien longs, je vous assure, m'ont paru moins cruels encore que les deux jours qui sont écoulés du 1er septembre au trois.

— Me reprochez-vous d'avoir serré la main d'un ami que je n'avais pas vu depuis longtemps?

— Je ne vous reproche rien, Georges, je vous explique simplement que si votre impatience est grande, la mienne ne l'est pas moins, voilà tout.

— Ce qui m'inquiète, c'est de savoir ce que mon oncle a contre moi; bien souvent, avant aujourd'hui, il m'a raillé ou attaqué, mais jamais comme il vient de le faire à plusieurs reprises.

— C'est que les sentiments de mon père pour vous ne sont plus maintenant ce qu'ils étaient autrefois.

— Quels reproches a-t-il à m'adresser, de quoi m'accuse-t-il ?

— C'est pour vous l'apprendre que je vous ai amené ici, et c'est pour que vous sachiez comment vous justifier que je vous ai averti de n'avoir aucune discussion avec mon père avant d'avoir entendu ce que j'avais à vous dire.

— Je vous écoute.

— C'est il y a six mois, en revenant de Paris, et après vous avoir vu, que mon père m'a parlé de vous, ou, plus justement, de nous. J'avais été attendre à la gare, et tout le long de cette route que nous venons de faire il y a trois heures, il n'a été question que de vous; puis, après le déjeuner, l'entretien a recommencé sur cette même grève où nous marchons en ce moment ; et c'est là, devant ce rocher, qu'ont été prononcées les paroles décisives qui depuis six mois résonnent sans cesse dans mes oreilles.

— Mais quelles paroles ? Vous aussi Charlotte, avez-vous juré d'exaspérer mon impatience ?

— Et ne sentez-vous pas mon embarras à vous répéter ce que mon père m'a dit en toute franchise, croyant ne parler que pour moi seule. Ne sentez-vous pas que je cherche et tourne, n'osant me décider ?

— Ce sont cependant ces paroles mêmes qu'il faut que vous me répétiez, car si vous voulez que je me défende...

— Si je le veux !

— Si vous voulez que je réussisse à me bien défendre, il faut que je sache précisément de quoi je suis accusé, et jusqu'où va cette accusation. C'est par les mots mêmes qui l'ont formulée que je peux être éclairé. N'ayez donc nul scrupule à les répéter, si pénibles qu'ils puissent être pour moi ; c'est mon avenir qui est en jeu ; le nôtre, chère Charlotte. Vous savez bien que tout ce que vous direz ne

pourra pas changer mes sentiments pour mon oncle, pour votre père.

— Mon père a commencé par rappeler comment nous avions été élevés ensemble, et comment ma mère, qui vous aimait tendrement avait formé le projet de nous marier. Il m'a dit que pour lui il s'était opposé à ce projet.

— Vous a-t-il expliqué pour quelles raisons ?

— Ces raisons se trouvaient pour lui dans certains côtés de votre caractère qui ne lui étaient pas sympathiques dans le présent et surtout qui l'effrayaient dans l'avenir.

— Quels côtés ?

— Un trop vif désir de faire vite votre chemin, une trop grande ambition.

— Mon oncle eût-il mieux aimé me voir paresseux et indifférent à tout, acceptant comme chose naturelle et légitime de vivre à ses dépens.

— Je vous répète ce qu'il m'a expliqué. Ensuite il me dit que pour ne pas contrarier ma mère, qui tenait ardemment à son projet, il avait accepté cette idée de mariage entre nous, mais en y mettant pour condition qu'elle ne serait réalisable que dans un certain délai qui lui permettrait de voir si ses craintes étaient fondées, et que dans tous les cas, je devrais ignorer ce projet qui ne me serait révélé qu'à l'époque où je serais en âge de savoir ce que je ferais en l'acceptant ou en le repoussant. A ce moment peut-être, j'aurais dû lui dire que cette dernière condition n'avait point été exécutée, que par maman j'avais connu ce projet, que je m'étais habituée à voir en vous celui qui serait mon mari ; enfin, que nous nous étions aimés. Je n'ai point osé lui faire cette confidence.

— Vous avez agi très sagement.

— Je n'ai pas voulu que le souvenir de ma pauvre maman fût une occasion de contrariété pour mon père, et puis j'ai eu peur de vous contrarier en faisant un aveu que vous ne m'aviez pas autorisée à faire. Enfin je n'ai rien dit, et j'ai eu d'autant moins de peine à me taire, que ce que mon père voulait, ce n'était pas connaître mes sentiments, mais bien plutôt me faire connaître les siens à votre égard.

— Et quels sont-ils ?

— Après m'avoir longuement expliqué quelle était votre vie et quel but vous poursuiviez, les moyens que vous mettiez en œuvre pour l'atteindre et les efforts que vous faisiez, il me dit que pour lui l'épreuve est concluante et qu'il avait la conviction que la femme que vous épouseriez ne pouvait pas être heureuse.

— Et pourquoi donc ?

— Parce que...

— Dites-donc tout, je vous en prie.

— Parce que il n'y a pas de bonheur en ce monde sans l'accord de deux consciences, et que jamais la conscience d'une honnête femme ne pourra approuver un mari qui sacrifie tout à l'ambition.

— Charlotte !

— Ah ! ce sont les paroles mêmes dont il s'est servi ; elles m'ont trop cruellement blessée pour que je les oublie.

X

Il se fit entre eux un long moment de silence, qui devint de plus en plus pénible à mesure qu'il se prolongea.

Charlotte marchait les yeux baissés sur le sable, et la vague qui venait frapper le rivage dans un mouvement régulier marquait pour elle le temps qui s'écoulait, comme l'eussent fait les oscillations d'un pendule ; chaque coup lui était une secousse au cœur.

Georges, près d'elle, l'observait de côté et sans paraître la regarder.

Marchant ainsi, ils étaient arrivés à un petit promontoire, et les quartiers de rochers éboulés dans la mer recouvraient le sable fin de la grève. Ils s'arrêtèrent devant cet obstacle et tournèrent sur eux-mêmes pour revenir en arrière.

Ainsi se trouva interrompue leur préoccupation ; de même qu'ils ne suivirent plus machinalement leur route droit devant eux, de même aussi ils ne suivirent plus leur pensée.

— Et alors, dit Georges reprenant l'entretien au point même où il s'était arrêté, quelle fut la conclusion de ce discours, car je pense qu'il eut une conclusion ?

— Assurément, hélas !

— Eh bien, faites-la-moi connaître : elle ne pourra jamais être plus blessante pour moi que ne l'a été l'opinion formulée sur mon compte par mon oncle.

— Cette conclusion nous frappe tous les deux.

— Mon oncle s'oppose à notre mariage ?

— Voici les paroles mêmes de mon père : « Georges sera député ; peut-être sera-t-il ministre ; pour moi, il n'est plus l'homme que je veux donner pour mari à ma fille. »

— Mon oncle vise donc bien haut maintenant, qu'un député ne lui suffit pas ?

— Vous savez que ce n'est pas l'ambition qui inspire ses sentiments, et que précisément même c'est la peur et le dédain de l'ambition.

Sans répondre, Georges haussa les épaules et de son pied frappa le sable avec colère.

Charlotte continua :

— A ces paroles, mon père en ajouta encore d'autres : il me dit que vous viendriez passer une partie des vacances avec nous et que je devrais profiter de ce moment pour vous étudier ; alors seulement je devrais lui parler de vous et lui apprendre ce que j'aurais décidé.

— Ainsi je suis ici à l'essai.

— Georges !

— Si je me conforme à certaines idées que je ne connais pas précisément, je vous épouserai peut-être ; si je choque ces idées, je ne vous épouserai certainement pas. Est-ce qu'il n'y a pas dans la Bible une histoire de ce genre : un gendre qui sert son beau-père pendant je ne sais combien d'années.

— Je vous en prie, Georges !

— Et que faut-il faire pour vous plaire ? Dites, parlez, puisque c'est de vous que dépend mon sort. Faut-il aller au-là des mers tuer un dragon fabuleux et vous rapporter sa dent ?

— Vous raillez, Georges, quand je fais effort pour retenir mes larmes.

Le contraste entre elle et lui était en effet frappant.

Tandis qu'elle se montrait accablée sous le coup qui les atteignait, pleine de désolation dans l'heure présente et d'angoisses dans l'avenir qui se préparait, Georges, de son côté, laissait paraître plus de colère que de douleur.

En levant les yeux sur lui, elle démêla très bien le sentiment qui l'agitait.

Alors, secouant doucement la tête :

— Vous êtes un homme, vous ne vous laissez pas abattre, tandis que je ne sais que désespérer.

— Aussi, dit-il sans se montrer touché par cet appel, les relations dans lesquelles nous devons vivre sont celles-ci : je suis un sujet à étudier, et vous êtes un juge. Eh bien, étudiez-moi, je me livre à vous. Sur quel point voulez-vous m'interroger? Quand nous aurons passé en revue tout ce qui peut prêter à la critique, vous communiquerez votre verdict à mon oncle. Sur quoi dois-je vous répondre tout d'abord, la morale, la théologie. Je vous déclare que je suis d'avis qu'on doit faire baptiser ses enfants; c'est correct.

Charlotte le regardait avec une stupéfaction douloureuse, et marchait près de lui sans trouver un mot à répondre à ce flot de paroles.

Revenant sur leurs pas, ils étaient arrivés vis-à-vis la butte de coquilles devant laquelle ils avaient laissé M. de la Héraudière; Georges se tourna de son côté, et le désignant du doigt à Charlotte :

— Vous voyez, dit-il, mon oncle suit l'interrogatoire que vous me faites subir en ce moment. Quel malheur que nous ne jouions point la pantomime, il pourrait nous comprendre. Moi, la main sur mon cœur et la jambe tendue, protestant de mon innocence ; vous, secouant la tête d'un geste mutin, pour dire que vous ne me croyez pas et que vous voulez des preuves.

En effet, M. de la Héraudière se tenait debout devant son amas de coquilles; mais au lieu de piocher dans le tas, il regardait attentivement du côté de la grève.

Debout, les deux mains posées sur le manche de sa pioche, les lunettes relevées sur le front, ses cheveux blancs flottant au vent, il se tenait immobile, absorbé dans son examen ; du rivage, on voyait sa grande taille, serrée dans l'habit noir qu'il ne quittait jamais, été comme hiver, se profiler sur le bleu du ciel.

— Je comprends, reprit Charlotte, que vous soyez blessé par les paroles que je viens de vous répéter, et plus encore que vous en soyez peiné. Mais vous n'êtes pas juste pour mon père, Georges, et vous l'êtes encore moins pour moi.

— Faut-il donc que je vous remercie lui et vous?

— Pour moi je ne vous demande rien, mais pour mon frère je vous demande plus de justice. Ses idées, vous le savez bien, partent d'un sentiment que vous ne pouvez pas blâmer. Il veut que je sois heureuse.

— Et il croit que vous ne pouvez pas l'être avec moi. C'est de ce jugement que je dois être touché?

— C'est contre ce jugement que vous devez vous défendre; il me semble que cela n'est pas indigne de vous. Mon père obéit à des idées qui, j'en suis certaine, partent d'un malentendu; pourquoi ne vous appliquez-vous pas à lui démontrer son erreur? Vous avez un mois devant vous, et l'on peut bien des choses en un mois. Si vous saviez comme j'ai attendu ce moment avec impatience! Je me disais que vous sauriez ramener mon père à d'autres sentiments, et je ne me doutais guère que ce serait à moi de vous indiquer quels moyens il faudrait employer.

— Vous aussi, doutez-vous de moi maintenant.

— Je vous adjure de ne pas vous laisser aller à un premier mouvement de colère. Croyez bien que mon père ne sera pas inflexible. S'il avait dû l'être, il n'eût point agi comme il l'a fait, et il ne m'eût point accordé jusqu'à cette époque. Il m'eût signifié qu'il ne consentirait jamais à notre mariage, et vous savez bien que ce n'est pas ce qu'il a dit.

— Que pouvait-il dire de plus en m'accusant de n'être pas digne de devenir votre mari?

— Il pouvait déclarer que notre mariage ne se ferait jamais, et si telle avait été sa déclaration, je ne vous aurais pas répété tout ce que je viens de vous dire.

— Vous auriez obéi?

— Vous savez bien que je me marierai jamais sans avoir l'approbation de mon père, et c'est parce que j'ai l'espérance d'obtenir cette approbation que je vous demande d'intervenir et de m'aider.

— Et que puis-je? M'est-il possible, à mon âge, de penser et de sentir comme mon oncle au sien. Si nous différons d'opinions et de croyances, ce n'est pas vous, Charlotte, qui me donnerez le conseil d'afficher des principes qui ne sont pas les miens ; bien certainement aussi vous ne me direz pas de mettre mon drapeau dans ma poche.

Elle ne répliqua pas, et pendant quelques secondes elle n'entendit plus les paroles de Georges. Celles qui lui montaient du cœur, c'étaient celles qu'elle avait entendues autrefois, au temps où il lui disait qu'il donnerait sa vie pour être aimé d'elle.

Elle s'arrêta, et lui prenant vivement la main, elle le força à se tourner vers elle.

Alors, le regardant en face, les yeux dans les yeux, les lèvres frémissantes, pâle d'émotion :

— Georges, vous ne m'aimez plus. Je ne suis pas une petite fille qu'il faut ménager. Pas de pitié, la vérité. Si vous ne m'aimez plus, la vérité.

Ils restèrent longtemps les yeux dans les yeux, se regardant jusqu'au fond de l'âme.

Mais peu à peu les lèvres de Charlotte se décolèrent et elle pâlit au point qu'on pouvait croire qu'elle allait défaillir.

Georges leva la main. Elle crut qu'il voulait parler et que c'était son arrêt qui allait tomber de ces lèvres qu'elle examinait avec une si poignante angoisse.

— Mon Dieu ! murmura-t-elle.

— Vous voyez, pauvre enfant, dit-il avec un sourire, que vous n'êtes pas la jeune fille résolue que vous croyez être. Ne soyez pas ainsi troublée ; je parlerai à mon oncle, et tout ce que je pourrai faire, je le ferai.

— Ah ! Georges.

— Etait-il donc nécessaire pour vous d'entendre ces mots et n'auriez-vous pas dû les trouver dans votre cœur?

— Ce que je demande, ce n'est pas, pour satisfaire mon père, de renoncer à vos croyances ou à vos espérances. Cela, je ne le voudrais pas. Mais je suis certaine que les idées de mon père sur vous sont fausses. Prouvez-lui qu'il se trompe. Cela vous sera bien facile.

Il secoua la tête.

— Mon père vous aime, et je vous assure, Georges, que le cœur s'ouvre facilement aux paroles de ceux qu'on aime.

— Vous ne connaissez pas votre père, Charlotte.

— Je vous assure qu'il a pour vous une affection très vive.

— Ce qui n'empêche pas qu'il ne veut plus de moi pour son gendre.

— Parce que...

— C'est moi qui vais vous expliquer pourquoi. Sous les apparences d'une douceur de caractère qui semble souvent aller jusqu'à la faiblesse, mon oncle cache

une volonté solide et qui, sur certains points, est inébranlable. Dans les choses de la vie, pour tout ce qui touche aux actes matériels de l'existence, cette faiblesse de mon oncle est extrême ; il veut aller se promener à droite, vous le forcez à vous suivre à gauche, il obéit docilement. De cela vous avez eu depuis dix ans mille exemples qu'il est inutile de rappeler. Mais dans le domaine des idées, pour tout ce qui touche à certains principes, il a la dureté, l'inflexibilité de la pierre. S'il s'est fâché avec M. Falcot, qui pendant vingt années a été son ami intime, le compagnon de ses travaux, c'est parce que celui-ci a refusé d'admettre que les hommes descendaient des singes. Vous étiez trop jeune au moment où ces discussions ont eu lieu pour avoir pu en garder le souvenir ; elles ont été terribles.

J'ai assisté à la dernière, et j'ai compris alors quel homme était mon oncle : « Celui qui ne reconnaît pas la pluralité des races humaines associée à l'idée du développement progressif des êtres ne peut pas être mon ami,» me dit-il en refermant la porte sur le dos de M. Falcot, qui venait de sortir exaspéré. Et depuis, malgré les tentatives faites par des tiers, mon oncle n'a jamais voulu revoir son ancien ami. Comment voulez-vous que je puisse le toucher et le convaincre, alors que les griefs qu'il a contre moi doivent être autrement sérieux?

— Il n'y a pas entre vous de dissentiment sur une question scientifique.

— Non, mais nous sommes séparés par une question morale ; et ce n'est pas moins grave, car, bien que depuis longtemps nous ne nous soyons pas expliqués franchement à ce sujet, mon oncle m'a fait assez d'observations pour que je comprenne ce qui le blesse en moi.

— Votre ambition, Georges.

— Mon ambition !

— C'est lui qui parle ainsi.

— Je ne me fâche pas du mot de mon oncle, mais de son sentiment. Quel eût été mon rôle en ce monde si j'avais écouté ses conseils ? Petit avocat en province ; la belle affaire ! J'ai voulu autre chose et, seul, sans autre force que ma volonté et mon travail, j'ai obtenu cette chose. J'ai voulu être, j'ai été. Je veux être, je serai.

— Mais alors...

— Je dis que je veux être votre mari,

chère petite cousine, et j'espère que je le serai. C'est une lutte à entreprendre contre mon oncle ; aussitôt que les circonstances me seront favorables, je l'entreprendrai ; demain, dans quelques jours.

XI

Georges et Charlotte s'aimaient-ils ? S'étaient-ils jamais aimés ?

Celui qui, sans les connaître et sans rien savoir de leur vie, eût assisté à leur entretien sur la grève, eût été assez embarrassé pour répondre à cette double question.

Que Charlotte aimât son cousin, cela n'était pas douteux ; son amour se lisait dans ses regards ; il rayonnait de toute sa personne comme la chaleur et la lumière rayonnent d'un foyer. Il n'était même pas besoin d'entendre les paroles prononcées par ses lèvres pour comprendre que c'étaient des paroles de tendresse qui jaillissaient d'un cœur ému : l'attitude, le geste, l'accent, le silence même, tout en elle affirmait ses sentiments.

Mais pour Georges, l'interrogation qu'on se posait ne pouvait pas se résoudre aussi facilement.

Un homme de trente ans ne se livre pas comme une jeune fille élevée dans la maison paternelle, alors surtout que cet homme, par une étude de chaque jour, s'est rendu maître de sa parole et de son attitude.

Où est le vrai en lui ?

Dans ce qu'il montre, ou dans ce qu'il cache ?

Faut-il croire ce qu'il dit, ou bien seulement ce qu'il laisse entendre ?

Ses paroles tombées de ses lèvres, en réponse aux instances de Charlotte, se résumaient en un seul mot : il ferait tout ce qu'il pourrait pour modifier les dispositions de son oncle.

Mais si telles étaient ses intentions, comment expliquer les railleries par lesquelles il avait tout d'abord accueilli les accusations de M. de la Héraudière et que Charlotte lui répétait. On ne raille pas lorsqu'on est profondément ému ; on se laisse emporter par la colère ou la douleur ; on ne reste pas assez maître de soi pour faire parler son esprit : c'est le cœur qui crie.

Chez Georges, dans sa voix, comme dans son regard, il n'y avait pas eu un moment d'élan.

Quand Charlotte lui avait expliqué quelles raisons M. de la Héraudière opposait à leur mariage, il avait pâli et ses lèvres s'étaient contractées. Evidemment ces raisons lui étaient pénibles ; mais le blessaient-elles dans son amour ou seulement dans son amour-propre ? c'était ce qu'on ne pouvait démêler.

Quand elle avait insisté pour qu'il se justifiât, lui prouvant que s'il persistait dans sa colère c'étaient leurs espérances anéanties et leur bonheur perdu à jamais, il n'avait montré aucun trouble. A vrai dire même, le seul sentiment qui se manifestât en lui pendant cet appel, était la curiosité ; c'était à croire qu'il n'avait en ce moment d'autre souci que de deviner par un examen attentif comment elle accepterait cette rupture de leur mariage.

Enfin quand, se tournant vers lui et le prenant par la main, elle l'avait regardé en face en jetant son cri désespéré : « Vous ne m'aimez plus ; » il était resté impénétrable. C'était seulement après un temps assez long qu'il avait trouvé une réponse.

Il est vrai qu'à ce moment il s'était animé et que dans cette réponse il avait mis une certaine chaleur ; en parlant, sa voix s'était peu à peu émue, et son regard s'était attendri.

Mais d'où provenaient cette émotion et cette tendresse ? A qui appartenaient-elles ? à l'amant, ou bien à l'avocat qui s'échauffe par sa propre parole ?

Ces questions restaient sans réponses précises, perdues dans l'incertitude, le doute et la contradiction ; et celui-là seul eût pu les résoudre qui aurait su par quels sentiments divers Georges avait passé, depuis le jour où un projet de mariage entre lui et sa cousine était né dans l'esprit de Mme de la Héraudière.

Le jour où ce projet lui avait été communiqué, Georges ne pensait guère qu'il dût se marier jamais ; il était collégien et Charlotte était une petite fille qui jouait à la poupée.

Mme de la Héraudière, en femme d'imagination qu'elle était, voyait les choses de loin. Dans ce collégien appliqué au travail, assidu, rangé, que ne rebutait aucune peine et qui n'avait pas peur de l'effort, pourvu que cet effort le fît avancer, elle avait reconnu un caractère comme elle les aimait. Il était de son sang, le vrai fils de sa sœur, l'héritier de leur père qui, lui aussi, avait été dur au travail, âpre au gain et qui eût fait une grande fortune si la mort lui en avait donné le temps.

C'était le soir d'une distribution de prix et Georges était rentré dans la maison de son oncle pliant sous le poids de ses livres. Les volumes couvraient la table du salon, et Charlotte s'amusait à jouer avec les couronnes; elle les effeuillait pour donner les feuilles en pâture aux animaux de sa ménagerie. Mme de la Héraudière, seule avec les deux enfants, regardait son neveu qui, sans perdre de temps, s'était plongé dans la lecture d'un de ces volumes.

— Ferme ton livre, lui dit-elle, et viens près de moi que je te parle. Tu es un brave garçon et je suis contente de toi : si je ne t'ai pas fait de compliments tantôt, c'est que je n'aime pas les démonstrations en public ; mais maintenant je peux te dire ce que je pense, et je le veux, parce que j'espère que cela t'encouragera à persévérer et même à faire plus encore. Tu as très bien compris qu'étant le fils d'un père sans fortune, tu ne pourrais arriver à être quelqu'un un jour que par un travail acharné. Cette disposition-là vaut une fortune. Ton caractère me plaît; j'aime ta volonté et ton courage. Aussi je veux être plus pour toi qu'une tante. Que dirais-tu si un jour, dans plusieurs années, je te choisissais pour gendre et te donnais Charlotte pour femme?

Mais pour que cela puisse se réaliser, il faut que tu travailles, car tu penses bien que je n'irais pas donner ma fille, qui aura cent mille francs de dot, à un homme qui n'aurait rien à nous offrir en échange.

Donnant donnant, c'est la loi de la vie. D'un côté la dot de ma fille, d'un autre, une belle position conquise par toi à force de volonté et de travail, il y a échange. Et nous sommes à une époque, vois-tu, où ces positions peuvent se conquérir et appartiennent, en fin de compte, à ceux qui savent les prendre. Où ton oncle ne serait-il pas arrivé s'il avait voulu ; mais, malgré toute son intelligence, ton oncle n'est pas un esprit pratique ; il demande au travail le plaisir du travail et non le profit qu'il doit donner. Il faut un but ; quand on voit clair et qu'on marche droit, on va loin.

Georges avait été assez peu sensible à cette proposition; il avait seize ans, et Charlotte en avait six ; dans cette petite fille aux cheveux frisés comme un bébé en cire, qui criait encore quand on la contrariait ou quand elle se blessait, il ne voyait pas sa femme. La seule femme, d'ailleurs, qui jusqu'à ce jour eût soulevé sa tunique à l'endroit du cœur, était une vieille comédienne qui, au théâtre d'Orléans, jouait les travestis, le *Vicomte de Létorières*, les *Premières armes de Richelieu*, *Gentil Bernard*; pour lui, les femmes portaient des culottes courtes ; celles qui n'avaient pas de bottes aux jambes et de la poudre à la tête ne lui disaient rien.

Mais la question de sentiment n'était pas tout pour ce collégien précoce qui déjà savait calculer ; cent mille francs, c'était un trésor des *Mille et une nuits*; il aurait donc cent mille francs un jour, lui qui faisait des économies pendant toutes les vacances pour avoir dix francs dans sa bourse au moment de la rentrée. Et tous ces beaux livres qui garnissaient le cabinet de son oncle seraient à lui !

Alors il avait envisagé la proposition de sa tante à un point de vue plus favorable, et à dix-sept ans il s'était habitué à l'idée qu'il ferait un mariage riche, s'il le voulait. Charlotte, depuis ce moment, avait figuré devant ses yeux avec une clef d'or à la main; la clef qui quelques années plus tard lui ouvrirait la route de la fortune. Cent mille francs de dot, sans compter les espérances; sa tante était une excellente femme, une bonne parente qui avait conçu ce projet, et Charlotte était une petite fille qui méritait qu'on eût de la patience pour ses exigences d'enfant. Il s'était prêté à ses jeux, et tous les ans, aux vacances, au premier janvier, et à la Saint-Charles, il s'était rappelé à son souvenir : une boîte arrivait régulièrement par le chemin de fer : « A ma cousine Charlotte, son ami Georges. »

Mais peu à peu la petite cousine était devenue une jeune fille, les cheveux frisés du bébé s'étaient échangés en deux belles tresses blondes, les yeux s'étaient agrandis et allanguis, la petite chenille s'était métamorphosée en un beau papillon : la femme avait remplacé l'enfant.

Un nouveau sentiment s'était alors éveillé chez Georges, et dans Charlotte il n'avait plus regardé seulement la clef d'or. Elle était ravissante, cette petite cousine, avec ses grands yeux doux et tendres; elle avait une façon de prononcer le nom de Georges qui était une caresse; et puis comme elle était gracieuse lorsqu'elle courait dans le jardin, ses cheveux au vent: elle serait vraiment une femme charmante.

Assurément si à ce moment il avait pu devenir son mari, il eût été pleinement heureux; elle avait seize ans, il en avait vingt-six, et au triple point de vue de la fortune, de la position et de l'amour, ce mariage se présentait sous les aspects les plus agréables.

Mais la condition imposée par M. de la Héraudière avait arrêté la réalisation de ses désirs; il avait fallu attendre le délai fixé et pour le moment se contenter de dire tout bas à la chère petite cousine qu'on serait le plus heureux des hommes le jour où l'on pourrait devenir son mari. Franchement la petite cousine avait répondu que ce jour-là, elle serait la plus heureuse des femmes.

En attendant ainsi, la position de Georges avait changé, et le petit avocat qui, à vingt-deux ans, considérait la clef que Charlotte tenait à la main comme étant en or, à vingt-six ans ne la considérait plus que comme étant en argent, et à vingt-huit ans que comme étant en cuivre.

Cent mille francs de dot, la belle affaire pour un homme qui serait bientôt député! Quelle maison pourrait il tenir, avec cinq mille francs de rente? Les femmes coûtent cher. Ce serait la misère; et la misère à l'entrée de la vie; les enfants arriveraient, avec eux tous les ennuis de la famille. Il serait entravé, arrêté avant d'avoir pu faire le pas décisif qui devait le mettre à l'abri du naufrage.

Sans doute, Charlotte était charmante, nul mieux que lui ne le savait, mais enfin elle n'avait pas les qualités nécessaires à la femme d'un ministre. Où les aurait-elle acquises? Elle ne pourrait pas aider son mari: elle aurait des timidités, des embarras, des scrupules qui seraient une charge intolérable.

Pourquoi se marier, d'ailleurs? La religion, l'ambition sont exclusives. L'homme politique se marie tard, quand il est arrivé; s'il a une femme, une famille à traîner derrière lui, il n'arrive jamais.

Vivre sans aimer! le sacrifice est appréciable; mais enfin, il ne faut pas s'en exagérer l'importance.

Qu'est-ce que l'amour, après tout?

Pour les uns, un ensemble de phénomènes cérébraux dans lequel prédomine l'instinct sexuel; pour les autres, une névrose des organes de l'imagination; en réalité, une maladie.

Est-ce que les hommes vraiment forts succombent à cette maladie?

C'était dans ces dispositions que Georges était arrivé à la Crique.

Aussi les confidences de Charlotte ne l'avaient-elles tout d'abord que fort peu ému.

M. de la Héraudière le repoussait et ne voulait plus de lui pour gendre; eh bien! c'était un moyen de sortir d'une position qui devenait d'autant plus embarrassante qu'il n'avait pas de reproches véritables à adresser à Charlotte, et que les prétextes à trouver pour légitimer une rupture étaient difficiles.

Comment supporterait-elle cette rupture? c'était ce qu'il avait tâché de lire en elle à mesure qu'elle parlait.

De là ses diverses attitudes durant ce long entretien, de là son sang-froid, son insensibilité et ses railleries.

Mais quand Charlotte l'avait pris par la main, l'homme fort avait faibli: cette main qui brûlait la sienne, ces yeux éplorés qui s'attachaient sur lui, ces lèvres charmantes crispées par l'angoisse avaient amolli son cœur; le souvenir des anciens jours avait fait taire les résolutions prises dans le calme de la réflexion: l'ambitieux s'était évanoui, l'amoureux s'était retrouvé.

Comme elle était charmante dans sa douleur, comme elle était éloquente dans son indignation!

L'esprit peut vieillir; le sang reste jeune.

En réalité, il n'avait que trente ans.

C'était donc de bonne foi et sous l'impression d'un sentiment sincère qu'il avait pris l'engagement de triompher des empêchements que M. de la Héraudière opposait à leur mariage.

XII

Une occasion favorable, des circonstances permettant de faire entendre raison à M. de la Héraudière et de vaincre ses répugnances, c'était ce que Georges avait demandé.

Mais les occasions favorables résultent bien plus souvent de notre volonté que du hasard : on les trouve quand on les cherche, surtout quand on les fait naître.

Lorsque Georges n'avait plus été sous l'influence immédiate de Charlotte, sous sa main et sous ses yeux, pour ainsi dire, il n'avait pas cherché ces occasions.

Devant elle il s'était laissé entraîner, loin d'elle il s'était repris.

À vrai dire même il s'était couché, le soir de leur entretien, de fort mauvaise humeur, et ce n'avait pas été sans un certain sentiment de dépit qu'il avait fait son examen de conscience.

Comment, à son âge et avec ses principes, il était encore sensible à deux yeux éplorés! Où irait-il, que ferait-il dans la vie s'il se laissait ainsi prendre à ces niaiseries ?

La belle affaire vraiment d'arriver avec une résolution qui ne tenait pas devant une pression de main.

Amoureux, lui ! Mais on n'était plus amoureux; cela était bon autrefois, au temps où l'on disait, sans rire, d'une jolie femme qu'elle était sentimentale; l'amour, la poésie, il y avait longtemps que tout cela était tombé sous le ridicule; de nos jours, on était positif et l'on ne donnait plus dans ces sottes exagérations. Quelquefois encore, on parlait de passions, mais c'était dans les séparations de corps, quand monsieur ou madame avait eu la maladresse de se laisser prendre en flagrant délit et qu'il fallait une explication convenable à ce qui ne l'était guère : « Les passions, messieurs, où ne peuvent-elles pas nous entraîner ! » On savait très bien ce qu'il fallait entendre par ce grand mot.

Lorsqu'on était un homme raisonnable et pratique, on se tenait à l'abri des passions.

S'abandonner à ses désirs ou aux plaisirs, se faire esclave des uns ou des autres, c'était abdiquer.

Sur cette pensée philosophique, il s'était endormi : mais au lieu de rêver tribune, journaux, ministère, comme il lui arrivait souvent, il avait fait le rêve le plus sot du monde.

Il habitait une petite ville de province, où il exerçait sa profession d'avocat dans des conditions modestes, mais avec l'estime et l'amitié de tous ; il gagnait peu, cependant plus qu'il ne dépensait. Il était chargé d'une cause qui le préoccupait vivement, car il désirait que, malgré l'intérêt de scandale qu'elle présentait, les journaux n'en rendissent pas compte, afin de ménager des susceptibilités de famille et arriver plus tard , quel que fût le jugement, à une réconciliation. Après mille difficultés, il était parvenu à dérouter les journalistes et à renvoyer ceux qui étaient venus lui demander communication de son dossier. Il plaidait, et, bien qu'il démontrât jusqu'à l'évidence les torts de sa partie adverse, il savait le faire avec tant de mesure et de convenance, qu'en sortant de l'audience, cet adversaire le saluait respectueusement. Son plaidoyer l'avait mis en retard et il avait hâte de rentrer chez lui, car on était au samedi, et il devait partir avec sa femme et ses enfants pour aller passer la journée du dimanche chez son beau-père, ce qui était pour eux quatre la grande joie de leur existence. Sa femme était venue au-devant de lui, et de loin il la voyait s'avancer tenant un enfant par chaque main ; comme elle était charmante, comme les enfants, en le reconnaissant, poussaient des cris joyeux ! Il la joignait et elle lui jetait les bras autour du cou. Ils s'embrassaient tendrement. Alors ceux qui les regardaient se disaient entre eux : « Comme ils sont heureux, et comme Georges Saffarel a été bien inspiré d'épouser Charlotte de la Héraudière ! »

Epouser Charlotte! Il se réveilla. Mais s'étant rendormi, ce fut encore de Charlotte qu'il rêva.

C'était une obsession, une véritable possession ; aussi, lorsqu'il descendit de son lit le matin, était-il dans les dispositions d'esprit les plus maussades.

Il ouvrit sa fenêtre pour regarder la mer et chercher une distraction à ses idées : devant lui, à vingt pas, Charlotte, en peignoir du matin, chaussée de petits sabots qui claquaient, cueillait des fleurs qu'elle déposait délicatement dans une corbeille passée à son bras; la rosée de la nuit, qui avait été abondante, s'était amassée entre les pétales des roses; avant de placer ses fleurs dans son panier, Charlotte les penchait la tête en bas sans les secouer, et l'on voyait l'eau tomber sur le gazon; les rayons obliques du soleil levant enveloppaient de lumière ces gouttelettes qui brillaient comme des diamants.

En allant ainsi de rosier en rosier, Charlotte leva les yeux vers la fenêtre, et elle aperçut Georges, qui la regardait. Alors elle baissa vivement la tête vers sa corbeille; puis, après avoir cherché un moment parmi les fleurs qu'elle venait de cueillir, elle prit une rose à demi éclose, et, la tenant à la main, les yeux levés vers la fenêtre, les lèvres entr'ouvertes par un sourire, elle marcha vers la maison. Arrivée sous la fenêtre, elle lança sa rose de manière à ce qu'elle vînt tomber dans la chambre. Puis, faisant une belle révérence à son cousin:

— Bonjour, Georges, dit-elle.

Toujours elle: le jour, la nuit, dans le rêve comme dans la réalité.

Et toujours avec des grâces nouvelles.

Il ramassa vivement la rose, et, la portant à ses lèvres, il renvoya à Charlotte, dans un baiser, le bonjour qu'elle venait de lui donner.

Durant plusieurs secondes, une minute peut-être, elle resta le regard tendu vers lui; puis, après lui avoir fait de la main un signe amical, elle retourna à sa cueillette de fleurs.

A peine s'était-elle éloignée que Georges jeta la rose avec colère sur une table. Il était furieux contre lui-même. Embrasser une rose, envoyer un baiser idéal, se laisser troubler par un sourire au point de perdre la raison!

Quelle pauvre machine que la nôtre!

Mais il avait toujours eu l'habitude de commander à cette machine et de la diriger où il voulait; il prit un livre pour ne plus penser à Charlotte.

Pendant quarante années, M. de la Héraudière avait amassé des livres; mais bien qu'il eût bâti une maison en vue de les loger, il lui avait été impossible de les placer tous dans son cabinet de travail et il avait été obligé de les distribuer dans les différentes pièces de sa maison: afin de mettre un peu d'ordre dans cette dispersion, il avait fait une sorte de classement: dans sa propre chambre l'histoire naturelle, dans la chambre de Charlotte la littérature d'imagination, dans celle de Georges la littérature ancienne.

Ce fut ainsi que Georges, étendant la main au hasard, tomba sur un volume de l'*Odyssée*.

— Voilà qui est parfait, se dit-il, si le père Homère me ramène à Charlotte, ce sera un peu fort.

Il ouvrit le volume au hasard et se mit à lire: « Il n'est pas de plus doux, de plus grand bonheur que celui d'un homme et d'une femme qui gouvernent leur maison en se réunissant dans les mêmes pensées; ils sont le désespoir de leurs envieux et la joie de leurs amis. »

Le livre, lancé avec force, alla rejoindre la rose sur la table.

Décidément tout s'en mêlait, les choses elles-mêmes conspiraient contre lui. Quelle folie il avait faite de venir à la Crique et qu'il eût été bien plus sage d'aller passer ses vacances en Suisse ou en Écosse!

Il avait cru qu'il arrangerait ses affaires en venant lui-même et qu'il arriverait habilement à une rupture facile, qui contenterait tout le monde. Il agirait de telle sorte avec son oncle, il dirait telle chose à sa cousine et, avec de la douceur, de l'adresse, de la patience, il sortirait à son honneur de cette situation délicate.

Mais, dans son calcul, il n'avait pas tout compté; il s'était oublié lui-même; et maintenant c'était de lui, de son émotion et de son trouble que venaient les difficultés.

Lorsqu'il descendit déjeuner, loin d'être en disposition de faire naître une occasion favorable pour s'expliquer avec son oncle, il était tout prêt, au contraire, à provoquer une rupture brutale.

Un cœur sensible! Ah! non par exemple; et il entra avec une figure contractée qui, par son expression de colère et de dureté, frappa M. de la Héraudière, peu habitué cependant à faire des observations de ce genre.

Pour Charlotte, qui se tenait debout devant le dressoir sur lequel elle avait préparé le dessert, elle resta stupéfaite, se demandant avec inquiétude ce qui allait se passer.

— Tu as mal dormi? demanda M. de la Héraudière.

— Oui, mon oncle, assez mal.

— L'air de la campagne ; c'est l'effet qu'il produit quelquefois sur des organisations délicates ; tu sais qu'il y a des plantes, charmantes d'ailleurs, qui ne peuvent vivre que dans un air vicié ; ce qui est sain et pur leur est mortel.

— Vous vous moquez de moi, mon oncle, et vous croyez faire une plaisanterie. Ce que vous dites en riant est vrai pour moi, cependant. La campagne m'est mauvaise.

— Ces plantes dont je te parle, continua M. de la Héraudière sans quitter le ton de la bonhomie, se plaisent dans la pourriture, et c'est seulement dans cette pourriture qu'elles peuvent se développer et fructifier.

— Si cette allégorie signifie que je ne pourrais pas me développer à la campagne et y fructifier, selon votre mot, vous avez bien raison, mon oncle ; je conviens avec vous qu'il faut à mon esprit la pourriture parisienne.

— A ton esprit seulement ?

— Mais, mon oncle...

— Tu nous disais tout à l'heure que tu avais mal dormi.

Charlotte, épouvantée de la tournure que prenait l'entretien, se jeta au travers pour faire une diversion.

— N'égrenez pas les groseilles, dit-elle à la servante, qui avait pris sur le dressoir un petit panier dans lequel de belles groseilles rouges et blanches reposaient sur un lit de feuilles de vigne.

— Tu vois que Charlotte a pensé à toi, dit M. de la Héraudière ; comment a-t-elle fait pour te conserver ces groseilles dans ce parfait état de fraîcheur ? Je n'en sais rien ; mais voilà le résultat. Regarde un peu.

Ainsi, elle avait pensé à lui, et au moment même où, à Paris, il s'affermissait dans son idée de rupture, elle, de son côté, s'occupait à lui faire une surprise pour le jour de son arrivée.

Il ne répliqua pas à son oncle et mit la conversation sur un sujet où les querelles n'étaient pas possibles.

Il était dit qu'en tout et partout il serait ainsi entravé.

Les jours s'écoulèrent, et Charlotte put constater qu'il prenait à tâche de se maintenir sur un terrain neutre.

Lorsque M. de la Héraudière abordait maintenant une question dangereuse, Georges se taisait, ou, très adroitement, il parlait d'autre chose.

Ce n'était pas là ce qu'il lui avait promis.

Que se passait-il donc ?

Comme elle se posait cette question avec une anxiété qui, de jour en jour, s'exaspérait, il lui annonça que son ami Narbanton allait venir à la Crique pendant un séjour qu'il ferait à Port-Navalo.

Elle reçut cette nouvelle d'un visage chagrin.

— Cela vous contrarie, que mon ami vienne me voir ? dit il.

— Ce qui me peine, dit-elle, ce n'est pas qu'il vienne vous voir, mais bien qu'il vienne se placer entre nous. Pendant son séjour à Port-Navalo, vous vous visiterez souvent, et notre intimité sera rompue. Comment, alors, trouverez-vous ces occasions de vous expliquer avec mon père, que vous deviez chercher, et que j'attends si impatiemment ?

— Narbanton n'est point importun, soyez-en certaine. C'est un homme charmant, intelligent, généreux, et je vous affirme qu'il vous plaira. Qui sait même s'il ne vous plaira pas trop ? Il est beau garçon, un peu mélancolique, avec cela deux cent mille francs de rente. Qui sait si je ne me repentirai pas de vous l'avoir fait connaître ?

Elle le regarda un moment, et il vit alors que de grosses larmes roulaient dans ses yeux.

Elle détourna la tête, et, sans un mot, elle s'éloigna.

XIII

Port-Navalo n'est guère un port que par le nom ; en réalité, c'est un petit village habité par des pêcheurs, qui se trouve au débouché du chenal par lequel le Morbihan communique avec la mer.

Cependant, s'il n'a pas une grande importance pour le commerce, il en a une réelle pour la navigation, en offrant une relâche aux navires qui se laissent acculer sur cette côte.

Le lendemain du jour où Georges avait annoncé à Charlotte l'arrivée de son ami Narbanton, à la marée de midi, on vit au loin, du côté du Mend-brass, un petit navire qui manœuvrait comme s'il voulait entrer à Port-Navalo.

La curiosité dans le village fut aussitôt éveillée, et des cinq ou six vieux marins qui, tous les jours et par n'importe quel temps, viennent sur le rivage deux heures avant le plein de la mer, pour ne s'en aller que deux heures après qu'elle a commencé à baisser, tinrent conseil entre eux et discutèrent sur le point de savoir quel pouvait être ce navire.

C'était un sloop ras sur l'eau avec des voiles d'une blancheur inconnue sur ces plages; on eût dit un cotre de l'Etat plus petit seulement que ne le sont d'ordinaire ces garde-pêches et meilleur marcheur.

Bien qu'il ne ventât que petite brise, il avançait rapidement, et à mesure qu'il se rapprochait de terre, on distinguait des détails qui permettaient de préciser la discussion.

On tomba d'accord que c'était un yacht de plaisance. Mais, quant à deviner ce qu'il venait faire à Port-Navalo, on fut obligé de s'en tenir aux conjectures.

C'était en effet un navire de plaisance, et quand en virant de bord il présenta son arrière, on put lire son nom, écrit en lettres d'or : le *Bourguignon*.

Cinq personnes se trouvaient sur le pont, trois matelots occupés à la manœuvre, un pilote de Belle-Isle qui tenait le gouvernail, et debout accoudé sur le capot un grand jeune homme de haute taille, aux épaules carrées, au teint coloré, portant toute sa barbe qui était noire et de longs cheveux frisés. Devant lui, les pattes posées sur le plat-bord, un beau chien de Terre-Neuve aboyait contre la terre.

Si, au lieu de regarder au loin et de s'en tenir à des suppositions plus ou moins intelligentes, les curieux de Port-Navalo qui se préoccupaient tant de ce yacht, avaient regardé autour d'eux, ils auraient pu raisonner et surtout déraisonner moins longtemps.

En effet, le neveu de M. de la Héraudière, comme disaient les gens du pays qui connaissaient Georges, venait d'arriver et de la main il faisait des signes d'amitié au capitaine du yacht.

Bientôt celui-ci descendit à terre, et les deux camarades se serrèrent la main, à la grande satisfaction des curieux qui eurent ainsi un fait précis à discuter : le cotre avait pour propriétaire un ami du vieux savant de la Crique.

— Comment ! tu es venu au-devant de moi, mon bon Georges, dit Narbanton; je ne t'avais pas cependant fixé l'heure précise de notre arrivée; tu sais qu'à la mer on est le jouet du vent.

— Tu m'avais dit que tu arriverais aujourd'hui; nous avons étudié les heures de la marée, en même temps nous avons avec une longue-vue sondé l'horizon, et quand j'ai cru reconnaître la voilure blanche du *Bourguignon* qui passait au large, j'ai fait atteler la guimbarde de mon oncle, et je suis venu te chercher.

— J'aurais fait la route à pied.

— Elle est longue, la route, et assez difficile à trouver pour qui n'est jamais venu dans le pays.

— Enfin, je te remercie, cela me donne le plaisir de te voir plus tôt; je te demande dix minutes, je remonte à bord pour m'habiller et je suis à toi.

— T'habiller? pourquoi faire ?

— Pour ne pas me présenter chez ton oncle en costume de matelot.

— Je te préviens que mon oncle est absolument incapable de voir si tu as un costume de matelot ou un uniforme de capitaine de vaisseau; il ne regarde pas ces choses-là.

— Et la petite cousine ?

— Si tu veux faire ton entrée en Prince charmant, c'est différent, va t'habiller. Cependant ne t'habille pas trop ; tu n'arrives pas dans un château, mais plutôt dans une chaumière. Et à ce propos je te demande à l'avance toute ton indulgence pour mon oncle. C'est assurément un très brave homme, mais assez maniaque, et fort entêté dans ses idées. C'est même un peu pour t'en avertir que je suis venu au-devant de toi. Quand il se lancera dans des explications sur l'homme primitif et sur ses découvertes, tâche de penser à autre chose.

— Mais pas du tout, l'homme primitif n'a rien qui m'effraye.

— Alors, tu vas faire la conquête de mon oncle; au reste, si cela t'intéresse, nous avons un *kjoekken moedding* à t'offrir; tu pourras y faire des découvertes.

— Je ne suis pas en état de faire des découvertes; mais si ton oncle me parle des siennes, j'espère que je pourrai le comprendre et peut-être même lui répondre, notamment à propos des *kjoekken-moedding*, car j'en ai vu de très curieux dans les *fiords* du Danemark et si considérables qu'on a perché des moulins dessus.

— Alors, vite [en route, mon cher Emmanuel.

Le mot que Georges avait dit en riant : « Tu vas faire la conquête de mon oncle,» devint bien vite une réalité.

Emmanuel Narbanton n'était pas à la Crique depuis une heure, que déjà M. de la Héraudière le traitait en ami; la conquête avait été des plus faciles : beaucoup écouter et répondre à propos le mot juste.

Retenu par ses fonctions, M. de la Héraudière n'avait jamais voyagé ; quelques courtes excursions en France, en Suisse et en Belgique, c'était tout ce qu'il avait pu se permettre.

Comme il le disait en parlant de luimême, il était un savant en chambre. Ce qu'il savait, il l'avait appris dans les livres.

Il fut heureux de trouver dans l'ami de son neveu des yeux qui avaient vu ; et lorsqu'à propos d'une plante de son jardin, Emmanuel répondait qu'il l'avait vue en Australie, ou bien au Japon, ou bien au Mexique, à telle altitude, au milieu de telles conditions, M. de la Héraudière était dans le ravissement et aussi dans l'étonnement.

A table, cet étonnement se manifesta plus d'une fois tout haut, et quand on passa dans le cabinet de travail pour prendre le café, Georges s'adressant à son oncle, lui dit :

—Avouez, mon oncle, que vous vous demandez en ce moment comment il se fait que votre neveu qui [parle [tant et sait si peu, a pour ami un garçon qui parle si peu et qui sait tant.

— Justement.

—Allons, Emmanuel, dit Georges en se tournant vers son ami, satisfais la curiosité de mon oncle.

— Rien n'est plus simple : j'ai tâché de retenir ce que j'ai vu et j'ai voulu connaître ce que je voyais.

— Trop de concision; tu évites d'être long et tu deviens obscur; raconte à mon oncle tes voyages, nous te prêtons tous une oreille attentive. Charlotte, joignezvous à moi, mon ami est trop sentimental pour ne pas s'empresser de faire ce qui lui est demandé par une femme.

— Je croyais que vous aviez fait votre droit, interrompit M. de la Héraudière.

— Comme tout le monde; seulement je n'avais pas de disposition pour la chicane, et me trouvant, par suite d'un malheureux concours de circonstances, à peu près seul au monde et maître d'une certaine fortune...

— Tu peux dire d'une belle fortune, interrompit Georges.

— J'ai eu l'idée de voyager. Que faire? Je n'avais pas été élevé en vue d'une profession et, à vrai dire, je ne me sentais de vocation irrésistible pour aucune. Je n'avais pas cependant l'horreur du travail de l'esprit.

— La preuve, dit Georges, c'est qu'on trouve dans les *Annales des concours généraux* un discours de Démosthènes à l'un de ses amis d'Athènes pour lui expliquer qu'il ne peut recevoir la grâce que lui offre Antipater et qu'il aime mieux mourir que de voir sa patrie dans l'esclavage; et ce discours des plus remarquables a pour auteur Emmanuel Narbanton ici présent.

— D'un autre côté, continua Narbanton en souriant à ce souvenir, je n'avais aucun goût pour le jeu, les courses et autres plaisirs à l'usage de ceux qui ne savent comment dépenser leur temps et leur argent. Je résolus donc de voyager. J'avais alors un ami plus âgé que moi d'une dizaine d'années, qui lui aussi voulait parcourir le monde et qui s'était préparé aux voyages par de sérieuses études. Il ne lui manquait qu'une chose, l'argent; car il était pauvre, ayant usé son petit patrimoine à apprendre et n'ayant jamais trouvé le temps de tirer profit de ce qu'il savait. Nous nous associâmes, apportant chacun ce que nous possédions et nous partîmes. Les heures de traversée sont longues; j'étudiai, sous la direction de mon ami, et toujours près de lui, par ses leçons, par son exemple, regardant par ses yeux, j'appris certaines choses que les gens du monde ignorent le plus souvent.

— Et cet ami? demanda M. de la Héraudière, qui se voyait déjà en relation de correspondance avec le voyageur.

Narbanton leva la main par un mouvement plein de tristesse; puis, après un court moment de silence :

— Je l'ai perdu, dit-il, au Mexique dans la Terre-Chaude, de la fièvre. Après quatre années d'absence, revenant avec des matériaux considérables, il n'a pas eu le bonheur de revoir son pays et ses parents, tandis que moi, qui ne rapportais rien et que personne n'attendait, je suis rentré en France.

— Et vous avez continué à voyager? dit Charlotte, qui ne voulut pas laisser finir la conversation sur ce triste souvenir.

— Oui, mademoiselle, car la vie nomade s'impose et le changement de place devient un besoin. Je ne connaissais que quelques contrées lointaines, mais je ne connaissais pour ainsi dire pas l'Europe et pas du tout la France. Je fis alors construire mon petit yacht et je continuai mes courses à l'aventure, allant où la fantaisie me pousse, et m'arrêtant où je me trouve bien.

— Mais votre yacht n'entre pas dans l'intérieur des terres? et pendant le dîner vous nous parliez d'un voyage que vous aviez fait dans le centre de la France, demanda M. de la Héraudière.

— Je ne suis pas un animal exclusivement aquatique, je suis amphibie et me trouve également à mon aise sur la terre et sur l'eau; seulement, comme mon petit bateau ne va que sur l'eau, je le remplace, pour mes voyages terrestres, par une voiture dans laquelle je m'établis pour trois ou quatre mois.

Charlotte se mit à rire.

— Si vous voyiez ma voiture, mademoiselle, vous ririez encore bien mieux, car c'est une espèce de voiture de saltimbanque que je me suis fait construire, et j'y ai établi un appartement complet: cuisine, chambre à coucher et salle à manger. Quelquefois cet équipage me vaut la visite de paysans qui veulent à toute force que je leur arrache quelques dents ou que je leur vende une fiole de vulnéraire; mais il a pour moi un avantage sans prix: il me dispense de coucher et de manger dans les sales auberges des villages où je m'arrête.

— Pour un voyageur, je te trouve bien délicat, dit Georges.

— Mais c'est que je ne suis pas un vrai voyageur; je suis un simple amateur, un bourgeois qui voyage pour son plaisir et qui a toutes sortes de préjugés bourgeois. Ainsi, j'ai horreur des lits d'auberge; avec ma voiture, je couche dans mes draps, et partout, sur le bord d'une route ou au fond d'un bois, mon domestique peut me faire mon déjeuner.

On causa ainsi jusqu'à une heure avan-

cée dans la nuit, les fenêtres ouvertes respirant l'air salé qui venait du large, regardant les étoiles qui brillaient sur la mer tranquille.

Et quand on se sépara, il était convenu qu'on s'embarquerait le lendemain sur le *Bourguignon*, pour les îles Haedik et Houat, que M. de la Héraudière ne connaissait pas, et que depuis longtemps il désirait visiter.

XIV

Une île qu'on a sans cesse devant les yeux, mais à une assez grande distance de la côte pour que la vue ne puisse pas l'explorer complétement, est une sorte de défi à la curiosité. Sur la vaste étendue de la mer mouvante, elle reste fixe comme un point d'interrogation au milieu d'une page blanche; on la regarde, on l'étudie, on y revient à chaque instant pour tâcher de deviner ce qu'on n'a pas vu; et comme par suite des changements de lumière son aspect se modifie d'heure en heure, de minute en minute, selon le caprice d'un nuage, de la pluie ou d'un rayon de soleil, on ne parvient jamais à s'en faire une idée précise; l'imagination travaille et vient ajouter ses fantaisies à celles de la vision.

C'était ainsi que depuis longtemps les îles de Houat et de Hœdic avaient provoqué la curiosité de Charlotte. Qu'étaient ces plaques d'un vert sombre au printemps et d'un jaune pâle à l'été, qui çà et là couvraient les îles? Qu'étaient ces amas bleuâtres qui ressemblaient à des maisons? Qu'étaient ces trous noirs qui ne ressemblaient à rien? Maintes fois en ses jours de mélancolie, alors que, la fenêtre ouverte, accoudée sur le balcon, l'esprit perdu dans les profondeurs du ciel, suivant de l'œil les oiseaux de mer qui le soir dirigeaient leur vol de ce côté, elle s'était posé ces demandes. Mais toujours elles étaient restées sans réponse, car M. de la Héraudière qui de temps en temps parlait, comme d'une chose arrêtée, d'aller visiter les monuments mégalithiques de Hœdic, n'avait jamais trouvé le moyen de réaliser son désir: il n'y a pas un service régulier de bateaux entre la côte et ces îles; il faut prendre une barque à Port-Navalo, partir sans trop savoir quand on reviendra, où l'on couchera, où l'on mangera, et devant ces embarras, considérables pour lui, M. de la Héraudière ne s'était jamais décidé.

L'idée d'une excursion sur le *Bourguignon* fut donc favorablement accueillie par tout le monde. Charlotte, il est vrai, pensa que c'était encore une journée d'intimité de perdue, mais au moins elle la passerait avec Georges, cette journée ; ils visiteraient ensemble un pays inconnu ; ce serait ensemble qu'ils en feraient la découverte, et plus tard ils pourraient parler de leur voyage.

Le temps, qui était au beau fixe depuis plusieurs jours, changea dans la nuit, le baromètre baissa rapidement, et le matin le soleil se montra enveloppé de gros nuages cuivrés.

— Si nous ne partions pas ? proposa M. de la Héraudière.

— Oh ! mon oncle, répliqua Georges, vous êtes un trouble-fête.

— Ce n'est pas moi, c'est le temps ; car tu vois que j'ai fait mes préparatifs.

En effet, M. de la Héraudière était armé d'un marteau de géologue, d'un ciseau et d'une pioche ; une boîte en fer-blanc lui battait dans le dos.

— Si le temps se fâche, continua Georges, nous aurons tout au plus quelques gouttes de pluie.

— Ce n'est pas la pluie que je crains, c'est le vent.

— Que pense M. Narbanton ? demanda Charlotte ; il connaît la mer mieux que nous.

— Je ne connais pas la mer de ces côtes ; mais quand le baromètre baisse, il faut avoir égard à son avertissement.

— En voiture, dit Georges, à Port-Navalo nous consulterons le pilote ; il connaît la côte, lui.

— Voilà une parole raisonnable, dit M. de la Héraudière, je t'en fais compliment ; allons donc à Port-Navalo ; je n'ai pas peur du vent sur terre ; le pilote décidera en dernier ressort.

Mais les pilotes ressemblent par plus d'un point aux oracles. Leurs réponses, bien souvent, se règlent sur les questions qu'on leur pose, et ils ont la précaution de les faire assez obscures ou assez ambiguës pour que chacun puisse les interpréter au gré de son désir.

— N'est-ce pas, pilote, que nous n'au-rons pas mauvais temps aujourd'hui ? demanda Georges en embarquant sur le yacht.

— Le vent est bas.

— Il s'élèvera, c'est certain.

— Je ne mens point ; il s'élèvera ou ne s'élèvera pas ; il faudra voir.

— Il faudrait voir tout de suite ; nous avons envie d'aller à l'île de Houat, et nous ne pouvons attendre.

— Pour lors, on peut appareiller.

— Oui, mais le peut-on sans danger ? demanda M. de la Héraudière en intervenant. toute la question est là.

— Vous savez, la mer est la mer.

— Ce que je vous demande, c'es de savoir si nous sommes menacés d'une tempête.

— Le sémaphore n'a pas hissé le cylindre.

Ce fut tout ce qu'on en put tirer.

M. de la Héraudière était hésitant ; mais Charlotte, voyant que Georges désirait vivement cette promenade, se chargea de décider son père, et, comme toujours, celui-ci céda.

On hissa la grande voile, et le *Bourguignon* mit le cap sur les îles ; Georges placé à côté du pilote lui prouvait, par une série de raisons démonstratives, que le temps ne pouvait être que beau. Celui-ci ne répondait ni oui ni non et se contentait de regarder avec un sourire ce Parisien qui parlait si bien des choses de la mer.

Pendant ce temps, Charlotte et M. de la Héraudière, précédés de Narbanton, visitaient le yacht et s'étonnaient que dans un si petit navire on eût trouvé moyen de loger tant de choses. La cabine surtout les émerveilla. Elle servait à la fois de salle à manger, de salon, de bibliothèque et de chambre à coucher. Dès la porte et au premier coup d'œil on comprenait qu'elle avait été aménagée par un homme qui n'aimait pas seulement le confortable, mais qui avait surtout le goût du beau. Les ustensiles de table qui garnissaient le dressoir, étaient en argent, «pour ne pas se casser en tombant dans un coup mer,» disait leur propriétaire ; mais ils avaient encore plus de valeur par la forme et le dessin que par la matière. Sur les rayons de la bibliothèque était rangée une collection de volumes de format elzévirien «pour tenir moins de place,» disait Narbanton. et chacun de ces volumes était recouvert d'une reliure de prix. Sur le parquet, un tapis de Smyrne, moelleux au pied et doux à l'œil. Aux lambris, deux petits tableaux de Corot qui représentaient des nymphes dansant dans un bois, et, leur faisant vis-à-vis, le portrait d'un homme d'une quarantaine d'années à la physionomie intelligente.

Comme les yeux de Charlotte s'attachaient avec curiosité sur ce portrait :

— Forbes, dit Narbanton, mon ami, mon compagnon de voyage; puis s'adressant à M. de la Héraudière : Vous retrouverez ce portrait gravé en tête des notes de voyages de mon pauvre camarade dont je fais faire en ce moment une édition. Ces notes sont malheureusement bien décousues, mais je les publie telles qu'elles sont, et c'est depuis deux ans une grande occupation : je tâche que ces deux volumes soient dignes de lui. Au reste, je ne veux pas les mettre en vente et je ne les offrirai qu'à des gens capables de les lire et de les apprécier. Si vous le permettez, je serai heureux de vous envoyer un exemplaire.

Lorsqu'ils remontèrent sur le pont, on commençait à distinguer nettement les falaises de Houat : le vent avait fraîchi et l'on avait pris des ris dans la voilure. Penché sur la lame qui se creusait déjà, le *Bourguignon* volait rapide et léger comme un oiseau qui rase la mer ; de temps en temps son beaupré plongeait dans la lame, mais pas une seule goutte d'eau n'avait encore mouillé son pont.

— Il me semble que le vent s'affirme, dit M. de la Héraudière en regardant l'horizon sombre éclairé de place en place par de longues lignes vertes et jaunes.

— Dans cinq minutes nous serons à Houat, répliqua Georges, qui commençait à pâlir.

— Dans un quart d'heure vous pourrez débarquer au port de Treach-er-Gouret, dit le pilote.

En effet, en moins d'un quart d'heure on fut à l'abri dans ce port; mais au moment où on allait débarquer, le pilote arrêta Narbanton :

— Si ce n'est pas l'intention de la société de coucher ici, il ne faudrait pas rester trop longtemps, le vent hâle le nord-ouest.

— Une heure, est-ce trop? demanda Georges.

— Vous savez mieux que moi ce qu'il vous faut.

Mais une fois qu'on fut dans l'île, on oublia la recommandation du pilote, et M. de la Héraudière, qui tenait à constater par l'inspection du terrain comment l'île avait pu être détachée autrefois du continent, n'eut plus le sentiment du temps qui s'écoulait; lorsqu'on revint au port, il y avait trois heures qu'on en était parti.

Au loin la mer était blanche d'écume, et sous les nuages noirs qui traînaient en passant rapidement, elle éblouissait les yeux comme l'eût fait une plaine de neige mouvante.

— Il me semble que le vent a fraîchi, dit Georges; vous auriez dû nous prévenir, pilote.

— Peut-on regagner Port-Navalo ?

— On peut toujours ce qu'on veut; en partant il va falloir tirer des bordées, le vent est debout, il y aura des pieds mouillés.

— Tenez-vous essentiellement à rentrer ce soir ? demanda Narbanton intervenant. Je suis certain que nous pouvons entreprendre la traversée sans danger, le *Bourguignon* est solide et le pilote connaît son affaire ; seulement au lieu d'une heure au retour comme à l'aller, il nous faudra peut-être quatre ou cinq heures.

A ce mot, tout le monde se récria, Georges surtout : quatre heures de mer par ce temps!

— Je ne vois qu'un moyen, continua Narbanton, d'éviter cet ennui aux cœurs sensibles; c'est au lieu de lutter contre le vent de lui céder, au lieu de regagner Port-Navalo de nous laisser porter à Belle-Ile; nous aurons vent arrière et nous serons au Palais dans une demi-heure. Nous trouverons là à dîner et à passer la nuit moins mal que dans le *Bourguignon*, et demain, quand le vent sera calme, nous rentrerons à Port-Navalo.

Charlotte était à l'abri du mal de mer ; mais en venant elle avait remarqué la pâleur de Georges; elle appuya la proposition de Narbanton et en quittant Houat, on mit le cap sur le Palais, où l'on arriva bientôt.

Mais le vent ne se calma pas pendant la nuit, comme on l'avait espéré ; il souffla au contraire en tempête, secouant terriblement les vitres de l'hôtel de France. Il ne fallait pas songer à partir ; au lieu de s'embarquer sur le *Bourguignon*, on prit une voiture pour aller à la pointe aux Poulains voir la *mer Sauvage*. Pendant la plus grande partie de la journée, on resta à regarder les vagues furieuses qui, ayant pour se développer sans obstacle l'immensité de l'Atlantique, arrivent sur cette côte où, rencontrant pour la première fois une barrière, elles se ruent sur elle, remontent à l'assaut contre les parois polies des rochers, s'élèvent jusqu'à une hauteur de trente ou quarante mètres et retombent à la mer en tourbillons.

On resta là jusqu'au soir, ne parlant pas. car les oreilles assourdies par les bruits de l'Océan et de la tempête n'entendaient pas la voix humaine, mais regardant sans se lasser.

Puis on entra à l'hôtel et après dîner, au coin du feu, on pria Narbanton de raconter ses voyages.

Le lendemain, la tempête n'était point apaisée et le port était plein de navires entrés en relâche. On fit une nouvelle promenade dans une autre partie de l'île : personne ne souhaitait que le vent tombât; l'intimité s'était établie entre tous, Charlotte ne trouvait plus gênante la présence de Narbanton.

Il était si bon enfant, si simple; avec cela plein de cœur. Elle savait gré à Georges d'avoir un tel ami.

XV

Ce fut le troisième jour seulement qu'on put partir pour Port-Navalo, et le vent était si bien tombé que la traversée dura quatre heures.

Narbanton voulait laisser ses nouveaux amis rentrer seuls chez eux, mais sur les instances de M. de la Héraudière et de Charlotte qui se joignit à son père, il consentit à aller passer deux jours à la Crique.

Et pendant que Charlotte et son père montaient dans un mauvais petit cabriolet à trois places, la seule voiture qu'on pût trouver à Port-Navalo, il se mit en route à pied, avec Georges.

— Pourquoi donc t'es-tu tant fait prier pour venir à la Crique? demanda celui-ci. Est-ce que tu commences à en avoir assez des discours scientifiques de mon oncle?

— Mais pas du tout; j'éprouve pour ton oncle la plus vive sympathie, et ses discours, comme tu dis, sont pour moi pleins d'intérêt. Il y a longtemps que je n'avais eu des journées aussi bien remplies et aussi agréables que celles que nous venons de passer à Belle-Isle.

— Alors pourquoi ne veux-tu pas les continuer ?

— Parce que...

— Eh bien?

— Faut-il être franc?

— Mais sans doute.

— Parce que j'ai peur de vous gêner.

— Nous gêner, qui?

— Toi d'abord, Mlle Charlotte ensuite; ou si tu aimes mieux, Mlle Charlotte d'abord et toi ensuite; enfin vous deux.

Georges regarda longuement son ami et resta un moment sans répondre.

— Ce qui signifie? dit-il enfin.

— Ce qui signifie que si tu es en Bretagne pour faire la cour à ta cousine, je ne veux pas vous gêner en me mettant en tiers entre vous.

— Et où as-tu vu que je faisais la cour à ma cousine?

— Cela, je ne l'ai pas vu précisément, car je ne suis pas grand observateur et, du premier coup d'œil, je ne devine pas si les gens s'aiment ou ne s'aiment pas; il faut pour cela des qualités ou des défauts qui me manquent absolument : je n'écoute pas aux portes, je n'épie pas ceux avec qui j'ai le plaisir de me trouver, enfin je ne classe pas dans ma tête une foule de petites remarques qui, cataloguées et additionnées, donnent une conclusion. Ces remarques, je ne les ai donc pas faites, soit parce qu'il n'y avait pas lieu de les faire, soit parce que j'étais incapable de les saisir. Seulement, vous voyant ensemble, ta cousine et toi, et vous trouvant si bien faits l'un pour l'autre, je me suis imaginé qu'il devait y avoir entre vous un projet de mariage; alors je n'ai pas voulu être importun en me trouvant là où je n'avais que faire.

Une fois encore Georges réfléchit un moment avant de répondre.

— Ainsi, dit-il à la fin, tu trouverais naturel que j'épousasse Charlotte?

— Oui et non.

— La réponse est bizarre et je ne la comprends guère.

— Je veux dire que si je regarde ta cousine. qui est une délicieuse jeune fille, simple, douce, gaie de caractère et pleine de cœur; si je considère sa grâce qui est ravissante, sa beauté qui a quelque chose de poétique, je trouve tout naturel que tu la veuilles épouser. Son père me paraît le meilleur des hommes et a toutes les qualités que je lui reconnais, il joint celle d'être veuf, c'est-à-dire qu'on n'a pas de belle-mère à redouter. Enfin les avantages matériels, à s'en tenir aux apparences, sont convenables. Voilà donc une foule de raisons qui semblent appuyer ton mariage.

— Et celles qui l'empêchent?

— Pour celles-là, mon ami, j'aimerais autant n'en pas parler, car elles viennent de toi, et le sujet est délicat.

— Ton amitié ne va pas jusqu'à la franchise?

— La tienne en ce moment va jusqu'à l'injustice. Quand la franchise peut produire un utile résultat, je crois qu'entre amis, on doit l'employer coûte que coûte; en parlant, on accomplit un devoir envers son ami et envers soi-même. Mais quand avant de parler on est certain que les avertissements ou les prières ne changeront rien à ce qui existe, je crois que le mieux est de se taire.

Je te serais reconnaissant de quitter ce langage peu clair et de me dire tout simplement avec le mot cru, pourquoi tu penses que je ne dois pas épouser Charlotte. S'il y a en moi quelque vice caché qui s'oppose à ce que je devienne le mari d'une femme que tu qualifies de charmante, c'est m'obliger que de me le faire connaître. Alors même que e ne devrais pas m'en corriger, ce qui me paraît résulter de ton apologue sur la franchise, je serais au moins averti de mon infirmité, et cela me rendrait circonspect dans l'avenir. Il est fort désagréable, quand on demande la main d'une jeune fille, de s'entendre répondre qu'on vous la refuse parce qu'on vous juge impropre au mariage.

Georges avait débité cette réplique d'un ton pincé.

— Tu vois les effets de la franchise, dit Narbanton en souriant, voilà déjà qu'elle opère : première période, la personne à qui l'on parle et de qui l'on parle est vexée.

— Ce sont tes réticences qui me vexent, ce n'est pas ta franchise. Allons, va.

— Va, va; on voit bien que tu es avocat et que chez toi il n'y a qu'à tourner un robinet; moi je suis obligé de réfléchir avant de parler; c'est lent, mais d'un autre côté, ça permet de savoir à peu près ce qu'on dit.

— Il n'y a pas besoin de réfléchir pour dire quelle infirmité tu trouves en moi ; un mot suffit : son nom.

— Mais pas du tout, car cette infirmité est de telle nature que si tu te décidais à vouloir le marier, elle cesserait aussitôt, et dès lors personne ne te reprocherait d'être impropre au mariage. Autrement dit, ce qui m'empêche de trouver tout naturel ton mariage avec ta cousine, c'est que je ne peux pas croire que tu songes sérieusement à te marier.

— Ça n'est vraiment pas trop mal raisonné.

— Tu sais, nous autres paysans, nous marchons d'un pas lourd ; mais comme nous ne nous arrêtons pas, allant toujours sans nous écarter de notre chemin, nous finissons par arriver. D'un côté, je trouve ta cousine adorable, et je me dis que puisque tu vis près d'elle, puisque tu as des yeux pour voir, un esprit pour comprendre, et en plus ta jeunesse, tu ne peux pas ne pas l'aimer et l'aimant tu ne peux pas ne pas désirer l'épouser. C'est ainsi au moins que les choses marcheraient entre deux personnes naturelles.

— Alors nous ne sommes pas des personnes naturelles ?

— Ta cousine, si ; tout à fait naturelle, on peut même dire que c'est la nature vierge avec tout ce que ce mot comporte de charmes ; mais toi ? toi, une personne naturelle ? Ah ! non. Et voilà comment, d'un autre côté, je me dis que tu ne dois pas aimer ta cousine et qu'en tout cas tu ne peux pas vouloir l'épouser.

— C'est donc là mon infirmité ?

— Précisément, et comme je ne me flattais pas de l'espérance de pouvoir changer ton tempérament en ce qui touche l'amour, ou tes idées à l'égard du mariage, je me dispensais de te parler de mes réflexions ; tu as forcé mon silence, et je me suis exécuté. Pardonne-moi ma franchise, car maintenant, n'est-ce pas, tu ne me reprocheras plus mes réticences ?

— Non, seulement je te reprocherai de mal me juger.

— Ah ! pour cela , je crois te bien connaître et depuis longtemps mon opinion est faite à ce sujet. Cela remonte à notre temps d'école. Nous avions vingt-trois ans. Tous les jours tu me quittais à cinq heures et demie précises et nous nous retrouvions à six heures juste. Où allais-tu pendant cette demi-heure ? Comme tu as toujours été assez secret, je ne t'interrogeai jamais. Cependant je remarquai que quand je te conduisais pour achever une conversation commencée, tu m'emmenais toujours dans le même quartier.

— Rue de Vaugirard, dit Georges en riant.

— Rue de Vaugirard : arrivés devant une maison, toujours la même, tu me quittais le bras et tu me plantais là dans la rue. Un jour, passant devant cette maison à six heures moins cinq minutes, je te vis sortir ; en même temps une jeune femme se pencha à une fenêtre du quatrième étage, il n'y en avait pas plus, et te fit un signe de la main auquel tu répondis faiblement. A trois mois de là, passant de nouveau rue de Vaugirard à six heures moins cinq, je te vis encore sortir de la même maison, la jeune femme se pencha encore par la fenêtre, et à son signe tu répondis encore comme je t'avais déjà vu le faire une fois. Il n'y avait plus de doutes possibles : cette jeune femme était ta maîtresse, et c'était chez elle que tu allais chaque jour de cinq heures et demie à six heures moins cinq minutes. Ce jour-là, je fus fixé sur ton compte : l'homme de vingt-trois ans qui prend vingt-cinq minutes sur sa vie pour les donner à l'amour, jamais plus, jamais moins, régulièrement, quotidiennement, sans avancer le moment de son arrivée ou sans retarder celui de son départ, cet homme-là sera toujours à l'abri de la passion et de ses entraînements ; il pourra avoir une maîtresse, il n'aimera jamais.

— Permets...

— Vas-tu vouloir me prouver que tu aimais la jeune femme de la rue de Vaugirard ? la chose serait curieuse.

— Tu parles de l'amour en homme qui n'a rien autre chose à faire dans la vie que d'aimer.

— Voilà précisément ce que je veux dire : tu avais autre chose à faire, et le sentiment, le besoin, le mobile enfin, assez difficile à nommer, qui t'amenait rue de Vaugirard, était si peu exigeant que tu le faisais passer après tes occupations ordinaires. Tu vois bien que tu confirmes mon jugement. Ne tâche pas de me prouver que c'était de l'amour, car tu me prouverais

en fin de compte que si tu es incapable de sentir la passion, ce que je crois, tu es de plus incapable de la comprendre, ce que je ne veux pas croire. Riches, pauvres, jeunes, vieux, bons, méchants, tous, tant que nous sommes, nous n'avons qu'un maître le jour où nous aimons, et ce maître, c'est la passion. Voilà pourquoi, revenant à mon point de départ, dont je ne me suis pas écarté, comme tu pourrais le croire, je conclus que tu ne peux pas épouser ta cousine. Une femme, dans ta vie occupée, qu'en ferais-tu ? et elle, la pauvre malheureuse, que deviendrait-elle ?

— Ainsi, dit Georges sans paraître fâché de ce jugement, ta conclusion est double : d'un côté je dois aimer Charlotte, d'un autre je ne peux pas l'aimer !

— C'est-à-dire que voici le problème : étant donnée une jeune fille douée de toutes les séductions qui rayonnent de Mlle Charlotte, tu dois l'aimer ; mais d'autre part, étant donné l'animal réfractaire que tu es, tu peux ne pas t'être laissé échauffer par ce rayonnement qui eût enflammé un autre que toi.

— Oh ! oh ! dit Georges en regardant longuement son ami.

— Note bien, mon ami, que je ne veux pas forcer tes confidences, et que je n'ai pas mis la conversation sur ce sujet.

— Non ; seulement tu as manœuvré de telle sorte que, si je te dis de partir, tu devras conclure que j'aime ma cousine, et que si au contraire je te dis de rester, que je ne l'aime pas. C'est assez adroit, pour un paysan.

— Mais....

— Je ne t'en veux pas, et, la preuve, c'est que je vais t'expliquer ma situation. Elle est délicate cette situation, difficile, et j'ai dans l'idée que peut-être tu m'aideras à en sortir — à mon honneur — et même à la plus grande satisfaction de tout le monde.

XVI

— Tu ne t'es pas trompé, commença Georges, en supposant qu'il y avait promesse de mariage, comme on dit au prône, entre Charlotte de la Héraudière, de cette paroisse, et Georges Saffarel, de Paris.

Narbanton s'arrêta et tourna la tête vers la mer, c'est-à-dire du côté opposé à celui où se trouvait Georges.

— Qu'as-tu ? demanda celui-ci, surpris de ce brusque mouvement.

— Je cherche mon chien; Fellow, ici !

Puis, quand le chien fut revenu en courant :

— Tu disais donc, demanda Narbanton, qu'il y avait promesse de mariage entre vous.

— Je disais qu'il y avait et qu'il y a promesse, car ce projet de mariage n'est pas rompu.

Georges raconta alors comment ce projet avait été conçu par sa tante, et comment la réalisation en avait été suspendue à la condition que M. de la Héraudière avait cru devoir imposer.

— Maintenant le délai fixé par mon oncle, dit-il, est sur le point d'expirer, et avant de retourner à Paris, le point de savoir si j'épouse ou n'épouse pas Charlotte sera décidé.

— Si je t'ai bien compris, la solution de cette question dépendrait donc de M. de la Héraudière ?

— Et de moi; si mon oncle s'est réservé le droit de me refuser sa fille, de mon côté je ne suis plus engagé que lui et je peux me retirer. Voilà pourquoi, mon cher, je te disais que ta présence pouvait me rendre service : elle prolonge une situation que les uns et les autres nous n'osons trancher.

— Et cela te satisfait de rester ainsi dans l'indécision ?

— Cela nous permet de faire notre examen de conscience et de ne nous prononcer l'un et l'autre qu'après réflexion.

— Et que devient Mlle Charlotte pendant ces réflexions de deux vieillards qui se croient sages ?

— Il ne s'agit pas de Charlotte; mon oncle a voulu que cette décision à prendre restât entre nous deux; Charlotte ne doit pas juger en premier ressort; elle confirmera ou cassera : jusqu'au jour où nous porterons le débat devant elle, elle n'a pas à s'en mêler, — au moins d'une façon officielle. Puisque la cause est encore pendante, donne moi ton sentiment; l'homme politique doit-il se marier ?

Narbanton, qui marchait d'un air grave et recueilli comme s'il suivait sa pensée, se mit tout à coup à rire et répliqua :

— Ce seroit plus tôt fait et expédié a trois beaux dez, comme dit Panurge, et mon avis est celui de Pantagruel : « Mariez vous donc de par Dieu, ou point ne vous mariez, car en cette proposition il y a tant de si et tant de mais que je ne saurois rien fonder, ni rien résoudre. »

— En un sujet aussi grave, tu me permettras de trouver la plaisanterie de mauvais goût.

— Mais aussi a-t-on jamais vu personne sensée demander si elle doit ou ne doit pas se marier. Suis-je dans ta peau pour te répondre, et sais-je s'il y a là, — il lui frappa du bout du doigt sur la poitrine, — un cœur ou bien un caillou. Tout ce que je puis te dire en réponse à la question que tu me poses, c'est que je connais un homme politique auquel le mariage a rendu et rend journellement les plus grands services : — il est libre-penseur, mais pour sa femme qui a des principes religieux, il fait élever ses enfants chez les jésuites ; — il a le mépris des choses d'argent et par fierté autant que par probité il voudrait se tenir en dehors des affaires; seulement pour sa femme qui a des goûts de luxe et de dépense, il a été obligé de laisser mettre son nom dans cinq ou six grandes entreprises financières qui font sa fortune, malgré lui ; — il n'a aucune ambition personnelle, et il fait de la politique par amour de son pays ; malheureusement sa femme n'est pas comme lui, elle a la vanité du pouvoir, la passion du portefeuille, et pour elle, pour elle seule, il commet toutes les vilenies, toutes les lâchetés pour accrocher un ministère.

— C'est l'intrigant, que tu dépeins là, ce n'est pas l'homme politique.

— Assurément, je suis loin de penser que tu es un intrigant, et je crois que mes protestations à ce propos sont inutiles ; mon amitié pour toi, nos relations valent mieux que les paroles, n'est-ce pas? Seulement j'espère que tu me permettras de me demander si tu es vraiment un homme politique.

— Comment cela ?

— Assurément, tu n'es point de la même espèce que ces jolis produits du parlementarisme qui se croient des hommes politiques, parce qu'ils ont trouvé dans l'héritage de leur père ou de leur beau-père un habit d'orateur, et parce qu'ils ont soigneusement appris dans les traditions de la famille l'art de parler de tout pour ne rien dire, ou le talent, non moins utile, d'écouter finement en s'accoudant sur la cheminée d'un salon dans une pose diplomatique.

— Mon père était avoué, interrompit Georges, et je n'ai trouvé que sa robe pour tout héritage dans sa succession.

— De même, continua Narbanton, tu n'as rien non plus de ces hommes d'Etat qui se sont jetés dans les affaires publiques, parce qu'ils ont été incapables de faire les leurs ; avocats qui plaident à la tribune la cause de la France, parce qu'ils n'ont pas de cause civile ou criminelle à plaider au Palais; financiers qui jonglent avec les millions du budget pour se faire engager dans quelque Compagnie particulière où leur notoriété politique leur vaudra une position qui n'eût point été accordée à leur mérite personnel; nullités vaniteuses qui se font nommer dans leur province pour venir briller à Paris ; étudier les affaires du pays, les discuter, les voter, est pour elles le petit côté de leur situation, ce qui les touche, c'est d'être députés, d'écrire leur correspondance sur du papier avec en-tête officiel, et de donner des billets de séance à des gens qui ne les prenaient pas au sérieux.

— Tu oublies, dans ton énumération, l'homme qui se consacre aux affaires de son pays par dévouement, par conviction, parce que c'est dans la vie politique que se trouve le plus haut emploi des facultés humaines : du courage, de la foi en soi qui domine les masses et de l'éloquence qui les entraîne ou les arrête ; de l'intelligence assez puissante pour saisir l'ensemble des choses ; de la présence d'esprit assez ferme pour décider instantanément les plus grandes questions ; de la mémoire assez sûre pour n'hésiter jamais ; de la volonté assez haute pour n'être abattue par rien, ni par les malheurs de la patrie, ni par les douleurs personnelles ; — enfin, de certaines qualités physiques dans la voix, le regard et le geste, sans lesquelles toutes les autres ne sont rien.

— Je suis tout disposé à reconnaître que tu as ces qualités et même d'autres que tu oublies, cependant...

— Je ne dis pas que je les ai, mais je soutiens qu'elles sont assez enviables pour expliquer qu'on veuille être un homme politique.

— Parfaitement ; seulement je crois que parmi ces qualités, il en est une qui te manque.

— S'il ne m'en manque qu'une! dit Georges avec la superbe assurance d'un homme qui se sait assez riche pour n'avoir pas besoin de compter rigoureusement.

— C'est que celle-là est déterminante.

— Laquelle?

— Il faut la violence que tu as faite tout à l'heure à ma franchise pour me décider à la nommer, — la conviction.

Georges s'arrêta brusquement.

— En effet, dit-il, la franchise va un peu loin.

— Aussi doit-elle être expliquée : tu as une attitude, l'attitude républicaine qui détermine pour le moment tes paroles et tes actions; mais tu as vraiment une conviction ? Ne sois pas blessé par cette interrogation ; tu vas voir qu'elle n'a rien d'injurieux pour toi. Si je te connais bien, ou plus justement si je te retrouve aujourd'hui ce que tu étais autrefois au temps de notre intimité, tu es un esprit pratique beaucoup plus que théorique, et les formes de gouvernement, autrement dit les principes, n'ont pas pour toi une importance décisive : pourvu qu'on applique certaines idées générales que tu as dans la tête et dans le cœur, tu t'inquiètes peu de savoir quelle main dirige le pouvoir, si elle est royale, impériale ou républicaine. Cela peut conduire très loin quand on fait de la politique active et par des chemins bien différents : au Capitole ou aux gémonies, comme nous disions autrefois. Ajoute à cela que tu as un besoin de certaines satisfactions qui aggrave ta situation.

— Qu'entends-tu par là ?

— La façon dont tu as orgnisé ta vie répond pour moi; elle n'a rien d'austère, cette vie, et je ne crois pas que tu sois homme à souffrir volontiers le martyre de la pauvreté. Aussi, je trouve que dans ces conditions, la carrière politique est pleine de dangers et je pense qu'au lieu de vouloir la tenter, il serait plus sage de se contenter de devenir le premier avocat du Palais; il y aurait là tout autant de gloire à gagner, et à coup sûr plus de profit, plus de tranquillité et plus de bonheur.

— Avec Charlotte, n'est-ce pas ?

— Oh ! cela, je n'en sais rien.

— Là cependant est la question, et c'est de Charlotte qu'il s'agit, non de moi. Pour moi, je n'accepte ni tes appréciations ni tes pronostics; mon attitude est correcte.

— Les attitudes, on en change, et celles qu'on prend sont toujours correctes... tant qu'on les garde.

— L'avenir te prouvera que tu me juges mal; c'est à lui que je confie ma défense. Au reste, je te le répète, ce n'est pas sur ma ligne politique que je te consulte, c'est sur mon mariage. Tout ce que tu viens de me dire en longues phrases apprêtées pour ne point me blesser, se résume en un mot : tu me crois ambitieux.

— Ne l'es-tu pas ?

— Si je le suis, ce n'est pas comme tu l'entends. La question se résout donc à savoir si Charlotte, mariée à un ambitieux, peut être heureuse ; car si tu me crois incapable de ressentir l'amour, j'espère que tu me juges susceptible d'amitié ; or la vérité est que j'ai beaucoup d'amitié pour cette pauvre petite cousine, près de laquelle j'ai été élevé. Si je l'épouse, sera-t-elle heureuse ?

— La réponse, il me semble, est en toi, et en toi seul.

— Je veux dire : trouvera-t-elle dans la vie que je lui ferai les éléments nécessaires à son bonheur ? La médiocrité de ses goûts, la simplicité de son éducation, son humeur, son caractère, ses habitudes, tout semble devoir l'éloigner de l'existence mondaine dans laquelle je suis obligé de l'entraîner. Se façonnerait-elle à cette existence, et trouverais-je en elle les qualités qu'un mari, dans ma position, est en droit de demander à sa femme ? Après quelques mois, n'arriverions-nous pas, mutuellement, à une déception ? Tu sais maintenant pourquoi je balance à m'expliquer avec mon oncle, et à lui demander s'il est prêt à m'accorder Charlotte. Ajoute encore que je suis à peu près certain de rencontrer une opposition assez vive chez mon oncle, qui est dans les mêmes idées que toi à propos de la carrière politique ; tu verras alors que j'ai bien des raisons pour rester hésitant, et tu ne trouveras pas étrange que j'aie agité avec toi cette question, de laquelle dépendent deux existences.

Narbanton marcha assez longtemps près de son ami, la tête basse ; sans en avoir conscience, il avait allongé le pas.

— Marchons moins vite, dit Georges, car nous arrivons.

— Et tu veux ma réponse, dit Narban-

ton, relevant la tête ; eh bien, mon ami, cette réponse est dans ton hésitation même. Celui qui, en présence d'une créature ravissante comme ta cousine, réfléchit, calcule, combine, arrange ses affaires, pense au monde, dispose sa vie, consulte ses propres goûts et ses sentiments, au lieu de se laisser toucher par l'amour et d'être entraîné par lui ; — celui-là n'est pas digne de devenir jamais le mari de cette jeune fille adorable.

— Et si tu la trouves si adorable, que ne l'épouses-tu toi-même ? répliqua Georges.

— Moi !

Mais, à ce moment, Charlotte ouvrit la barrière du jardin, et se faisant avec sa main un abat-jour contre le soleil, elle regarda au loin si elle apercevait les deux amis.

Ils hâtèrent le pas et n'ajoutèrent pas un mot à leur entretien.

XVII

Les deux jours que Narbanton devait passer à la Crique se changèrent en une semaine, puis en une quinzaine.

Chaque soir, en rentrant d'une excursion, on avait des raisons décisives pour en entreprendre une nouvelle le lendemain.

Les buts de promenade sont en effet nombreux dans cette partie de la Bretagne : — Carnac et ses monuments druidiques, — la butte de Tumiac, — les îlots du Morbihan, Arz, l'île aux Moines, Gavr'inis et son dolmen, — les grottes creusées par l'effort de la mer dans les falaises de la presqu'île de Rhuis, — la rivière d'Auray.

Après la tempête qui avait soufflé au commencement du mois, le temps s'était fixé au beau avec cette douceur et cette sérénité qu'on ne rencontre sur ces rivages qu'à l'automne, la vraie saison de ce pays.

Chaque jour on pouvait se mettre en route avec pleine sécurité sans craindre le vent ou la pluie ; et ce n'était plus un étonnement pour les curieux de Port-Navalo de voir manœuvrer le *Bourguignon* qui maintenant appareillait chaque matin pour venir devant la Crique chercher ses passagers.

En attendant qu'ils fussent prêts, il croisait au large et courait des bordées. Quand le pilote apercevait le signal convenu, il se rapprochait de terre, et une petite barque transportait tout le monde sur le yacht, que son tirant d'eau retenait forcément à une certaine distance du rivage. Fellow suivait la barque à la nage, mais en approchant du *Bourguignon* il prenait les devants, et au moyen d'une petite échelle plongée dans la mer il grimpait le premier à bord; en chien bien élevé qu'il était, il courait aussitôt à l'avant pour se secouer sans inonder les tapis étendus à l'arrière, puis il revenait saluer son maître de ses aboiements joyeux quand celui-ci arrivait sur le pont. Le pilote donnait un coup de barre, le *Bourguignon* présentant ses voiles au vent, s'inclinait doucement sur le côté, on entendait la mer clapoter contre la carène; peu à peu le rivage qu'on venait de quitter s'abaissait dans le lointain, les lignes se brouillaient, et bientôt la maison seule apparaissait distincte, formant une tache blanche au milieu de la verdure bleuâtre.

Bien que cette intimité journalière offrît aux deux camarades des occasions sans cesse renaissantes pour reprendre leur entretien au point où il avait été interrompu, ni l'un ni l'autre ne semblait disposé à revenir à ce qui s'était dit entre eux.

Georges persistait-il dans son projet de mariage, ou bien l'abandonnait-il?

Narbanton trouvait-il Charlotte vraiment adorable, ou bien ce mot, dit dans la vivacité de la conversation, était-il un propos en l'air?

C'était à croire que ces deux questions étaient pour eux sans importance, et qu'ils avaient oublié qu'elles restaient posées.

Cependant, à regarder les choses d'un peu près, il devenait bientôt visible que cette indifférence n'était qu'apparente, que tous deux, au contraire, loin d'avoir oublié ces questions, les avaient sans cesse présentes à l'esprit, et que s'ils ne disaient rien pour les trancher, c'était parce que ni l'un ni l'autre ne voulait faire le premier pas.

Sans vouloir le laisser paraître, ils s'étudiaient tous deux avec une attention continuellement tendue.

Si pendant une promenade en mer Charlotte engageait un entretien avec Narbanton, Georges ne se mêlait point à leur conversation; il affectait même de se tenir à l'écart, soit en s'étendant sur le pont pour dormir et échapper ainsi au mal de mer, soit en faisant causer le pilote; mais en réalité, il ne dormait pas plus qu'il n'écoutait le pilote, ses oreilles étaient à ce que disaient Charlotte et Emmanuel, de même que ses yeux, lorsqu'il les tenait mi-clos, étaient ouverts pour voir leur attitude pendant cet entretien et saisir sur leur visage ou dans un regard les mouvements vrais qui les agitaient.

Narbanton de son côté ne montrait pas plus de franchise que Georges, et il n'était pas moins que lui appliqué dans son observation: un signe, un indice quelconque ne viendrait-il donc jamais lui apprendre quels étaient leurs sentiments. Georges n'aimait pas sa cousine, il l'avait dit au moins et tout se réunissait pour faire croire qu'il avait parlé sincèrement; mais Charlotte n'aimait-elle pas son cousin? Dans les soins qu'elle avait pour lui, dans la tendresse affectueuse qu'elle lui témoignait, n'y avait-il qu'une amitié fraternelle qu'expliquait tout naturellement leur parenté, ou bien n'y avait-il pas au contraire de l'amour?

Pendant qu'ils demeuraient ainsi en face l'un de l'autre, en arrêt pour ainsi dire, il arrivait ce qui se produit ordinairement dans ces sortes de circonstances: en voulant deviner ce qui se passait dans Emmanuel, Georges laissait voir sa préoccupation et Emmanuel, en voulant surprendre ce qui se passait dans Georges et surtout dans Charlotte, se livrait lui-même.

Moins habile que Georges à parler tous les langages, n'ayant point comme celui-ci des phrases toutes faites à propos du premier sujet venu, ne sachant pas feindre, d'ailleurs, maladroit à dissimuler ses émotions, il se trahissait à chaque instant par la voix, par le geste, par le regard, même par le silence.

Mais ce qui mieux que tout révélait le véritable état de son cœur, c'étaient les changements qui, du jour au lendemain, s'étaient faits dans ses idées, ses sentiments et ses opinions. Dans une fréquentation intime de plusieurs années, Georges avait été à même de connaître à fond son ami; ce n'était donc pas sans une

certaine surprise qu'il le voyait maintenant donner des démentis à tout propos et
à chaque instant, à ses anciennes croyances.

Et cela se faisait de la meilleure foi du
monde, non par hypocrisie, non pas même pour plaire à Charlotte, mais simplement parce que Charlotte lui plaisait, et
parce qu'il était irrésistiblement amené à
aimer lui-même ce qu'elle aimait.

En agissant ainsi, Emmanuel obéissait
à cette persuasion naturelle, à cette séduction inconsciente de l'amour qui fait
que, quand nous sommes profondément
épris, nous ne voyons plus que par les
yeux de celle que nous aimons, et que nous
ne parlons plus que par sa bouche. Nous
sommes elle-même; c'est son sang qui
coule dans nos veines; c'est son cœur qui
bat dans notre poitrine. Sourit-elle, nous
rions; s'attriste-t-elle, nous pleurons. Ce
qu'elle veut, ce qu'elle pense et ce qu'elle
sent, nous le voulons, nous le pensons et
nous le sentons comme elle.

Pour des yeux clairvoyants, et ceux de
Georges l'étaient, il y avait là un aveu
précis qui valait toutes les confidences du
monde : Emmanuel aimait Charlotte.

Les choses traînèrent ainsi pendant
une quinzaine, mais enfin elles en vinrent à ce point qu'il fallut se décider à
une explication. Naturellement ce fut
Narbanton qui la provoqua.

Le plus souvent, il ne couchait pas à la
Crique, et, après avoir ramené ses amis
chez eux, il restait sur le *Bourguignon*,
ou bien, si on le gardait à dîner, il retournait, le soir, à Port-Navalo. Il avait
besoin de marcher, disait-il, ayant pris
l'habitude de l'exercice dans ses voyages,
et quand il ne faisait pas une longue
course à pied, il se plaignait de maux de
tête et d'étourdissements.

Un soir que Georges, après l'avoir conduit jusqu'à la barrière du jardin, allait
le quitter, il le pria de l'accompagner
plus loin.

La soirée était d'une sérénité faite à
souhait pour la promenade : au milieu
d'un ciel sans nuages, la lune dans son
plein laissait tomber une clarté vaporeuse
que reflétait la mer tranquille comme un
lac; dans le silence, on n'entendait que le
bruit monotone et régulier de la vague
qui, à marée basse, venait mourir sur la
grève sablonneuse; pas un souffle de
vent, pas un frémissement de feuilles; au

loin seulement, dans l'horizon profond,
la lumière intermittente d'un phare qui
jetait son éclat et brusquement s'éteignait : partout le sommeil poétique d'une
belle nuit d'automne. Si un paysan était
à cette heure, sorti de chez lui, il n'eût
pas sans doute été bien loin, car assurément, au détour d'un chemin ou derrière
un buisson, il eût vu se dresser l'*Ancou*,
le spectre effrayant de ces rivages, qui
n'apparaît que pour annoncer un naufrage et des morts.

Pendant quelques minutes, Georges et
Emmanuel marchèrent côte à côte sans
échanger une parole, enfin celui-ci rompit le silence :

— Ce n'est pas seulement pour avoir le
plaisir de cheminer avec toi par cette
belle nuit, au bord de la mer, dit-il d'une
voix vibrante, que je t'ai prié de m'accompagner; j'ai à te parler.

— Je m'en doute.

— Alors tu te doutes aussi, n'est-ce pas,
que je veux reprendre la conversation
que nous avions dans ce chemin il y a
quinze jours, au point même où elle a été
interrompue. C'est une question que
maintenant je voudrais te poser.

— Je t'écoute, prêt à te répondre avec
une entière sincérité.

— A quoi es-tu décidé pour ton mariage?

— A rien. J'étais hésitant il y a quinze
jours, je le suis plus encore aujourd'hui.

— Il y a quinze jours cependant, tu pa-
raissais vouloir t'arrêter à une résolution.

— Je le veux encore, mais cette résolution aujourd'hui ne dépend plus de moi
seul, et voilà pourquoi, mon cher ami, je
n'ai pas pu la prendre.

Georges prononça ces trois mots, « mon
cher ami, » d'une telle façon, qu'Emmanuel en fut troublé.

— Que veux-tu dire? demanda-t-il.

— Je pourrais te répliquer que c'est à
moi de t'interroger et à toi de répondre;
mais entre deux amis tels que nous, ce
n'est point ainsi qu'on doit procéder, et
j'aime mieux aller au-devant de tes explications. Si je n'ai pas décidé mon mariage,
c'est que depuis quinze jours, l'esprit
éveillé par quelques paroles qui t'ont
échappé, je t'ai beaucoup observé, et j'ai
cru remarquer que tu éprouvais pour
Charlotte un sentiment autre que l'amitié. Dans ces conditions, m'était-il possi-

ble de faire valoir un engagement anté-
rieur et de la demander pour femme,
alors que peut-être tu l'aimais toi-même ?
J'ai donc attendu, certain qu'un jour ou
l'autre tu viendrais à moi loyalement pour
avoir une explication décisive. Voici cette
explication provoquée par toi, poussons-
la donc jusqu'au bout. Aimes-tu ou n'aimes-tu pas Charlotte ? Toute la question
est là. Mais avant que tu me répondes, je
veux, afin de ne pas faire peser sur cette
réponse le poids de l'amitié, que tu connaisses mes intentions : si tu n'aimes pas
Charlotte, je ne sais pas encore ce que je
ferai et si je l'épouserai ou ne l'épouserai
pas ; au contraire, si tu l'aimes assurément, je ne demanderai pas à mon oncle
l'exécution de notre engagement, je ne
l'épouserai pas.

— Georges, mon ami, s'écria Narbanton.

Et s'arrêtant, il prit les deux mains de
son camarade et les lui serra longuement;
dans la nuit on voyait ses yeux mouillés
lancer des éclairs.

— Si j'avais éprouvé pour Charlotte une
violente passion, continua Georges, je ne
sais pas ce que j'aurais fait, peut-être je te
l'aurais disputée.

— Tu n'aurais pas eu à me la disputer,
car si à la demande que je viens de t'a-
dresser tu m'avais répondu que tu voulais
épouser Charlotte, demain je n'aurais plus
été en Bretagne ; on embarque en ce moment pour huit jours de vivres à bord du
Bourguignon, et cette nuit, à la pleine
mer, je partais pour l'Angleterre ; tu ne
m'aurais revu que quand tu aurais été le
mari de Charlotte et quand j'aurais été
guéri de mon amour.

— Le mari de Charlotte, ce sera toi, si
tu la veux pour femme.

— Si je la veux !

— Demain je parlerai à mon oncle;
quand je me serai dégagé, tu pourras lui
parler à ton tour. Je te demande seulement d'attendre que je sois rentré à Paris.

— Tu veux partir ?

— Après les engagements qui ont existé
entre Charlotte et moi, est-il convenable
que je sois là quand elle va en contracter
d'autres. Je vous gênerais tous deux, et
moi-même je ne serais pas à mon aise.
Laisse-moi donc partir. Notre séparation
d'ailleurs ne sera pas bien longue ; nous
nous reverrons bientôt, quand tu seras
marié, quand tu seras mon cousin.

— Non pas ton cousin Georges, ma
ton ami, ton frère.

XVIII

Pour son entretien avec son oncl
Georges avait besoin du tête-à-tête. Il falla
qu'il ne fût pas dérangé avant d'avoir p
dire tout ce qu'il voulait dire. Il falla
surtout que Charlotte, survenant tout
coup, comme il lui arrivait souvent, dar
le cabinet de son père, n'entendît pas l
plus petit mot de leur conversation.

Heureusement pour l'exécution de so
dessein, ce tête-à-tête n'était pas difficil
à trouver, et il n'était pas besoin d'en
ployer d'habiles préparations pour l'obte
nir.

M. de la Héraudière se levait en effet c
grand matin et le premier de tous dar
sa maison. C'était une habitude qu'il ava
prise autrefois, quand il était dans l'ac
ministration et qu'il n'avait guère à dor
ner à l'étude que les heures qu'il prél
vait sur son sommeil, le matin et le soi
Après n'avoir dormi que sept heures pe
nuit pendant trente ans, il n'avait pe
changé cette habitude le jour où il ava
eu sa liberté ; ce n'est pas à soixante ar
qu'on reste longtemps au lit et qu'on fa
la grasse matinée.

Tous les jours à cinq heures, il étai
levé et après avoir fait sa barbe à l'ea
froide, il descendait, l'hiver, dans son c
binet de travail dont il ouvrait lui-mên
les volets, l'été dans son jardin.

Depuis qu'il avait fait la découverte c
son *kjoekken-mœdding*, il y courait au
sitôt levé et jusqu'à l'heure du déjeûne
on était sûr de le trouver là, à moitié er
terré dans les débris de coquilles, pi
chant doucement dans le tas, et exami
nant chaque débris informe avec ur
attention qui n'eût pas été plus vive ch
un chercheur d'or ou de diamants.

Il avait attaqué son amas de détritu
qui formait une butte allongée, en ma
chant de l'est à l'ouest, de sorte que le
rayons obliques du soleil levant fra
paient contre la paroi qui avait été ent
mée. Par ce moyen, la lumière du sole
agissait comme s'il eût projeté celle d'u
lampe sur le tas qu'il fouillait, et donna
ainsi aux objets mis à jour après tant c
siècles d'enfouissement, toute leur valeu
Tous, les uns après les autres, lui pa
saient par les mains ; il les tournait et l

retournait, les examinait sous toutes leurs faces, les sondait du doigt pour leur faire rendre un son ; quelquefois même il les appliquait sur sa langue, lorsque ses yeux ou ses oreilles ne lui avaient pas fourni la réponse qu'il cherchait.

Le plus souvent, l'objet ainsi examiné était rejeté au loin comme insignifiant, mais parfois aussi il était précieusement déposé dans une corbeille. Naturellement, dans ces amas de débris, tout ce qu'on trouve n'a pas la même valeur ; il y a des milliers et des milliers de coquilles qui ne sont que de vulgaires écailles d'huîtres ou de moules, mais encore faut-il les voir toutes les unes après les autres ; parmi les huîtres et les moules il y a des Vénus, des buccins ; de même, parmi les arêtes de limandes et d'anguilles, il y a aussi des arêtes de harengs, et les harengs ne se pêchant qu'en pleine mer, il résulte de cette trouvaille que les hommes de ces temps préhistoriques savaient construire des barques capables de naviguer au large.

Les ossements de cerf, de sanglier, d'ours, d'urus, de castor, étaient souvent incomplets, et ceux qui manquaient étaient précisément ceux que les chiens mangent ordinairement, de sorte qu'on pouvait, de cette absence de certains os, tirer cette conclusion que le chien était déjà réduit en domesticité, et que les hommes de ces époques l'utilisaient pour la chasse. Une pointe de lance en silex dentelé, une pointe de flèche, un poignard en silex, un harpon en os, disaient quelles étaient les armes en usage dans ces chasses ; un hameçon en os, une pierre pour tenir les filets au fond de l'eau et un flotteur pour les maintenir à la surface, indiquaient quels étaient les instruments de pêche.

Si Cuvier a pu avec une dent reconstituer les animaux fossiles, avec un morceau de poterie, avec un collier en ambre, avec une arme, un ustensile de ménage, un objet de toilette, on peut reconstituer la vie et les mœurs de ces âges reculés, et savoir ce qu'étaient les anciens habitants de notre globe.

C'était par là que ces recherches passionnaient M. de la Héraudière ; elles donnaient un emploi aux connaissances variées qu'il avait travaillé à acquérir pendant quarante années, et en même temps qu'elles étaient d'étape en étape une con-firmation pour ses croyances philosophiques ; elles étaient une excitation continuelle pour son imagination toujours pleine de jeunesse et d'activité.

Il n'y avait en lui rien du savant prudent qui avant d'examiner une idée se demande si elle est orthodoxe ou conforme aux croyances à la mode dans l'Académie, et le nez baissé sur ses coquilles il se donnait carrière hardiment, librement. Que de problèmes, que de théories n'échafaudait-il pas aussi, sans s'inquiéter de la science officielle, n'ayant d'autre souci que de satisfaire lui même !

Certain de trouver son oncle au travail et de pouvoir l'entretenir seul pendant tout le temps nécessaire, Georges se décida à aller le lendemain matin au *kjoekken-moedding*. Pour cela il est vrai qu'il fallait se lever de bonne heure, ce qui n'était guère agréable, mais enfin on pouvait bien faire ce sacrifice pour cette pauvre petite Charlotte.

En somme, c'était assurer son bonheur, car il était bien certain qu'elle ne pouvait être que très heureuse avec un excellent garçon tel qu'Emmanuel. Et puis c'était réellement un mariage magnifique pour elle : deux cent mille francs de rente. Si elle venait à Paris, comme cela était probable, ce serait une agréable maison, où l'on pourrait de temps en temps passer une soirée. Elle ferait dans une tribune au Corps législatif, et l'on pourrait lui donner des billets pour les séances à sensation : — Quelle est cette jolie femme que vous saluez ? — Ma cousine.

Ce fut dans ces dispositions d'esprit que Georges se rendit à la grève. Le soleil, levé depuis quelques minutes à peine, ne s'était pas encore dégagé des vapeurs du matin, et cependant M. de la Héraudière était déjà au travail : un douanier, enveloppé dans son manteau dont le col était relevé jusqu'aux oreilles, se tenait devant lui, appuyé sur son fusil, regardant dans une contemplation songeuse ce vieux sorcier qui s'amusait à remuer des coquilles.

Cela ne faisait pas l'affaire de Georges ; mais désespérant sans doute de comprendre jamais le plaisir qu'on pouvait éprouver à quitter son lit si matin pour venir piocher une butte de sable, le douanier ne tarda pas à regagner sa hutte, où, après s'être assuré qu'il n'y avait pas de navire en vue, il reprit son somme interrompu.

— Comment, dit M. de la Héraudière, en voyant son neveu, tu te lèves maintenant à six heures du matin ; es-tu malade ?

— Non, mon oncle, mais j'avais besoin de vous parler sans que personne pût nous entendre, et j'ai pensé que cet endroit nous assurait toute liberté.

M. de la Héraudière laissa tomber la coquille qu'il tenait entre ses doigts, et, pendant quelques secondes, il regarda son neveu : il n'avait pas besoin qu'on lui en dît davantage ; c'était de Charlotte qu'il allait être question, de son mariage ; son cœur se serra ; le moment de la responsabilité définitive, si longtemps différé, était arrivé.

— Le délai que vous m'avez imposé, continua Georges, va expirer ; il faut donc, mon oncle, que nous prenions un parti.

— Sans doute, il le faut ; mais avant de te faire connaître mes intentions, j'ai besoin de me consulter avec ma fille ; je te demande pour cela quelques jours ; nous sommes aujourd'hui mardi, veux-tu attendre jusqu'à dimanche?

— Pour la question que nous avons à traiter, une remise est inutile, car en ce moment ce n'est pas des sentiments de ma cousine qu'il s'agit, mais des vôtres.

— Cependant, je ne dois pas en une affaire aussi grave n'avoir égard qu'à mes seuls sentiments.

— Parlons net, mon oncle. Vous m'avez toujours témoigné une très grande bonté, et c'est à votre générosité que je dois l'instruction que j'ai reçue. Cependant, malgré cette générosité et cette bonté dont vous m'avez donné tant de preuves, il n'en est pas moins vrai, n'est-ce pas, que vous n'avez pas pour moi les sentiments d'un père pour son enfant ?

— C'est Charlotte qui est mon enfant: tu es mon neveu.

— J'aurais voulu prendre dans votre cœur la place d'un fils.

— J'aurais voulu aussi que tu la prisses.

— Enfin, ce qui est malheureusement certain, c'est que je ne l'occupe point.

— Permets un peu; j'ai pour toi beaucoup d'affection, de l'amitié, et je suis surpris, je suis peiné de voir que tu en doutes.

— Douter de votre affection, douter de votre amitié, moi, mon oncle ! Vous pouvez me croire capable d'une pareille bassesse!

— Alors, que dis-tu donc ?

— Je dis, mon oncle, que vous ne me considérez pas comme votre fils ; mais de là à douter de votre tendresse, il y a la mer à franchir.

M. de la Héraudière, surpris de la tournure que prenait l'entretien, resta sans répondre, cherchant à deviner où son neveu voulait en venir.

— Pourquoi n'ai-je pas pris cette place, continua Georges, incontestablement c'est ma faute, ou plutôt c'est celle de mon caractère et de ma nature. Mes idées ont blessé les vôtres, et je n'ai pas su vous faire le sacrifice de mes idées.

— Fallait-il que je te fisse le sacrifice des miennes ?

— C'est un grand malheur qu'il n'y ait point eu plus de souplesse dans mon caractère, et assurément j'aurais dû vous écouter quand vous vouliez me prendre une autre voie que celle que j'ai suivie. Je l'ai essayé ; maintes fois après vos observations, je me suis dit que vous aviez raison et que je devais me conformer à vos avis ; je n'ai pas pu.

— Il est encore temps, et si tu veux....

— Non, mon oncle, il est trop tard, et ce que je n'ai pas voulu faire quand j'avais vingt-deux ou vingt-trois ans, je ne le pourrais pas aujourd'hui que j'en ai trente. Je prendrais l'engagement que vous me demandez, je ne le tiendrais pas : je ne le prendrai donc pas, car ce serait vous tromper. Tout ce que je veux à ce sujet, c'est que vous apportiez une certaine indulgence dans votre jugement et que vous compreniez que ceux qui ont été élevés dans la pauvreté peuvent avoir des convoitises que ne connaissent pas ceux qui n'ont jamais formé que des désirs qu'ils savaient réalisables. Mais je ne veux pas insister là-dessus ni plaider les circonstances atténuantes. Ce n'est pas la question.

— Mais où veux-tu donc en arriver ? demanda M. de la Héraudière, se perdant dans ce flux de paroles.

— A ceci, mon oncle. Pendant de longues années, je me suis flatté de l'idée d'être un jour le mari de Charlotte ; je peux même dire que j'ai vécu de cette idée ; je n'étais pas moins heureux d'espérer qu'elle serait ma femme, que de penser que je serais votre fils. Aussi cela a-t-il été pour moi un profond chagrin de voir que chaque année les efforts que je faisais pour avancer dans la vie creusaient entre nous un fossé de plus en plus profond ; si bien qu'au lieu de nous rapprocher, nous nous éloignions l'un de l'autre chaque jour davantage, ou plus justement vous vous éloigniez de moi. Ce qu'il y avait de terrible dans cette constatation qui crevait les yeux, c'est que le temps marchait et que le moment arrivait où vous auriez à vous prononcer sur ce mariage. Que faire ? Me conformer à vos avis ; je ne l'ai pas pu. Vous amener à d'autres idées ? Je ne me suis même pas permis de le tenter. Vous faire l'abandon des miennes ? Dix fois, cent fois je l'ai voulu, je n'en ai pas eu la force. C'est ainsi, mon oncle, que je suis arrivé ici au commencement de des vacances, et c'est dans ces angoisses que jusqu'à présent je les ai passées.

— Celles du père n'étaient pas moins vives que pouvaient l'être celles du futur mari.

— Aussi, mon oncle, c'est parce que je suis arrivé à la conviction qu'elles seraient intolérables plus longtemps pour vous comme pour moi, que je me suis résolu à cet entretien. Je ne veux pas préjuger votre réponse et même je vous prie de ne pas me la faire connaître ; mais en supposant que vous me donniez votre consentement à mon mariage avec votre fille, il est certain que ce consentement ne serait pas libre. J'en ai pour preuve ce que vous m'avez dit tout à l'heure en parlant de vos sentiments.

Peut-être par faiblesse pour Charlotte et par pitié pour moi, vous laisseriez-vous arracher ce consentement ; mais vous auriez la conviction qu'un mariage ainsi fait ne peut pas rendre votre fille heureuse. Moi, de mon côté, j'ai la conviction qu'il ne peut faire le bonheur ni du père, ni de la femme, ni du mari. Je viens donc vous dire que je renonce au projet conçu par ma pauvre tante. J'espérais être votre fils, je ne pourrais jamais me résigner à n'être que votre gendre.

XIX

M. de la Héraudière resta un moment abasourdi.

Depuis longtemps, il s'attendait à une explication avec son neveu, et à l'avance il s'était bien des fois demandé ce qu'elle serait.

Il avait prévu ce que Georges dirait, et il avait arrangé, au moins pour les points principaux, la réponse qu'il lui ferait.

Mais la réalité se trouva bien loin de toutes ces combinaisons.

Comment, c'était dans la bouche de Georges qu'il trouvait ses propres paroles ! On lui prenait son rôle. Les objections qu'il avait à opposer au mariage, c'était Georges qui les lui faisait !

Tout d'abord, quand après son préambule entortillé, Georges avait commencé à aborder la question, M. de la Héraudière avait cru à quelque artifice de langage, à quelque préparation adroite qui n'avait pour but que de l'abuser, et il s'était tenu sur ses gardes, attendant la conclusion.

C'était un avocat qui parlait, c'était un homme habile et retors ; il ne fallait pas se laisser tromper ; mais non, il n'y avait pas de tromperie dans ces explications et la conclusion découlait naturellement des objections mises en avant.

Elle était précise, cette conclusion : votre fils, je l'aurais été avec joie ; un gendre, je ne veux pas l'être.

Cela était clair. Il n'y avait pas à interpréter ces paroles, elles disaient ce qu'elles voulaient dire : Georges renonçait à son mariage avec Charlotte.

Lorsque M. de la Héraudière comprit bien cette nouvelle situation et vit toutes ses conséquences, il se sentit envahi par un mouvement de joie qui le souleva. Quelle délivrance ! Plus de luttes à soutenir.

Vivement il tendit la main à Georges :

— Ah ! mon cher enfant, dit-il.

Et, lui serrant chaudement les mains, il répéta, sans trouver d'autres paroles :

— Mon cher enfant ! mon cher enfant !

Mais Georges ne se prêta pas de très bonne grâce à cette expansion.

Ce sentiment de joie qui se montrait si franchement n'était pas, en effet, pour le flatter dans son orgueil. C'était un aveu un peu trop vif. On était trop heureux d'être débarrassé de lui.

Son oncle redoutait donc bien terriblement son mariage, qu'il paraissait si heureux de sa rupture.

Il allait ouvrir les lèvres pour dire vertement combien cette satisfaction si peu déguisée était outrageante pour lui, lorsqu'il vit l'expression du visage de son oncle changer subitement.

Après le premier trouble de joie, la réflexion était venue pour M. de la Héraudière.

Après avoir pensé à lui, il avait pensé à Charlotte.

Cette rupture le remplissait de joie, lui ; mais elle, la pauvre enfant, qu'allait-elle éprouver en l'apprenant ?

Elle aimait son cousin. Quelle douleur !

Que faire ?

Il ne pouvait pourtant pas, après avoir pendant si longtemps désiré cette rupture, l'empêcher maintenant.

Il ne pouvait pas demander à Georges d'épouser sa fille, quand c'était Georges lui-même qui la refusait.

Il ne pouvait pas dire à celui-ci qu'il avait confiance en lui pour assurer le bonheur de son enfant, alors précisément qu'au fond du cœur il était plein de défiance.

Il ne pouvait pas l'adopter pour son fils quand, pendant cinq années, il n'en avait pas voulu pour son gendre.

D'un autre côté, cependant, il ne pouvait pas souffrir non plus que la nouvelle de cette rupture vînt frapper brutalement Charlotte.

Mais comment empêcher cela ?

Ce n'était pas à lui à dire tout haut les sentiments qu'il avait cru lire dans le cœur de sa fille.

— Eh bien, mon oncle, qu'avez-vous donc ? demanda Georges, curieux de savoir comment le vieillard avait subitement passé d'une joie si éclatante à une préoccupation si sombre.

— Je réfléchis.

— Vous êtes fâché contre moi, à cause de ma franchise.

— Fâché contre toi ? Non, je te le jure. Et à vrai dire, même, ce n'est pas à toi que je pense en ce moment ; ni à moi, d'ailleurs. Toi et moi, nous avons désormais une situation définie l'un vis-à-vis de l'autre. Par ce que tu viens de faire, tu t'es acquis ma reconnaissance et mon estime. Ta détermination est celle d'un honnête homme. C'est à ma fille que je pense en ce moment.

— Charlotte !

— Oui, Charlotte ; car enfin nous sommes trois dans cette affaire, toi, moi et elle ; ou, plus justement, elle d'abord et nous ensuite. Je me demande comment lui annoncer la rupture de ce mariage, car je dois te dire qu'à mon retour de Paris, au mois de février, j'avais cru devoir lui faire connaître le projet arrêté entre nous. Je lui ai dit alors que ta tante avait désiré un mariage entre elle et toi ; que de mon côté j'avais exigé que ce mariage ne se décidât que quand elle serait en état, par l'âge et la raison, de savoir ce qu'elle faisait ; enfin que, le moment de cette décision approchant, je la priais de voir, pendant le séjour que tu ferais près de nous aux vacances, si elle croyait pouvoir t'accepter pour son mari. Puis, je dois te l'apprendre, je lui avais fait part de mes préventions contre toi, en lui demandant de les examiner et de voir par ses propres yeux si elles étaient ou n'étaient pas justifiées.

— Vous voyez, mon oncle, combien je me suis peu trompé en jugeant que vous m'étiez hostile.

— C'était mon droit, c'était mon devoir d'éclairer ma fille, en appelant son attention inexpérimentée sur ce que je considérais comme un danger pour son bonheur. Quand j'ai exigé une épreuve qui devait durer un certain nombre d'années, je n'ai pas pris l'engagement de garder la neutralité pendant ce temps, et cependant je l'ai strictement observée tant que cela a été possible, c'est-à-dire tant que j'ai cru que ce mariage pouvait se faire. C'est seulement quand j'ai été convaincu qu'il y avait entre toi et moi, dans nos idées, dans nos croyances, dans notre manière enfin d'envisager la vie et de la diriger, une incompatibilité radicale qui, comme tu le disais tout à l'heure, avait creusé entre nous un fossé que chaque jour écoulé rendait plus large et plus profond ; c'est seulement alors que j'ai cru devoir prévenir ma fille des obstacles qui, selon moi, pouvaient empêcher votre mariage. Et encore l'ai-je fait avec la plus grande discrétion, ne disant point tout ce que j'avais à dire. Elle est donc prévenue.

— Je comprends qu'il eût été plus commode qu'elle ne le fût pas. Si elle n'avait pas connu le projet de mariage, il eût été inutile de lui apprendre que ce projet était abandonné. Mais à qui la faute ?

— C'était une précaution.

— On pèche souvent par excès de précaution. Mais enfin il me semble qu'il n'y a pas là une difficulté sérieuse. Puisque vous avez prévenu Charlotte qu'une épreuve m'était imposée, vous n'avez qu'à lui dire maintenant que cette épreuve ne m'a pas été favorable.

—C'est là précisément qu'est la difficulté qui me gêne.

— Je crois vous comprendre, mon oncle, et je veux tout de suite vous rassurer en vous disant que d'avance je suis certain que vous ne parlerez de moi à Charlotte que dans des termes qui n'altéreront pas notre amitié. Vous insistiez tout à l'heure sur la discrétion avec laquelle vous lui aviez confié vos préventions, je suis convaincu que vous aurez la même discrétion en lui signifiant votre jugement. Quoi de plus facile d'ailleurs, en vous appuyant sur la différence de principe : de ce que je ne pense pas comme vous, il ne résulte pas que je suis un misérable. Une femme comprendra cela parfaitement, Charlotte surtout.

C'était bien de cela vraiment que M. de la Héraudière avait souci! C'était bien son neveu qui le préoccupait.

Il ne répliqua pas.

Que pouvait-il dire?

Son angoisse en pensant à la douleur de Charlotte.

Mais il fallait précisément la cacher cette douleur. Il fallait que Georges ne pût jamais supposer qu'il avait été aimé de sa cousine.

Comment arriver à cela?

Charlotte était incapable de dissimuler ses sentiments; elle était la franchise même.

Lorsqu'il lui aurait appris que son mariage avec Georges était rompu, il y aurait une explosion de désespoir.

Georges le verrait, ce désespoir, il le lirait dans ce regard limpide et pur qui ne saurait pas se voiler.

Ces douleurs de la famille doivent être secrètes; que Charlotte pleurât dans ses bras librement, ce serait cruel pour lui, mais au moins il n'aurait pas la honte de voir le secret de sa chère enfant livré à la vanité de celui qui arrachait ces pleurs.

Sa détermination s'arrêta.

— Je pense que tu sentiras, dit-il en relevant la tête et en regardant son neveu

en face, que cette rupture nous place tous dans une situation délicate.

— Moi plus que tout le monde, mon oncle, car elle rompt des espérances longtemps caressées, et après m'être habitué à voir en Charlotte ma femme, me voici contraint à une réserve qui m'est douloureuse, je vous l'assure.

— Je veux dire que cette situation est délicate pour un moment, car si tu n'es pas mon gendre, tu ne cesses pas d'être mon neveu, et par ce que tu viens de faire tu t'es acquis des droits nouveaux à ma tendresse. Tu me comprends.

— Je le crains.

— Je veux dire ceci. Ou la rupture de nos projets doit demeurer secrète entre nous deux. Ou, si je la communique à Charlotte, tu dois abréger ton séjour près de nous,

— Ah! mon oncle.

— Nota bien, mon cher garçon, que je ne te renvoie pas et que je peux très bien n'annoncer cette rupture qu'après que tu seras retourné à Paris. Rien ne presse, après tout.

Et à cette pensée de gagner du temps, M. de la Héraudière se sentit soulagé.

— Rien ne presse, rien ne presse, répéta-t-il.

Georges à son tour garda un moment le silence et parut réfléchir profondément : son regard, qui d'ordinaire ne restait jamais fixe une seconde, allant sans cesse d'une chose à une autre, son regard s'arrêta : évidemment il était sous le poids d'une préoccupation sérieuse.

— Mon oncle, dit-il enfin, je suis d'avis qu'il ne faut pas laisser languir les situations douloureuses : plus elles traînent, plus la résolution qui doit les faire aboutir est cruelle à prendre. J'ai beaucoup souffert avant de me décider à cet entretien; je souffrirais beaucoup encore si chaque jour j'avais à balancer mon départ. Je partirai donc demain.

— Demain?

— Oui, mon oncle, demain. Justement, demain, nous devons faire avec Narbanton une promenade jusqu'à la Roche-Bernard. C'est une course qui prendra toute la journée. Vous la ferez sans moi. Quand vous rentrerez le soir à la Crique, je ne serai plus ici.

— Mais mon pauvre garçon, interrompit M. de la Héraudière, qui se sentait pris de pitié pour son neveu.

— Ne me parlez pas ainsi, mon oncle, car je ne partirais jamais, et je vous demanderais même de ne pas accepter la nomination que je viens de consentir. Laissez-moi toute mon énergie.

Sans répondre, M. de la Héraudière se contenta de serrer la main de Georges.

— Voici comment je comprends ce qu'il y a à faire, continua celui-ci : je ne dirai à personne, bien entendu, que je ne dois pas vous accompagner, mais au moment de m'embarquer avec vous sur le *Bourguignon*, je prendrai le prétexte d'un malaise pour rester ici. Vous vous arrangerez pour que la promenade se fasse quand même. Aussitôt que vous serez en mer, je me ferai conduire à Vannes avec le char-à-bancs.

— Oui, dit M. de la Héraudière, cela vaut mieux ainsi ; alors je parlerai à Charlotte.

— Si vous voulez, je peux même vous laisser une lettre qui vous donnera les raisons de mon brusque départ. Vous la trouverez en rentrant.

— Ah ! mon pauvre garçon, mon pauvre garçon. On est vraiment fort quand on a la volonté.

— Si vous le permettez, j'écrirai en plus à Charlotte.

— Oui, écris-lui. Ah ! tu es un homme !

— Maintenant, mon oncle, laissez-moi rentrer à la maison et arrangez-vous pour que Charlotte ne sache pas que nous avons passé ici une heure en tête-à-tête.

XX

Le lendemain, les choses s'arrangèrent comme Georges les avait disposées.

Dès sept heures, le *Bourguignon* arriva devant la Crique, car pour remonter jusqu'à la Roche-Bernard il fallait profiter de la marée, et Narbanton avait demandé qu'on fût prêt à s'embarquer à l'heure convenue.

Naturellement Georges avait été le premier à affirmer qu'il ne serait pas en retard : il avait grande envie de faire cette excursion et, malgré son peu de disposition à se lever matin, il saurait sacrifier son sommeil à son plaisir.

Cependant à sept heures dix minutes il n'était pas encore descendu et l'on n'entendait pas de bruit dans sa chambre.

— Georges se sera endormi, dit Charlotte, je vais l'envoyer éveiller.

— Il est comme toujours en retard, dit M. de la Héraudière.

Presque aussitôt la domestique, qui avait été frapper à la porte de l'avocat, revint dire que M. Georges était souffrant et qu'il priait qu'on partît sans lui.

— Si Georges est malade, dit Charlotte, nous ne pouvons pas partir ; il faut rester pour le soigner.

— Je vais aller le voir, dit M. de la Héraudière.

Mais, au même moment, Georges parut traînant la jambe et portant la tête penchée sur l'épaule.

— Je vous remercie de votre bonne parole, ma chère cousine, dit-il en tendant la main à Charlotte, mais je n'accepte pas que vous vous priviez de votre promenade pour moi.

— Si vous êtes malade, dit-elle vivement.

— Malade, non, assurément ; un peu souffrant seulement.

— Cependant...

— Ai-je l'air malade ? demanda Georges en s'adressant à son oncle.

— Ma foi, non, répondit celui-ci, qui n'aimait pas à jouer la comédie, et qui était heureux de pouvoir dire la vérité.

— Vous voyez bien, poursuivit Georges, que je n'ai pas besoin qu'on me soigne. Un peu de repos me guérira. A vrai dire, même, si la mer était aujourd'hui ce qu'elle était hier, je n'hésiterais pas à m'embarquer, car, en restant étendu, je ne me fatiguerais pas. Mais le temps s'annonce mal. Le baromètre a baissé, n'est-ce pas, mon oncle ?

— Il a monté cette nuit de 5 millimètres ; il est à 779, répondit M. de la Héraudière, incapable de mentir.

— N'est-ce pas beau temps ? demanda Charlotte.

— C'est beau fixe, répondit M. de la Héraudière.

— Vous savez mieux que moi, mon oncle, que quand le baromètre monte trop vite, c'est mauvais signe ; je vous l'ai entendu dire cent fois. Enfin, quoi qu'il en soit, je n'ose pas m'aventurer, et je vous demande à rester. C'est presque ma liberté que je réclame.

Ce mot fut lancé du côté de M. de la Héraudière, et souligné par le geste d'une façon discrète mais assez accusée cependant pour ne pas passer inaperçue, alors

surtout que la personne à laquelle il s'a-
dressait était prévenue.

— N'insistons pas, dit M. de la Héraudière; laisse-le faire à son gré; ne le gê-
nons en rien, ni par nos observations ni
par notre présence.

— Je vous remercie, mon oncle; vous
me donnez toute facilité pour me soigner
et, je l'espère, me guérir.

Charlotte écoutait avec surprise, ne
sachant trop ce que tout cela voulait
dire.

— Ne faisons pas attendre Narbanton
davantage, dit M. de la Héraudière, qui
avait hâte de mettre fin à cette scène pour
lui douloureuse.

— Au revoir, mon oncle, dit Georges.

Puis, tendant la main à Charlotte :

— Au revoir, ma chère petite cousine,
au revoir; nous ne nous séparons pas pour
toujours.

La barque depuis assez longtemps déjà
attendait ses passagers; M. de la Héraudière marchant le premier descendit vers
le rivage, suivi de Charlotte, et bientôt
Georges, de la fenêtre où il s'était accoudé, les vit monter à bord du *Bourguignon*.

— C'est égal, dit-il, elle était charmante; heureux ceux qui naissent avec
cent mille francs de rente !

Le yacht venait de virer de bord et de
mettre le cap du côté de l'est.

— Allons, dit Georges en regardant le
sillage blanc que le navire laissait derrière lui sur la mer bleue, ils sont maintenant en route, et ils ne reviendront que
ce soir bien certainement; cependant, il
vaut mieux se dépêcher : cette situation
est plus pénible que je ne croyais.

Il regarda la pendule; elle marquait
sept heures et demie; alors il monta à sa
chambre; il ne traînait plus la jambe et
ne marchait plus la tête basse; mais son
visage n'avait pas repris l'expression sou-
riante qui d'ordinaire faisait cligner ses
yeux et entr'ouvrait ses lèvres : évidemment une préoccupation pesait sur lui.

D'un brusque mouvement il prit tous
les vêtements qui étaient accrochés dans
une armoire et les jeta sur son lit; puis
ayant atteint sa malle, il les arrangea dedans avec son linge et les différents objets qui servaient à sa toilette.

Cela fut vivement fait; alors il alla
s'asseoir devant un bureau sur lequel se
trouvaient un encrier et des plumes.

Il paraissait parfaitement résolu et même, dans tous ses mouvements, il y avait
une certaine brutalité, comme s'il obéissait à une colère contenue.

Vivement il trempa sa plume dans l'encrier, mais au moment de l'appuyer sur
le papier qu'il avait placé devant lui, il
s'arrêta et se prit la tête entre les deux
mains.

— La chose est vraiment embarrassante,
murmura-t-il; dans un entretien, un mot
corrige l'autre; mais une lettre se relit,
sans compter qu'elle se lit aussi entre les
lignes. Qu'est-ce que je dirais bien?

Il resta ainsi longtemps, puis tout à
coup, posant sa main sur le papier :

— Si je commençais par la lettre à
mon oncle, dit-il, ça me donnerait la note
juste. Ma foi, oui ; une fois que je serai
dans la situation, ça viendra tout seul ; le
tout est de s'y mettre.

Il écrivit :

« Mon cher oncle, il me faut faire un
grand effort pour me décider à vous
écrire. »

— Rien n'est plus vrai, pensa-t-il ; je
n'y vais pas gaiement.

« Mais la gravité de la situation exige
tous les sacrifices et commande tous les
courages. »

— Ça n'est pas trop mal; maintenant
que l'attention est provoquée, on peut
frapper le grand coup ; ce n'est pas pour
mon oncle que j'écris, c'est pour Charlotte.

« Pendant plus de six années, le but
de tous mes efforts et de toutes mes espérances a été de devenir votre gendre. »

— Il y a du vrai là-dedans.

« Mais aujourd'hui je vois... »

— C'est un peu sec.

« Je vois avec douleur que ce désir ne
pourrait se réaliser qu'au prix de mes
convictions les plus chères; car, pour vous
faire revenir des préventions que vous
nourrissez à mon endroit, ce ne serait pas
trop de l'abandon absolu de mes idées et
de ma foi. Un mariage conclu dans de pareilles conditions pourrait-il être heureux? Non, sans aucun doute et ce serait
un crime de tenter cette épreuve. »

— Les mots désagréables sont assez
adroitement évités, il me semble ; maintenant concluons :

« Cette conviction corroborée par le séjour que je viens de faire auprès de vous,

séjour pendant lequel j'ai eu tant d'occasions d'apprécier vos sentiments, me trace mon devoir. Je ne peux que renoncer à vous demander l'exécution du projet qui avait été conçu par ma chère et bien-aimée tante. Je me retire donc et, pour nous éviter à tous deux les embarras et les chagrins d'une explication de vive voix, je pars pour Paris à l'instant même. J'aurais été l'homme le plus heureux du monde si j'avais pu prendre dans votre cœur la place d'un fils, mais n'être pour vous qu'un gendre que vous n'estimeriez pas, c'est ce à quoi je ne peux pas me résigner. »

— Voilà une phrase qui m'a déjà servi, se dit-il, mais Charlotte ne la connaît pas et elle fera son effet sur elle.

Il plia la lettre, puis il la mit dans une enveloppe sur laquelle il écrivit le nom de son oncle.

— Maintenant, se dit-il, à l'autre, et ne nous laissons pas refroidir : quel malheur que je n'aie pas la corde lacrymale ; au moins tâchons d'être tendre.

Il s'arrêta et réfléchit un moment :

— Si je suis trop tendre, il n'y aura rien de décidé et ce sera à recommencer. C'est une opération après tout, et les bonnes opérations sont celles qui se font vivement et franchement ; le chirurgien qui fait le moins souffrir est précisément celui qui n'est pas retenu par la peur de faire souffrir.

« Ma chère Charlotte. »

— Si je commence ainsi, je ne finirai jamais ; pas de sensiblerie.

Et ayant froissé la feuille de papier sur laquelle il avait écrit ces trois mots, il en prit une autre.

« Depuis que je suis à la Crique, vous avez dû vous demander, vingt fois par jour, pourquoi je n'abordais pas avec mon oncle la question de notre mariage, et ne me voyant pas le faire, vous avez assurément compris la raison qui me fermait la bouche. »

— C'est cela se dit-il en s'arrêtant pour mettre des virgules et des points sur les i, ce tour est assez adroit ; supposer que les gens ont deviné nos intentions, c'est dire qu'elles avaient pour elles la probabilité. D'ailleurs Charlotte doit bien s'attendre à quelque chose.

« En effet, si j'avais pu accepter ce mariage, malgré l'hostilité de mon oncle, je ne serais pas resté ainsi dans l'indécision.

Mes sentiments, que vous connaissez, vous sont un garant que je me serais hâté, au contraire, d'aborder cette question et de la faire décider dans le sens de mes désirs. »

— Voilà un mot qui l'empêchera de montrer cette lettre ; une femme ne convient jamais qu'elle a désiré un mariage qui a raté.

« Quelle joie c'eût été pour moi de... »

— De... quoi ? surchargeons le de, assez adroitement pour en faire deux points d'exclamation ; ça m'économisera une phrase difficile.

« Quelle joie c'eût été pour moi ! Laissez-moi dire quel bonheur c'eût été pour nous ! Mais tous ces rêves que nous avons faits autrefois, toutes ces espérances s'évanouissent, hélas ! devant la cruelle réalité. Alors même que votre père aurait consenti à notre mariage (ce qui n'est guère croyable), le bonheur eût été impossible pour nous. »

— Ça, c'est assez blessant pour elle. Insistons un peu.

« Le bonheur, en effet, n'est possible que quand, dans une famille entière, règnent un accord parfait, une paix absolue, une communauté d'idées et de sentiments, et cet accord, cette paix, cette communauté n'eût jamais pu s'établir entre votre père et moi. Vous le savez, vous l'avez vu pendant les quelques semaines que je viens de passer sous le toit que je vais quitter, et je n'ai pas besoin d'insister sur ce triste sujet. »

— Si je pouvais lui dire que son père n'est qu'un vieux crouton dur à avaler et impossible à digérer, ça donnerait de la force à mon raisonnement, mais c'est son père et, d'un autre côté c'est mon oncle. Glissons ; et maintenant tournons court.

« Adieu, chère Charlotte, car je ne me sens par la force de vous revoir. Si, au lieu de vous écrire ces terribles paroles, j'avais voulu vous les adresser de vive voix, jamais je n'aurais eu le courage d'aller jusqu'au bout et, avant d'avoir fini, je serais tombé à vos genoux. »

Il se leva vivement et se mit à marcher par la chambre à grands pas.

— Un mot de plus, se dit-il, et je m'emballe. Assez comme ça. Et même n'ai-je pas été trop tendre ?

Il se relut.

— Non, ça peut aller. C'est tendre, mais le commencement était trop sec ; ça se suivait, et une lettre d'amour doit être incohérente, dit-on. Cette fin arrive à propos. J'en dis assez pour prouver que notre mariage est impossible, et en même temps je laisse une porte ouverte pour plus tard. Qui sait ce qui peut arriver ? elle est charmante. Encore un mot :

« Nous nous retrouverons plus tard, dans quelques mois, et vous verrez alors que mes sentiments n'ont jamais changé : la fatalité peut séparer nos deux existences, mais nos cœurs resteront à jamais unis. »

— Et Narbanton que j'oubliais.

« Encore un mot, le dernier : soyez heureuse avec celui qui aura le bonheur de devenir votre mari ; c'est le vœu sincère d'un malheureux ; c'est le souhait ardent de votre ami quand même.

» GEORGES SAFFAREL. »

Il relut sa lettre une fois encore.

— Il n'y avait pas autre chose à dire. Sans doute, c'est raide. Mais, après tout, c'est pour son bonheur…. et le mien, sans compter celui de Narbanton. S'ils ne m'en sont pas reconnaissants, ils seront bien difficiles. En tous cas, je crois qu'en attendant je puis me féliciter moi-même. Voilà une affaire bâclée, et j'en sors à mon avantage ; tout le monde satisfait. Que demander de plus ?

XXI

Pendant que Georges écrivait sa lettre, le jardinier, qui bêchait une plate-bande sous ses fenêtres, chantait à pleine voix un cantique, profitant de l'absence de son maître pour s'en donner à cœur joie.

Cette voix de maître chantre eût pu troubler une tête moins solide que celle de Georges. Mais il n'était pas homme à se laisser distraire pour si peu de chose.

Un jour qu'il plaidait dans une petite ville de province, un samedi, veille d'une grande fête, on avait tout à coup entendu éclater une formidable sonnerie.

Le bruit était d'autant plus fort que le Palais-de-Justice était accolé à la cathédrale et que les vibrations de la sonnerie se transmettaient, non-seulement dans l'air, mais encore par l'ébranlement même des murailles.

— Maître Saffarel, dit le président, vous pouvez vous arrêter un moment.

Mais Me Saffarel n'avait pas accepté cette proposition et il avait répondu que si le tribunal voulait bien lui prêter toute son attention, il était certain de dominer bientôt le bruit des cloches.

— Ce n'est pas pour l'attention du tribunal que je proposais cette interruption, c'était pour celle du défenseur, afin qu'elle ne se laissât pas troubler.

A quoi le défenseur, dans une belle phrase académique, avait répliqué qu'il ne se laissait troubler par rien. Et de fait, il avait continué sa discussion, et bientôt sa voix claire et perçante avait couvert la grosse voix des cloches. Il avait en effet au suprême degré cette grâce d'état qu'on rencontre chez beaucoup d'avocats et qui fait que, lorsqu'ils prennent la parole, ils n'écoutent plus et n'entendent plus qu'eux-mêmes.

Tout à sa lettre, Georges n'avait pas entendu la voix du jardinier ; ce fut seulement lorsqu'il eut mis cette lettre sous enveloppe qu'il remarqua que ses vitres tremblaient, ébranlées par le cantique :

> Heureux les cœurs fidèles,
> Où règne la ferveur.

— Voilà Martin qui proteste contre la théorie de la transformation de l'espèce, dit-il en riant, et contre l'homme-singe.

Puis, se penchant par-dessus l'appui de sa fenêtre, il appela Martin.

Mais celui-ci protestait avec tant de ferveur qu'il n'entendit rien ; il fallut qu'un journal roulé en boule lui tombât sur les cheveux pour qu'il relevât la tête.

— Voulez-vous mettre les chevaux au char-à-bancs, dit Georges, répondant à son regard ahuri.

— Faut aller chercher le médecin à Vannes ? Vous sentez-vous plus malade ?

— Il faut me conduire moi-même à Vannes.

— Vous êtes guéri ?

— Je suis pressé de partir ; ne perdez pas de temps, je vous prie, et venez chercher ma malle.

— Tout de suite, le temps de donner l'avoine aux chevaux.

Malgré cet engagement, Martin, qui cumulait les doubles fonctions de jardinier et de cocher, n'alla pas tout de suite à l'écurie pour donner l'avoine aux chevaux, mais avant tout il commença par entrer à la cuisine.

— Qu'est-ce que vous me racontiez donc ? dit-il à la cuisinière, que M. Georges était malade. Voilà qu'il veut s'en aller à Vannes.

— C'est pour voir le médecin, bien sûr; sont-ils drôles, ces gens de Paris, d'aller comme ça porter leur argent aux médecins pour rien ; j'ai eu quatre enfants, et jamais de ma vie un médecin n'est entré chez nous.

— Il est bien question du médecin ; il m'a dit de monter chercher sa malle.

— Sa malle! bien sûr que vous êtes sourd.

— Je sais ce que je dis.

— Oui, mais vous ne savez pas ce que vous entendez ; vous chantiez à défoncer les vitres, vous n'aurez pas compris ; il vous a dit qu'il était malade.

Une discussion s'engagea, et pour trancher la question, Martin monta chercher la malle. Lorsqu'il la redescendit dans le vestibule, la cuisinière dut se rendre à l'évidence. Mais ce ne fut pas sans pousser les hauts cris.

Elle suivit Martin à l'écurie, et là, ils reprirent la discussion de plus belle.

Les sentiments que Charlotte éprouvait pour son cousin n'étaient pas, bien entendu, un secret pour les domestiques, qui, Bretons ou Parisiens, paysans ou citadins, sont partout les premiers à savoir ce qu'on veut tenir caché. Pour eux, il n'y avait pas de doute que M. Georges ne devînt un jour le mari de Mlle Charlotte. Personne ne leur en avait jamais parlé; cependant ils en étaient sûrs.

Alors, pourquoi M. Georges partait-il ainsi subitement, après avoir voulu faire croire qu'il était malade ?

Il y avait là un mystère.

Mais de même que, sans explications préalables, ils avaient arrangé le mariage de leur jeune maîtresse avec l'avocat, de même ils arrangèrent sa rupture.

Le seul point qui pour eux resta entouré d'obscurité, fut le motif de cette rupture.

— Peut-être que Mlle Charlotte se laisse courtiser par le marin.

— Ne dites donc pas de bêtises comme ça, Martin.

— Ça s'est vu.

— Ça ne se verra pas chez nous, car je vous dis que Mlle Charlotte a de l'amour pour son cousin.

— Alors, pourquoi ne s'épousent-ils pas ?

— Pourquoi? je n'en sais rien. Mais pas moins que quant à moi je n'en pleurerai pas. Je vais vous dire un secret, Martin : M. Georges, ce n'était pas un homme.

— Ah! bah !

— Je sais ce que je dis ; est-ce que s'il avait été un homme, il n'y a pas longtemps que Mlle Charlotte serait sa femme? Eh bien, elle ne l'est pas. Pour le sentiment, je ne peux pas dire ; mais le reste, ce n'était pas un homme. Et, voyez-vous, un mari comme ça, il n'en faut pas.

— Pour lors, le vôtre...

— Pour lors le mien, c'était un homme, et c'est pour ça que je n'ai jamais voulu en prendre un autre. Quand il a eu le malheur de périr sur la *Zélée*, j'étais encore jeune, et il y avait des gens qui me trouvaient bonne pour être leur femme. Jamais je n'ai voulu. Quand on a eu un mari, j'entends un vrai, on n'en a qu'un. C'est pour ça que je me suis mise en service; avec ce que je gagne, j'élève mes enfants, et au jour du dernier jour, quand je retrouverai mon homme, je pourrai lui dire : « Voilà ta femme. »

Georges, impatient de ne pas voir le char-à-bancs sortir de la remise, vint à l'écurie interrompre ce bavardage. Devant lui les choses marchèrent plus vite ; les chevaux furent bientôt attelés.

Pendant que Martin bouclait les guides, il s'approcha de la cuisinière et lui tendit deux lettres.

— Quand mon oncle et ma cousine rentreront, dit-il, vous leur donnerez ces lettres, — celle-ci à mon oncle, et celle-là à ma cousine.

— Ça ne fait rien de remettre la lettre à mademoiselle devant monsieur ?

— Pourquoi me demandez-vous cela? dit Georges d'un ton sévère.

— Parce que s'il fallait la remettre en arrière de monsieur, je ne la prendrais pas, donc, répliqua la Bretonne, sans se laisser intimider.

— Remettez-les comme vous voudrez; tout ce que j'exige, c'est que vous n'oubliiez pas ma recommandation et que vous vous en acquittiez aussitôt que mon oncle et ma cousine arriveront.

— Oublier ! Ah ! non, il n'y a pas de risques.

Et pendant que la voiture s'éloignait, elle tourna et retourna les deux lettres entre ses doigts.

Sur ces deux feuilles de papier se trouvait donc l'explication du mystère qui l'intriguait si vivement.

Ah ! si elle avait su lire, peut-être qu'en écartant les enveloppes, elle eût appris quelque chose ; mais ces signes noirs sur du blanc ne signifiaient rien pour elle.

Il fallait attendre.

Vers midi, Martin revint de Vannes. Il rapportait une grande nouvelle : M. Georges avait fait enregistrer sa malle pour Paris ; il était donc bien parti.

— Et en route, il n'a rien dit ?

— Il n'a ouvert la bouche que pour m'appeler imbécile, parce qu'en tournant au poteau rouge nous avons failli accrocher. Ah ! il n'était pas de bonne humeur.

— Sans doute que c'est monsieur qui lui a donné congé.

— Il faut espérer.

Ce fut seulement une demi-heure avant le coucher du soleil, que le *Bourguignon* apparut dans l'est.

Martin, qui le guettait, vint aussitôt annoncer cette nouvelle à la cuisine.

— Je vas vous arranger votre salade, dit-il, pour être là quand vous remettrez les lettres.

Bientôt la barque toucha le rivage, et l'on vit Charlotte qui, prenant les devants, accourait vers la maison.

— Où est monsieur Georges ? dit-elle en entrant dans le vestibule.

— M. Georges est parti, mademoiselle.

— Parti, Georges ? Où, parti ?

— Pour Paris.

Elle se passa la main sur le front ; évidemment elle ne comprenait pas.

— Environ une heure après que vous avez été embarquée, M. Georges a demandé les chevaux pour qu'on le conduise à Vannes.

— Et il m'a dit de faire enregistrer la malle pour Paris, acheva Martin en intervenant.

— Au surplus, voilà deux lettres qu'il m'a dit de vous remettre : une pour vous, mademoiselle, et une pour monsieur. Voulez-vous prendre la vôtre ?

A ce moment, M. de la Héraudière, qui n'avait pas pu marcher aussi vite que sa fille, arriva à son tour.

Déjà Charlotte avait pris la lettre sur l'adresse de laquelle elle avait vu son nom, et, en courant, elle montait l'escalier pour gagner sa chambre.

— C'est un papier que M. Georges, qui est parti tantôt pour Paris, m'a donné commission de vous remettre, dit la cuisinière, en tendant à son maître la lettre qui lui était restée dans les mains.

M. de la Héraudière prit cette lettre et, sans faire la moindre observation, il entra dans son cabinet.

— Bien sûr que mademoiselle ne s'attendait pas au départ de son cousin, fit Martin ; a-t-elle pâli quand je lui ai dit que j'avais fait enregistrer la malle pour Paris ? j'ai cru qu'elle allait s'évanouir.

— Possible ; mais, d'un autre côté, bien sûr aussi que monsieur s'attendait à ce départ, car il n'a pas paru surpris en prenant la lettre. J'en suis toujours pour ce que j'ai dit : c'est lui qui a donné congé à l'avocat ; ça va bien.

A ce moment, un bruit sourd retentit à l'étage supérieur, comme celui que produit un corps en tombant. Puis, à cette chute qui avait fait trembler le plafond, succéda un silence absolu.

Les deux domestiques se regardèrent, effrayés, et M. de la Héraudière sortit de son cabinet pour demander la cause de ce tapage.

— Je vas voir en haut, répondit la servante.

Et vivement elle monta l'escalier.

A peine avait-elle disparu, qu'on l'entendit crier d'une voix épouvantée :

— Monsieur, monsieur !

M. de la Héraudière mit tant de hâte à gravir l'escalier que, sous sa main crispée, la rampe sonna avec un bruit de ferraille.

Charlotte était étendue sur le parquet de sa chambre, pâle comme le linge.

M. de la Héraudière se jeta près d'elle et lui posa la main sur le cœur ; il ne battait plus ; sa poitrine était immobile ; ses membres étaient froids ; elle paraissait morte.

— Mon Dieu, sainte Vierge ! criait la servante ; mademoiselle est morte.

— Taisez-vous, dit M. de la Héraudière, c'est une syncope ; elle se trouve mal ;

aidez-moi à la mettre sur son lit, et défaites-lui les boutons et les cordons qui peuvent la gêner.

Tout en faisant ce qui lui était commandé, la servante disait :

— Si vous êtes sûr qu'elle se trouve mal, il faut lui brûler de la corne sous le nez, ça va la faire revenir tout de suite.

Sans répondre, M. de la Héraudière versait dans un verre du vinaigre de toilette.

En revenant vers le lit de sa fille, il aperçut, au milieu de la chambre, la lettre de Georges ; se baissant, il la ramassa et la mit dans sa poche.

Il jeta quelques gouttes d'eau sur le visage décoloré de sa fille, tandis que la servante lui frottait vigoureusement les mains.

Bientôt Charlotte rouvrit les yeux ; pendant quelques secondes, elle regarda dans le vide ; puis tout à coup le sentiment lui revint, et un flot de larmes jaillit de ses yeux.

— Ah ! père, père, s'écria-t-elle, c'est toi.

M. de la Héraudière la regarda un moment sans comprendre ; mais bientôt la lumière se fit : elle l'accusait d'avoir rompu son mariage.

Alors, il étendit la main au-dessus d'elle, et d'une voix solennelle :

— Non, mon enfant, ce n'est pas moi ; c'est lui, tu entends bien, c'est lui, je te jure que c'est lui qui est venu à moi pour me dire qu'il me rendait ma parole.

— Lui !

— Voici une lettre qui te prouvera ce que je te dis.

Et il lui tendit la lettre de Georges, avec celle qu'il venait de ramasser.

— Tu les liras toutes deux, et tu verras.

Elle étendit la main vers les lettres, mais elle ne put pas les prendre ; ses yeux se troublèrent, ses lèvres s'entr'ouvrirent et elle défaillit de nouveau.

XXII

Il ne fut pas nécessaire de brûler de la corne pour que Charlotte reprît connaissance ; comme la première fois, les aspersions d'eau vinaigrée sur le visage et les frictions dans les mains suffirent pour la faire revenir de sa défaillance.

Peu à peu les fonctions du cœur se rétablirent, le sang recommença à arriver au cerveau, les poumons se soulevèrent et les yeux reprirent l'expression de la vie.

En voyant son père penché sur son lit, elle remua les lèvres comme pour parler ; mais, de sa main vivement levée, M. de la Héraudière lui imposa silence.

— Je t'en prie, dit-il, ne parle pas, ne t'agite pas, tu as besoin de calme ; Barbe va te déshabiller et te mettre au lit ; laisse-toi faire comme un enfant, sans te soulever pour ne pas provoquer une nouvelle syncope. Je reste là, dans ma chambre. Quand tu seras couchée, je reviendrai.

Puis s'adressant à la servante :

— Faites tout cela sans parler, dit-il, et autant que possible en évitant le bruit.

Quand au bout de quelques minutes M. de la Héraudière revint dans la chambre de sa fille, il trouva celle-ci étendue dans son lit.

— Comment te trouves-tu, mon enfant ?

— Je suis anéantie ; il me semble que je n'ai plus ni forces, ni idées ; je ne vis plus.

Il voulut lui prendre le bras pour lui tâter le pouls, mais il sentit qu'elle faisait une certaine résistance, et en même temps il lui sembla entendre sous le drap le bruit d'un papier froissé. Il comprit qu'elle tenait dans sa main les lettres de Georges qu'il venait de lui remettre quelques instants auparavant.

Il n'insista pas ; car ce qu'il désirait avant tout, c'était éviter ce qui pouvait rappeler ces lettres et provoquer une nouvelle crise.

Jusqu'à une heure assez avancée dans la nuit, elle resta ainsi immobile, ne dormant pas, mais ne parlant pas non plus.

Quand son père venait de temps en temps la voir, marchant avec précaution sur la pointe des pieds et s'appuyant au mur pour ne pas faire de bruit, il la trouvait les yeux grands ouverts, regardant dans le vide. Au milieu de la demi-obscurité qui emplissait la chambre, ses pupilles, grandement dilatées, lançaient des éclairs.

Tourmenté par l'inquiétude, M. de la Héraudière n'avait pas voulu se coucher, et, laissant ouverte la porte qui faisait communiquer sa chambre avec celle de

Charlotte, il occupait sa nuit à mettre en ordre les notes qu'il prenait chaque jour et que ses promenades des derniers temps l'avaient obligé à négliger. Poussant la précaution jusqu'à l'extrême, il avait pris sur le bureau de sa fille une plume de fer afin d'éviter le craquement de la plume d'oie dont il se servait ordinairement.

Tout en écrivant laborieusement, car sa plume à chaque instant crevait son papier, il prêtait l'oreille, et quand il entendait un bruit insolite, ou bien quand le silence l'effrayait, il entrait dans la chambre de Charlotte et s'avançait doucement jusqu'au lit. Il la contemplait un moment, puis il retournait au travail.

Entre une heure et deux heures du matin, elle commença à se tourner et à se retourner dans son lit, et une agitation fébrile succéda à la prostration qui, tout d'abord, l'avait accablée. Elle prononça quelques mots inintelligibles entrecoupés de silences. Puis bientôt elle se mit à parler sans arrêter, jetant ses bras en avant, s'asseyant sur son lit.

L'inquiétude qui tourmentait M. de la Héraudière se changea en épouvante; il réveilla Martin et l'envoya à Vannes chercher le médecin.

Celui-ci arriva à sept heures seulement. Le délire n'avait pas cessé. L'état était grave. Tout faisait craindre une fièvre cérébrale.

Assurément si Georges, au lieu d'être à Paris, avait été à la Crique, M. de la Héraudière serait allé lui dire : « Sauve ma fille, et je te la donne pour femme; ce que tu fais est bien fait; ce que tu penses est bien pensé; tu as raison et j'ai tort; à l'avenir je n'aurai pas d'autres idées que les tiennes, je parlerai par ta bouche et verrai par tes yeux. »

En réalité, ce n'était pas Charlotte qui était en cause dans cette rupture.

C'était lui, la Héraudière.

Ce n'était pas parce que Georges avait des griefs contre sa fiancée qu'il se retirait, mais c'était parce que son beau-père en avait contre lui.

Si le beau-père s'effaçait, les motifs de rupture s'effaceraient en même temps : le mariage se ferait, et même il se pourrait qu'il fût heureux.

En tout cas, était-il admissible que, pour détourner de sa fille un danger qui se réaliserait ou ne se réaliserait pas dans l'avenir, on l'exposât immédiatement à la mort ?

Il en était là de ses tristes réflexions, lorsqu'on vint le prévenir que Narbauton demandait à le voir.

Il descendit.

Narbanton vint à lui, vivement ému, anxieux, presque tremblant.

— Eh quoi, dit-il, ce que votre jardinier me raconte est-il possible ? Mlle Charlotte est-elle...

— Menacée d'une fièvre cérébrale, ce n'est que trop vrai.

Alors M. de la Héraudière raconta comment la veille, en revenant de leur promenade, Charlotte avait éprouvé deux syncopes et comment, dans la nuit, elle avait eu un accès de fièvre avec délire.

— Et maintenant ?

— Maintenant, sous l'influence des revulsifs puissants que le médecin vient de lui appliquer, il y a un peu de calme.

Pendant quelques secondes ils restèrent se regardant les yeux dans les yeux; puis M. de la Héraudière, dans un geste d'entraînement, tendit la main à Narbanton.

— Bien que notre connaissance ne date pas encore de plusieurs années, dit-il, j'ai pour vous trop d'amitié pour m'en tenir à ces quelques paroles, et je vois dans vos yeux trop de sympathie pour n'être profondément touché de l'intérêt que vous nous témoignez. Vous êtes un homme d'honneur, un brave cœur, et j'ai pleine foi en vous. Dans l'angoisse cruelle où me jette la maladie de ma pauvre enfant, vous qui connaissez Georges à fond et qui avez sans doute reçu ses confidences, si toutefois Georges est homme à se confier à un ami, vous pouvez peut-être me venir puissamment en aide.

Sans répondre, Emmanuel serra la main de M. de la Héraudière dans une étreinte qui en disait plus que de longues protestations.

— Il faut que vous sachiez, continua M. de la Héraudière, que ma femme avait arrangé un projet de mariage entre son neveu Georges qu'elle aimait beaucoup et notre fille. Pour des raisons trop longues à dire, ce projet n'était pas définitif, et il était entendu que Georges et moi nous n'étions pas absolument engagés l'un envers l'autre; nous avions un délai pour nous déterminer. Ce délai était sur le point d'expirer. Georges l'a devancé ; avant-hier il m'a averti qu'il renonçait à ce mariage, et hier, en rentrant, nous avons trouvé une lettre par laquelle Georges nous prévenait de son départ pour Paris ; car j'oubliais de vous dire que Georges n'est plus ici ; il est à Paris ; son indisposition du matin était fausse : c'était un moyen pour rendre son départ plus facile.

— Et c'est en apprenant ce départ que Mlle Charlotte a éprouvé une syncope ? demanda Emmanuel d'une voix hésitante.

— C'est après avoir lu une lettre qui lui était adressée par Georges, car il avait laissé deux lettres, une pour moi et une autre pour Charlotte.

— Cette syncope a donc été causée par une profonde douleur ?

— Ou tout au moins par une vive émotion.

— C'est ce que je voulais dire.

— Une jeune fille n'apprend pas la rupture de son mariage sans un certain trouble, alors surtout qu'elle est impressionnable comme Charlotte.

Narbanton ne répondit pas tout de suite à cette explication, et pendant assez longtemps il demeura les yeux baissés. Enfin, il les releva sur M. de la Héraudière.

— Je ne serais pas digne de la confiance et de l'amitié que vous me témoignez, dit-il, si je ne répondais pas à votre confiance avec une entière franchise : ce que vous venez de me dire, je le savais déjà.

— Georges vous avait annoncé son départ ?

— Oui, et c'est parce que je savais ne pas le trouver ici que je n'ai pas voulu débarquer hier avec vous.

— En effet, il m'avait paru étrange que, croyant Georges indisposé, vous ne vinssiez pas voir comment il allait.

— Je ne voulais pas être près de vous, ou tout au moins près de Mlle Charlotte, quand on vous remettrait les lettres de Georges : j'avais honte de venir là pour surprendre ses sentiments, et cependant je vous jure que je désirais ardemment les connaître. Il m'a fallu lutter contre ce désir pour ne pas me faire votre espion.

— Ce n'eût point été de l'espionnage.

— Pour tout autre, peut-être, mais non pour moi. Enfin je n'ai point cédé à la tentation qui me poussait à débarquer avec vous. Mais ce matin, après une cruelle nuit d'angoisse, je n'ai pas pu rester à Port-Navalo, et je suis accouru pour savoir.

M. de la Héraudière, surpris de l'accent désespéré avec lequel ces paroles avaient été prononcées, regarda curieusement Narbanton ; celui-ci ne détourna ni la tête ni les yeux pour échapper à cet examen.

— Je ne veux pas que vous soyez trompé par des réticences ou par mon silence. Dans cette angoisse qui me tourmentait, il y avait plus que de l'amitié, il y avait un intérêt personnel, égoïste même, si c'est de l'égoïsme de souffrir dans la personne qu'on aime.

— Vous aimez Charlotte, vous ?

— Je l'aime.

M. de la Héraudière leva les deux bras au ciel, puis prenant les mains de Narbanton :

— Ah ! mon pauvre ami, dit-il, mon pauvre enfant !

— C'est un singulier moment pour cette confession que celui où nous sommes ; mais ce sont les circonstances plus que la volonté qui nous ouvrent ou qui nous ferment la bouche.

Je ne pouvais pas parler quand Georges était ici et que je croyais qu'il aimait lui-même Mlle Charlotte ; pour me décider, il fallait que je fusse bien certain qu'il ne l'aimait point et que je n'étais pas le rival de mon ami.

— Vous êtes certain que Georges n'aime pas ma fille ? demanda vivement M. de la Héraudière, frappé par ce mot qui répondait à sa préoccupation la plus vive.

— Il y a une quinzaine de jours à peu près, Georges m'a consulté sur son mariage en m'expliquant les raisons qui le rendaient hésitant : ces raisons tenaient surtout à une divergence de sentiments entre vous et lui, assez grande pour lui faire craindre dans l'avenir de sérieuses difficultés.

— Ce fut là le seul motif de rupture qu'il vous donna ? demanda M. de la Héraudière d'une voix émue.

— Ce fut au moins par celui-là qu'il commença, mais il m'en donna d'autres bientôt après.

M. de la Héraudière eut un soupir de soulagement.

— En effet, continua Narbanton, ce motif était insuffisant et, comme je lui faisais cette observation en lui disant que quand on aime une jeune fille on passe assez facilement sur les défauts qu'on peut trouver chez le père ou chez la mère de celle-ci, il me répondit que cela n'était vrai que quand on aimait aveuglément cette jeune fille, et que pour lui ce n'était pas là son cas.

— Ainsi, il vous dit qu'il n'aimait pas ma fille ?

— Il me dit qu'il avait pour elle une très vive affection, mais qu'il n'avait pas d'amour. Mais il fit plus que de le dire, il le prouva. Comme je m'étonnais qu'il ne fît pas tout au monde pour épouser une femme aussi adorable que Mlle Charlotte, il me répondit :

« Et si tu la trouves adorable, que ne l'épouses-tu toi-même? »

— Il vous dit cela ?

— Je comprends que ces paroles dans ma bouche peuvent vous paraître étranges, et je le comprends si bien que je trouve tout naturel qu'elles vous amènent presque à douter de leur véracité. Aussi je crois devoir aller au-devant de ce doute, et je vous jure qu'elles sont l'expression exacte et sincère de la vérité.

— J'avais donc raison de croire que vous pouviez me venir en aide, et si ma fille peut être sauvée, ce sera par vous.

— Comment cela? Parlez, monsieur, ma vie, mon cœur, ma volonté, tout est à elle, tout est à vous.

XXIII

M. de la Héraudière se recueillit un moment avant de répondre à la proposition que Narbanton venait de lui adresser.

— Assurément, dit-il enfin, il ne viendra jamais à l'idée de quiconque vous connaît, de douter de vos paroles : la sincérité est comme la lumière ; elle jaillit, s'impose aux yeux. Il y a des gens dont on ne doute pas, et vous êtes de ceux-là. Si je vous demande de préciser ce que Georges vous a dit relativement à Charlotte, ce n'est donc pas pour passer vos paroles au crible, mais seulement parce que ces paroles ont une telle importance en ce moment qu'il ne faut pas que je puisse me tromper sur leur sens, aller au delà de ce qu'elles disent ou rester en deçà. Vous me comprenez?

— Parfaitement.

— Ma situation, mon cher ami, est terrible. Pendant que nous sommes ici à nous entretenir, ma pauvre enfant est là-haut, en proie à une maladie cruelle qui, dans quelques jours, demain, dans une semaine, peut me l'enlever. Et ma fille est tout pour moi. Il ne faut pas croire que je ne suis qu'un vieux bonhomme ratatiné et desséché dans la science. Ratatiné, je le suis; mais, sous cette vieille enveloppe tannée, il y a un cœur sensible encore. Oui, j'aime la science, mais avant tout j'aime ma fille. L'homme est resté vivant en moi, et ce que je peux éprouver de joies ou de douleur maintenant, c'est par mon enfant et dans mon enfant. C'est par ses yeux que je vois, c'est par son sourire que je ris. Je ne veux pas la perdre.

— Un accès de fièvre n'est pas nécessairement mortel.

— Il peut l'être, et cela suffit pour que je sois plein d'inquiétude. Tout à l'heure, examinant l'état de ma chère petite, je me demandais ce que je pouvais faire pour la sauver et je pensais à écrire à Georges.

— Ecrire à Georges! interrompit Narbanton.

— Voici comment je raisonnais : la syncope de ma fille s'étant produite en lisant la lettre de Georges, il était tout naturel de penser, n'est-ce pas, que c'était cette lettre qui l'avait provoquée. Pourquoi ? Parce que Charlotte avait été vivement émue en voyant son mariage rompu. Si ce mariage pouvait se renouer, la cause de l'émotion de ma fille cessait, et la maladie guérissait. Arrivé à cette conclusion, je n'avais qu'une chose à faire : écrire à Georges que les divergences qui l'éloignaient de moi n'existaient plus, attendu que, pour l'avenir, je prenais l'engagement de n'avoir pas une idée à moi, pas un sentiment qui ne fût pour lui plaire, pas d'opinions qui ne fussent conformes aux siennes. Un père, n'est-ce pas, peut bien faire ce sacrifice à son enfant ?

— Un père tel que vous.

— Tous les pères qui voient leur fille étendue sur un lit, regardant dans le vide, agitant les mains sans former un mouvement déterminé, prononçant des paroles incohérentes. Enfin, je pensais à écrire à Georges. Mais pour que mon raisonnement fût juste, il fallait partir de ce point que Georges aimait ma fille et que c'était à cause de moi seulement qu'il renonçait à un mariage, désiré par lui. Et dans mon enthousiasme paternel, il me semblait que les choses devaient être ainsi. Comment admettre qu'on avait pu, pendant plusieurs années, vivre dans l'intimité de ma fille sans se laisser séduire par elle !

— Plusieurs années ne sont pas nécessaires pour que cette séduction puisse s'exercer irrésistiblement.

— Vous voyez que, pour Georges, cependant, les années n'ont pas suffi. Il n'aime pas Charlotte, et s'il renonce à devenir son mari, ce n'est pas seulement à cause de moi. C'est bien cela que vous me dites, n'est-ce pas ? Je vous en prie, mon ami, entrez dans tous les détails qui peuvent dissiper l'obscurité au milieu de laquelle je me débats. Tout à l'heure, en voulant rappeler Georges, je croyais avoir trouvé un remède héroïque, tandis qu'au contraire j'exposais ma pauvre fille à une déception qui eût été plus cruelle que la première. Maintenant, ce que je cherche à tâtons est peut-être tout aussi dangereux. Voilà précisément ce qui rend ma situation si pénible. Le médecin, en venant ce matin, a constaté chez ma fille une vive céphalalgie, de la chaleur au front, la rougeur aux conjonctives, des frissons, le délire, et il a pu, se basant sur ces signes caractéristiques, diagnostiquer une fièvre cérébrale. Mais moi, sur quoi me baser ? Je ne sais rien. Je ne vois que des effets, sans pénétrer jusqu'aux causes. Et ce qu'il y a d'affreux, c'est que je sais très bien que si je n'agis pas de mon côté, tandis que le médecin agit du sien, nous ne guérirons pas ma fille. Aidez-moi donc, mon ami. Ainsi Georges, n'est-il pas vrai, vous a dit : « Si tu trouves Charlotte adorable, que ne l'épouses-tu toi-même ? »

— Ce sont ses propres paroles.

— Et que répondîtes-vous ?

— Rien, tant je fus stupéfié. Les jours s'écoulèrent, une semaine, deux semaines, et nous ne revînmes ni l'un ni l'autre à ce sujet. Enfin, la situation devenant intolérable entre nous, nous eûmes une explication décisive, il y a trois jours. Franchement Georges me dit qu'il croyait que j'aimais Mlle Charlotte, et il me demanda s'il s'était trompé dans ses observations. Je lui répondis qu'il ne s'était pas trompé. Alors il ajouta que s'il avait aimé sa cousine, il me l'aurait peut-être disputée,

mais que, dans les conditions où nous nous trouvions, il n'avait qu'à se retirer ; que pour cela il aurait un entretien avec vous, et enfin, qu'après qu'il serait rentré à Paris, je pourrais vous adresser ma demande.

— Ainsi, Georges désirait vous voir épouser Charlotte ; il croyait donc que vous pouviez vous faire aimer par elle ?

— Nous n'avons pas agité cette question... bien délicate pour nous.

— Je le comprends ; mais moi aujourd'hui je suis obligé de l'examiner et, en même temps, je suis obligé aussi de vous adresser certaines questions que, dans toute autre circonstance, je ne me permettrais pas. Il s'agit de sauver mon enfant, et devant cette considération, toutes les autres s'effacent pour moi. Soyez convaincu seulement que ces questions que je veux vous poser ne sont pas moins pénibles pour moi qu'elles peuvent l'être pour vous. Il est des choses, mon ami, auxquelles un père ne pense qu'avec une douloureuse répugnance : on élève sa fille dans la pureté, on la regarde comme un lis immaculé ; puis l'âge des passions arrive et il faut alors s'éveiller de ce rêve céleste pour descendre dans la réalité. Ma question est celle-ci : Pensez-vous que ma fille vous aime? je veux dire : qu'elle vous aimera ?

— Je l'espérais hier.

— Et aujourd'hui ?

— Aujourd'hui vous pouvez beaucoup mieux que moi répondre à cette question.

— Cela revient à dire, n'est-ce pas, car il ne faut rien laisser à une interprétation plus ou moins juste, cela revient à dire, qu'après l'incident de la lettre et ce qui en est résulté, vous pensez que ma fille aime son cousin ?

Narbanton, sans répondre, laissa tomber ses bras et baissa la tête.

— Il est certain, reprit M. de la Héraudière, que bien des choses se réunissent pour nous faire croire que cet amour peut exister.

— Vous le reconnaissez vous-même ?

— Sans doute. Mais cependant, je dois dire que jamais ma fille ne m'a parlé de ses sentiments. C'est, il y a quelques mois seulement que pour la première fois je lui ai appris le projet de mariage qui avait été formé entre son cousin et nous ; et alors j'ai cru devoir lui signaler ce qui me déplaisait et m'effrayait dans Georges.

Je ne lui ai pas représenté celui-ci comme un futur mari doué de toutes les qualités et qu'on doit adorer. Bien au contraire. Et ce que j'ai dit de lui n'était pas pour le faire aimer. Néanmoins, l'a-t-elle aimé ou bien l'aimait-elle déjà ? Là-dessus, je ne puis pas répondre d'une façon nette.

— Il semble cependant que Mlle Charlotte, encouragée par l'extrême tendresse que vous lui témoigniez, ne devait pas avoir de secret pour vous.

— Elle n'en aurait pas eu, si j'avais voulu qu'elle n'en eût pas ; certainement, je n'aurais eu qu'un mot à lui dire pour qu'elle s'ouvrît à moi. Mais précisément, je n'ai jamais voulu provoquer un aveu qui m'aurait enlevé toute liberté. Qu'aurais-je fait, qu'aurais-je dit, si elle m'avait confié qu'elle aimait Georges ? Tandis que, ne sachant rien, j'ai pu combattre celui-ci : ce n'était pas contre ma fille que je luttais, c'était contre Georges.

— Mais à côté d'un aveu formel, il y a mille choses dans la vie pour nous révéler l'état moral d'une personne qui nous est chère, alors surtout que cette personne est pleine de droiture et de franchise comme Mlle Charlotte.

— Cela est vrai, et j'avoue que ces mille choses de la vie, comme vous dites, m'ont fait croire que Charlotte éprouvait une certaine tendresse pour son cousin. Quoi de plus naturel ! Ils avaient été élevés ensemble. Mais de cette tendresse à une passion véritable, il y avait loin. Et j'ai si peu cru à la passion, que je n'ai pas cessé d'attaquer Georges ; vous avez été témoin de la guerre que je lui faisais et qui n'avait d'autre but que de l'obliger à se montrer sous son vrai jour. Est-ce que, si j'avais cru à une véritable passion, j'aurais ainsi pris plaisir à tourmenter ma pauvre fille ? Maintenant vous me direz que si j'ai pu, avec l'aveuglement d'un père, me tromper longtemps sur les vrais sentiments de ma fille, ce qui vient de se passer a dû m'ouvrir les yeux.

— Cette syncope, ce délire ne sont-ils pas les signes d'une grande douleur qui en dit plus que tous les aveux ?

— Il ne serait pas sage d'aller trop loin dans cette voie. Je conviens avec vous que ces syncopes et cette fièvre sont des indices graves. Mais il faut aussi faire la part de la surprise ; il faut de même faire celle de la dignité blessée. Charlotte est fière, elle est susceptible, et dans la façon d'agir de Georges, il y a quelque chose qui indignerait les plus calmes. Il était le camarade de Charlotte, son ami, son frère, et sa rupture est plus cruelle que ne l'eût été celle d'un étranger. Que dit sa lettre à Charlotte ? Nous n'en savons rien. Enfin dans quelles dispositions était Charlotte lorsqu'elle lut cette lettre ? Nous n'en savons rien non plus. Hier, pendant notre promenade, elle paraissait bien portante, mais l'était-elle réellement ? Nous devons donc nous tenir en garde contre toute exagération, ne pas nous effrayer hors propos, ne pas nous rassurer sans raison. De notre entretien résultent deux points principaux : Georges n'aime pas ma fille, et vous, vous l'aimez, ou tout au moins vous l'aimiez.

— Je l'aime.

— Ce qui nous reste maintenant à faire, c'est de savoir si ma fille éprouve pour Georges un profond amour, puis, cela obtenu, de voir si cet amour est incurable. Ceci est l'affaire du temps ; pendant que le médecin va agir, nous ferons cet examen.

— Et quel rôle me donnez-vous ? Je n'ai pas besoin de vous répéter, n'est-ce pas, que je suis entièrement à vous.

— Mon ami, j'ai pour vous la plus vive estime, j'ai en vous la plus entière confiance ; si j'avais choisi mon gendre, c'est vous que j'aurais pris entre tous. Il n'y aurait entre nous qu'un obstacle matériel, votre fortune.

— Oh ! monsieur.

— Je sais que vous avez l'âme trop haute pour penser à cela ; je serai donc le père le plus heureux de la terre, si un jour vous devenez le mari de ma fille. Le rôle que je vous destine est donc tout tracé. Il consiste à m'aider à chasser de l'esprit de Charlotte, ou de son cœur, le souvenir de Georges. Seul je ne réussirais peut-être pas dans cette tâche, et c'est pour cela que je vous appelle à mon aide. Je vous demande de vous faire aimer. Si vous réussissez, c'est que Charlotte n'aura pas été aussi profondément éprise que nous pouvons le craindre, et alors il me semble que vous ne devrez avoir aucune inquiétude à la prendre pour femme : il en sera d'elle comme de tant de jeunes filles qui n'en sont pas moins pures parce qu'il y a eu un mariage manqué dans leur vie. Si, au contraire, vous ne réussissez pas, vous aurez, au milieu de votre chagrin, la suprême satisfaction d'avoir fait tout ce que vous pouviez pour sauver celle que vous aimez. Sans doute, vous pouvez être exposé à de cruelles déceptions et à de profondes douleurs ; mais aussi, quelle joie si vous triomphez ! Et je crois, je sens là, — il se frappa sur le cœur, — que vous triompherez. Que serait l'amour, si un homme comme vous ne se faisait pas aimer Demain, revenez à cette même heure, et vous me direz à quel parti vos réflexions vous auront arrêté.

— Ce n'est point la réflexion qu'on écoute quand le cœur parle ; aujourd'hui, cette nuit, demain, mon cœur me répétera toujours le même mot : Charlotte. Je suis à vous.

XXIV

Le médecin ne s'était pas trompé dans son diagnostic : c'était bien une fièvre cérébrale.

Pendant trois semaines la vie de Charlotte fut sérieusement en danger.

Ce qui était particulièrement grave, c'était l'état de somnolence dans lequel elle restait engourdie ; à peine de temps en temps entr'ouvrait-elle les yeux et prononçait-elle quelques mots. C'était là l'indice d'une très forte congestion sanguine au cerveau, et la menace redoutable d'un épanchement dans l'intérieur du crâne.

Contre cet assoupissement profond, les remèdes les plus énergiques avaient perdu toute efficacité : saignées, applications froides sur la tête, révulsifs, bains d'affusions, rien n'agissait.

Il semblait que le coup porté par la lettre de Georges eût brisé en elle la maîtresse pièce de la vie humaine : le grand ressort s'était brusquement cassé et la vie, ce jour-là, s'était arrêtée. Depuis, elle était restée suspendue. Reprendrait-elle sa marche régulière, ou bien, après les quelques mouvements fantasques qui de temps en temps l'agitaient, cesserait-elle tout à fait ?

Toutes les probabilités, par malheur, se réunissaient pour faire redouter ce dernier résultat, que chaque jour écoulé rendait plus menaçant.

Ordinairement calme et en toutes circonstances maître de ses émotions M. de la Héraudière perdait la tête.

Il avait fait venir à la Crique deux sœurs de charité qui gardaient Charlotte alternativement, l'une le jour et l'autre la nuit. Mais s'il s'en remettait à elles pour les soins matériels à donner à sa fille, il ne s'en remettait à personne pour la veiller.

Jour et nuit maintenant il restait dans sa chambre, et par la porte qu'il faisait laisser ouverte, il entendait tout ce qui se passait chez sa fille. Dans le silence de la nuit, lorsqu'on n'entendait plus que le bruit monotone de la mer qui brisait sur la grève, la sœur de service le voyait souvent arriver près d'elle, marchant à pas glissés. Il restait debout, absorbé dans sa douleur muette, regardant cette pauvre enfant étendue sur son lit, n'ayant plus de la vie que la respiration qui entr'ouvrait ses lèvres et soulevait le drap posé sur sa poitrine. Toujours cette prostration et cet accablement. Ne s'éveillerait-elle donc jamais ? Il eût presque voulu la voir souffrir et l'entendre se plaindre : au moins c'eût été un signe de vie.

Sans se plaindre lui-même, il demeurait là, et il fallait parfois que la sœur le priât de s'en aller pour qu'il songeât à quitter la place.

— Couchez-vous , monsieur , dormez tranquille ; s'il se présente le plus léger incident, je vous éveillerai.

Se coucher ! Il ne s'était pas mis au lit depuis le départ de Georges. Il passait son temps devant son bureau, assis dans un fauteuil, écrivant sans cesse ; car la lecture lui était devenue impossible, et il fallait qu'il fût entraîné dans un travail matériel pour rester maître de son esprit. Encore bien souvent posait-il sa plume et se laissait-il emporter par ses lugubres rêveries. Si la fatigue le prenait, il s'étendait sur un canapé et, roulé dans une couverture, il dormait quelques heures d'un sommeil lourd, tourmenté, plus pénible que la veille.

Dans son angoisse, son seul soulagement était de s'entretenir trois fois par jour avec Narbanton qui, laissant son yacht à Port-Navalo, était venu s'établir à Sarzeau.

Tous les matins, Narbanton arrivait à la Crique, et on allait prévenir M. de la Héraudière, qui descendait aussitôt. Pendant un quart d'heure, une demi-heure quelquefois, ils se promenaient dans le jardin en discutant les incidents de la nuit.

A onze heures, Narbanton revenait pour assister au déjeuner de M. de la Héraudière, puis à sept heures pour son dîner.

On ne rencontrait que lui sur le chemin qui de Sarzeau conduit à la Crique, et les paysans commençaient à le connaître comme s'il avait été du pays. Quelquefois on l'arrêtait pour lui demander des nouvelles de Mlle de la Héraudière, ou même pour lui donner un bon conseil.

— Ce n'est pas pour dire du mal de M. Kerfons, le médecin de Vannes, mais un cierge à Sainte-Anne vaut bien les remèdes.

Et tout en marchant près de lui jusqu'à la clôture d'un champ ou jusqu'à l'entrée d'une maison, on lui racontait des guérisons miraculeuses, obtenues là où M. Kerfons et bien d'autres médecins avaient perdu leur latin.

— Il n'y a pas besoin d'en parler au père; pourvu que le cierge soit allumé à l'intention de la pauvre demoiselle, ça suffira.

Par ces questions et par ces propos, il voyait l'intérêt qu'on portait à Charlotte ; et il s'attardait volontiers dans ces conversations qui lui révélaient mille petits faits sur la générosité de son cœur, sur sa bonté, sur sa simplicité.

Comment Georges n'avait-il pas aimé cette charmante fille qu'une longue intimité avait dû cependant lui faire connaître ?

Comment avait-il pu renoncer si facilement à ce mariage ?

Pour lui, après s'être scrupuleusement examiné pendant les longues heures de solitude que son séjour à Sarzeau lui créait, il était parfaitement décidé à faire tout ce qui serait humainement possible pour devenir son mari.

Après son entretien avec M. de la Héraudière, il était revenu sur ce qui s'était dit entre eux, et il avait pesé chaque parole ; mais la réflexion n'avait modifié en rien l'engagement qu'il avait pris dans un moment d'exaltation.

Sans doute, cet entretien lui avait apporté de pénibles révélations, car après avoir entendu les explications pleines de

franchise de M. de la Héraudière, il était bien difficile d'admettre que Charlotte n'aimât pas Georges.

Mais cet amour devait-il l'éloigner de Charlotte ?

Pour lui, toute la question était là.

Assurément, s'il était arrivé à la Crique après le départ de Georges et si on lui avait montré Charlotte en lui disant : « Vous voyez cette jeune fille ravissante, elle se meurt d'amour pour un cousin qui vient de l'abandonner; il serait généreux de se faire aimer d'elle et de la guérir de sa passion. » Assurément, dans ces conditions, il eût renoncé à cette lutte, et si ravissante que Charlotte eût pu lui paraître, il n'eût certes pas songé à l'aimer.

Mais ce n'était point ainsi que les choses s'étaient arrangées. Arrivé à la Crique, il s'était insensiblement laissé prendre par la grâce de Charlotte et sans avoir bien conscience de ce qui se passait en lui, il s'était mis à l'aimer. C'était seulement quand cet amour avait jeté dans son cœur de fortes racines qu'il en avait reconnu l'existence en même temps que la puissance.

Déjà il était trop tard pour se retirer, et bien qu'il sentît toutes les difficultés, tous les dangers, toutes les souffrances de la situation qui lui était faite pour son amour, il était resté. Il aimait une jeune fille qui allait devenir la femme de son ami; tout espoir d'être aimé lui était interdit; eh bien! il ne serait pas aimé et il adorerait Charlotte, de loin, sans qu'elle connût jamais les sentiments qu'elle avait inspirés. Cet amour silencieux, respectueux, n'avait rien qui déplût à sa nature et à son caractère. Et puis, lorsqu'on aime sincèrement, ce n'est pas à soi-même qu'on pense, mais à celle qu'on aime, et dans la passion qu'on éprouve il y a assez de joies pour accepter tous les sacrifices. Au moins c'était ainsi qu'il pensait et qu'il sentait.

Sur ces entrefaites, était survenue la rupture de Georges, et la porte de l'espérance, qui jusqu'à ce jour avait été hermétiquement fermée devant lui, s'était, par ce fait seul, entr'ouverte.

L'obstacle qui lui barrait le chemin dans des conditions telles qu'il ne pouvait même pas essayer de l'écarter, avait disparu. Maintenant, la lutte était possible, ou tout au moins elle lui était permise ; ce n'était plus que d'un souvenir qu'il avait à triompher.

Était-ce le moment pour lui de se retirer ?

Il n'y avait pas d'illusion à se faire, et il fallait bien reconnaître que ce souvenir paraissait bien puissant. Mais était-il tel qu'on dût renoncer à toute espérance ?

Il ne l'avait pas pensé.

Parce qu'un amour plus ou moins vif a traversé la vie d'une femme, il ne s'en suit pas fatalement que cette femme ne peut plus aimer, ni surtout qu'elle n'est plus digne d'être aimée.

Il avait aimé Charlotte avant le départ de Georges, il l'aimait après ; involontairement et sans espérance quand Georges était là ; volontairement et avec espérance depuis qu'il était parti.

Cette espérance cependant était bien faible, car il fallait que Charlotte oubliât, et il fallait avant tout qu'elle guérît.

Oublierait-elle ? Guérirait-elle ?

Oublier ! C'était à lui qu'il appartenait d'obtenir ce résultat ; et, avec la superbe confiance d'un amour profond, il n'en désespérait point. Mais guérir ! il ne pouvait rien, hélas ! sur la maladie, et chaque jour cette question se posait, pleine d'incertitude et d'angoisse.

Au commencement de la quatrième semaine cependant, un peu de mieux se prononça, et le médecin, qui jusqu'alors avait été d'une réserve inquiétante, se montra plus expansif ; il parla du lendemain et des jours suivants.

Peu à peu la somnolence se dissipa et les fonctions se rétablirent ; on entra dans la période de la convalescence.

— Mon bon docteur, disait M. de la Héraudière, dépêchez-vous, ne faites pas d'imprudences, mais tâchez qu'elle puisse se lever pour le 4 novembre.

— Pourquoi le 4 novembre ?

— Parce que c'est sa fête ; je serais si heureux qu'elle ne passât ce jour-là tout entier dans son lit ; sa fête, c'est ma fête.

On commença à la lever le 1er novembre, et elle put rester une heure dans un fauteuil à regarder la mer ; elle était si faible et si pâle que M. de la Héraudière ne put retenir ses larmes et qu'il dut se sauver dans sa chambre pour les cacher.

Le 2, elle resta levée un peu plus longtemps encore, et le médecin déclara que le lendemain on pourrait lui souhaiter sa fête. Il faudrait éviter de la fatiguer, mais une émotion douce pouvait lui être salutaire.

Peut-être cette secousse la tirerait-elle de l'engourdissement dans lequel elle continuait à rester plongée.

Car bien qu'elle commençât à reprendre physiquement quelques forces, moralement il ne se produisait pas en elle d'amélioration très sensible.

Ainsi elle ne manifestait aucun de ces désirs qui se rencontrent fréquemment chez les convalescents : si on lui proposait de la lever, elle ne refusait pas, mais elle ne montrait aucune satisfaction à quitter son lit ; si on lui demandait ce qu'elle voulait manger, elle répondait que cela lui était indifférent, parce qu'elle n'avait pas faim.

Elle ne parlait que lorsqu'on l'interrogeait. Son regard lui-même, autrefois si vif et si expressif, était éteint ; parfois seulement une petite flamme l'éclairait lorsqu'elle voulait sourire à son père ; encore bien souvent ce sourire s'arrêtait-il avant d'avoir entr'ouvert ses lèvres pâlies.

XXV

Sa fête, c'est ma fête.

Ce mot de M. de la Héraudière, en parlant de sa fille et de la Sainte-Charlotte, était d'une parfaite justesse.

En effet, depuis la naissance de sa fille, c'était chez lui une religieuse habitude de célébrer la fête de celle-ci avec tout l'éclat qu'il pouvait apporter à cette cérémonie.

Pendant longtemps, c'est-à-dire pendant l'existence de Mme de la Héraudière, il avait néanmoins été obligé de se tenir enfermé dans une certaine réserve ; car, à cette époque, il n'était pas tout à fait maître chez lui, et, à vrai dire même, il n'avait pas la clef de la caisse. Il n'avait guère à sa disposition que son argent de poche, destiné à ses achats de livres ; aussi, trois ou ou quatre mois à l'avance, faisait-il des économies, afin de pouvoir acheter le cadeau qu'il destinait à sa fille.

En femme pratique et positive qu'elle était, Mme de la Héraudière regardait ces célébrations de fête comme une sottise coûteuse, et au lieu de s'associer à son mari, elle le contrariait autant qu'elle pouvait.

— A quoi bon ces cérémonies, disait-elle ; tout cela n'a d'autre résultat que de donner aux enfants des habitudes de prince ; ils veulent qu'on les prenne au sérieux et se considèrent comme des personnages auxquels on doit tout.

Sans répliquer, ce qui n'était point dans son caractère, et ce qui n'eût pas d'ailleurs produit un très bon effet auprès de sa femme, M. de la Héraudière avait toujours continué de fêter Sainte-Charlotte, sinon comme il l'eût désiré au moins comme il l'avait pu : une année avec un jouet, plus tard avec un livre à images, plus tard encore avec un bijou de peu de valeur.

Mais lorsque, par la mort de sa femme, il avait recouvré l'usage de la volonté, il s'était largement rattrapé de la médiocrité à laquelle il avait été condamné, et la fête de Charlotte était devenue une véritable cérémonie, pour lui la plus importante de l'année.

En ces derniers temps, Georges avait aussi participé à cette fête, non par sa présence, car il était obligé de rentrer le 1er novembre à Paris, mais par un souvenir qu'il envoyait et qu'il accompagnait toujours d'une lettre adressée à Charlotte personnellement.

Il est facile de comprendre combien dans ces conditions M. de la Héraudière désirait vivement que Charlotte eût quitté son lit le 4 novembre : pour lui c'était un présage ; car chez nous, tous tant que nous sommes, il y a toujours un coin où la superstition reste vivace ; la date était fatidique ; si Charlotte était encore au lit le jour de sa fête, elle ne guérirait pas.

Lorsqu'il la vit levée, il oublia les angoisses des longues semaines qui venaient de s'écouler si lentement, et il ne considéra plus la guérison que comme une affaire de temps.

Maintenant, le médecin passait au second rang, et c'était à lui de prendre le premier.

Le corps était sauvé.

C'était sur le cœur qu'il fallait désormais agir, et, avec l'aide de Narbanton,

il espérait bien être aussi heureux que l'avait été le médecin.

Pourquoi ne le serait-il pas, d'ailleurs ?

Depuis qu'elle avait recouvré sa connaissance et qu'elle parlait, elle n'avait pas une seule fois prononcé le nom de Georges, ni même fait allusion à son absence.

Si la secousse que le docteur Kerfous attendait se produisait, on pourrait aussitôt entreprendre la curation morale, et en procédant doucement, délicatement, avec d'habiles ménagements, ils réussiraient.

Pour amener cette secousse, M. de la Héraudière comptait sur une surprise préparée par lui depuis son dernier voyage à Paris : — un petit bureau en bois de rose qui devait remplacer la table sur laquelle Charlotte écrivait. Il avait commandé ce bureau d'après le goût de sa fille, et il espérait qu'en voyant ses désirs réalisés, elle éprouverait un moment de joie.

Il fallait donc que Charlotte quittât sa chambre pendant quelques instants ; et en son absence, on mettrait en place le bureau, qui était arrivé depuis plusieurs jours.

Quand M. de la Héraudière lui adressa cette proposition, elle répondit avec indifférence, comme elle répondait à tout, d'ailleurs.

— On va te rouler sur un fauteuil dans ma chambre, dit M. de la Héraudière, et pendant ce temps-là, on nettoyera la tienne et on la ventilera ; il y a si longtemps qu'elle est fermée.

— Comme tu voudras.

Et elle se laissa rouler dans la chambre de son père.

Le seul désir qu'elle manifesta fut qu'on la plaçât devant la fenêtre ouverte. Il faisait une belle journée qui semblait s'être levée à souhait pour le repos d'une âme malade : pas de vagues sur la mer tranquille, pas de vent qui ébranlât les nerfs, pas de lumière trop vive qui éblouît les yeux ; partout, sur les eaux, dans l'air, sur la terre, le calme et la douceur de l'automne.

Etendue devant la fenêtre, Charlotte resta là sans parler, les yeux perdus dans les profondeurs de l'horizon vaporeux.

Alors, faisant un signe à la Sœur, M. de la Héraudière sortit de la chambre et tira la porte sur lui.

Si Charlotte avait prêté attention à ce qui se passait autour d'elle, elle aurait assurément entendu le tapage qui se faisait dans sa chambre, et au piétinement des pieds, elle eût compris que Barbe seule, si empressée qu'elle pût être, ne pouvait pas faire tout ce bruit.

Mais elle n'entendit rien, ou tout au moins elle ne laissa pas paraître sur son visage un signe quelconque qui vînt dire qu'elle avait remarqué ce bruit.

Au bout d'une heure à peu près, M. de la Héraudière reparut et lui proposa de rentrer dans sa chambre.

— Comme tu voudras, dit-elle.

Si elle avait levé les yeux sur son père, elle aurait vu qu'il était arrivé quelque chose d'extraordinaire; car dans les mouvements de M. de la Héraudière, il y avait une vivacité, dans son regard une gaieté qui, depuis longtemps, ne lui était plus habituelle.

Mais, de même qu'elle n'avait pas entendu le bruit qui se faisait dans sa chambre, de même elle ne remarqua pas l'air affairé de son père.

— Je voudrais bien ne pas encore me coucher, dit-elle, lorsqu'on l'eut ramenée dans sa chambre.

— Mais, mon enfant, il n'est pas question de te mettre au lit. Ce n'est pas pour cela que je t'ai fait revenir ici.

M. de la Héraudière était placé devant elle; en disant ces derniers mots qu'il souligna, il s'effaça vivement.

— Ce n'est pas pour cela, répéta-t-il en accentuant encore ses paroles, c'est pour autre chose.

Charlotte ne bougea pas.

— Tu ne devines pas pourquoi?

— Deviner? Je n'ai pas la tête à chercher.

— Non, mais tu as des yeux pour voir; lève-les et regarde devant toi.

Elle regarda dans la direction que la main de son père lui indiquait : contre la muraille se trouvait un petit bureau en bois de rose : il était grand ouvert et sur la tablette supérieure était posé un vase en vieux Sèvres plein de roses de Bengale.

— Ah! dit-elle, le bureau dont j'avais tant envie... autrefois.

— Et maintenant, tu n'en as donc plus envie?

— Ah! maintenant, dit-elle en secouant la tête.

Mais aussitôt elle se reprit, et tendant la main à son père :

— Quelle surprise tu me fais! dit-elle, et je te remercie bien sincèrement.

— Tu ne t'attendais donc pas un peu à ma surprise?

— Pourquoi?

— Mais parce que c'est ta fête que je te souhaite.

— Ma fête! Aujourd'hui. Nous sommes donc au mois de novembre; le 4? Comme j'ai été longtemps malade! Il me semble cependant que c'est il y a quelques jours seulement...

— Mon enfant...

— Que nous avons été à la Roche-Bernard; et il y a plus d'un mois. Voilà donc pourquoi les arbres ont si peu de feuilles; en les regardant tout à l'heure, je me disais que tout avait vieilli autour de moi, et je ne devinais pas. Le 4; ainsi, c'est le 4?

— C'est ta fête, ma petite Charlotte.

— Je voudrais voir le bureau de tout près.

On la roula jusqu'au bureau, et, pendant quelques minutes, elle l'examina; mais tout en ouvrant les tiroirs, elle semblait avoir l'esprit à autre chose qu'à ce qu'elle faisait.

— Mais, puisque nous sommes le 4, dit-elle en se tournant vers son père, il a dû se passer bien des choses depuis que je suis au lit; raconte-moi tout cela; je puis t'écouter, maintenant.

Elle hésita un moment; puis, baissant les yeux, elle continua :

— S'il est venu des lettres, tu peux me les donner; je suis assez forte pour les lire.

M. de la Héraudière comprit bien ce qui se cachait sous cette demande.

Une lettre, c'était de Georges qu'elle l'attendait, comme tous les ans.

— Non, mon enfant, dit-il vivement, il n'est pas venu de lettres pour toi; mais nous avons mieux à faire qu'à lire des lettres en ce moment, ou à raconter des histoires. Si j'ai voulu être le premier à te souhaiter ta fête, je ne suis pas le seul.

— Ah! non, dit-elle vivement, personne.

— Pas même les enfants de Barbe; ils sont ici depuis ce matin pour t'apporter leur bouquet comme tous les ans. Ordinairement, tu avais plaisir à t'occuper d'eux, et tu ne savais qu'inventer pour leur venir en aide.

— Mais cette année, je n'ai rien pu préparer, et je ne trouve rien à leur offrir.

— Donne-leur une caresse, dis-leur une parole affectueuse, et ils t'aiment assez pour en être heureux.

— Qu'ils montent, les pauvres petits.

On entendit un bruit de pas dans l'escalier, et presque aussitôt les enfants de Barbe entrèrent à la queue leu-leu ; en tête venaient les trois garçons ; puis, pour fermer la marche, arrivait la petite fille qui était la dernière née : ils portaient tous une rose à la main.

En apercevant, pâle et maigrie, dans son fauteuil, celle qu'ils se rappelaient avoir vue fraîche et forte, ils s'arrêtèrent, et leur stupéfaction se lut dans leurs attitudes.

— Je leur fais peur, dit Charlotte.

— Oh ! non, mademoiselle, répondit la petite fille, qui avait la langue bien pendue ; mais ça nous fait deuil de vous voir malade.

Cette réponse émut Charlotte, et une larme lui monta aux yeux pendant que les enfants l'embrassaient.

— Comme tu es belle, dit-elle en regardant la petite fille, qui se rengorgeait dans une robe en drap bleu de Montauban ; et tes frères aussi sont beaux ; vous êtes tout de neuf habillés, il me semble ; des vestes en drap.

— Oh ! oui, dit l'aîné des garçons, et nous avons aussi des souliers.

— C'est toi, père ? dit Charlotte en remerciant M. de la Héraudière par un sourire attendri.

— Non, mon enfant, cette bonne idée de s'occuper de tes protégés quand tu ne pouvais pas le faire ne m'appartient pas, elle est venue à l'un de nos amis.

— Un de nos amis ? dit-elle vivement.

— Oui, Narbanton.

— Ah ! mais M. Narbanton est donc encore en Bretagne ?

— Il n'a pas voulu partir ; il s'est établi à Sarzeau et il est venu régulièrement trois fois par jour pour prendre de tes nouvelles. Au déjeuner, au dîner, par sa conversation, il tâchait de me distraire. Je puis dire qu'il m'a soutenu.

La petite s'était penchée par la fenêtre.

— Voici M. Narbanton qui arrive, dit-elle.

— Eh bien ! appelle-le, dit Charlotte.

Bientôt un coup discret résonna à la porte de la chambre.

— Entrez, mon ami, dit M. de la Héraudière en allant ouvrir, ma fille veut vous voir.

Emmanuel entra.

— Je veux vous remercier, dit Charlotte, et vous dire combien j'ai été touchée de votre bonté pour ces enfants.

— Je ne savais si je pourrais vous souhaiter votre fête, j'ai voulu la souhaiter à ceux que vous aimez.

— Je vous remercie, et de tout cœur je vous remercie encore de ce que vous avez fait pour mon père.

Elle lui tendit la main.

XXVI

Les espérances de M. de la Héraudière se trouvaient heureusement dépassées.

Il n'avait jamais cru, en effet, que les choses prendraient une tournure aussi favorable, et ce qu'il avait imaginé de mieux, c'avait été un mouvement de satisfaction chez Charlotte, quand elle apercevrait son bureau. Que cette satisfaction se manifestât, ne fût-ce que pendant un instant, et il se tiendrait pour content ; ce serait un premier pas dans la voie de la guérison, les autres suivraient plus tard.

Mais lorsqu'au lieu de ce triste sourire sur lequel il n'osait même beaucoup compter, il la vit embrasser les enfants de Barbe avec une émotion qui fit monter les larmes dans ses yeux depuis si longtemps desséchés, surtout lorsqu'il la vit tendre la main à Narbanton dans un mouvement plein de cordialité et de sympathie, il ne douta plus de l'avenir : Georges était vaincu ; il n'avait plus pour réussir qu'à poursuivre l'exécution de son plan.

Aller doucement, ne pas faire violence aux sentiments de Charlotte ; la prendre au contraire par la douceur, et dans quelques mois Narbanton était son gendre.

Malheureusement, les choses ne s'arrangèrent point avec cette simplicité, ni avec cette facilité.

Pendant tout le temps qu'avait duré la maladie de sa fille, M. de la Héraudière n'avait pas quitté sa maison ; ses plus longues sorties étaient celles qu'il faisait avec le docteur Kerfous ou avec Narhanton pour les reconduire jusqu'à la barrière. Arrivé là, il leur serrait la main, et après avoir jeté un regard du côté de son amas de coquilles, il remontait bien vite dans la chambre de Charlotte ou tout au moins dans la sienne, de manière à être toujours prêt quand la malade appelait.

Jamais cependant la tentation de visiter son *kjoekken-moedding* n'avait été pour lui si impérieuse, car quelques jours après le commencement de la maladie de Charlotte, il avait lu dans la *Gazette de Vannes* une note qui lui avait causé autant de surprise que d'inquiétude.

« Nous avons déjà plus d'une fois entretenu nos lecteurs, disait cette note, des découvertes curieuses qui ont été faites dans la presqu'île de Rhuis par le savant M. de la Héraudière. On sait que ces découvertes portent sur des ustensiles de ménage, des armes en pierre et en os, et même sur des ornements de toilette qui auraient appartenu aux premiers habitants de notre province dans les temps préhistoriques ; selon l'opinion de M. de la Héraudière, ce seraient des vestiges de l'époque de la pierre polie.

» Bien que le caractère de M. de la Héraudière écarte de prime abord toute idée de fraude et de supercherie, cette opinion n'a pas été admise par tous les savants ; il s'en est trouvé parmi les plus sérieux et les plus autorisés qui ont fait remarquer que cette science nouvelle, qui prétend remonter jusqu'aux temps soi-disant préhistoriques, ne repose encore sur aucun fondement certain, et que jusqu'à présent elle n'a eu trop souvent pour but que de fournir des arguments et des raisonnements aux ennemis de notre foi religieuse.

» Voici un fait nouveau dont nous pouvons affirmer l'authenticité qui, jusqu'à un certain point, peut faire comprendre comment des savants dont la conscience n'est mise en doute par personne sont quelquefois victimes de l'erreur ou de la fraude.

» Mardi dernier, trois jeunes élèves de notre séminaire se promenant dans la presqu'île de Rhuis, se sont trouvés en face de l'amas de coquilles et de détritus dans lequel M. de la Héraudière avait fait des découvertes. Situé au bord de la mer, dans la dune, cet amas de coquilles n'appartient à personne. Nos élèves du séminaire ont eu l'idée de le fouiller à leur tour pour voir si, par hasard, eux, qui n'étaient pas des savants, ils ne feraient pas aussi quelque trouvaille curieuse.

» Ils en ont fait une extraordinaire en une demi-heure, et n'ayant d'autre outil que le bout de leur parapluie, ils ont déterré différents ossements et des fragments qu'ils ont rapportés à Vannes.

» Tout fiers de leurs découvertes préhistoriques, ils ont voulu les faire examiner à des personnes compétentes, et ces personnes ont reconnu que ces ossements préhistoriques sont tout simplement des os de cheval, qui, après avoir été lavés au lait de chaux, ont été enterrés. Quant aux fragments de poteries, ils ont une antiquité tout aussi respectable ; ce sont, en effet, des morceaux de poëlon et sur l'un de ces morceaux se lît le nom de leur fabricant : « Ropartz, à Malouen. »

» Nous croyons que c'est là le monument le plus curieux de l'art de la céramique chez nos ancêtres, car il vient nous prouver que l'écriture existait dans les temps préhistoriques.

» D'où proviennent ces ossements et ces poteries ? Nous n'en savons rien, et nous ne pouvons dire s'ils ont été apportés dans l'amas de coquilles de la presqu'île de Rhuis pour faire une plaisanterie à la science, ou bien au contraire si tous les ossements découverts jusqu'à ce jour ont la même valeur historique que ceux trouvés par les élèves de notre séminaire.

» La seule conclusion que des ignorants tels que nous puissent tirer de cette aventure, c'est que la science a besoin de modestie, et qu'elle a encore bien des étapes à parcourir avant de pouvoir mettre en question l'autorité des livres saints. Avant de refaire la chronologie classique, il faudra amasser des matériaux autrement probants que ceux sur lesquels on s'appuie aujourd'hui pour échafauder orgueilleusement de puériles négations. Dans l'antiquité les augures, dit-on, ne pouvaient pas se regarder sans rire. De nos jours il n'y a plus d'augures, mais il y a encore des savants. »

On peut comprendre, sans qu'il soit besoin d'insister, quelle avait été la colère de M. de la Héraudière en lisant cette note qui ne reconnaissait sa parfaite bonne foi que pour mieux l'accabler sous le ridicule.

Que le public de la *Gazette* crût, d'après ce récit, qu'il n'était qu'un faux savant qui prenait des poêlons pour des urnes, de cela il n'avait nul souci, et il était pleinement convaincu qu'entre lui et les trois séminaristes armés de leurs parapluies il n'y avait pas à lutter : trois séminaristes ! c'était sacré.

D'un autre côté, il était tout disposé à admettre, d'ailleurs, que ces trois jeunes gens, ou au moins deux sur trois étaient de bonne foi, et qu'ils avaient vraiment trouvé ces ossements et ces morceaux de poterie dans son *kjoekken-moedding*.

Mais ce qui l'inquiétait, c'était de découvrir comment et par qui ces ossements avaient été enfouis là.

Il savait parfaitement qu'il avait soulevé contre lui une animosité assez vive dans un certain monde qui ne lui pardonnait pas ses opinions religieuses ou plus justement son indifférence dans les questions religieuses. Déjà plus d'une fois, on lui avait tendu des pièges pour mettre sa science en défaut, et il avait hâte de voir si ceux qui venaient de mettre ces trois séminaristes en campagne étaient les mêmes que ceux qui précédemment avaient voulu lui faire acheter des silex des temps primitifs trouvés, disait-on, dans des terrains fossilifères alors qu'ils venaient d'être tout simplement fabriqués ; pour cela, une recherche faite par lui dans son amas de détritus eût pu l'éclairer, car à la façon dont ces ossements et ces fragment apocryphes étaient placés au milieu des coquilles et des débris, il aurait peut-être pu deviner la main qui les avait apportés là.

Mais cette recherche, au moment où Charlotte était mourante, n'etait pas possible ; il fallait la remettre ; plus tard, on verrait. Pour l'heure présente, sa place était auprès de sa fille.

Et il avait rejeté la *Gazette de Vannes*, ne voulant même pas répondre à sa note, Mais il ne l'avait pas oubliée, et aussitôt que Charlotte avait été assez bien pour rester seule, il avait couru à son *kjoekken-moedding*.

Avec quelle joie il avait passé son bras dans l'anse de la corbeille, avec quelle fierté il avait saisi le manche de sa pioche ! Ah ! ils voulaient se moquer de lui, et ils triomphaient parce que depuis six semaines il avait gardé le silence, comme s'il avait été écrasé sous la note de leur journal. Eh bien, maintenant, ils allaient voir qu'il n'était pas écrasé. Il allait leur répondre, et puisqu'ils l'attaquaient sur la chronologie classique, il allait leur montrer, en prenant ses armes chez les auteurs orthodoxes, chez l'évêque de Châlons, chez l'abbé Lambert, que la question des origines humaines n'avait rien à voir avec la chronologie classique, et que, dans leur zèle trop plein de ferveur, ils parlaient de ce qu'ils ne connaissaient point.

Lorsqu'il sortit de chez lui pour se rendre sur la dune, il tombait une petite pluie fine et il soufflait du sud un vent froid, mais il n'y avait pas là de quoi l'arrêter.

Il se mit au travail comme s'il avait fait le plus beau temps du monde : il n'était ni à la pluie ni au vent, et la pensée qu'il allait peut-être saisir un indice qui le mettrait sur la piste de ses ennemis le rendrait insensible à tout ; il eût tombé des grêlons gros comme des œufs de pigeon, il ne les eût probablement pas sentis.

Son esprit, ses yeux, ses bras, toutes ses facultés étaient absorbés dans son travail : tout en piochant, il bâtissait sa réponse, il dirait ceci, il dirait cela : les imbéciles, qui ne savaient seulement pas que de leur côté il s'était trouvé des gens habiles pour démontrer que la science relative à l'Ancienneté de l'homme s'accorde avec la Révélation et que les découvertes modernes confirment le livre de Moïse.

Il y avait à peu près trois heures qu'il était le nez baissé dans ses coquilles, recevant sur le dos et dans le cou la pluie qui ne cessait pas, quand Martin vint le déranger.

— Est-ce que ma fille a besoin de moi ? dit-il en se relevant vivement.

— Non, monsieur; seulement mademoiselle m'envoie vous dire que ce n'est pas raisonnable de rester à vous faire mouiller et qu'elle vous prie de rentrer à la maison.

— C'est bien ; dites à ma fille que je vais rentrer tout de suite et que je la remercie.

Mais le tout de suite dura longtemps, et au bout d'une heure, Martin revint, portant un manteau et un parapluie.

— Mademoiselle m'a recommandé de

vous emmener, dit-il ; elle a besoin de vous.

— C'est vrai qu'elle a besoin de moi? Ce n'est pas pour me faire rentrer.

— Je ne sais pas ; je vous répète ce qu'elle m'a dit.

Il fallut bien que M. de la Héraudière abandonnât ses coquilles ; il se consola en se disant qu'il reviendrait le lendemain : il était sur la bonne voie ; encore quelques recherches et il les tenait.

Mais le lendemain il lui fut impossible de se lever à son heure habituelle ; il avait très mal dormi, il avait eu un frisson très dense, suivi d'une chaleur pénible ; une douleur aiguë le faisait souffrir dans un des côtés de la poitrine ; sa respiration était difficile et dans l'inspiration elle était arrêtée par un point de côté.

Il sentit qu'il était assez sérieusement pris, et il garda le lit.

Lorsque Charlotte se leva et vint le voir, elle fut effrayée par sa toux, et plus encore par la gêne qu'il éprouvait pour respirer.

— C'est un rhume, dit M. de la Héraudière, pour la rassurer ; j'aurai gagné froid ; pendant les six semaines que j'ai été enfermé, j'ai perdu l'habitude du grand air, et je me suis sottement exposé au vent et à la pluie que je bravais impunément quand j'étais acclimaté. Ce ne sera rien.

Mais, sans se laisser tromper par ces paroles, elle envoya chercher le docteur Kerfous, qui ne put venir que le lendemain matin.

Pendant la journée et pendant la seconde nuit, le mal avait empiré ; c'était une pleurésie.

— Y a-t-il épanchement? demanda M. de la Héraudière, pendant que le médecin l'auscultait.

— Je le crains.

— Alors, la chose est grave. Maintenant, autre question : croyez-vous que ma fille soit en état de supporter la vérité ?

— Pourquoi la lui dire ?

— Il ne s'agit pas de cela, mais seulement de savoir si elle peut sans danger apprendre que je suis sérieusement atteint.

— Je crois qu'elle a assez de forces maintenant pour supporter ce coup.

— Eh bien, mon ami, ne lui ménagez pas la vérité quand elle vous interrogera sur mon état. J'ai des raisons, des raisons puissantes, pour désirer que vous soyez sincère avec elle ; n'exagérez rien ; mais, d'un autre côté, n'atténuez en rien non plus la vérité.

XXVII

Lorsque Charlotte eut reconduit le docteur Kerfons, elle revint dans la chambre de son père.

— Tu as interrogé Kerfons ? demanda M. de la Héraudière.

— Je lui ai demandé ce qu'il pensait de ton rhume.

— Et il t'a répondu que mon rhume était une pleurésie ?

— C'est-à-dire...

— Tu devais bien te douter que j'avais autre chose qu'un simple rhume ; on ne saigne pas les gens pour le rhume, et la cuvette de sang qu'on vient d'emporter a dû t'inquiéter. Maintenant, sais-tu ce que c'est qu'une pleurésie ?

— Non ; mais sans savoir précisément ce qu'est cette maladie, il me semble qu'il est mauvais pour toi de parler ; vois comme tu respires difficilement ; tu tousses.

— Parler n'augmente pas mon mal, e la douleur immédiate n'est rien. Nous avons des choses importantes à dire et qui doivent être dites. Mais avant tout, je te prie d'aller dans mon cabinet prendre le volume du *Dictionnaire de médecine* qui traite de la pleurésie ; tu le trouveras dans le casier « Médecine », à la lettre P du dictionnaire.

Charlotte, croyant que son père voulait lire cet article, alla chercher dans le cabinet le volume qui le contenait ; mais ce n'était point pour en prendre lui-même connaissance que M. de la Héraudière l'avait demandé.

— Lis l'article, dit-il, quand Charlotte revint avec le volume.

Elle ouvrit le volume, et, ayant cherché, elle commença :

Pleurésie. Phlegmasie de la plèvre...,

Mais son père l'interrompit :

— Il n'est pas nécessaire que tu lises haut, dit-il ; c'est pour toi, non pour moi, que je désire cette lecture. Si cela ne t'ennuie pas trop, lis donc attentivement tout l'article ; nous causerons après.

Sans deviner où son père voulait en venir, elle fit ce qui lui était demandé.

— Tu vois que la pleurésie est une maladie sérieuse, dit M. de la Héraudière lorsqu'elle ferma le volume.

— On dit que quand l'inflammation est limitée, elle peut se terminer favorablement dans l'espace de quatre ou cinq jours.

— Oui, mais on dit aussi que lorsque l'inflammation occupe une certaine étendue, l'épanchement se prononce, et alors le caractère de la maladie change. Or, l'épanchement a commencé chez moi, Kerfons a dû te le dire.

Elle resta les yeux grands ouverts, regardant son père avec étonnement.

— Ce n'est pas pour te tirer des réponses propres à satisfaire une curiosité inquiète, que je t'interroge, dit-il; je connais mon état et, ce que je veux, c'est que tu le connaisses aussi bien que moi. Parce que Kerfons t'a dit et par ce que tu viens de lire, tu dois comprendre que cet état est grave. Je peux guérir, je peux au contraire ne pas guérir, et il faut dire qu'à mon âge et à la façon dont je suis pris, il y a bien des chances pour que ce soit ce dernier cas qui se réalise.

— Ah! père, s'écria-t-elle en lui prenant les mains.

— Mon enfant, pourquoi se faire des illusions; s'il y a des gens qui ne peuvent pas regarder la réalité en face et qui ont besoin de se tromper eux-mêmes, je ne suis point de ceux-là. Assurément, l'idée de la mort n'a rien de plaisant. Et pour moi, j'avoue qu'elle m'épouvante. Comment en serait-il autrement, avec la tendresse d'une fille telle que toi, avec le travail, mon existence dans cette maison, au milieu de ces livres que j'ai amassés et de ces arbres que j'ai plantés, n'était-elle pas la plus heureuse qu'un honnête homme pût souhaiter?

Il parlait difficilement, car il était obligé de faire des efforts douloureux pour respirer, et ses paroles n'arrivaient que lentement, coupées çà et là par des silences; en prononçant ces derniers mots, il s'arrêta plus longtemps encore, l'émotion ayant étranglé la voix dans sa gorge.

— Je t'en supplie, s'écria Charlotte, ne parle pas ainsi, père, je t'en prie.

Il la serra dans ses bras, et l'ayant longuement embrassée, il la fit asseoir près de lui, gardant une de ses mains dans les siennes.

— Comprends donc, reprit-il, que si je parle ainsi ce n'est ni pour m'attendrir, ni pour chercher à t'émouvoir, mais simplement parce que j'y suis obligé. Je t'ai dit qu'heureux comme je l'étais, l'idée de la mort m'épouvantait; mais j'ai une raison autrement puissante que celle-là pour ne penser à une fin prochaine qu'avec des affres terribles : je vais te laisser seule.

Elle le regarda désespérément et les larmes qui emplissaient ses yeux et qu'elle retenait avec effort, s'échappèrent et roulèrent sur ses joues.

— Sens-tu, continua-t-il, combien il faut que mon angoisse soit grande pour que je t'impose une pareille souffrance? Ah! combien je me repens de l'imprudence que j'ai eu la sottise de commettre; sans elle, j'aurais pu prendre mon temps et je ne serais point obligé de te faire violence alors que tu es à peine convalescente et que tu aurais besoin de tant de calme.

Au regard qu'elle attacha sur lui, il vit qu'elle ne comprenait pas ces paroles incohérentes.

— Tu crois que la fièvre me donne déjà le délire? Hélas, non, j'ai ma pleine raison; je sais ce que je dis; je sens ah! oui, je sens cruellement ce que je pense. Pour te bien expliquer ce que j'ai à te dire, il faudrait des habiletés et des ménagements que je suis incapable de trouver en ce moment; aussi, au risque de te causer de la peine, faut-il que je laisse échapper mes paroles comme elles me viennent. Le temps, les habiletés, les ménagements que je voulais, c'était pour te préparer au mariage que je désire pour toi.

— Me marier! Moi, moi!

— Je redoutais cette explosion, et sans la maladie qui me mesure les heures, je n'aurais pas pu me résigner à prononcer ainsi ce mot. Maintenant qu'il est dit, tu dois comprendre mes réticences, et tu vois que je n'ai pas le délire; c'est la raison qui parle par ma bouche, la cruelle raison.

— Ah! bien cruelle, en effet.

— Oui, ma pauvre fille, je le sais, je le sens, mais si tu veux te mettre pour un moment dans ma position, tu sentiras aussi que je devais parler. Dans quelques jours, je puis être emporté et je te laisse seule. As-tu des parents, des amis autour de toi? As-tu un cœur dans lequel tu puisses te réfugier et sur lequel tu puisses t'appuyer Je n'en vois point. Tu es seule, tout à fait seule, à vingt ans : terrible situation qui peut ne pas t'épouvanter, toi qui ne connais ni la vie, ni le monde, mais qui m'inspire une poignante angoisse, moi ton père, moi vieillard. Sans doute tu ne restes pas dans la misère. C'est beaucoup, j'en conviens, mais ce n'est pas tout. La misère qu'on affronte d'un cœur vaillant et confiant, est moins lourde que la vie aisée qu'on ne supporte qu'à regret, avec un cœur endolori et défaillant. Et ce cœur endolori, c'est le tien.

Charlotte étendit sa main libre pour demander à son père de ne pas toucher ce sujet, mais il ne se laissa pas arrêter par cette muette prière.

— Non, dit-il, il faut aller jusqu'au bout. Tout à l'heure, je t'ai fait envisager mon état maladif d'un œil clair, sans vouloir que rien demeurât caché ; il faut maintenant que nous envisagions le tien de la même façon. Je dis que tu vas rester seule, n'ayant pour te soutenir qu'un cœur endolori, incapable de volonté et de résolutions saines. Je ne veux point rappeler le passé et t'imposer, par des paroles imprudentes, une douleur inutile, mais il me faut bien constater cependant que...

— Père...

— Il faut constater que... ta maladie ; c'est seulement de ta maladie que je veux parler ; ta maladie te laisse bien faible, brisée, sans forces physiques, et, ce qui est plus grave, sans énergie morale. Si je succombe à cette pleurésie, un autre coup va te frapper ; douloureux celui-là aussi, je le sais, car lorsqu'on aime son père comme tu m'aimes, il est affreux de le perdre ; il se brise alors en nous des liens dont la rupture nous laisse chancelant comme si nous avions perdu notre point d'appui, notre équilibre dans la vie. Tu vas donc avoir deux douleurs à porter. Comment les porteras-tu, si tu es seule ?

Il s'arrêta, interrompu par un accès de toux sèche qui paraissait lui déchirer la poitrine, sa respiration était de plus en plus courte.

— Tu vois, dit Charlotte, parler te fait mal, nous reprendrons cet entretien plus tard, quand tu voudras.

— Non, tout de suite, il faut en finir ; je te demande un moment de repos, seulement pour respirer.

Bientôt il reprit :

— La douleur est orgueilleuse, mon enfant, lorsque nous souffrons profondément, nous nous enfonçons dans notre douleur et nous mettons une sorte de fierté à ne pas nous laisser consoler. Je ne veux pas mourir en pensant qu'il en serait ainsi pour toi, et que ta vie se traînerait, misérablement desséchée. Je ne suis pas de ceux qui se consolent de mourir en se disant qu'ils retrouveront ceux qu'ils aiment dans un monde meilleur ; je ne m'occupe pas de ce que je trouverai, je m'occupe de ce que je laisse. Et c'est toi que je laisse seule et malheureuse. Depuis que j'ai commencé à vieillir, j'ai plus d'une fois pensé à la mort, et voici celle que je me souhaitais : tu étais mariée, tu étais heureuse et quand je te faisais mes adieux, je me voyais revivre en toi, et je te voyais revivre dans tes enfants, — l'éternité pour nous. Ce bonheur ne me sera pas donné probablement, mais si je ne peux pas voir ce beau rêve accompli dans son entier, je peux au moins voir sa réalisation commencée. Je ne puis pas croire que tu me refuseras cette suprême satisfaction.

Disant cela, il attacha ses yeux sur ceux de sa fille, et il y avait dans son regard tant de supplication et tant d'angoisse que Charlotte frissonna.

— Tu comprends, n'est-ce pas, dit-il en continuant, combien les dernières journées qui me restent à vivre peuvent être différentes pour moi : tu consens, et mes dernières heures sont tranquilles ; tu refuses, elles sont tourmentées, pleines de la fièvre de l'inquiétude.

— Ah ! père, s'écria-t-elle en se mettant à genoux devant lui et en lui prenant les deux mains, je consens ; tout ce que tu voudras, je le veux.

— Non, mon enfant, ton consentement ainsi surpris, ainsi arraché, ne me donnerait pas la tranquillité que je demande. Je ne t'impose pas un mari, je te prie d'accepter celui que je crois digne d'assurer ton bonheur. Il n'y a pas urgence à ce que tu me répondes immédiatement, car cette maladie, je l'espère, ne va pas m'enlever du jour au lendemain ; nous avons du temps devant nous, quelques jours au moins ; tu vas réfléchir à ce que je t'ai dit, et si tu veux, si tu peux m'adoucir mes derniers moments, tu m'apporteras ton consentement quand Kerfons t'avertira que l'heure fatale a sonné. Si, au contraire, la guérison s'annonce comme certaine, tu ne me diras rien. J'aurai tout le temps alors de reprendre mon premier projet et de t'amener lentement à partager mes sentiments pour Narbanton.

— M. Narbanton !

— Oui, Narbanton, qui t'aime et qui m'a demandé ta main. Est-ce que s'il ne t'avait pas aimé, il serait resté près de nous pendant ta maladie ? Est-ce que, s'il ne t'avait pas aimé, il aurait eu la pensée délicate et touchante de s'occuper, à ta place, des enfants de Barbe ? Cette idée ne pouvait venir qu'à un amant. Je ne sais comment tu juges Narbanton ; mais je tiens à te dire que pour moi c'est le plus honnête homme que je connaisse ; c'est une âme droite et haute, et je trouve en lui toutes les qualités d'un noble cœur. Je sais que les jeunes filles ne se décident pas dans leurs sentiments par les mêmes raisons que les pères. Cependant, j'ai tenu à te dire ce que je pensais de Narbanton. Maintenant, encore un mot : ce matin, Narbanton m'a demandé à me veiller dans cette maladie : j'ai accepté ses soins, car tu n'es pas assez forte pour que je t'accepte comme seule garde-malade ; il passera les nuits près de moi, et toi, tu passeras les jours, secondée par Barbe. Cet arrangement te gêne-t-il ?

— Qu'il soit fait en cela, comme en tout, selon ton désir.

— N'étends pas la réponse au-delà de la demande ; en ce moment, il s'agit d'accepter les soins de Narbanton ; tu me dis que tu ne les refuses pas ; c'est bien ; pour le reste, tu me répondras plus tard. Nous avons le temps... sans doute. Maintenant que j'ai dit ce qui m'oppressait, je me reposerais volontiers ; je suis à bout de forces.

XXVIII

La situation que cet entretien créait à Charlotte était terrible.

Il fallait, en effet, qu'elle acceptât instantanément un mariage auquel, jusqu'à ce jour, elle n'avait jamais songé, sous peine de désoler les derniers jours de son père, et peut-être même de les abréger par le chagrin en refusant.

Il lui avait, il est vrai, accordé un dé-lai pour réfléchir à cette étrange proposition ; mais cela n'était pas sérieux. On n'a ni délai, ni réflexion quand on sait que chaque minute de retard à se décider apporte une souffrance à ceux qu'on aime.

Ainsi formulée, une proposition est un ordre auquel on n'a qu'à obéir.

A la vérité, elle n'avait aucun grief personnel contre celui qu'on lui présentait, et elle était disposée au contraire à reconnaître en Narbanton toutes les qualités dont M. de la Héraudière le parait. Depuis qu'elle le connaissait et en toutes les occasions, il s'était montré à elle sous le jour le plus favorable. Il fallait qu'il voulût l'épouser pour qu'elle trouvât en lui des défauts. L'ami ne lui inspirait que de la sympathie, le mari que de la répulsion.

Son mari, c'était Georges.

Elle n'aurait jamais été sa femme aux yeux de la loi ou du monde, mais pour toujours elle serait sa veuve. Ce n'est pas la mairie, ce n'est pas l'église qui fait les mariages, c'est la volonté, le cœur, l'amour ; et par la volonté comme par l'amour, elle était mariée à Georges.

Au moins c'était ainsi qu'elle avait raisonné depuis qu'elle avait recouvré le sentiment.

Dans les longues heures de sa convalescence, alors qu'elle restait silencieuse, assise dans un fauteuil, regardant la mer, comme si elle prenait un puissant intérêt à suivre des yeux les voiles blanches qui passaient au large, elle n'avait eu qu'une pensée : Georges.

Ce n'était point avec ses yeux qu'elle regardait, c'était avec son âme et celui qu'elle voyait, celui près de qui elle était, c'était Georges, lui, toujours lui, et lui seul.

Pourquoi l'avait-il abandonnée ? Il ne l'aimait donc plus ? Il ne l'avait donc jamais aimée ?

Ainsi seulement pouvait s'expliquer cet abandon, si cruel ; mais elle l'avait aimé, elle, elle lui avait donné son amour et ne l'avait pas repris.

Rêvant l'impossible et se demandant ce qu'elle ferait si, par miracle, il revenait à elle, sa réponse n'avait jamais varié : elle ne l'accepterait pas.

Mais de là à en accepter un autre, il y avait un abîme infranchissable, ou tout au moins qu'elle avait cru tel ; elle descendrait son amour dans son cœur, elle le scellerait là comme un mort sous les pierres d'un tombeau; personne ne le saurait; elle n'en parlerait jamais, mais elle entretiendrait pieusement cette sépulture où seraient enfermées les joies de sa jeunesse, et elle vivrait avec ce souvenir.

Cependant il fallait, maintenant, le franchir, cet abîme.

Ce n'était pas de ce jour qu'elle connaissait le sentiment de son père sur le mariage. Maintes fois, dans leurs promenades, aux heures de l'intimité et de l'épanchement, il lui avait parlé de ses désirs. Jamais il n'avait varié : avant de mourir, il voulait la voir mariée; il voulait connaître ses petits-enfants. Que de rêves, que de projets! Il avait été jusqu'à composer d'avance une méthode pour qu'ils apprissent facilement à lire; il les prendrait avec lui dans ses promenades, et en jouant il leur apprendrait les noms des plantes, des insectes, des coquilles : sans avoir eu la peine d'étudier lentement, ils sauraient tout ce qu'on a tant de mal à faire entrer de force dans la tête des enfants.

Chez lui c'était une idée fixe, une sorte de monomanie que le mariage de sa fille, et il avait véritablement fallu que la répulsion que Georges lui inspirait fût bien profonde pour qu'il ne l'eût pas, depuis plusieurs années déjà, accepté pour son gendre.

Quelles angoisses il devait éprouver en se sachant menacé de mort : il ne verrait donc pas la réalisation de tous ces rêves; il ne verrait pas ses petits-enfants, peut-être même ne verrait-il pas sa fille mariée.

Pouvait-elle lui imposer cette douleur; pouvait-elle rester sourde à sa dernière prière ?

Que dire d'ailleurs pour justifier son refus ?

Quelle aimait Georges.

Jamais ses lèvres ne prononceraient un pareil aveu.

Elle pouvait bien subir la lâcheté de son amour, mais elle n'accepterait jamais la honte de le confesser.

Et cependant, si elle résistait à la demande de son père, il lui fallait de bien puissantes raisons pour expliquer cette résistance.

Lesquelles?

Ah! si Narbanton avait été bossu ou bête, ou seulement s'il avait été pauvre !

Mais il était grand, droit et fort; mais il avait de l'esprit au moins autant que ceux qu'elle connaissait; mais il avait de la fortune, et même beaucoup plus qu'elle n'était en droit d'en demander à son mari. Vingt fois avec son père, elle avait reconnu en lui toutes ces qualités; comment maintenant ne lui trouver que des défauts, alors qu'elle ne pouvait pas avouer le seul qu'elle eût à lui reprocher?

Pendant toute la journée, elle resta assise auprès du lit de son père, et sans avoir une minute de repos, elle agita ces questions dans sa tête troublée.

Après avoir tourné et retourné le pour et le contre, elle se décidait à accepter; puis au moment d'ouvrir les lèvres, elle se sentait faiblir.

Elle attendait encore.

Mais son père, comme s'il lisait sur son visage ce qui se passait au plus profond de son cœur, la provoquait à parler, quand dans un moment d'attendrissement elle fixait sur lui ses yeux émus.

— Tu veux me dire quelque chose ? demandait-il.

Dix fois elle fut pour répondre par le mot décisif, mais toujours ce mot resta dans sa gorge serrée.

— Non, disait-elle; mais toi, n'as-tu besoin de rien?

Le soir arriva; elle n'avait rien dit, rien résolu : elle ne pouvait plus suivre sa pensée : elle espéra que la nuit lui rendrait le calme et la raison : il n'y avait pas péril à attendre.

La journée avait été assez bonne pour le malade; à l'approche de la nuit seulement, il s'était manifesté une certaine aggravation dans son état : douleurs plus vives, toux plus fréquente, gêne plus grande de la respiration, rougeur plus prononcée de la face.

Cependant cet état n'était pas tel qu'il dût inspirer des craintes immédiates.

Au moins ce fut l'opinion de Narbanton, qui arriva pour passer la nuit auprès de M. de la Héraudière, comme il avait été convenu.

S'étant trouvé seul un moment avec Charlotte dans le vestibule, il la rassura.

Ce redoublement dans les symptômes généraux était dû à l'approche de la nuit, et cet effet se produisait fatalement dans toutes les pleurésies; il n'y avait donc pas à s'en alarmer.

Il dit cela avec autorité, comme un homme qui sait ce dont il parle, et elle se laissa persuader.

Elle fut plus rassurée encore lorsqu'elle le vit s'installer auprès de son père. A la façon dont il marchait à pas glissés, à sa manière de tout mettre en ordre dans la chambre sans faire de bruit, le bois auprès de la cheminée pour entretenir le feu durant toute la nuit, les fioles sur la table, la machine à esprit-de-vin, on devinait tout de suite qu'il savait soigner les malades.

— Va te reposer, dit M. de la Héraudière en s'adressant à sa fille ; tu vois que tu me laisses aux mains d'un bon infirmier.

— Soyez sans crainte, lui dit Narbanton en la conduisant à la porte, s'il survient quelque incident, je vous ferai éveiller.

Il se produisit pour Charlotte ce qui arrive assez souvent, lorsqu'on est sous le poids d'une grave préoccupation et que tous les organes sont accablés par la fatigue ; elle dormit d'un sommeil de plomb.

Lorsqu'elle s'éveilla au petit jour, elle fut désespérée : eh quoi, pendant que son pauvre père était mourant, elle avait pu dormir ainsi ; il n'avait pas dormi, lui, pendant tout le temps qu'elle avait été malade. La vie de son père était en danger, sa propre vie à elle-même, en tous cas, son amour étaient en jeu, et elle avait dormi.

Elle se leva vivement et entra dans la chambre de son père.

La nuit n'avait pas été mauvaise, et il ne s'était rien présenté d'insolite : la maladie semblait suivre un cours régulier, sans complications graves.

Le docteur Kerfons arriva de bonne heure et se montra assez rassuré.

— Cela va bien, dit-il à M. de la Héraudière ; nous nous en tirerons ; mais pourquoi diable, à votre âge, vous exposez-vous à la pluie pendant plusieurs heures, et en sueur, encore?

Charlotte ne se contenta pas de ces paroles, et pour en savoir davantage, elle accompagna le médecin lorsqu'il descendit.

— Vous avez parlé sincèrement à mon père? demanda-t-elle.

— Assurément, comme toujours ; les médecins ne disent jamais que la vérité.

— Sans doute ; mais c'est toute la vérité que je demande : vous êtes certain que mon père guérira de cette maladie ?

— Je l'espère, et je puis vous promettre que nous ferons tout pour cela ; je ne suis pas dans le secret de Dieu. « Je le pansai, Dieu le guérit, » a dit Ambroise Paré. La nature a des mystères que nous ne pouvons sonder d'une main sûre. Tout ce que je puis vous dire, c'est que j'ai bonne espérance. Cependant, il faut voir.

— Voir quoi ?

— Voir la marche que la maladie suivra. Monsieur votre père a été gravement pris ; l'inflammation occupe une certaine étendue, l'épanchement s'est produit ; il faut voir maintenant ce qu'il en deviendra.

— Combien faut-il de temps pour cela?

Avant de répondre, le docteur Kerfons regarda Charlotte attentivement. Pourquoi donc le questionnait-elle ainsi ?

— Je vous en prie, continua-t-elle, répondez-moi?

— Mais, ma chère demoiselle, je ne puis pas le faire d'une façon positive ; vous demandez combien durera la maladie de votre père ; en réalité, je n'en sais rien ; la pleurésie a une durée variable : deux, trois ou quatre septénaires.

Elle le regarda comme si elle ne comprenait pas.

— Les septénaires sont des espaces de sept jours, continua le docteur, répondant à son interrogation muette. En dehors de cette durée variable, elle peut passer à l'état chronique. Vous voyez que je ne puis rien préciser.

Elle resta un moment absorbée dans sa réflexion.

— Mais vous pouvez préciser au moins, dit-elle enfin, que mon père n'est pas en danger immédiat ?

— Je crois pouvoir vous l'affirmer.

Elle parut respirer avec soulagement, et le médecin, croyant son interrogatoire terminé, se dirigea vers sa voiture ; mais elle le retint encore.

— Est-ce que, dans l'état où il est, mon père peut être profondément affecté, en bien par une grande joie, ou en mal par un violent chagrin?

— Assurément, la joie est toujours bonne ; je ne dis pas qu'une grande joie le guérirait, mais elle lui serait très favorable ; quant au chagrin, vous comprenez qu'il aurait pour effet fatal d'empirer la fièvre.

— Je vous remercie.

Le docteur Kerfons monta dans son cabriolet, vivement intrigué.

Pourquoi toutes ces questions ?

Ce n'était pas la première fois qu'il voyait des héritiers demander précisément quel jour mourrait un parent à héritage, et vouloir qu'on leur fixât le moment de leur bonheur.

De pareilles idées pouvaient-elles être celles de cette jeune fille ?

Si peu porté qu'il fût à être « belle âme, » après avoir exercé la médecine durant trente années dans un pays où l'argent est terriblement puissant, il se refusa à admettre que la curiosité de Charlotte eût un mobile de ce genre.

Ces yeux naïfs, ce regard limpide, cette voix franche, ne pouvaient pas mentir.

Il y avait là tout simplement un mystère que le temps éclaircirait.

XXIX

Les réponses du docteur Kerfons n'avaient pas satisfait Charlotte.

S'il lui avait dit d'une façon positive que M. de la Héraudière était en danger imminent, elle se serait, coûte que coûte, décidée à accepter Narbanton pour mari.

Si, au contraire, il lui avait assuré qu'aucun danger n'existait ni pour le moment, ni pour plus tard, elle eût pu sans remords s'enfermer dans le silence : elle aurait réfléchi.

Mais les paroles du médecin se tenaient à égale distance de ces deux extrêmes ; le danger, il ne l'affirmait pas, mais en réalité il ne le niait pas non plus.

Pour l'heure présente, ce danger ne paraissait pas menaçant ; mais, pour le lendemain, on devait attendre ; on verrait ce qui arriverait.

De ces paroles il ne résultait donc qu'un seul fait précis sur lequel elle pouvait baser sa résolution, et ce fait c'était qu'une grande joie pouvait être favorable au malade, tandis qu'un grand chagrin pouvait le tuer.

Elle devait donc faire tout au monde pour lui épargner ce chagrin.

C'est-à-dire qu'en aucun cas, il ne lui était permis d'expliquer franchement à son père qu'elle repoussait Narbanton.

Tout ce qu'elle pouvait accorder à son amour, c'était de ne pas répondre immédiatement à la question qui lui avait été posée, et d'attendre encore un peu.

Peut-être pendant cette attente trouverait-elle quelque moyen pour tout concilier, — d'un côté le désir de son père, — de l'autre sa propre résistance.

Avec une attention de tous les instants, et en interrogeant chaque matin le docteur, il n'y avait pas à craindre de se laisser surprendre ; en tous cas, si elle voyait le danger s'accroître ou l'irritation de son père s'exaspérer, elle se résignerait à ce mariage ; elle se serait défendue tant que la lutte aurait été possible.

Elle attendit donc, et de nouveau elle vit dans les yeux de son père cette curiosité anxieuse par laquelle il l'accueillait lorsqu'elle s'approchait de lui ; de nouveau aussi elle l'en endit demander : « Tu n'as rien à me dire. »

Les heures, les journées, s'écoulèrent et ce moyen miraculeux qu'elle avait espéré, sans bien savoir d'où il lui viendrait, ne se présenta pas.

La seule chose qu'elle trouva fut de traiter avec Narbanton cette question de mariage.

Assurément cela était délicat et difficile, mais elle n'avait pas la liberté du choix et il fallait bien qu'elle prît la seule ressource qui lui restât.

Narbanton avait demandé sa main, parce qu'il croyait sans doute qu'il était ou qu'il pourrait être aimé d'elle ; si elle lui faisait comprendre que cet amour était impossible, il ne persisterait pas dans son projet. C'était un homme de cœur, qui voyait dans le mariage autre chose que l'association de deux positions ou de deux fortunes.

Si de lui-même il renonçait à ce projet, elle ne serait pas responsable de ce refus ; pas de mari, pas de mariage.

Il fallait donc qu'elle l'amenât à cette renonciation, et, pour cela, un entretien en tête-à-tête était nécessaire.

Les occasions qu'ils avaient de se voir seuls étaient rares, car Narbanton, malgré les instances de M. de la Héraudière, n'avait pas voulu s'établir à la Crique.

Il arrivait chaque soir un peu avant la fin du jour, et il repartait le lendemain matin après la visite du médecin, pour retourner à Sarzeau : quand il entrait dans la chambre du malade, Charlotte en sortait; et quand il en sortait, Charlotte y entrait à son tour.

Il était évident pour elle qu'il agissait ainsi par discrétion, et qu'il ne voulait pas tirer parti du service qu'il rendait.

Décidée à cet entretien, elle résolut donc d'aller un soir au-devant de Narbanton et de s'expliquer avec lui en toute liberté.

Comme il était exact dans son arrivée, elle savait qu'elle n'aurait pas à l'attendre, et elle espéra qu'en quelques minutes la question serait tranchée.

Lorsqu'il la vit venir au-devant de lui dans le chemin de Sarzeau, à dix minutes de distance de la Crique, il laissa paraître son inquiétude dans un geste de surprise.

— Il ne se passe rien de grave, dit-elle vivement; si mon père était plus mal, je ne serais pas ici.

— C'est juste, dit-il, et je vous demande pardon de l'étonnement que j'ai manifesté en vous apercevant : l'esprit préoccupé par cette maladie, je me suis laissé emporter par une crainte instinctive, sans réflexion et sans raison. Comment se trouve M. de la Héraudière?

— Dans le même état que ce matin; mais ce n'est pas de lui que je veux vous parler, c'est...

.Elle hésita un moment :

— C'est de moi, dit-elle bientôt avec résolution, c'est de nous.

Narbanton s'inclina sans répondre, et ils restèrent un moment en face l'un de l'autre, silencieux. S'il s'était trouvé là un témoin, il aurait pu remarquer qu'ils étaient également pâles tous deux, et tous deux également émus; mais le chemin était désert, et personne ne pouvait ni les écouter, ni les déranger. Le soleil avait disparu dans la mer depuis plusieurs minutes, et déjà les ombres du soir se répandaient sur la campagne; la lueur jaune qui emplissait le couchant jusqu'à l'horizon voûté glissait sur la mer clapoteuse, mais en arrivant à la côte, elle n'était plus assez vive pour éclairer les arbres et les buissons qui se mêlaient dans une confusion sombre.

— Mon père, commença enfin Charlotte, m'a parlé d'un projet que vous aviez formé.

Narbanton ne répondit pas, malgré la pause que fit Charlotte.

— D'un projet de mariage, continua-t-elle, et il m'a demandé d'y donner mon consentement.

— Et ce consentement?... dit Narbanton, après un moment de silence.

— Les conditions sont telles, reprit Charlotte, que je ne peux pas causer à mon père le chagrin d'un refus; car, dans l'état où il est, ce chagrin pourrait le tuer. Aussi je viens faire appel à votre loyauté, à votre pitié, pour que vous m'aidiez à sortir de cette position affreuse en épargnant mon père, en m'épargnant moi-même.

— Et en me sacrifiant seul, interrompit Narbanton.

— Ah ! monsieur !

— Je vous jure que si je pouvais rendre la vie à M. de la Héraudière, et à vous, mademoiselle, le repos, je n'hésiterais pas. Croyez que je ne suis ni aveugle ni insensible : je vois ce qui se passe, je vois les angoisses de M. votre père; je vois vos tortures, et c'est de tout cœur que je voudrais vous venir en aide. Mais que puis-je?

Charlotte eut un geste qui disait clairement sa pensée.

— Je vous comprends, poursuivit Narbanton, que je me retire, n'est-ce pas? Si le mari disparaît, le mariage s'en va avec lui, et alors vous pouvez épargner à monsieur votre père le coup que vous n'osez lui porter par votre refus.

Elle fut stupéfaite de cette clairvoyance dans Narbanton; à quelques mots près, c'étaient ses propres paroles.

— Et vous pensez, dit-il, que j'ai attendu que vous me fassiez cette demande. Non, mademoiselle, et je vous assure que pendant les tristes jours que nous venons de traverser, je serais allé au-devant de vous, et je vous aurais moi-même adressé cette proposition, si l'exécution avait été possible. Si grande qu'eût été ma souffrance dans le présent et dans l'avenir, je n'aurais pas hésité, ayant d'un côté votre repos et la santé de monsieur votre père, de l'autre, mon bonheur. Mais je vous le répète, ce sacrifice n'était pas possible. Non pas qu'il fût au-dessus de mes forces; on peut beaucoup quand on... aime, et quand on veut ; mais parce que je suis engagé envers monsieur votre père et ne puis me retirer.

— Il me semble...

— Permettez-moi de vous interrompre

pour vous dire que vous ne savez pas toute la vérit que dès lors vous ne pouvez pas apprécier avec justesse la situation qui nous est faite. Cette situation, la voici :

Quand j'ai parlé à M. votre père de.... il faut bien que je dise le mot, — quand je lui ai parlé de mon amour pour vous, et de mon désir de devenir votre mari, il me répondit qu'il voulait bien m'accepter pour gendre ; ses paroles mêmes furent plus precises, et comme en ce moment la vérité doit passer avant tout, je crois devoir vous les répéter : il me dit donc que s'il avait choisi son gendre, c'eût été moi qu'il eût pris entre tous. Ceci, n'est-ce pas, me crée, en dehors du respect et de l'amitié que j'éprouve pour M. de la Héraudière, des obligations sérieuses envers lui. Il n'est pas pour moi le premier venu : je lui dois une profonde reconnaissance.

— Que vous lui prouvez.

— Mais sa réponse ne se renferme pas dans ces seules paroles ; et c'est pour ce qui me reste à dire, mademoiselle, que je réclame toute votre indulgence, vous priant de vous rappeler que cet entretien n'a pas été provoqué par moi, mais qu'il l'a été par vous. M. de la Héraudière m'ayant dit qu'il voulait bien m'accepter pour gendre, ajouta que mon mariage, malgré ce consentement, rencontrerait es difficultés.

Heureusement pour Charlotte, la nuit était tombée tout à fait, car en entendant ces mots qui n'étaient que trop précis pour elle, malgré le soin que Narbanton apportait à les maintenir dans un certain vague, elle avait senti le rouge de la honte lui monter au visage.

— M. de la Héraudière crut devoir m'apprendre, continua Narbanton, une chose que je savais déjà, d'autre part d'ailleurs, c'est-à dire qu'il avait existé un projet de mariage pour vous qui venait de se rompre, de telle sorte que dans ces conditions nous devions nous attendre lui et moi à rencontrer chez vous une repulsion bien naturelle, j'en conviens, à accueillir favorablement une nouvelle demande. Il me pria donc de ne pas me décourager et au contraire de devenir son allié pour calmer le trouble que cette rupture avait dû vous causer. J'acceptai.

Emmanuel en parlant ne levait pas les yeux sur Charlotte, qui marchait près de lui ; à ce mot cependant, il lui vit faire un mouvement.

— Je comprends, dit-il, que vous soyez surprise de me voir accepter cette alliance alors que je ne connaissais pas vos sentiments à mon égard et que je ne vous avais jamais entretenue de mon amour. Ne croyez pas cependant que je sois un de ces superbes vainqueur- se figurant qu'ils n'ont qu'à se montrer et à dire un mot pour être aimés. Tel n'est point mon caractère. J'ai espéré qu'en vivant près de vous, dans une intimité que M. votre père autorisait, je pourrais à la longue me faire connaître de vous et en même temps vous entretenir de mon amour. Par l'accueil que vous m'avez fait jusqu'à ce moment, j'étais en droit de penser, permettez-moi de le dire, que je ne vous inspirais ni répulsion ni antipathie J'ai cru que je pourrais changer l'amitié que vous me témoigniez en un sentiment plus tendre ; j'ai cru qu'en voyant ma tendresse et mon amour, vous vous laisseriez émouvoir par cette profonde passion et peut-être même gagner. Il me semblait que l'amour était un foyer qui pénétrait de sa flamme et de sa chaleur ceux qui l'approchaient. Je comptais sur le temps. Par malheur, cette maladie de M. de la Héraudière est venue tout précipiter et vous placer sous le coup d'une demande qui, se présentant dans ces conditions, ne pouvait que vous surprendre et vous blesser.

Peut-être, depuis que j'ai vu vos tourments, aurais-je dû vous donner ces explications ; mais j'avoue que je n'ai pas pu me résoudre à vous parler de mon amour au milieu de si tristes circonstances. Si je le fais aujourd'hui, c'est que vous forcez mon silence. Puisque vous me demandez un sacrifice, il faut bien que je vous explique pourquoi il est impossible. Je suis engagé envers monsieur votre père ; je ne puis abandonner l'alliance que nous avons conclue et manquer ainsi à l'espoir qu'il a mis en moi. Ce n'est pas tant ma cause que je défends que la sienne.

Ils étaient arrivés devant la maison. Emmanuel s'arrêta.

Mais, après un moment d'hésitation, Charlotte ne répliqua pas ; et, passant devant lui, elle monta à la chambre de son père.

XXX

insi Charlotte ne pouvait trouver de
ours nulle part.

out le poids de la situation retombait
elle, et c'était elle seule qui désor
s pouvait la trancher dans le sens de
és gnation ou dans celui de la résis-
:e.

n'y avait plus à chercher des commis; il n'y avait plus à espérer des
acles; il fallait ouvrir les yeux à la
ité; il fallait se prononcer.

andis que Narbanton disait qu'il était
à sacrifier son amour, elle hésitait,
, à sacrifier le sien pour sauver son
, ou tout au moins pour lui assurer
mort tranquille.

uelle différence entre eux!

y avait en lui de la générosité et de
oblesse.

etait un homme de cœur.

t assise devant le feu, seule dans sa
nbre, au lieu de se coucher, elle se
à évoquer Narbanton devant elle.

ui, il était bien tel que son père di-
, doué de toutes les qualités qu'on
souhaiter dans un mari : jeune, beau
n, bon, riche.

ourquoi ne l'aimait-elle pas? Pour-
ne l'aimerait-elle pas?

u'elle le refusât, et que son père sup-
àt ce coup, elle ne serait pas pour
ours à l'abri des projets de ma-
e.

autres maris se présenteraient après
-là; il faudrait les refuser sans rai-
valables.

ainsi, ce seraient toujours les mê-
luttes pour elle; et pour son père,
le à son idée, les mêmes chagrins.

quoi bon résister aujourd'hui, pour
r demain?

quoi bon repousser un mari qui, en
lte, ne lui inspirait que des senti-
ls de sympathie, pour en accepter
tard un qui ne vaudrait pas celui-

le désolerait son père, et en même
ps elle réduirait au désespoir Nar-
on, qui l'aimait; car il l'aimait sin-
ment, elle le sentait.

ais arrivée à ce point dans son rai-
ement, elle s'arrêta indignée contre
même.

Eh quoi ! c'était par de pareilles consi-
dérations qu'elle se laissait ébranler. Il
n'y en avait qu'une qui devait l'ém uvoir
et la décider : la vie, le repos de son
père.

La question qui se posait n'était pas de
savoir si Na banton é ait aimable, s'il serait un bon mari et si elle serait heureuse
en l'épousant.

C'était là le petit côté, celui de la per-
sonnalité ég ïste, qui calcule et cherche
son intérêt avant tout.

La seule question désormais était de
savoir si elle se dévouerait pour son
père.

C'était de cela qu'il s'agissait et non
d'autre chose; le reste était mensonge,
faiblesse ou lâcheté.

Elle n'avait que trop attendu et réfléchi;
l'heure de la résolution et du courage
avait sonné.

Se ait-elle amante, ou bien serait-elle
fille? dévouée à Georges, ou à son père ?

Tandis qu'elle délibérait ainsi avec sa
conscience, partagée entre ces deux extrêmes, sans pouvoir se décider pour l'un
ou pour l'autre, lut ant toujours pour
trouver un point de conciliation impossible à rencontrer, son père, dans la chambre voisine, soutenait une lutte non moins
terrible, — celle contre la mort.

Comment était-il ? En proie à la fièvre
sans doute, irrité par l'attente, malade
d'impatience.

Que devait-il penser en la voyant incapable de résolution ? Il ne pouvait que
douter d'elle et croire qu'elle l'aimait bien
peu.

Quelles souffrances pour lui, plus
cruelles assurément que ne l'étaient celles de la maladie!

Pendant ce temps, que faisait celui auquel elle sacrifiait ce père adoré? Où était-
il ? Que pensait-il ?

Elle quitta son fauteuil et, s'approchant
de la muraille, elle colla son oreille contre la porte.

Elle n'entendit rien tout d'abord ;
mais bientôt un accès de toux éclata
dans le silence et quelques mots arrivèrent jusqu'à elle : la voix de son père était
saccadée et tremblottante, celle de Narbanton douce et grave. Puis le silence se
rétablit et dans la nuit on n'entendit plus
que la plainte monotone du vent, dominé

de temps en temps par le mugissement de la marée montante.

Les heures avaient marché pendant sa douloureuse méditation; la pendule sonna douze coups; la nuit était à moitié écoulée. Allait-elle laisser passer celle-là encore comme toutes les autres sans avoir pris un parti?

Quelle lâcheté!

Plus qu'une lâcheté, quel crime; car son irrésolution tuait son père.

Elle ne balança plus.

Elle ouvrit son bureau, puis dans un tiroir fermé à clef, elle prit un paquet de lettres : celles de Georges. Elles étaient toutes là sous un petit ruban, depuis celle qu'il lui avait écrite trois années auparavant en rentrant à Paris après lui avoir, pour la première fois, parlé d'amour, jusqu'à celle dans laquelle il lui disait :

« Soyez heureuse avec celui qui aura le bonheur de devenir votre mari. »

Elle délia le ruban et se mit à lire ces lettres, qui étaient classées dans l'ordre de leur réception. Bien qu'elles eussent été toutes écrites de manière à pouvoir passer sous les yeux de M de la Héraudière, elles étaient pour Charlotte pleines de détails intimes et particuliers : tel mot insignifiant en apparence était pour elle un souvenir, tel autre était une caresse.

Que de joies entre ces lignes! que d'espérances!

Deux fois elle relut la dernière lettre :

« Adieu, chère Charlotte, car je ne me sens pas la force de vous revoir. Nous nous retrouverons plus tard et vous verrez que mes sentiments n'ont jamais changé. »

Jamais changé! Il avait pu écrire ce mot.

Elle prit toutes les lettres et s'agenouilla devant la cheminée. Le feu, qui n'avait pas été entretenu, était à peu près éteint; cependant, quelques charbons brûlaient encore sous la cendre blanche.

Elle plaça les lettres au milieu de la cheminée.

Pendant quelques minutes, les feuilles de papier se tordirent sur les charbons sans s'allumer.

Puis, tout à coup, elles s'enflammèrent et projetèrent une grande lueur dans la chambre.

Penchée au-dessus du foyer, Charlotte les regardait brûler : le papier noircit; quelques mots seuls apparurent çà et là en traits rapides et fulgurants comme des éclairs; puis une rafale ayant pénétré dans la chambre, emporta par la cheminée ces papillons noirs.

C'était fini; de trois années d'amour, il ne restait plus rien, rien que le souvenir.

Le lendemain, Charlotte entra de bonne heure dans la chambre de M de la Héraudière; sa démarche était assurée, son regard avait repris son ancienne franchise et ne se détournait plus comme en ces derniers jours devant celui de son père.

Celui-ci fut frappé de ce changement; il le fut plus encore de l'effusion qu'elle mit dans son baiser.

— Tu as à me parler? dit-il en tremblant.

— Oui, père.

En entendant ces quelques mots, Narbanton se dirigea vers la porte; lui aussi avait remarqué le changement qui s'était fait dans la physionomie comme dans l'attitude de Charlotte; et de même que M. de la Héraudière, il sentait que le moment de trancher cette situation si douloureuse pour tous était arrivé.

Charlotte allait parler : c'était son arrêt qu'elle allait prononcer; il ne voulait, par sa présence, peser sur elle.

Il fallait qu'elle parlât librement.

Et si cruelle que fût pour lui l'attente dans un pareil moment, il croyait devoir se retirer.

— Je vous laisse, dit-il.

Du geste, elle lui fit signe de demeurer.

— Je ne retourne pas encore à Sarzeau, continua-t-il; je descends dans le jardin; je remonterai tout à l'heure.

— Restez donc, s'écria M. de la Héraudière; si elle vous demande de ne pas vous éloigner, c'est qu'elle ne nous apporte pas une mauvaise parole; votre main, mon ami.

Narbanton s'approcha du lit, et mit dans la main tremblante du malade, sa main qui n'était guère plus ferme.

M. de la Héraudière s'était assis sur son lit, et de la main droite il tenait sa fille, tandis que de la main gauche il tenait Narbanton.

Ainsi, tous deux se trouvaient rapprochés et face à face.

— Ce que j'ai à te dire, commença Charlotte d'une voix sourde, mais cependant assurée, c'est qu'après avoir réfléchi, comme tu me l'avais demandé, à la proposition de mariage que tu m'as faite, j'ai pris la résolution de me conformer à ton désir.

— Tu acceptes Narbanton pour ton mari ?

— Oui, père ; et j'ai tenu à te le dire devant M. Emmanuel lui-même.

— Oh ! mes enfants, mes enfants !

Il ne put pas en dire davantage ; les larmes lui coupèrent la parole, et il retomba sur son lit, épuisé par son émotion.

XXXI

En acceptant ce mariage, Charlotte n'avait vu que la satisfaction qu'elle donnait à son père.

Mais quant à la réalisation même de ce mariage, elle aurait lieu plus tard, à une époque indéterminée. Ce que son père voulait, c'était la certitude qu'elle épouserait Narbanton. Cette certitude obtenue par l'engagement qu'elle prenait, il ne demanderait pas davantage.

On ne se marie pas quand on a son père mourant.

Plus tard.

Et elle s'en était tenue à ce mot vague, sans laisser son esprit s'appesantir sur une date fixe. Son père la connaissait assez pour savoir qu'elle ne manquerait pas à sa promesse donnée ; et il se contenterait assurément de cette promesse.

Cependant il ne s'en contenta pas, et bientôt il fallut aborder la question de l'époque précise.

En pareil sujet, M. de la Héraudière n'était pas homme à s'en tenir à un à-peu-près. Prendre l'engagement d'épouser Narbanton était bien ; ce n'était pas tout : il s'agissait maintenant de savoir quand s'exécuterait cet engagement ?

Le docteur Kerfons donna bientôt à cette question un caractère d'urgence qui obligea à la décider promptement.

La pleurésie, en effet, passa de l'état aigu à l'état chronique, et M. de la Héraudière ne se laissa pas prendre aux paroles que le médecin voulait faire rassurantes en lui apprenant ce changement. Il connaissait assez la médecine pour savoir que c'était là un pronostic grave. La mort ne le menaçait plus immédiatement, il est vrai, mais si elle s'éloignait pour un temps incertain, elle ne l'abandonnait pas cependant, et les probabilités étaient que dans l'espace de quelques mois elle laisserait tomber la main qu'elle tenait suspendue sur lui.

Avant que ce coup le frappât, il voulait que sa fille fût mariée.

Ce fut ce qu'il expliqua à Charlotte en la pressant de fixer l'époque du mariage.

Celle-ci ne résista pas et n'opposa même pas d'objection à cette prière. Elle avait été loin de penser, il est vrai, qu'on lui demanderait si rapidement l'exécution de sa promesse ; mais puisqu'elle l'avait donnée, elle devait la tenir. D'ailleurs, elle n'avait plus qu'un mobile : faire ce qui pouvait être agréable à son père.

Ah ! certes un mariage dans des circonstances pareilles, était chose affreuse ; et ce mélange continuel des idées de mort et de mariage était horrible, mais que pouvait-elle contre cette terrible fatalité Elle était irrésistiblement entraînée, et elle n'avait même pas le droit d'essayer de s'échapper.

La date de la cérémonie fut donc strictement limitée à l'accomplissement des formalités exigées par la loi.

Il ne pouvait être question, en effet, de toilette, de trousseau ou d'ameublement, car, ce n'était pas alors que la mort planait sur eux qu'ils pouvaient penser à ces choses qui, d'ordinaire, tiennent cependant tant de place dans les mariages.

Charlotte fut même touchée de la réserve que Narbanton observa sur ce point. Il ne dit pas un mot, il ne fit pas la plus légère allusion qui pussent donner à croire qu'il se préoccupait de ces détails.

Chaque soir, il arrivait à son heure habituelle pour s'installer dans la chambre de M. de la Héraudière, et chaque matin il repartait pour Sazeau, sans plus chercher maintenant les occasions de tête à tête avec Charlotte qu'il ne les cherchait avant.

Lorsqu'il se trouvait près d'elle, dans la chambre du malade, il lui parlait avec une tendresse qui se montrait bien plus dans l'accent de la voix que dans les paroles mêmes ; mais lorsque, par hasard, il la rencontrait seule, il évitait soigneusement tout ce qui pouvait modifier le caractère de leurs relations : ils étaient maintenant ce qu'ils avaient été pendant plusieurs semaines, deux amis, rien de plus.

Soit que la joie eût produit l'effet favorable dont le docteur Kerfons avait parlé, soit par toute autre cause, un certain mieux se produisit dans l'état de M. de la Héraudière. L'oppression se calma, la toux fut moins fréquente, la fièvre diminua. Il put se lever pendant plusieurs heures et on lui permit quelques aliments.

— C'est de la force que je je veux prendre, disait-il quand on lui servait sa table ; malheureusement, une pomme cuite n'est guère reconfortante. C'est égal, je crois que je pourrai aller à la mairie. S'il le faut, ce jour-là, je mangerai une côtelette, quand je devrais mourir d'indigestion en rentrant. Il importe peu que cette journée soit courte, pourvu qu'elle soit bonne.

Les délais légaux s'écoulèrent avec une lenteur irritante pour M. de la Héraudière, avec une rapidité dévorante pour Charlotte.

Le notaire vint à la Crique faire signer le contrat qui avait été rédigé de la manière la plus simple, reconnaissant avec une parfaite sincérité « les apports respectifs des futurs époux. » C'était seulement à l'article des donations que Narbanton était intervenu d'une façon prépondérante.

« En considération du profond attachement que le futur époux porte à la future épouse, disait cet article, il lui fait par les présentes donation de tous les biens meubles et immeubles qui composeront sa fortune au jour de son décès ; ladite donation irrévocable et ne pouvant être réduite que dans le cas prévu par l'article 1090. »

C'était quatre ou cinq millions que Narbanton offrait dès ce jour à celle qui allait devenir sa femme.

Lorsque le contrat fut signé, il s'arran-gea pour avoir avec elle un entretien en tête-à-tête de quelques minutes.

— Je vous reçois des mains de votre père, dit-il, mais c'est de vous seule que je veux vous tenir ; ce qui fera notre mariage, ce ne sera pas la cérémonie de demain, ce sera votre consentement... quand vous le donnerez... librement.

Elle ne répondit rien, mais elle lui tendit la main, et, à la pression de ses doigts il sentit qu'elle était touchée.

Malgré tout le désir qu'il en avait, M. de la Héraudière ne put pas sortir le jour du mariage. Le mieux n'avait pas continué, et le docteur Kerfons ne voulut pas permettre une imprudence qui en cette saison pouvait devenir mortelle.

Heureusement le maire était un fonctionnaire complaisant : sur les instances de Narbanton, il consentit à venir célébrer le mariage à la Crique « les portes de la maison ouvertes, » selon le désir de la loi : M. de la Héraudière eut ainsi la satisfaction d'entendre Charlotte répondre à la demande du maire : — « Et vous, mademoiselle, consentez-vous à prendre pour légitime mari M. Emmanuel Narbanton, ici présent » ; — le « oui » sacramentel. Il put aussi apposer sa signature sur les registres de l'état civil.

Lorsqu'on revint de l'église, où fut dite une messe basse, il voulut assister au déjeuner offert aux témoins des mariés. Il s'assit entre sa fille et son gendre.

A le voir causeur, gai, radieux, personne n'aurait cru qu'il savait que la mort se tenait debout derrière son fauteuil, la main levée.

Le docteur Kerfons avait demandé que le dîner fût rapidement servi, et le malade put ainsi jusqu'à la fin rester à table. Au dessert, il voulut boire à la santé de « ses enfants. »

— Et maintenant, dit le médecin, c'est à la vôtre qu'il faut boire.

— Oh ! maintenant, répondit M. de la Héraudière, il n'y a plus à s'inquiéter de moi ; ma tâche est accomplie.

Ce fut son dernier effort ; à trois heures il reprit son lit, d'où il ne se releva pas.

Douze jours après le mariage, il s'éteignit en pleine connaissance dans les bras de sa fille et de son gendre, qui, pendant cette dernière période de sa maladie, ne le quittèrent ni le jour ni la nuit.

Son dernier mot fut pour Charlotte.

— Tu as pour mari un honnête homme, dit-il; je meurs avec chagrin puisque je vous quitte, mais sans inquiétude : encore une fois je te remercie de ce que tu as fait pour moi, et je te bénis comme la meilleure des filles.

Lorsqu'ils rentrèrent tous deux à la Crique, revenant du cimetière, Emmanuel montra à Charlotte une goëlette à l'ancre dans la baie, à la place même où tant de fois à l'automne précédent le *Bourguignon* était venu les attendre.

Les yeux pleins de larmes, Charlotte regarda sans voir.

— J'ai acheté cette goëlette, que j'ai baptisée la *Crique*, pour remplacer le *Bourguignon*, désormais trop petit, et pensant qu'il vous serait bon de quitter pour quelque temps, cette maison trop pleine de cruels souvenirs, j'ai envoyé une dépêche au Croisic pour dire au capitaine de venir nous attendre ici. Vous plaît-il de monter à bord : vous y trouverez des aménagements convenables pour vous recevoir. Nous pourrons entreprendre le voyage que vous voudrez, court ou long, selon qu'il vous conviendra.

— Vous avez été au-devant de mon désir, dit-elle.

— Quand voudrez-vous vous embarquer?

— Tout de suite, si cela est possible.

— Rien n'est plus facile : il n'y a qu'à faire un signal et le canot va venir nous chercher.

— Je vous demande seulement le temps de faire quelques recommandations à Martin et à Barbe, car je voudrais qu'en notre absence la maison et le jardin fussent soignés comme au temps où mon pauvre père était la. Ses arbres, ses plantes qu'il aimait tant! il n'aura pas vu les hépatiques fleurir; tous les ans il m'apportait la première qu'il trouvait en fleur.

Une heure après, ils s'embarquaient sur la *Crique* et Fellow sautait autour d'eux avec des aboiements joyeux.

La goëlette n'était pas une coquille de noix comme le *Bourguignon*; c'était un vrai navire aménagé avec le même soin et le même luxe que le petit yacht, mais plus solide à la mer et capable d'entreprendre une longue traversée avec un équipage assez nombreux pour répondre aux besoins du service.

Charlotte n'était pas en état de visiter le navire, et en arrivant à bord, elle s'assit sur le pont, caressant machinalement le chien qui était venu poser sa grosse tête sur ses genoux et qui la regardait fixement avec ses grands yeux doux.

Debout près d'elle, Emmanuel respectait sa douloureuse préoccupation.

Au bout de quelques instants, un marin s'approcha de lui, et portant la main à son bonnet de laine bleue:

— Quels ordres? dit-il.

Alors Narbanton se pencha vers Charlotte :

— Où voulez-vous que nous allions? demanda-t-il.

— Oh! mon Dieu, où vous voudrez.

— Droit devant nous alors?

— Oui au large... au large.

— Le cap à l'ouest, dit Narbanton au marin, de manière à passer entre Quiberon et la pointe des Poulains.

Les voiles furent hissées, et la goëlette, qui présentait le travers à la terre, tourna son beaupré vers la haute mer; s'inclinant sous une assez forte brise du sud, elle s'éloigna de la côte.

Immobile sur son pliant, Charlotte paraissait insensible à tout ce qui se passait autour d'elle; ses yeux étaient fixés sur la maison où elle avait vécu pendant plusieurs années si heureuse auprès de son père.

Le rivage ne tarda pas à s'abaisser, puis les arbres se confondirent dans une masse sombre, puis la maison ne fut plus qu'un point blanc.

Cependant, elle ne la quitta pas des yeux.

Mais le yacht continuait sa marche rapide, et bientôt la côte ne fut plus qu'une ligne noire qui, diminuant toujours d'épaisseur, disparut enfin entre le ciel et les eaux.

Elle était en pleine mer.

Elle frissonna et de grosses larmes roulèrent sur ses joues pâles.

Mais à ce moment elle sentit qu'on lui prenait la main.

— Nous parlerons de lui, dit Narbanton.

FIN DE LA PREMIÈRE PARTIE

DEUXIÈME PARTIE

———————

I

Il y avait quatre années que Charlotte et Emmanuel étaient partis de France, lorsqu'ils débarquèrent à Marseille.

Pendant ces quatre années, ils n'avaient pas quitté leur yacht pour ainsi dire, non qu'ils fussent toujours restés en mer, mais ils ne s'étaient fixés nulle part, et aussitôt qu'ils avaient visité un pays, ils l'avaient abandonné pour passer à un autre.

Lorsqu'ils avaient laissé derrière eux les côtes du Morbihan, la *Crique* avait mis le cap sur la Corogne, et ils avaient commencé par l'Espagne et par le Portugal, ce voyage qui devait durer si longtemps.

Pendant les premières heures de mer qui avaient suivi leur départ, une sorte d'apaisement s'était produit dans Charlotte, et ses nerfs s'étaient peu à peu relâchés. La contemplation du ciel et des eaux, la solitude au milieu de l'Océan, le mouvement des vagues, les oscillations régulières du navire, l'air frais et fortifiant qu'elle respirait, tout s'était réuni pour calmer la fièvre de sa douleur.

Sans doute la solitude qu'elle avait trouvée sur ce navire n'était pas absolue, mais elle avait été assez grande néanmoins pour lui permettre de se recueillir dans un certain isolement : et la nuit venue, elle avait pu se retirer seule dans la cabine qui avait été réservée à son usage personnel.

Mais ce que ce voyage avait eu surtout de salutaire, c'avait été de l'arracher au milieu dans lequel s'étaient écoulés les derniers moments de son père. Si absorbé que soit notre esprit, il se laisse prendre aux choses qui nous entourent et, par là, nous sommes forcément entraînés à des distractions qui rompent le cours de nos pensées.

Dans la maison paternelle, chaque pas qu'elle eût fait lui eût rappelé un souvenir, et partout ses regards eussent vu son père. C'était là qu'il venait s'asseoir. Ce livre était resté ouvert à la page qu'il avait lue avant de mourir. Ce pli au rideau, c'était lui qui l'avait fait en regardant chaque jour à cette fenêtre le mouvement de la marée.

Mais ce brusque départ avait produit un autre résultat encore, — et non moins heureux.

Il est, en effet, un état nerveux que connaissent ceux qui ont éprouvé une profonde douleur, causée par la perte d'une personne aimée qu'on soignait. Tout à coup, au tracas et au tumulte de la maladie succède un calme morne : c'est fini; mais les nerfs surexcités par l'inquiétude autant que par les fatigues restent tendus; que dans la maison maintenant silencieuse un bruit de pas résonne brusquement, qu'une porte se ferme, qu'un meuble tombe, et l'on ressent une commotion horriblement pénible qui vous rejette dans les anciens jours.

La navigation sur la *Crique* avait supprimé ces commotions pour Charlotte;

tout était changé autour d'elle, tout était insolite; point de repos trompeurs, point de silences inquiétants, le mouvement et la vie d'un navire en marche.

En débarquant à terre, elle avait été prise par les distractions du nouveau, et, bon gré mal gré, elle n'avait pas pu rester repliée sur elle-même; il avait fallu lever les yeux, ouvrir les oreilles, subir l'entraînement de l'imprévu et de l'inconnu.

Après le Portugal, ils étaient passés au Maroc, puis en Algérie, puis à Tunis; puis ils avaient visité les îles de la Méditerranée, la Sardaigne, Malte, Corfou, l'Archipel, les côtes de l'Italie et de la Grèce.

Les premières journées de ce voyage avaient cependant été assez difficiles pour ces deux jeunes mariés, et leurs tête-à-tête assez embarrassants.

Si confiante que Charlotte fût dans l'engagement pris par Narbanton, elle n'en avait pas moins été troublée quand elle s'était trouvée seule sur ce navire, avec celui qui, après tout, était son mari.

« Je vous reçois des mains de votre père, avait dit Emmanuel, mais c'est de vous seule que je veux vous tenir; ce qui fera notre mariage, ce sera votre consentement, quand vous le donnerez, librement. »

C'était là pour elle un sérieux motif de sécurité, car Narbanton n'était pas homme à manquer à sa parole; mais en prenant cet engagement il ne s'était pas interdit le droit de provoquer et d'obtenir ce consentement; quels moyens emploierait-il pour cela?

La question s'était posée pour elle d'autant plus pressante qu'il y avait dans l'attitude de celui-ci, qui n'était encore son mari que de nom, une contrainte peu rassurante.

Pourquoi cette gêne, pourquoi ces paroles hésitantes, pourquoi ces regards qui se détournaient tout à coup, s'il n'y avait pas en lui une arrière-pensée?

Il l'aimait; pourrait-il se tenir longtemps enfermé dans le silence qu'il s'était imposé? Que répondrait-elle s'il voulait parler? Comment se défendrait-elle? Avait-elle même le droit de se défendre contre son mari?

Bientôt, néanmoins, elle avait vu qu'elle se pouvait pleinement rassurer: Emmanuel était maintenant, ce qu'il avait été

avant leur mariage. Ce n'était point par des protestations d'amour qu'il voulait gagner son cœur. Ce n'était point en profitant avec adresse des occasions que les circonstances lui donnaient. C'était par la délicatesse, par la persuasion, avec le temps comme seul allié.

Il avait pris soin d'ailleurs de la fixer à ce sujet en calmant les inquiétudes qu'il avait vues en elle.

— J'avais cru, lui avait-il dit, que vous auriez foi en ma parole.

— Je n'en doute pas.

— Je l'espère, mais vous doutez que je puisse la tenir; vous avez confiance dans ma sécurité, vous craignez ma faiblesse; il faut donc que je vous répète ce que je vous ai déjà dit, mais en l'expliquant cette fois et en le précisant. Nous ne sommes plus dans des circonstances où l'échange de quelques mots seulement nous est permis; nous avons devant nous tout le temps nécessaire, à moins qu'il ne vous déplaise de m'entendre aborder ce sujet.

— Il me déplairait que vous pussiez avoir une pareille pensée.

— Je ne l'ai point, et cependant je dois dire que je suis peiné de voir, toutes les fois que nous nous trouvons en tête-à-tête, un mouvement d'inquiétude, presque d'effroi chez vous : si j'approche mon siège du vôtre, vous reculez; si je vous tends la main, vous hésitez à me donner la vôtre; ces remarques qui crèvent les yeux m'ont vivement affligé tout d'abord, mais en y réfléchissant je me les suis expliquées par la peur que vous avez de me voir céder à un entraînement passionné : si vous n'osez pas me donner la main, c'est que vous craignez de vous sentir prise dans mes bras. Votre attitude avec moi est celle d'une femme qui redoute les violences d'un homme dont elle se sait aimée. Est-ce vrai?

— C'est-à-dire...

— Ne vous défendez pas; mon intention n'est pas de vous accuser; la faute n'est pas à vous, elle est une conséquence de la situation dans laquelle nous nous trouvons. Sans doute, il m'est pénible de penser que... ma femme, il faut bien dire le mot, craint de me voir tomber à ses genoux; c'est là une douleur que vous pouvez sentir sans que je vous la montre, mais enfin je ne veux pas vous en rendre responsable. Quand notre mariage a été arrêté, j'ai prévu que ses premiers jours seraient difficiles; rien de ce qui arrive maintenant ne me surprend donc absolument. Si je ne voulais pas m'exposer à ces difficultés, je n'avais qu'à me retirer; je ne l'ai point fait, car je ne suis par de ceux qui ont besoin d'être portés par l'espérance pour entreprendre une chose. J'ai à ce moment envisagé notre situation dans le présent et dans l'avenir, et si vous le permettez, je vais vous dire quels ont été alors mes raisonnements d'une part, et de l'autre quels ont été mes projets.

— Parlez, je vous en prie.

— Dans le présent, je voyais votre pauvre père très désireux de vous marier avant de mourir, tandis que, de votre côté, vous étiez absolument opposée à cette idée de mariage. Pour appuyer votre résistance, vous aviez, j'en conviens, d'excellentes raisons : après plusieurs années d'intimité avec un homme jeune, plein d'esprit, séduisant sous tous les rapports et que vos parents vous avaient donné comme fiancé, vous veniez d'être frappée par une brusque rupture. Pouviez-vous passer brusquement de la douleur très légitime que vous causait cette rupture à un nouveau projet de mariage?

Si grand que fût l'aveuglement de l'amour que j'éprouvais pour vous, je ne me flattai point d'une pareille espérance, et quand votre père voulut bien m'accorder votre main, il fut entendu qu'avant tout nous laisserions au temps le soin d'agir. Je vous prie de bien retenir ce point. J'étais un mari pour votre père, pour vous je ne devais être longtemps encore qu'un ami. Par malheur, la maladie ne permit point la réalisation de ces combinaisons.

Votre père se sentit menacé; il se vit condamné et avant de vous quitter, il voulut vous voir mariée. J'ai assisté alors aux angoisses par lesquelles vous avez passé avant de vous décider à donner votre consentement. Les miennes qui, je l'espère, sont restées cachées, n'ont pas été moins vives.

Mais enfin, ni vous ni moi n'avons cru qu'il était possible de refuser à cet excellent homme la suprême consolation de ce mariage. Ce fut au moment où notre décision fut devenue irrévocable, que je vous avertis, en quelques mots, de mes intentions pour l'avenir et que je vous donnai ma parole de n'être votre mari que quand vous me choisiriez.

— Je n'ai oublié ni vos paroles ni la délicatesse de votre démarche.

— Ne parlons que de mon engagement. Il voulait dire que nous devions vivre comme deux amis sans que vous eussiez à craindre de me voir invoquer les droits que je tenais de la loi. Bien entendu, je ne renonçais pas à être votre mari... un jour. Mais je voulais que vous fussiez maîtresse de fixer vous-même ce jour. Jusque-là je ne voulais avoir que le droit de vous entourer de mes soins et de ma tendresse. Ce que je promettais alors, je le promets encore. Ne voyez donc en moi qu'un ami et vivez avec moi librement, sans crainte, comme avec un ami. En me voyant toujours près de vous, vous pourrez me mieux connaître; ma tendresse, qui vous effraye aujourd'hui, vous paraîtra peut-être légitime; peut être penserez-vous que mon amour, que mon adoration, mérite autre chose que la froideur; peut-être me trouverez-vous digne de vous. Alors votre main répondra à la mienne, votre regard au mien; j'aurais conquis ma femme. Jusque-là, je vous le répète et, s'il le faut, je vous le jure, je ne suis que votre ami.

Charlotte s'était abandonnée à cette parole qu'elle savait loyale; puis un jour, longtemps, il est vrai, après cet entretien, ce que Narbanton avait entrevu dans l'avenir s'était réalisé; et, lorsqu'après ce voyage de quatre années, ils étaient revenus en France, elle aimait son mari.

Sans doute, ce sentiment ne ressemblait en rien à celui qu'elle avait éprouvé autrefois pour Georges Saffarel.

La voix de son mari ne lui donnait point des défaillances; le bruit de son pas ne lui retentissait point dans le cœur, elle ne vivait pas par ses yeux, mais enfin elle l'aimait d'une affection solide.

Elle l'estimait et le respectait. Sa confiance en lui, en son savoir et en sa parole était absolue. Il était pour elle l'homme honnête et bon par excellence.

Elle était heureuse d'un bonheur tranquille qui paraissait devoir durer à jamais.

Quant à lui, ce n'était pas de l'amour qu'il avait pour sa femme, c'était un culte, une adoration fanatique, et il se croyait le plus heureux homme de la terre.

II

Ils revenaient dans l'intention de se fixer en France.

En Bourgogne d'abord, pour quelque temps, dans un château appartenant à Narbanton et qu'on appelait les Charmeaux, puis à Paris, d'où ils feraient une excursion en Bretagne.

Ce voyage de quatre années ne leur avait donné, à l'un comme à l'autre, que des satisfactions; cependant, peu à peu et à la longue, ils avaient ressenti le désir de s'arrêter. On ne marche pas toujours, et il arrive un moment où le repos est un besoin, où ne plus ouvrir les yeux est une jouissance.

Les montagnes sévères de la Grèce, les sables de l'Egypte, le ciel bleu de la Méditerranée étaient devenus pour eux monotones : trop de classique.

— Le vin de Chypre a du bon, disait quelquefois Emmanuel, mais les vins parfumés de la Côte-d'Or ont bien leurs mérites.

— Ne verrons-nous jamais de vrais nuages, disait Charlotte, et une mer verte laissant à sec une plage couverte de goëmons ?

— Les palmiers sont poétiques, mais les vieux chênes du Morvan sont romantiques.

— Les buissons de lauriers-roses sont très beaux; mais c'est une belle chose aussi que de voir des pommiers défleuris et une lande couverte d'ajoncs en fleur.

Ils avaient besoin de respirer l'air natal et d'entendre le parler français retentir à leurs oreilles.

Que s'était-il passé pendant leur longue absence? Emmanuel avait trouvé de temps en temps des correspondances d'affaires chez ses banquiers; mais Charlotte n'avait pas reçu une lettre, et elle n'avait pas ouvert un journal.

Arrivés à Marseille, ils ne firent pas long séjour dans cette ville : la Provence maritime, c'est encore la Grèce avec ses montagnes grisâtres sous un ciel bleu.

La *Crique* avait été renvoyée à Saint-Nazaire pour y être désarmée, et ils s'étaient embarqués en chemin de fer.

Emmanuel avait voulu prendre un coupé, mais Charlotte s'y était opposée.

— Non, pas de coupé, avait-elle dit, mais un compartiment de première dans lequel il y aura du monde ; nous entendrons parler ; c'est une douce langue que le français.

En entrant dans la gare, elle avait respiré avec délices la fumée sulfureuse du coke qui s'échappait de la cheminée de la locomotive, et pour la première fois de sa vie elle avait trouvé que la graisse qui sert pour les roues des wagons sentait bon.

Son désir d'entendre parler français avait été servi à souhait, car dans leur wagon étaient montés deux voyageurs qui, à peine installés, s'étaient mis à bavarder avec une vivacité toute méridionale. Il est vrai que ce français n'était pas d'un accent très pur, mais pour des oreilles qui depuis quatre ans n'avaient entendu que les différents idiomes de l'Orient, c'était une douce musique.

Tout d'abord Charlotte ne prêta attention qu'à cette seule musique; il ne lui convenait point d'écouter la conversation de ses voisins, et ce qu'ils disaient d'ailleurs n'était pas pour provoquer sa curiosité : ils parlaient politique.

Pendant que la machine de leur train express les entraînait vers Arles, elle regardait par la glace ouverte le paysage fuir derrière elle : la gorge qu'ils traversaient était sauvage, encombrée de rochers sombres, par-dessus lesquels on apercevait la mer bleue : c'était toujours l'Orient.

Elle releva la glace et s'accouda dans le wagon, regardant ses voisins qui causaient aussi librement que s'ils eussent été seuls.

— Au milieu de tout cela, dit l'un d'eux, quelle va être l'attitude de Georges Saffarel?

A ce nom, qu'elle n'avait pas entendu prononcer depuis quatre années, Charlotte reçut une commotion au cœur, et bien qu'elle eût baissé les yeux, elle vit que son mari avait fait un mouvement.

Qu'allait-elle entendre dire de celui qu'elle avait tant aimé, et qui, par son abandon, l'avait fait si cruellement souffrir?

— La question que vous me posez, je vous la retourne, répliqua celui qui avait été interpellé sur le compte de Georges. Vous connaissez Saffarel mieux que moi.

— Mon bon, mettez-vous bien dans la tête qu'on ne connaît pas Georges Saffarel. Assurément, si quelqu'un pouvait se flatter de le connaître, c'est moi ; eh bien, retenez ces cinq mots : je... ne... le... connais... pas...

Charlotte respira : si ni l'un ni l'autre de ses compagnons de route ne connaissaient Georges, l'entretien allait en rester là.

N'ayant rien à dire, ils seraient bien obligés de se taire.

Mais c'était une espérance trompeuse, et les mots : « Je ne le connais pas », si nettement articulés, n'étaient qu'un artifice de langage.

— Je ne suis pas une bête, continua le voyageur qui avait dit ne pas connaître Georges Saffarel ; je ne me donne pas comme un génie, mais enfin j'ai du jugement et je sais apprécier un homme à sa valeur : j'ai des procédés à moi pour le toiser, et je vois bien vite ce qu'il a dans son sac. Ma parole d'honneur, je ne sais pas ce qu'il y a dans celui de Georges Saffarel : seulement j'ai peur que ce qui s'y trouve si bien caché ne vaille pas grand'chose.

A ce moment Narbanton, qui ne perdait pas un mot de cet entretien, se pencha vers sa femme.

— Regarde donc l'étang de Berre, lui dit-il, c'est la dernière fois que nous voyons les eaux bleues.

Évidemment, il voulait qu'elle n'entendît pas ce que disaient leurs compagnons de voyage, et c'était une diversion qu'il tentait. Elle-même eût voulu ne pas écouter, mais une force plus puissante que sa volonté la rendait attentive.

Elle ne répondit rien à son mari et, se tournant du côte de l'étang que le train longeait, elle parut regarder le paysage ; mais ce n'était pas dans ses yeux qu'était la curiosité, c'était dans ses oreilles.

Que lui importait l'étang de Berre, quand on parlait de Georges!

L'entretien avait continué.

— J'avoue que je me suis joliment trompé avec lui, disait le voyageur, «qui n'était pas une bête» Quand je l'ai entendu plaider dans l'affaire du *Progrès*, j'ai dit : Voilà un homme! Mes idées, mon bon, toutes mes idées, toutes mes opinions que je retrouvais en lui. Et vous savez que je n'y vais pas par quatre chemins, moi; je suis carré : la République, tout pour le peuple et par le peuple ; voilà mes principes; c'étaient ceux de mon père, ce sont les miens. Quand on a souffert pour ses idées, on n'en change pas, et j'ai été transporté pour les miennes. Après quelques entrevues avec Saffarel, je m'attache à lui, mais là ce qui s'appelle un véritable attachement, et je me mets dans la tête d'en faire notre député. Il était jeune, il parlait bien, et puis enfin toutes mes idées, toutes mes idées.

— Toutes vos idées, mais aussi beaucoup d'autres.

— Le fait est que pour un homme de jugement, je me suis bien mis le doigt dans l'œil. On peut dire qu'il m'avait ébloui : je ne voyais, je n'entendais que par lui Et cependant les avertissements ne me manquaient pas, et l'on me rapportait qu'il n'était pas du tout carré, comme je le pensais, et qu'il était au contraire disposé à toutes sortes de concessions. Naturellement je m'en expliquai avec lui en prenant des précautions pour ne pas blesser sa dignité; il sortit de cette explication triomphant et je fus de plus en plus convaincu que nous avions un homme.

— Si je vous avais su alors je vous aurais dit que votre homme était aussi le nôtre, ce qui aurait été la preuve qu'il nous trompait les uns et les autres, car je suis loin d'être aussi avancé que vous, et pour moi, les formes de gouvernement n'ont aucune importance.

— C'est bien ainsi qu'il a réussi, en trompant tout le monde : il a eu le talent de convaincre chacun : « Je suis oiseau, voyez mes ailes, je suis souris, vivent les rats. » Il a été nommé. Et franchement ç'a été un beau triomphe pour lui.

— Et pour vous ?

— Pour moi aussi, ce dont j'enrage, car il m'a mis dedans. Croiriez-vous que j'ai eu la sottise de répondre de lui, car il y avait des gens qui moins bêtes que moi trouvaient louche cette conduite qui voulait contenter tout le monde : ce qui me désole, c'est que je me suis engagé personnellement et aujourd'hui il y a de très honnêtes gens qui me font, avec raison, responsable de ce qui arrive.

— Vous n'avez pas été le seul trompé.

— Ça, mon bon, ce n'est pas une consolation. La seule que je trouve, et elle est bien mince, c'est de ne pas avoir été longtemps sa dupe. Quand j'ai vu qu'il entrait en relations avec Morny, et quand

j'ai appris que celui-ci parlait de lui comme d'un homme sage, comme d'un habile
politique, comme d'un esprit elevé qui ne
subissait pas les pressions de l'opinion publique, j'ai été fixé, et j'ai compris que
j'avais donné à l'empire un cheval de re-
lais pour le jour où l'on serait obligé de
changer l'attelage éreinté qui nous gou-
verne depuis 1852. Est ce assez morti-
fiant!

— Il est vrai que, pour vous, la dose
était dure à avaler; car tout le monde
sait la part que vous avez eue à son élection : sans votre influence, il n'aurait pas
été nommé.

— Avaler la chose, moi! Je ne l'ai pas
avalée, je l'ai crachée. Qu'est-ce que vous
croyez que j'aie fait?

— Vous vous êtes fâché.

— J'ai pris le rapide, et débarqué à Paris, j'ai couru chez mon homme. Réception avec un visage souriant et affable,
comme vous pensez bien. Mais j'arrive
comme un coup de mistral, et le sourire
s'est effacé. Je lui ai dit son fait. Ç'a été
vif. Je suis sûr qu'il n'a répété à personne
ce que je lui ai conté entre quatre yeux.
Il a voulu se défendre malgré tout, car il
a la langue bien pendue, et il est aussi
difficile à retenir qu'une anguille. Mais
j'ai serré les doigts, et si glissant, si gluant
qu'il se soit fait, je ne l'ai lâché que quand
j'ai eu fini. Un homme capable de tout,
une planche pourrie...

A ce moment Narbanton, qui était resté
immobile accoté dans son coin, se pencha
en avant et portant la main à son feutre :

— Pardonnez moi de vous interrompre, dit-il d'une voix grave.

— Mes opinions vous blessent?

Charlotte voulut mettre la main sur le
bras de son mari; mais celui-ci la repoussa doucement.

— Je ne m'occupe pas de vos opinions,
dit-il, et je ne me serais pas permis de
les écouter, si vous n'aviez pas prononcé
un nom qui m'est cher. Tant que vous
vous êtes contenté d'apprécier la ligne
politique de la personne qui porte ce
nom, je n'ai pas réclamé. Vous avez con-
tribué à son élection.

— Pour le malheur de la France.

— Vous aviez le droit jusqu'à un certain point de le juger comme votre député. Mais quand je vous ai interrompu,
vous ne parliez plus du député.

— Je n'ai rien dit que je ne sois prêt à
soutenir.

— Monsieur, je ne veux pas engager
une discussion avec vous; je veux seulement vous faire remarquer que M. Georges Saffarel est mon ami, qu'il est le cousin de madame, et que dans ces conditions
vous trouverez sans doute convenable de
ne pas continuer à haute voix un entretien qui nous blesse dans nos sentiments
d'amitié et de famille; pour moi, pour
nous, Georges Saffarel est digne d'estime.

— Monsieur...

Mais l'autre voyageur intervint du
geste pour calmer l'irritation de son compagnon.

A la fin, celui-ci voulut bien entendre
raison et, saluant Emmanuel de la main :

— Je regrette d'avoir parlé si haut et je
vous en fais mes excuses ; mais ma foi,
votre cousin n'est pas le mien, et vous
pourrez lui dire que Marius Belisens ne
lui envoie pas ses compliments.

III

Cette petite scène s'était passée pendant
que le train traversait le désert de la
Crau; bientôt on arriva à Arles, et les
deux voyageurs profitèrent des cinq minutes d'arrêt pour changer de wagon.

Bien qu'il n'eût pas été dit un seul mot
depuis que l'électeur de Georges s'était
excusé d'avoir exprimé à haute voix son
opinion sur son député, la situation était
restée difficile : on ne parlait plus, on
évitait même de se regarder. Un voyage
de quinze ou dix-huit heures dans ces
conditions eût été un long supplice.

A peine les deux voyageurs eurent-ils
quitté le wagon que Charlotte se tourna
vers son mari, et lui prenant la main la
lui serra avec effusion.

— Tu as souffert, dit-il en la regardant
les yeux dans les yeux, d'entendre ces
gens parler ainsi?

— Beaucoup ; mais j'ai été fière de t'entendre répondre comme tu l'as fait.

— Pouvais-tu supposer que je laisserais
accuser Georges sans protester?

— Tu es le meilleur des hommes, le
plus généreux et le plus noble.

Le train s'était remis en marche; ils

étaient seuls dans leur compartiment; elle se baissa vers son mari, et lui relevant la main qu'elle tenait toujours dans les siennes, elle l'embrassa.

Emmanuel n'était point habitué à ces élans d'expansion chez sa femme; car si affectueuse que Charlotte se montrât pour lui, elle se tenait toujours renfermée dans une certaine réserve; si ce n'était point de la froideur, c'était au moins de la contrainte. Bien souvent, il l'avait doucement reprise à ce sujet; jamais il n'avait pu obtenir qu'elle mît plus d'épanchement dans ses sentiments ou ses idées, et pour se consoler il en était arrivé à se dire que c'était chez elle affaire de tempérament et d'éducation. Assurément, il eût été heureux qu'elle répondît à sa tendresse comme à sa franchise avec plus de chaleur, et surtout avec plus de spontanéité, mais après tout il y avait assez de qualités en elle pour qu'il ne lui tînt pas rigueur à propos de ce défaut.

Il fut donc très justement surpris de ce baiser si plein d'émotion.

C'était parce qu'il avait pris la défense de Georges Saffarel qu'elle montrait un si grand trouble et une si vive reconnaissance!

On parle de l'aveuglement de l'amour; pour être juste on devrait parler aussi de sa clairvoyance. Ceux qui aiment profondément arrivent souvent à une finesse d'appréciation dans le sentiment, à une lucidité extraordinaire; et alors ils lisent dans le cœur de la personne aimée aussi sûrement qu'ils liraient dans un livre ouvert.

C'était le cas de Narbanton. Depuis quatre années il avait vécu si intimement avec sa femme, les yeux toujours fixés sur elle, l'étudiant sans cesse, qu'il en était venu à deviner souvent les secrètes déterminations qui la faisaient agir ou parler.

Si elle lui avait dit qu'il était le plus généreux et le plus noble des hommes, ce n'était pas seulement parce qu'il avait pris la défense de Georges. A défendre un ami absent, il n'y a ni générosité ni noblesse : c'est un strict devoir qui ne pouvait pas étonner Charlotte et qui, en tout cas, ne pouvait pas provoquer en elle une explosion de reconnaissance.

Il y avait autre cho ⸱

Il se pencha par la glace ouverte et parut s'absorber dans la contemplation du paysage Mais il n'eut pas besoin de longues réflexions ni de savantes inductions pour trouver la cause de cette effusion.

Ce qui avait profondément ému Charlotte, c'est qu'il avait fait l'éloge de Georges devant elle.

Ce qu'elle avait trouvé noble et généreux, c'était que l'homme qu'elle aimait maintenant, eût parlé avec justice de l'homme auquel elle avait été fiancée autrefois.

Bien souvent depuis quatre années, en ses jours de réflexion, alors que l'esprit remonte dans le passé pour y chercher l'explication du présent, il s'était demandé quels avaient été les sentiments de sa femme pour Georges.

Question horriblement douloureuse pour une nature jalouse comme la sienne.

L'avait-elle aimé ?

Ou bien n'avait-elle éprouvé pour lui qu'une légère tendresse, celle toute naturelle d'une cousine pour son cousin ?

A l'époque où le hasard les avait tous les trois réunis : Georges, lui et Charlotte, il ne connaissait pas encore assez celle-ci pour lire couramment ce qui se passait au fond de son cœur. Il avait cru qu'elle avait plus que de l'affection pour son cousin. Mais ses remarques n'avaient pas été assez sérieuses pour lui permettre de se prononcer formellement.

Au moment de la rupture de Georges, la maladie qui s'était abattue brusquement sur la jeune fille avait été une indication grave en faveur de l'amour.

Enfin, plus tard, les angoisses qui avaient torturé Charlotte lorsque son père avait voulu la marier, en avaient été une nouvelle plus grave encore.

Mais c'était là tout : à côté de ces indications, il y en avait eu d'autres dans un sens contraire.

Où était la vérité, et jusqu'où cette vérité pouvait-elle aller ?

Ces interrogations qui maintes fois avaient obsédé son esprit et étouffé son cœur étaient toujours restées sans réponses précises.

Pour en obtenir, il eût fallu aborder ce sujet avec Charlotte, et pendant ces quatre années, le nom de Georges n'avait même pas été prononcé entre eux.

Il ne s'était pour ainsi dire pas écoulé de jour sans qu'ils parlassent de M. de la Héraudière ; mais par un accord tacite, ils avaient toujours évité ce qui pouvait rappeler le souvenir de Georges, et lorsque celui-ci s'était présenté menaçant, ils avaient adroitement détourné le danger en portant la conversation sur un point différent.

Mais ce qui avait été possible par des miracles d'adresse, alors qu'ils vivaient à l'étranger, ne le serait plus maintenant que, revenus en France, ils allaient être exposés à entendre ce nom à chaque instant.

Georges Saffarel était un homme politique ; on s'occupait de lui ; les journaux imprimaient son nom dix fois par jour ; on discutait ses opinions, on attaquait sa personne : il fallait prendre un parti à son égard.

Déjà Narbanton s'était fait ces réflexions ; la scène du wagon et le baiser de Charlotte le décidèrent à trancher définitivement cette question qui ne pouvait pas plus longtemps rester pendante.

Il se tourna vers sa femme et après l'avoir longuement regardée :

— C'est la première fois depuis quatre ans, dit-il, que le nom de Georges est prononcé entre nous.

Elle rougit, mais sans baisser les yeux.

— Cela est vrai, dit-elle, tu évitais de parler de lui.

— Tu l'as remarqué ?

— Comme tu as remarqué que j'évitais d'en parler moi-même. Il est triste que ce nom sur lequel nous avions fait le silence ait frappé mes oreilles dans ces fâcheuses circonstances. Je m'étais fait une fête en montant dans ce wagon d'entendre parler français, et les premières paroles qui nous accueillent sont une accusation contre.... un homme qui est mon cousin et qui a été ton ami.

— Qui est mon ami, tu peux dire.

— Ces accusations m'ont fait une peine extrême ; il a fallu ton intervention pour m'arracher à cette impression cruelle.

Il se fit un silence entre eux, mais il fut de courte durée.

— Ainsi, demanda Emmanuel sans détacher ses yeux du visage de sa femme, ce qui s'est passé n'a pas changé tes sentiments à l'égard de Georges ?

Elle frissonna.

— Cette question.... dit-elle en balbutiant.

— Je te prie, je te supplie d'y répondre en toute sincérité : lorsqu'un mari parle ainsi à sa femme, c'est qu'il a une foi entière en elle ; tu sais que j'ai cette foi et que ce que tu me diras sera pour moi la vérité.

— Mais je ne peux répondre, car ce que sont, à l'heure présente, mes sentiments pour Georges, je n'en sais rien.

— Mon enfant, il ne faut pas que tu croies que la question que je te pose ainsi me soit inspirée par une vulgaire curiosité. Je n'ai jamais voulu te parler de Georges, et je continuerais à observer cette réserve, si nous étions maintenant dans des circonstances analogues à celles où nous nous sommes trouvés pendant quatre ans que nous venons de passer à l'étranger. Mais nous ne sommes plus à l'étranger ; nous sommes en France ; aujourd'hui, demain nous pouvons rencontrer Georges ; quelle sera notre attitude vis-à-vis de lui ? quelle sera-t-elle vis-à-vis de ceux qui connaissent nos anciennes relations et notre parenté ? Il faut que nous nous soyons entendus là-dessus. Tu vois donc que ma question est sérieuse, et que ta réponse doit l'être aussi.

Depuis quatre ans, Emmanuel n'avait pas vu sa femme aussi troublée qu'elle l'était en ce moment.

Elle resta pendant plusieurs minutes sans répondre, mais à la fin elle leva les yeux sur ceux de son mari et elle parla sans les baisser.

— Mes sentiments à l'égard de Georges, dit-elle, en toute sincérité je ne les connais pas ; si tu veux que je dise ceux que j'éprouvais à l'époque où il devait être mon mari, je vais te le dire, car je ne veux pas avoir de secret pour toi, et si tu me demandes ma confession, je vais te la faire exacte, entière.

Ce fut au tour d'Emmanuel d'être profondément bouleversé. Le secret qu'il avait longuement et vainement cherché, on offrait de le lui dire. Et il connaissait assez sa femme pour savoir qu'elle parlerait avec sincérité. Il hésita un moment. La tentation était terrible : savoir ce qui s'était passé dans cette âme qu'il adorait. Mais il repoussa bientôt loin de lui cette pensée.

— C'est du présent, dit-il, c'est de l'avenir que nous devons avoir souci, et ce

qué je te demande, c'est de me mettre à même d'adopter une ligne de conduite inspirée par tes sentiments.

— En vérité, je ne sais quels ils sont; toutes les fois que j'ai pensé à Georges depuis notre mariage, j'ai écarté son souvenir et n'ai point voulu m'interroger. A la longue, je me suis habituée à le considérer comme un mort, ne me rappelant de lui que le bien, oubliant le mal. C'est tout à l'heure seulement que j'ai senti qu'il était vivant, et le coup m'a été douloureux. Voilà, il me semble, tout ce que je peux te dire pour le présent.

— Mais l'avenir ?

— Quel avenir ?

— Si demain nous le rencontrons, s'il nous écrit, quel accueil lui ferons-nous ? Si on nous parle de lui, quelle sera notre réponse ? C'est là ce que je te demande de me dire.

— Ah ! je t'en prie, ne le rencontrons jamais.

— Mon enfant, ceci est un désir; mais la vie ne se fait pas avec nos désirs : elle se fait avec la réalité; il peut arriver que nous rencontrions Georges; cela même doit arriver. Dans les conditions où nous avons été, où nous sommes, je ne puis pas le repousser s'il vient à moi, et j'avoue même que, rentrant en France, il est difficile que je n'aille pas à lui le premier. De ce que tu viens de me dire, dois-je conclure que tu ne veux pas le voir ? et toutes relations sont-elles impossibles entre vous ?

— Impossible. Il ne m'appartient pas de te dicter ta conduite ; tu seras avec lui ce que tu croiras devoir être. Ce que je demande, c'est de ne le voir jamais et que tu ne me parles jamais de lui. Pour moi il est mort, et je désire qu'il reste mort.

IV

Ce fut seulement quelque temps après que cet entretien fut terminé que Narbanton comprit combien il avait eu tort de le commencer.

Il est, en effet, des choses auxquelles on ne touche pas sans se brûler cruellement : elles paraissent inoffensives, on porte la main dessus, on les tourne et on les retourne en tous sens sans inconvénient, puis tout à coup on sent une légère cuis-

son, elle grandit vite, et l'on s'aperçoit bientôt qu'une brûlure terrible vous envahit et vous dévore.

Tel fut pour Narbanton le résultat de cet entretien.

Pendant une heure, il avait examiné avec sa femme le douloureux problème que, pendant quatre années, il avait seul agité, et la solution à laquelle il était arrivé, c'était le doute.

La question n'avait point fait un seul pas décisif : le doute maintenant comme pendant ces quatre années.

Un moment, il est vrai, il avait été sur le point d'obtenir de sa femme une confession entière, mais le courage lui avait manqué; n'osant point aller jusqu'au bout, il l'avait arrêtée.

Une seule chose positive ressortait de cette longue conversation : l'effroi que Georges inspirait à Charlotte.

D'où provenait cet effroi ?

Pourquoi redoutait-elle tant de se trouver en présence de celui qui avait dû être son mari?

Il la connaissait trop bien pour admettre un instant qu'elle obéît à un mouvement de rancune. S'il y avait eu de la haine dans son cœur, elle n'aurait pas souffert lorsqu'elle avait entendu accuser Georges.

D'un autre côté, il la connaissait trop bien aussi pour croire qu'elle ne lui avait pas dit la vérité entière : évidemment elle ne savait pas, au moment où il l'avait interrogée, quels étaient ses sentiments pour Georges.

La jalousie n'exclut pas la foi : Emmanuel était jaloux du passé de sa femme, mais il avait pleine foi en elle pour la présent.

Ce qu'il cherchait à savoir, ce n'était pas si Charlotte lui avait caché les sentiments qu'elle éprouvait pour son cousin. Elle lui avait dit qu'elle ne savait pas quels étaient ces sentiments, et il avait la conviction qu'elle était sincère.

Ce qui l'inquiétait, ce qui le torturait, c'était de deviner ce qu'elle avait pu ressentir autrefois, car par la connaissance du passé il espérait arriver à la prévision de l'avenir.

Si Charlotte avait éprouvé pour Georges une véritable passion, il était à craindre que cette passion se réveillât le jour où elle le reverrait.

Ainsi, de tous côtés, tout se réunissait pour rendre cette interrogation pressante : avait-elle aimé Georges ?

Il en vint à regretter de n'avoir pas saisi l'occasion qu'elle lui offrait de tout dire ; assurément c'eût été une faute, car il est des choses qu'un mari ne doit pas apprendre de la bouche de sa femme ; mais, en tous cas, cette faute eût peut-être été moins terrible que cette incertitude qui livrait leur vie et leur bonheur au hasard.

Bien entendu, il se garda soigneusement de laisser deviner à sa femme les pensées qui l'oppressaient, et pendant tout le reste du voyage, il affecta la liberté d'esprit et la bonne humeur.

A Dijon ils quittèrent le chemin de fer pour prendre une voiture qui les conduisit aux Charmeaux.

La propriété ainsi nommée était un vieux château bâti sur un étroit plateau de la Côte-d'Or, au milieu de vastes forêts qui couvrent les sommets les plus élevés de cette partie de la Bourgogne.

Une église avec un clocher en flèche, vingt ou trente maisons de paysans, un château aux tours décapitées, entouré de vastes communs, c'est là tout Charmeaux.

A vrai dire, un endroit sévère dans un âpre pays.

Recouverts d'une couche de terre végétale trop mince et trop maigre pour être fertile, ce plateau et ceux auxquels il se rattache par des gorges profondes, ne produisent guère que des forêts, et çà et là des pâturages qui nourrissent de nombreux troupeaux.

C'est la partie pauvre de la Côte-d'Or, si riche sur les pentes qui descendent vers la Saône.

Charlotte, en suivant la route qui les amena aux Charmeaux, fut saisie par le caractère sauvage de ces gorges sombres, de ces montagnes aux pentes ardues et de ces bois profonds, qui ne sont coupés que par de rares clairières.

Elle s'était fait une tout autre idée de la Bourgogne, qui, pour elle, était le pays des coteaux fertiles couverts de vignes : Meursault, Pomard, Volnay et les villages de la plaine de la Saône lui avaient caché les bois du Morvan.

Elle fut vivement impressionnée aussi en entrant dans le château.

Aussitôt débarqué à Marseille, Narbanton avait envoyé une dépêche pour annoncer son arrivée. Mais le personnel domestique qui occupait le château depuis les voyages du maître, n'était pas nombreux ; il se composait d'un jardinier et de sa femme, qui depuis cinq ou six ans s'étaient contentés, le mari de faucher l'herbe des allées quand elle était bonne à faner, la femme d'ouvrir de temps en temps les fenêtres pour que le courant d'air emportât la poussière et séchât l'humidité.

C'était leur manière de comprendre les soins à donner à la propriété qui leur avait été confiée, non qu'ils fussent des gens malhonnêtes ou qu'ils ne portassent point intérêt à leur maître, mais ils étaient avant tout de braves paysans, bien primitifs, et leur opinion était qu'il ne faut pas perdre l'herbe quand elle veut bien pousser, de même qu'il ne faut pas passer son temps à frotter des meubles quand ces meubles ne doivent servir à personne.

En apprenant la prochaine arrivée de leur maître avec « madame, » ils avaient sagement compris qu'ils ne pourraient jamais regagner le temps perdu et renonçant à une tâche impossible, ils s'étaient contentés d'arranger tant bien que mal les chambres que « les maîtres » devaient occuper ; ils avaient mis des draps aux lits, ils avaient fait du feu, et ils avaient préparé un dîner tel quel.

Lorsque Charlotte et son mari atteignirent les Charmeaux, la nuit était tombée depuis quelque temps déjà, et c'était au milieu de l'obscurité qu'ils avaient gravi les dernières pentes du plateau par un chemin sous bois. En sortant de ce bois, ils s'étaient trouvés brusquement en face d'une grande masse noire : c'était le château.

Quand leur voiture s'arrêta, une lumière parut au haut d'un perron, mais si faible qu'on eût pu la prendre pour un feu follet. Elle n'avait rien de fantastique cependant ; c'était tout simplement une chandelle enfermée dans une lanterne en corne.

Ils entrèrent dans un vestibule sombre, où leurs pas retentirent comme sous les voûtes d'une église : le froid et l'odeur humide des maisons inhabitées saisit Charlotte à la gorge ; des papillons nocturnes vinrent voltiger autour de la lanterne.

— N'avez-vous pas fait de feu ? demanda Emmanuel.

— Si, monsieur, dans la salle à manger.

D'énormes bûches qui flambaient au milieu d'une immense cheminée avaien assaini cette salle à manger et lui dont naient une certaine gaieté : la table étaiservie, couverte d'un linge damassé jaunit dans les armoires, et d'une argenterie que le temps avait brunie.

Le frisson que Charlotte avait éprouvé en entrant se dissîpa devant la flamme des charmes qui brûlaient, et lorsqu'elle se mit à table en face de son mari, elle ne pensait plus à l'émotion qui lui avait serré le cœur en entrant.

Mais le lendemain matin, lorsqu'elle ouvrit les persiennes de sa fenêtre, qui roulèrent en grinçant sur leurs gonds rouillés, elle se retrouva sous le poids de cette pénible émotion.

Tout autour d'elle, aussi loin que ses yeux pouvaient s'étendre, des bois qui enfermaient l'horizon borné dans une ceinture noire. Au-dessus, un ciel bas e gris. A ses pieds, de vastes jardins qut n'étaient eux-mêmes que la continuationi de la forêt, et dans une dépression de terrain un étang dont les eaux sombres étaient couvertes de plantes aquatiques

Comme tout cela était triste, âpre et sauvage!

Elle se pencha pour embrasser l'ensemble du château ; il lui parut présenter un développement considérable entre les deux grosses tours rondes qui le terminaient.

A chaque extrémité, des lilas, des rosiers, des lierres et des lianes croissaient en un inextricable fouillis au pied des murailles, le long desquelles ils montaient pêle-mêle.

Au moment où elle se relevait, elle sentit une main se poser sur son épaule.

— Eh bien, dit Emmanuel en la regardant, comment trouves-tu les Charmeaux? Tout cela ne te paraît-il pas trop sévère? Moi, je vois ce pays avec d'autres yeux que les tiens : c'est le mien. Au moins, c'est là que j'ai été élevé. Mon père a acheté ce château et ces bois quand sa fortune a commencé à grandir, et

c'est ici que j'ai passé ma jeunesse. Ce pays a donc pour moi des beautés qu'il n'a pas pour d'autres :

Là mon cœur en tout lieu se retrouve lui-même!
Tout s'y souvient de moi, tout m'y connaît, tout m'aime! |
Mon œil trouve un ami dans tout cet horizon,
Chaque arbre a son histoire et chaque pierre un nom. |

C'est ainsi que Lamartine parle de Milly, que nous irons visiter un de ces jours, et c'est ainsi que je parlerais des Charmeaux si j'étais poëte.

— Il suffit que ce pays soit le tien pour que je l'aime, et que tu t'y plaises pour que je m'y plaise aussi. Nous y resterons autant de temps que tu voudras ; toujours.

Ce toujours ne fut pas bien long.

Malgré l'engagement que Charlotte avait pris de se plaire dans ce pays, elle ne s'y plut point ; la tristesse de l'Océan, à laquelle elle était habituée, ne ressemble en rien à celle de ces déserts boisés.

Tout aux Charmeaux la portait à une mélancolie qu'elle ne pouvait secouer ; il lui semblait parfois que c'était la maison de la mort, et dans les propos mêmes des paysans, elle trouvait des sujets de tristesse.

Lorsqu'elle les faisait causer, ils s'arrêtaient souvent comme s'ils eussent été embarrassés de dire tout ce qu'ils savaient : cela arrivait notamment à propos de la mère d'Emmanuel, qu'on appelait toujours « la pauvre madame. »

Pourquoi pauvre?

Avait-elle souffert, dans ce pays?

Si Emmanuel s'était montré plein d'entrain, de mouvement et de gaieté, comme pendant leurs années de voyage, elle fût peut-être parvenue à dominer cette impression ; mais elle ne le retrouvait plus tel qu'elle l'avait toujours vu.

Il y avait maintenant en lui des silences bizarres : parfois, il ne lui répondait point lorsqu'elle l'interrogeait, ou bien il restait les yeux fixés sur elle, la regardant longuement ; souvent, alors qu'il ne se croyait pas observé, elle le voyait marcher de long en large dans les allées du jardin, la tête basse, discutant avec lui-même ; puis, quelquefois, il avait des mouvements d'expansion inexplicables : il la serrait dans ses bras, il l'embrassait tendrement, comme s'il avait peur de la perdre.

Que se passait-il en lui ?

A quelles causes tenait cette mélancolie ?

Elle éprouva donc un véritable soulagement lorsqu'il lui demanda de quitter les Charmeaux et de partir pour Paris.

V

Quand Emmanuel avait pour la première fois parlé à Charlotte d'abandonner les Charmeaux, celle-ci avait espéré pouvoir aller tout de suite en Bretagne, au lieu de rester à Paris.

Les raisons pour appuyer ce désir ne manquaient pas, toutes meilleures les unes que les autres.

Elle avait quitté la Crique depuis si longtemps qu'il était bien naturel qu'elle voulût revoir la maison de son père. Qu'étaient devenues ses plantes pendant ce long voyage? Comment avait-on soigné ces arbres qu'il aimait tant? D'un autre côté, ils n'avaient pas d'installation à Paris, et la vie à l'hôtel n'est guère agréable.

Mais Emmanuel ne s'était pas rendu à ces raisons, qu'elle n'avait fait que d'indiquer ; car pendant qu'elle les lui expliquait, elle aurait vu qu'il la regardait avec ces yeux fixes, profonds, inquiets qu'elle ne lui connaissait que depuis leur retour d'Orient et elle n'avait pas insisté.

Que lui eût-elle dit, d'ailleurs, pour légitimer sa répulsion contre Paris ? Qu'elle craignait d'y rencontrer Georges ?

Mais c'était cela précisément qu'elle ne voulait pas dire.

Et c'était cela aussi d'autre part, que précisément son mari voulait lui faire avouer.

La lutte eût pu être caractéristique si tous deux avaient eu le courage d'agir franchement; mais comme ni l'un ni l'autre ne voulut déclarer ses vrais sentiments, il ne se produisit rien de décisif entre eux.

Tous deux restèrent avec leurs idées personnelles : Charlotte se demandant pourquoi son mari tenait tant à aller à Paris ; Emmanuel pourquoi sa femme tenait à n'y pas aller.

Ils partirent donc pour Paris.

Ils s'établiraient tout d'abord au Grand-Hôtel; puis, quand ils auraient trouvé un appartement à leur convenance, ils iraient passer quelque temps en Bretagne pendant qu'on aménagerait cet appartement.

Si peu désireuse que fût Charlotte d'habiter Paris, elle savait qu'elle serait obligée de s'y résigner un jour ou l'autre.

Ce qu'elle eût voulu, c'eût été retarder ce jour ; car d'empêcher son mari de venir se fixer définitivement à Paris, elle n'en avait même pas la pensée.

Après avoir donné ses années de jeunesse aux voyages, Emmanuel commençait à vouloir le repos. Le besoin de mouvement et de changement qui l'avait tant tourmenté autrefois, n'existait plus pour lui au même degré. Il comprenait maintenant un bonheur tranquille. Sans doute, il ne parlait pas de renoncer entièrement aux voyages, mais il ne les admettait plus que pendant quelques mois de l'année : on passerait l'été sur la Crique ou en Bretagne ; l'automne en Bourgogne, pour chasser ; l'hiver et le printemps, à Paris. Ne courant plus la terre et les mers, il n'était pas homme à vivre dans le désœuvrement, n'ayant pour tout souci que d'administrer soigneusement sa fortune ou de la dépenser joyeusement. Il y avait en lui mieux qu'un propriétaire campagnard. Il avait quelques relations dans le monde de la science et de l'intelligence, et ce n'était ni aux Charmeaux, au fin fond du Morvan, ni sur les côtes de Bretagne qu'il pouvait entretenir ces relations.

Parce que Charlotte avait peur de se rencontrer avec Georges Saffarel, ce n'était pas une raison suffisante pour retenir quand même son mari loin de Paris.

Elle n'avait déjà que trop de torts envers ce mari si bon et si tendre, sans se charger encore de celui-là. Si elle ne pouvait effacer le passé, elle voulait au moins ne pas mériter dans l'avenir le plus léger reproche. Tout ce qu'elle pourrait faire pour lui, elle le ferait avec bonheur.

Comment se fût-elle sérieusement refusée à venir à Paris, alors qu'une des principales raisons qui y attirait Emmanuel était précisément une raison de tendresse et d'amour.

Combien de fois ne lui avait-il pas dit que s'il tenait tant à habiter Paris, c'était parce qu'il était fier de la beauté de sa chère petite femme.

— Je veux te voir dans ton salon, disait-il; tes triomphes seront une joie nouvelle pour moi.

Les premières journées de leur installation à Paris furent employées à chercher l'appartement qu'ils devaient habiter. Emmanuel se mettait en route dans la matinée; puis vers trois heures il venait prendre sa femme pour qu'elle l'accompagnât et lui donnât son goût.

Ils s'arrêtèrent à un petit hôtel de la rue de Boulogne, et, ce choix fait, ils s'occupèrent de l'ameublement.

Ce furent alors des visites chez les tapissiers, chez les miroitiers, chez les carrossiers chez les fabricants de meubles, dans les magasins d'étoffes.

Jamais Charlotte n'avait vu son mari si heureux.

— Je ne me doutais guère que la fortune pouvait donner tant de joies, disait-il souvent, et je serais tout à fait heureux si tu voulais bien me demander quelque chose. Mais il paraît que c'est impossible. Madame daigne accepter, elle ne veut pas demander.

— Je ne veux pas parce que je ne peux pas : laisse-moi quelque chose à désirer, je te le dirai.

— Il ferait beau voir que ma petite femme eût un désir que je n'eusse pas prévu.

— Alors, que veux-tu que je fasse?

— Je veux que tu me souries : je veux que tes yeux brillent; je veux voir tes lèvres s'ouvrir; je veux que tu me dises que tu es heureuse en pensant que tout mon bonheur est en toi.

Tout d'abord Charlotte n'était sortie dans Paris qu'avec crainte : il lui semblait qu'a un moment donné elle devait se trouver face à face avec Georges.

Que dirait-elle? Que ferait-elle?

L'idée seule que cette rencontre était possible lui donnait des défaillances. Après quatre années, elle en était encore au jour où elle avait lu la lettre de Georges qui lui annonçait son départ. Le coup qui l'avait alors frappée avait été si violent qu'elle sentait toujours sensible et douloureuse la blessure qu'il lui avait faite. Assurément pendant ces quatre années elle n'avait pas toujours pensé à Georges; mais chaque fois qu'elle était revenue à lui, et cela était arrivé bien souvent, elle avait eu la preuve que cette blessure ne se fermerait jamais : elle pouvait lui laisser des moments de calme, mais il suffisait d'un rien, un nom prononcé, un anniversaire, un souvenir pour la faire saigner. Qu'arriverait-il, le jour où ils se trouveraient en présence l'un de l'autre? Comment supporterait-elle ce choc?

Peu à peu cependant, voyant que ses craintes ne se réalisaient pas, elle s'était jusqu'à un certain point rassurée. Il n'était guère probable qu'elle trouvât Georges chez les marchands de meubles. Il est vrai qu'elle n'allait pas que chez les marchands de meubles : au théâtre, dans la rue, elle pouvait rencontrer ce danger que le hasard lus avait jusqu'alors évité. Au théâtre elle se tenait au fond de la loge. Dans la rue elle se disait que Paris est bien grand et qu'on se mêle dans la foule.

Elle commençait à perdre ses appréhensions des premiers jours, lorsqu'un soir, Emmanuel, qui était l'exactitude même, se trouva en retard pour venir la chercher à l'heure du dîner.

Ils habitaient un appartement dont les fenêtres ouvraient sur le boulevard. Elle n'allait jamais sur le balcon, d'où elle aurait pu voir tout Paris défiler devant elle, mais où trop de monde aussi aussi aurait pu la voir. Poussée par l'inquiétude que ce retard lui donnait, elle alla s'accouder sur ce balcon, pour apercevoir plus tôt son mari. Enfin, à sept heures et demie, elle le vit venir, marchant à grands pas.

— Je te demande pardon de t'avoir fait attendre si longtemps, dit-il, mais j'ai été retenu sans pouvoir m'échapper. Tu ne devines pas par qui?

Elle le regarda, surprise de l'accueil qu'il avait mis dans ces quelques mots, en apparence si simples.

Comme elle ne répondait pas, il continua :

— Georges.

Elle pâlit, comme si elle allait éprouver une syncope, mais elle ne dit rien.

— Tu ne me demandes pas comment il se porte?

Après un moment de silence, elle répondit :

— La dernière fois que nous avons parlé de Georges, je t'ai dit qu'il était mort pour moi; je n'ai pas changé depuis cette époque. Je n'ai pas besoin de savoir s'il se porte bien ou s'il se porte mal. Je désire qu'on ne me parle pas de lui; voilà tout.

— Lui m'a beaucoup parlé de toi.

— J'espère au moins que tu ne lui as pas répondu?

— Je lui ai dit tout juste ce que les convenances m'obligeaient à dire; et encore n'ai-je pas poussé ce respect des convenances bien loin. Retrouvant Georges après une absence de quatre années, je devais, eu égard à mes anciennes relations et aussi aux liens de parenté qui vous unissent, l'inviter à venir nous voir.

— Tu as fait cela?

— Non, car je n'ai pas oublié ce que tu m'as dit. Je m'en suis tenu avec Georges à la réserve et à la froideur, mais je dois avouer que cela m'a coûté beaucoup. L'amitié que j'ai eue pour Georges, que j'ai toujours, protestait contre cette froideur, et elle la faisait d'autant plus fortement que Gerges est malheureux.

— Ah

Ce ah s'échappa des lèvres de Charlotte comme un cri de douleur, mais elle s'arrêta, et, sous le regard interrogateur de son mari, elle resta impassible.

— Quand je dis que Georges est malheureux, continua Emmanuel après un moment de silence, il faut s'entendre. Il a en ce moment à se défendre contre des accusations qui l'affligent beaucoup, mais sa position est magnifique; tout le monde dans la chambre rend justice à son talent.

— Alors, c'est contre son caractère que ces accusations s'élèvent.

— On reproche à son attitude de manquer de franchise, et ses ennemis l'accusent de sacrifier ses principes à son ambition.

— Ses ennemis! C'était aussi l'accusation de mon père qui n'était pas son ennemi.

— Je ne veux pas contredire l'opinion de M. de la Héraudière, je veux seulement faire remarquer que les partis politiques sont injustes. Georges est un homme pratique pour lequel les formes de gouvernement ne sont pas articles de foi; il ne demande pas un changement radical; s'il peut améliorer le système de gouvernement que nous avons et l'incliner vers sers ses idées, il se tient pour

satisfait. De là, les acusation qu'on formule contre lui, car la passion politique n'admet pas les ménagements : on veut que l'homme politique soit d'un seul morceau.

— Je n'entends rien à la politique et je ne me permettrais pas de discuter ces choses avec toi, seulement il me semble que ce n'est pas ainsi qu'il faut raisonner dans le cas présent. Pour moi, toute la question se résume en un mot : l'homme qu'on accuse se conforme-t-il, dans la vie politique, aux engagements qu'il a pris envers les électeurs ou bien ne s'y conformera-t-il pas. S'il s'y conforme c'est bien, il est au-dessus de ces accusations; au contraire, s'il ne s'y conforme pas c'est mal, et il n'a qu'à donner sa démission puisqu'il ne représente plus ceux qui l'ont nommé.

— Je ne te savais pas des opinions politiques.

— Elles sont, tu le vois bien, primitives, elles tiennent dans un mot : la fidélité à ses engagements. Ceux qui gardent cette fidélité sont d'honnêtes gens, ceux qui ne la gardent point n'en sont pas. Mais assez là dessus. Allons dîner.

Elle avait débité ce jugement avec animation, presqu'avec colère. Mais telle est la nature de la jalousie, que Narbanton eut volontiers désiré en elle moins de passion. Loin de rassurer ses inquiétudes, cette sévérité ne faisait que les espérer.

La foi, la fidélité à sa parole : pour elle tout était là dans la vie.

VI

Depuis son retour en France, Charlotte n'avait pas lu un seul mot de politique.

Lorsqu'elle ouvrait un journal, elle parcourait les Faits divers, lisait l'article Variétés, ou le Feuilleton, s'il était signé d'un nom qu'elle estimait; mais jamais elle ne jetait les yeux sur la première page ou sur le compte-rendu du Corps législatif.

C'était une règle qu'elle s'était imposée : elle ne voulait pas savoir ce que Georges faisait, ce qu'il disait, ce qu'on disait de lui; selon sa propre expression, elle voulait qu'il fût mort pour elle, et elle restait fidèle à l'engagement qu'elle avait pris avec sa conscience.

Elle était la femme de Narbanton : c'était son mari qu'elle aimait; c'était à lui, à lui seul qu'elle voulait penser.

Mais le lendemain de cette conversation, elle manqua, pour la première fois, à cette règle qu'elle avait jusque-là scrupuleusement observée.

A peine Emmanuel fut-il sorti pour aller, comme à l'ordinaire, inspecter les travaux de la maison, qu'elle envoya acheter les journaux.

On lui en apporta une collection complète, et elle eut ainsi entre les mains des représentants de toutes les opinions qui à cette époque pouvaient plus ou moins librement se manifester dans la presse.

Autrefois Georges était républicain; maintenant on l'accusait de passer du côté du gouvernement. Elle prit tout d'abord un journal républicain, protestant ainsi elle-même contre sa propre faiblesse. Ce n'était pas l'éloge de Georges qu'elle cherchait.

Elle n'eut pas besoin de pousser bien loin sa lecture : dès les premières lignes du bulletin, le nom de Georges Saffarel lui sauta aux yeux.

« L'événement de la journée, disait ce bulletin, c'est le discours que M. Georges Saffarel vient de prononcer au Corps législatif. Jusqu'à présent, M. Georges Saffarel, malgré certaines contradictions assez inexplicables, même pour ses amis, n'avait pas rompu avec l'opposition. Aujourd'hui cette rupture est un fait accompli. Nous reviendrons sur cette évolution : pour le moment, nous ne pouvons que signaler à nos lecteurs ce discours ministre, que nous publions in-extenso. »

Tournant la page, Charlotte avait couru au compte-rendu de la séance.

Mais elle en commençait à peine la lecture lorsqu'on frappa à la porte du salon.

Vivement elle fit disparaître les journaux, honteuse d'être surprise dans sa lecture, et elle alla ouvrir croyant à la visite de quelque tapissier qui venait lui soumettre des dessins ou lui demander des ordres.

Mais elle recula en poussant un cri d'effroi.

C'était Georges.

Il fit deux pas en avant; puis, après avoir fermé la porte derrière lui, il s'arrêta.

Ils se trouvaient ainsi à une assez grande distance l'un de l'autre : Charlotte appuyée sur le fauteuil jusqu'où elle avait reculé; Georges debout, le dos contre la porte.

Elle se tenait les yeux baissés, haletante; lui la regardait avec surprise, ou tout au moins avec curiosité.

Ils restèrent ainsi longtemps sans parler.

Enfin Charlotte releva les yeux, et, regardant Georges en face, de la main, par un geste deux fois répété, elle lui demanda de sortir.

Mais il fit quelques pas en avant et vint jusqu'à elle.

— Eh, quoi! dit-il, c'est ainsi que vous me recevez, ma cousine, après quatre années de séparation!

Elle avait de nouveau baissé les yeux, ne pouvant pas soutenir le regard que Georges attachait sur elle.

— Vous me montrez la porte, continua-t-il.

Elle leva encore la main, mais d'un geste moins énergique.

— Moi! c'est moi que vous repoussez! Ah! Charlotte!

— Je vous en prie, dit-elle d'une voix tremblante.

— Vous me priez! Que me demandez-vous? de partir. C'est impossible; quand vous aurez entendu ce que j'ai à vous dire, vous verrez que je ne pouvais pas vous obéir.

— Je n'ai rien à entendre de vous; je ne veux rien entendre : la lettre que vous m'avez écrite il y a quatre ans m'en a dit assez.

— Croyez-vous donc que c'est pour ajouter un mot à cette lettre que je me suis introduit, ici, près de vous, à une heure où je savais que Narbanton serait absent. Si j'ai pris la précaution de demander au bureau de l'hôtel le numéro de votre appartement; si je n'ai pas voulu recourir à une femme de service qui m'eût dit que vous n'étiez pas visible; ce n'est pas, soyez-en certaine, pour vous parler de moi, ni même de nous. Comment me jugez-vous donc maintenant pour avoir une pareille pensée! Ah! pauvre femme.

C'était lui qui se plaignait, lui qui l'accusait. Mais dans cette accusation, ce qui la frappait surtout, c'était ce que ces paroles à double-sens semblaient insinuer, sans le dire précisément. Que cachaientelles sous le mystère qui les enveloppait ? Malgré tout, elle se trouvait entraînée à écouter Georges et même à l'interroger.

De la même main qui, quelques secondes auparavant, lui avait indiqué la porte dans un geste énergique, elle lui montra un fauteuil, et elle s'assit elle-même.

Cela se fit sans prononcer un mot, mais Georges comprit si bien qu'il pouvait désormais parler à son aise et aussi longtemps qu'il voudrait, qu'il posa son chapeau sur la table qui se trouvait à portée de son bras.

— Ce n'est pas de moi, dit-il d'une voix grave, ce n'est pas de nous que je veux vous entretenir, c'est de Narbanton.

— Mon mari ! dit-elle en appuyant fortement sur ces deux mots et en leur donnant toute leur valeur.

— Oui, votre mari.

Elle l'interrompit vivement :

— Alors je dois vous dire avant tout que j'ai pour lui l'estime la plus profonde, le respect le plus grand : Emmanuel est pour moi l'homme d'honneur par excellence : il a la bonté, la générosité, la droiture. Comment ne l'aimerais-je pas ? Et je l'aime.

Elle avait débité ces paroles d'un seul trait, comme si elles eussent été un défi. Après un mot, elle en lançait un second pour donner plus de force au premier : « Comment ne l'aimerais-je pas ? Je l'aime » Et alors elle était restée la tête levée, attendant que Georges parlât : elle n'avait plus peur ; les qualités de son mari, l'amour qu'elle avouait étaient sa défense.

Georges ne parut nullement troublé par la véhémence de ce petit discours.

— Ce que vous me dites de Narbanton, ma chère cousine, fit-il doucement, je le sais depuis longtemps, et je n'ai pas eu besoin qu'on me signalât les mérites d'Emmanuel pour les reconnaître. Avant d'être votre mari, il était mon ami ; permettez-moi de vous le rappeler. En même temps, permettez-moi de vous dire que c'est me peiner cruellement, c'est me blesser au cœur de croire que je puis porter contre votre mari, mon ami, contre ses qualités ou contre son caractère une seule accusation. Vous n'avez pas pensé à cela, n'est-il pas vrai, en allant au-devant de ce que je voulais dire, et en vous couvrant, s'il est permis de s'exprimer ainsi, des mérites d'Emmanuel.

— J'ai voulu vous faire connaître mes sentiments, afin que nos positions réciproques fussent nettement prises.

— C'est ainsi que j'ai compris vos paroles, et voilà pourquoi précisément elles m'ont si péniblement affecté ; mais je ne vous en veux pas, Charlotte, et je ne vous en voudrai jamais pour quoi que ce soit. C'est mon sort, paraît-il, d'être toujours injustement accusé : je commence à m'y faire. Seulement, j'avoue que lorsque l'accusation me vient d'une personne qui m'est chère, elle m'est plus cruelle. Mais laissons cela. Je vous ai dit que ce n'était pas pour moi que j'avais cherché, que j'avais forcé cette entrevue, c'est pour vous, c'est pour Emmanuel ; c'est pour sa santé, pour sa vie.

— La santé de mon mari : que faut-il faire ? je suis prête.

— Prête à vous dévouer, j'en suis certain ; mais prête à recevoir le coup que je vais vous porter, hélas ! non.

— Parlez, mais parlez donc ; est-ce qu'il s'agit de moi ?

— Ce que je veux vous révéler n'est point un danger immédiat ; votre inquiétude n'a donc pas à s'exaspérer.

— Ce n'est pas l'imminence plus ou moins prochaine qui fait l'inquiétude, c'est le danger lui-même : je vous en supplie, ne me faites pas souffrir par ces ménagements inutiles avec moi. Que savezvous sur Emmanuel, que voulez-vous m'apprendre ?

— Je ne sais si j'ai quelque chose à vous apprendre, mais en tout cas, je regarde comme un devoir de vous dire ce que j'ai moi-même appris ; et c'est pour remplir ce devoir que vous me voyez ici.

Toutes ces préparations, toutes ces réticences, toutes ces précautions avaient exaspéré l'impatience de Charlotte. Georges l'irrita encore en prenant une pause pour chercher ce qu'il voulait dire.

— Ce que j'ai appris relativement à Narbanton, dit-il enfin, remonte à quatre années, au moment même de votre mariage.

— Et c'est aujourd'hui seulement que

vous me le répétez ? interrompit-elle vivement.

— Je voulus alors vous en avertir, et comme cette révélation était trop grave pour être confiée à une lettre, je partis pour la Bretagne; je ne vous y trouvai point; vous veniez de vous embarquer pour une destination inconnue. Pendant quatre années, quatre années, Charlotte, je restai sans nouvelles de vous, ne sachant même pas si vous étiez vivante. Où vous chercher, où vous écrire? Hier seulement, le hasard me fit rencontrer Emmanuel.

— Mon mari m'a dit cette rencontre.

— Oui, mais ce que votre mari ne vous a peut-être pas dit, ce sont mes instances pour amener un rapprochement entre nous. Tout fut inutile; je ne pus amener Emmanuel à me prier de vous venir voir, et quand, à bout d'expédients je lui dis que je viendrais vous faire ma visite, il me répondit que cous étiez souffrante en ce moment et qu'il m'écrirait plus tard. La seule chose que je pus obtenir fut de savoir que vous étiez descendue ici. Evidemment il agissait ainsi par parti-pris et pour m'empêcher de vous voir.

— Il agissait conformément à mon désir, car lorsque nous sommes rentrés en France, il a naturellement été question de vous entre nous deux. Alors je lui ai dit que je désirais ne pas vous voir.

— Ah ! c'est vous...

— C'est moi. Il ne m'appartenait pas de dicter à mon mari la conduite qu'il devait tenir à votre égard ; mais j'avais bien le droit, en un pareil sujet, de manifester [mes sentiments. Je lui dis donc, qu'après ce qui s'était passé entre vous et moi, autrefois,..

— Emmanuel sait tout ce qui s'est passé entre nous ?

Charlotte s'arrêta profondément troublée par cette interrogation directe ; mais se roidissant contre son émotion, elle continua sans répondre à la question qui lui était posée :

— Je lui dis qu'après ce qui s'était passé entre nous et la rupture de nos projets, vous étiez mort pour moi et que je désirais ne vous voir jamais. Voilà la vérité exacte; vous voyez donc que mon mari n'est pour rien dans ce refus de vous recevoir qui paraît vous avoir blessé. Je suis surprise que vous n'ayez pas senti les mobiles de ma détermination.

— Je les ai sentis, croyez-le, et j'ai parfaitement compris, à la façon dont Emmanuel me répondait, qu'il n'était qu'un porte-voix. Si malgré cela j'ai tenu quand même à vous entretenir, c'est que j'avais des raisons toutes-puissantes qui ne permettaient pas d'avoir égard à vos sentiments présents.

— Ces raisons, je les attends; et je vous ferai remarquer que depuis que vous êtes ici, vous avez parlé de toutes choses, excepté de ces raisons.

— Les voici :

VII

Georges était avocat depuis les pieds jusqu'à la tête : avocat dans l'idée, dans la parole, dans l'accent, dans le geste, dans l'attitude. Toutes les rubriques de la rhétorique lui étaient familières et il les pratiquait avec tant d'aisance que ce qui était un effet de l'art paraissait chez lui parfaitement naturel.

Lorsqu'il vit l'intérêt de Charlotte suffisamment surexcité, il se décida enfin à dire ce qu'il avait si longuement différé, semblant se perdre dans des idées incidentes, alors que précisément au contraire il suivait rigoureusement la route qu'il s'était tracée.

Elle était en face de lui, tremblante, les yeux attachés sur les siens, suspendue à ses lèvres.

— Je vous ai dit, commença-t-il, que c'est il y a quatre ans qu'on m'a révélé un fait concernant Emmanuel, et par conséquent vous concernant aussi, ce fait de la plus haute gravité. Je ne sais si depuis votre mariage, Narbanton vous a parlé de ses années de jeunesse.

— Je ne désire pas savoir ce que mon mari a pu faire à cette époque.

— Et ce n'est pas cela non plus que je veux vous dire; je veux seulement vous demander s'il vous a nommé quelques-uns de ceux qui étaient alors ses camarades et ses amis; ainsi, Fargeau.

— Un médecin, n'est-ce pas?

— Précisément : quand nous faisions notre droit, il faisait sa médecine et nous étions tous trois inséparables. Fargeau, après de remarquables études, s'est révélé en ces dernières années comme un des jeunes médecins auquel le plus bel avenir est réservé : ses travaux sur la physiologie expérimentale sont connus du monde savant, et ses recherches sur les fonctions du cerveau sont célèbres. Si j'insiste ainsi sur les mérites de Fargeau, c'est pour que vous compreniez quel cas il faut faire de ses paroles. Donc, il y a quatre ans, le hasard me fait rencontrer Fargeau que je n'avais pas vu depuis plusieurs mois. Nous causons comme deux camarades et nous venons à parler de mes anciens amis, notamment de Narbanton. C'était quelque temps après mon retour de Bretagne. Je lui dis que j'ai laissé Narbanton dans le Morbihan, en train de devenir mon cousin par son mariage avec ma cousine. Vous suivez la marche de mon récit, n'est-ce pas ? et vous voyez comment les choses se sont présentées ?

— Si je vous suis !

— Je voudrais ménager votre émotion, mais je me crois obligé d'entrer dans les détails les plus précis.

— N'ayez pas souci de mon émotion : je vous remercie de ces détails.

— Je pouvais d'autant mieux parler de ce mariage, que dans une lettre reçue quelques semaines auparavant, Emmanuel m'annonçait qu'il était d'accord avec mon oncle et qu'il venait d'obtenir votre consentement. C'était même pour m'annoncer cette bonne nouvelle, je dis bonne en me plaçant à son point de vue, qu'il m'avait écrit cette lettre.

A cet endroit de son récit, Georges s'arrêta un moment : depuis quelques instants il parlait plus lentement, comme si les mots lui venaient avec difficulté ; mais bientôt il continua :

— Au mot mariage, mon ami Fargeau me regarda dans les yeux.

« Tu aimes cette cousine ? » me dit-il. Il me demandait si je vous aimais. « Tu aimes ton oncle ? continua-t-il, eh bien, il faut empêcher ce mariage. » Fargeau, je ne sais si je vous l'ai dit, est une nature sérieuse, qui ne parle jamais à la légère ; la façon dont il me dit qu'il fallait empêcher ce mariage me glaça. » Et pourquoi donc ? lui dis-je.

— Oui pourquoi ? s'écria Charlotte, incapable de retenir cette exclamation.

— C'est ici, ma cousine, qu'il faut faire appel à tout votre courage.

— Parlez.

Elle était pâle comme le mouchoir qu'elle tenait à sa main, mais dans ses yeux on lisait la force et la résolution.

Georges, après l'avoir regardée durant quelques secondes, les mains levées et frémissantes, les yeux émus, reprit son récit.

— Pourquoi ma cousine ne doit-elle pas épouser notre ami ? demandai-je à Fargeau ; sais-tu contre lui quelque chose qui soit assez grave pour empêcher ce mariage ? — Contre lui, non, me dit-il, mais contre sa famille, oui ; sa mère est morte folle ; elle s'est noyée dans un étang en Bourgogne.

— Mon Dieu ! s'écria Charlotte.

Georges se tut ; et pendant longtemps il tint ses yeux baissés sur le tapis, évitant même de regarder Charlotte.

— Voilà cette affreuse vérité, dit-il enfin d'une voix sourde.

— Affreuse.

— Maintenant, vous devez vous demander comment j'ai attendu jusqu'à ce jour pour vous la révéler. Je vous ai déjà répondu sur ce point. Le soir même de ma conversation avec Fargeau, je partis pour la Crique ; j'espérais arriver à temps pour faire rompre ce mariage. Oui, Charlotte, le faire rompre. Evidemment, mon oncle, avec ses connaissances physiologiques, n'aurait pas permis que sa fille épousât un homme dont la mère était morte folle. Malheureusement, j'arrivai trop tard, et du même coup j'appris votre mariage, et la mort de mon oncle et votre départ. Les mâts de votre yacht étaient encore visibles dans la direction de Belle-Ile, et si vos yeux s'étaient tournés vers la maison que vous veniez de quitter, vous auriez peut-être pu m'apercevoir. Mais à quoi bon, puisque l'irréparable était accompli. Vous étiez mariée. Ah ! vous vous êtes mariée bien vite, trop vite, Charlotte.

Elle leva la main vers lui ; mais il ne la laissa point parler.

— Ce n'est pas un reproche, dit-il vivement, je n'ai pas le droit de vous en faire. C'est seulement un regret pour vous. Et en même temps c'est une surprise pour moi. Car enfin, par cette rupture de notre mariage, je n'avais pas cessé d'être votre cousin, d'être votre ami, et il semble qu'on aurait pu me faire savoir votre mariage d'abord, la mort de mon oncle ensuite.

— Je pensais qu'on vous avait écrit.

— Il est vrai, mais trop tard, car c'est à mon retour à Paris que j'ai trouvé une lettre d'Emmanuel m'annonçant ces deux terribles nouvelles. Certes je n'aurais pas assisté à votre mariage, et je comprends que personne n'ait pensé à m'y convier. Mais l'enterrement de mon oncle! avait-on le droit de m'en exclure, moi son neveu, moi son fils ?

Il s'établit encore un long silence entre eux : Georges se leva et marcha dans le salon, regardant Charlotte immobile sur sa chaise.

— Combien j'ai pensé à vous, dit-il en revenant vers elle. Où étiez-vous ? Je n'en savais rien. Mais mon esprit, mon cœur inquiet vous suivaient. Que faisiez-vous? Je vous voyais sur votre navire, ramenant en France un malheureux devenu fou au milieu de vos voyages, dans quelque pays barbare, où vous n'aviez pas un médecin pour vous venir en aide. Ou bien, je vous voyais tenant dans vos bras un pauvre petit enfant, votre fils, Charlotte, mais aussi celui d'un infortuné qui ne peut transmettre sa vie à un enfant qu'avec le germe de l'horrible maladie qu'il a lui-même reçu de sa mère.

Charlotte frissonna.

— Grâce à Dieu, continua Georges, rien de tout cela ne s'est réalisé. Vous ne sauriez croire quelle a été ma joie en rencontrant hier Emmanuel, solide, fort, en bonne santé, comme à l'ordinaire ; et quand il m'a dit que vous n'aviez pas pas d'enfant. Pas d'enfant.

Sous le regard qu'elle sentait peser sur elle, elle détourna la tête, confuse, suffoquée.

— Je suis bien certain, dit-il, que si des curieux ont eu la fantaisie de nous examiner à ce moment, il ont dû croire que celui qui devait devenir fou, c'était moi.

Jusque-là, Charlotte avait subi, sans répliquer, ces paroles qui tombaient sur elle comme des coups de marteau frappant de plus en plus fort ; elle tenta enfin de se défendre.

— Il me semble, dit-elle, qu'on ne devient pas nécessairement fou par cela seul qu'on a eu des fous parmi ses parents.

— Sans doute, et la folie n'est pas fatalement héréditaire. Parce que la mère de Narbanton est morte folle, il ne s'ensuit pas qu'il doit quand même devenir fou et qu'il ne peut avoir que des enfants fous. Personne n'a jamais soutenu cette règle dans ces termes absolus.

— Alors?

— Loin de moi la pensée de vouloir vous ôter l'espérance. Croyez que Narbanton ne deviendra jamais fou, c'est bien. Mais d'un autre côté, cependant, tenez-vous pour avertie qu'il peut le devenir et que ses enfants aussi peuvent recevoir de lui le vice qu'il a lui-même reçu de ses parents. La règle en ce triste sujet est que les principales variétés de maladies mentales sont transmissibles.

— La règle ? Qui a établi cette règle absolue ?

— La science basée sur l'expérience. Vous devez bien penser, ma chère Charlotte, qu'après avoir appris de la bouche de Fargeau cette douloureuse révélation, je ne m'en suis pas tenu là.

J'ai voulu savoir d'une façon précise quel danger vous menaçait; j'ai interrogé Fargeau, qui a une grande autorité en cette matière, et depuis j'ai lu les principaux ouvrages qui traitent de l'hérédité des maladies mentales.

Quelques auteurs, je veux commencer par vous le dire, croient que la folie n'a pas toujours et nécessairement son foyer dans une altération des organes, mais qu'elle consiste simplement dans l'eberration de l'entendement.

Charlotte écoutait de toutes les forces de son attention et de son intelligence, mais elle ne comprenait pas très bien cette langue nouvelle pour elle.

— Cela revient à dire, continua Georges voyant son anxiété, que la folie n'est pas héréditaire, elle est la perte de la liberté morale; elle ne dépend jamais d'une cause physique; elle est une maladie de l'esprit, non du corps.

— Vous voyez bien...

— Je vois que si cette théorie était juste, vous n'auriez rien à craindre ni pour Emmanuel, ni pour vos enfants, quand vous en aurez. Mais il faut dire que ce système n'a aucune autorité aujourd'hui et que la science au contraire est pour l'hérédité de la folie, par cette raison qu'elle est toujours un état morbide des organes; or, toute partie de l'organisme étant transmissible, il s'ensuit que l'hérédité des affections mentales est la règle : l'aliénation est, comme toutes les autres, une maladie physique; ce qui est mental en elle c'est l'effet, ce n'est pas la cause. Vous me comprenez, n'est-ce pas ?

— Que trop, hélas !

— Je voudrais m'expliquer plus clairement, mais je ne le peux faire que par des exemples. L'expérience a prouvé qu'il y a des familles dont les membres sont tous attaqués de folie qui se déclare au même âge dans les générations successives : dans une famille le père, la mère et le petit-fils se sont suicidés à cinquante ans dans une autre, une femme devient folle à vingt-cinq ans après une couche, et sa fille devient folle à vingt-cinq ans après une couche. Les exemples sont innombrables. A quel âge la mère d'Emmanuel s'est-elle jetée dans son étang ?

— Elle est morte à trente-quatre ou trente-cinq ans ; je ne sais au juste, Emmanuel ne parlant jamais de sa mère.

— Et Emmanuel a maintenant trente-trois ans.

— Vous m'épouvantez.

— Je veux vous avertir : il est très possible qu'il n'ait pas reçu cet héritage fatal, mais enfin il est possible aussi qu'il l'ait reçu.

— Alors, que faut-il faire ?

— C'est ce que nous allons examiner si vous le voulez bien.

— Comment cela ?

— En répondant franchement à toutes les questions que je vais vous poser.

— Parlez.

VIII

Georges s'était de nouveau assis et il avait rapproché son siége de celui qu'occupait Charlotte : elle était en face de lui, à deux pas, sous son regard, attendant avec angoisse les paroles qui allaient tomber de ces lèvres qu'elle ne quittait pas des yeux.

— C'est presque comme un confesseur que j'interviens ici, dit-il, au moins comme un médecin ; ne m'en veuillez donc pas des questions que je suis obligée de vous poser. Comment, depuis votre mariage, Emmanuel a-t-il été pour vous ?

— Le meilleur des hommes : j'étais fort accablée au moment de notre départ. Je venais de perdre mon père, et je me suis embarquée sous le coup du désespoir. On ne saurait imaginer quelle a été la bonté et la tendresse d'Emmanuel.

— Ce n'est pas cela que je veux vous demander. Je connais par moi-même cette bonté, et je serai partout le premier à la proclamer. C'est de son caractère que je veux parler, de son humeur.

— Le caractère le plus égal, l'humeur la plus patiente et la plus douce.

— Jamais d'irritation, ni d'emportement ?

— Jamais, et cependant il est certain que pendant les premiers mois au moins j'ai mis sa patience et sa douceur à une rude épreuve.

— C'était vous, à ce moment, qui étiez irritable ?

Georges dirigeait l'entretien à son gré ; mais à cette question, Charlotte ne répondit pas.

— Je croyais qu'il s'agissait d'Emmanuel, dit-elle, et non de moi.

— Sans doute ; je ne me permets pas de vous interroger ; et en posant une question qui paraît vous toucher directement, c'est Emmanuel que j'ai en vue. Vous comprenez, en effet, sans qu'il soit nécessaire d'insister là-dessus, que si, par suite de certaines dispositions, vous excitiez quelquefois l'impatience d'Emmanuel, et si néanmoins, il ne se laissait pas emporter, c'est qu'il était alors parfaitement maître de lui. C'est là ce que je désire savoir. Rien de plus.

— Il était parfaitement maître de lui, je vous l'affirme.

— Il n'a jamais éprouvé des mouvements de tristesse, jamais des accès de mélancolie ?

— Jamais pendant ces années de voyage. C'est seulement depuis notre retour et à notre arrivée aux Charmeaux que j'ai remarqué en lui des changements bizarres.

— Ah ! il a changé ?

— Beaucoup.

— Dans quel sens ? ceci est très important.

— Il restait souvent des heures entières sans parler, les yeux fixés sur moi, me regardant longuement comme s'il voulait percer un mystère.

— Inquiet ?

— Plein d'angoisses. Alors il sortait tout à coup et je le voyais arpenter à grands pas les allées du parc, la tête basse, discutant tout seul et gesticulant.

— Voilà qui est significatif.

— Enfin, après ces longues promenades solitaires, il rentrait et il avait des mouvements d'expansion inexplicables, exactement comme un enfant qui a peur et qui a besoin de se faire plaindre ou caresser.

— Et cela ne vous tourmentait pas ?

— Au contraire, je cherchais sans cesse quelles pouvaient être les causes de ce changement d'humeur.

— Vous n'en avez pas trouvé ?

— J'ai cru que le séjour aux Charmeaux pouvait, jusqu'à un certain point, expliquer son ennui. C'est un endroit sévère, au milieu des forêts, où l'on se trouve perdu, car la population du village ne se compose que de bûcherons et de braconniers, tous gens aussi rudes que le pays lui-même.

— Emmanuel ne craint pas l'isolement, il l'a bien prouvé par ses voyages. D'ailleurs, avec vous, il n'était pas isolé. Vous étiez là comme dans un nid au milieu des bois. Vos quatre années de tête-à-tête sur votre yacht se continuaient aux Charmeaux.

— Nous n'étions plus en tête-à-tête; entre Emmanuel et moi, il y avait un tiers, — sa préoccupation. J'en vins à croire aussi que cette préoccupation était causée par une sorte de mystère que je ne pouvais alors éclaircir, mais que vous venez de m'expliquer en me disant que la mère d'Emmanuel s'est jetée dans un étang. Toutes les fois qu'on rappelait le souvenir de sa mère, il éprouvait une impression pénible, et il suffisait qu'on fît allusion « à la pauvre madame » (c'est ainsi qu'on dit aux Charmeaux en parlant d'elle) pour qu'il s'attristât.

— Vous voyez que le souvenir de sa mère l'épouvante.

— Au moins il lui donne des accès d'humeur noire. Je ne le comprends que trop maintenant; mais alors je croyais simplement qu'elle n'avait pas été heureuse pendant le temps qu'elle avait passé aux Charmeaux, et je trouvais tout naturel que mon mari s'affligeât lorsqu'on le ramenait à cette époque.

— Et depuis que vous êtes à Paris, comment est-il ?

— Il est presque redevenu ce qu'il était

pendant nos voyages; cependant il a encore des journées sombres.

— Malgré les occupations que lui donne l'installation de votre maison ?

— Ces journées se présentent beaucoup moins fréquemment, cependant elles reviennent encore quelquefois.

— Et sans causes, puisque celles que vous trouviez dans votre séjour aux Charmeaux, n'existent plus ?

— Sans causes apparentes.

— Il y en a donc de cachées que vous soupçonnez ?

Elle hésita un moment.

— Je ne voudrais pas entrer dans ces explications, dit-elle enfin.

— Cependant il s'agit de la vie de votre mari, de votre avenir à tous deux, et il faut bien savoir si cette humeur noire a des causes ou si elle n'en a pas. Si elle en a, elle n'est pas très inquiétante; au contraire elle l'est beaucoup, si elle en a.

— Je comprends votre insistance, mais il m'est impossible de répondre sur ce point, mes soupçons sont trop vagues et d'ailleurs je ne pourrais pas vous les expliquer.

Il la regarda longuement et se sentant rougir elle détourna la tête.

— J'ai commencé par vous prévenir, dit-il, que dans cet entretien j'étais un confesseur, répondez-moi donc, si vous pouvez faire cet effort avec une complète sincérité. Emmanuel ne serait-il pas jaloux ?

Elle se leva vivement.

— Notez, dit-il en la priant de se rasseoir, que je ne vous demande pas si cette jalousie est fondée; cette question vous toucherait directement, et il est convenu que nous ne devons pas parler de vous. Je vous demande seulement si Emmanuel n'est pas tourmenté par la jalousie, et vous savez aussi bien que moi que la jalousie peut exister sans que la personne qu'on aime ait rien fait pour la provoquer. Dans ce cas, elle est le produit d'une sorte d'hallucination, et vous sentez n'est-ce pas qu'il est du plus grand intérêt pour nous d'être fixés sur cette... hallucination. C'est là le seul but de cette interrogation que je ne pouvais pas retenir, parce qu'elle s'est imposée à mon esprit pendant que vous m'expliquiez les différents symptômes constatés par vous chez Emmanuel.

Charlotte étouffait. L'entretien était arrivé à un point où chaque parole était décisive : qu'un mot lui échappât et elle se livrait. Elle n'était plus assez maîtresse d'elle-même pour peser ses réponses, et elle avait conscience que sous la main de Georges elle n'était qu'un instrument qui rendrait les sons qu'on lui demanderait. Elle fit un dernier effort pour ne pas se laisser entraîner plus loin :

— Je vous ai déjà dit que je ne pouvais pas répondre à cette question, je vous le répète. Admettez la jalousie, si elle vous paraît expliquer ces symptômes. Pour moi, je ne peux ni ne veux continuer l'entretien sur ce sujet.

— Mais, ma cousine....

— Je ne le peux pas. Au reste, il me semble qu'au point où nous en sommes, ce qu'il importe maintenant, c'est de voir ce que nous pouvons faire pour Emmanuel.

— Vous avez raison et je vous remercie de m'associer ainsi à vous. Croyez que vous ne pouvez pas avoir un aide plus dévoué que moi : par tendresse pour Emmanuel d'abord, et puis aussi par... amitié pour vous. Permettez-moi de vous expliquer ce que j'avais combiné quand je me suis décidé à avoir cet entretien avec vous. Je me disais : Charlotte (car c'est ainsi que je vous nomme toujours lorsque je pense à vous), Charlotte est sous la menace d'un danger qui peut fondre sur elle d'un moment à l'autre ; je serai là, près d'elle, et le jour où ce danger éclatera, elle trouvera une main sur laquelle elle pourra s'appuyer.

— Vous savez bien que cela est impossible.

— Je le sais maintenant, parce que vous venez de me dire que c'était vous qui n'aviez pas voulu me revoir, mais je ne le savais pas quand je faisais cette combinaison. Il me semblait alors tout naturel qu'étant menacée vous voulussiez accepter l'appui de votre parent le plus proche et de votre ami quand même. Mais après ce que vous m'avez dit, je comprends que cela ne peut pas se réaliser, et je n'insiste pas. Il ne me convient pas d'essayer d'imposer mes services.

— Ce ne sont pas vos services que je refuse. Mais vous devez comprendre que le passé nous défend cette intimité que vous trouviez toute naturelle.

— Je comprendrai tout ce que vous voudrez, ma cousine, et seulement ce que vous voudrez : je suis à vous dans la limite qu'il vous plaira ! de cœur tout en-

tier ; pour le reste, je ne ferai que ce que vous voudrez. Ceci dit parce qu'il fallait que ce fût dit, je vous promets que je ne vous parlerai plus de moi.

— C'est d'Emmanuel seul qu'il peut être question entre nous.

— Sans doute, mais pour le moment je ne sais que vous dire ni quel conseil vous donner. Il n'y a rien à faire, puisqu'il n'y a rien de déclaré. Il n'y a pas de remèdes pour prévenir les maladies mentales alors surtout qu'elles sont héréditaires. Tout ce qu'on peut, c'est d'en retarder l'explosion par des soins, par des prévenances, par des précautions, par une tendresse intelligente et dévouée. Et pour cela, vous n'avez pas besoin d'aide. Il fallait seulement que vous fussiez avertie du danger qui pouvait menacer Emmanuel, et vous l'êtes. Maintenant ce danger éclatera-t-il ou n'éclatera-t-il pas? C'est le secret de Dieu. Ce qui était capital, c'était que vous fussiez prévenue afin de prendre vos précautions à l'avance. Voilà pourquoi j'ai cru devoir m'introduire près de vous presque de force. Maintenant, je n'ai plus qu'à me retirer.

Il se leva.

— Cependant, un mot encore : si jamais ce que nous craignons se réalise, pensez, ma chère Charlotte, que je suis près de vous et que vous n'avez qu'un signe à faire pour me voir accourir : quoi qu'il se soit passé, je suis, je vous le répète, votre cousin, votre ami, et je veux ma part de vos chagrins si vous en éprouvez. Heureuse, je vous laisserai à votre bonheur ; malheureuse, vous me trouverez près de vous? M'acceptez-vous?

Elle se recueillit un moment la tête basse, puis relevant les yeux et lui tendant la main ;

— Je vous remercie, dit-elle, et j'accepte votre offre généreuse.

Il lui prit la main et la lui serra longuement.

— Ah! Charlotte, Charlotte.

— Charlotte est morte; vous ne trouverez plus que votre cousine, la femme de votre ami.

Il se dirigea vers la porte, mais une fois encore il s'arrêta :

— Une recommandation, dit-il, un conseil, si vous le permettez. Si j'ai bien compris ce que vous m'avez expliqué, je crois qu'il pourrait être dangereux qu'Emmanuel apprît ma visite. Il s'inquiéterait. Il chercherait pourquoi j'ai voulu vous entretenir en particulier, et il pourrait très bien arriver à trouver que c'était pour vous parler de sa maladie. Vous ne sauriez vous imaginer combien ceux qui sont dans la position d'Emmanuel ont l'esprit subtil pour ces sortes de recherches. Se croyant menacés, pensant sans cesse à la maladie qui les effraye, ils se figurent que ceux qui les entourent n'ont eux aussi que cette seule préoccupation. Si Emmanuel se mettait cette idée dans la tête, je craindrais que cela n'eût pour lui les conséquences les plus graves. Je crois donc que vous devez cacher ma visite; ce qui d'ailleurs est facile.

— Je la tairai.

— Alors, au revoir.

— Adieu.

IX

Georges sorti, Charlotte se laissa tomber sur un fauteuil.

En présence de Georges, le sentiment de la défense personnelle l'avait soutenue; elle avait eu conscience qu'il fallait qu'elle gardât toute sa raison, et quand même elle l'avait gardée; mais seule elle céda sous le poids écrasant du coup qui venait de s'abattre sur elle.

Emmanuel menacé de folie! Etait-ce possible?

Il est des malheurs auxquels on est pour ainsi dire préparé si affreux qu'ils puissent être : on lui eut rapporté son mari mort, qu'elle n'eut pas été plus brusquement foudroyée que par ces quelques mots de Georges : « Demain peut-être Emmanuel sera fou. »

Comment eût-elle prévu cette catastrophe? Comment son esprit eût-il insensiblement et progressivement admis cette idée de la folie !

Fantasque, oui; sombre, mélancolique, oui encore, surtout en ces derniers temps. Mais fou?

Fou, l'homme qu'elle avait toujours vu plein de sagesse, maître de sa volonté et de sa raison dans toutes les circonstances, calme au milieu du danger? Non, cela n'était pas possible.

Cette tristesse, cette mélancolie qui s'étaient emparées de lui en ces derniers temps, c'était la jalousie seule qui les causait. Elle l'avait inquiété en lui parlant de Georges. Elle n'avait pas été assez tendre, ou tout au moins elle n'avait pas été assez expansive dans sa tendresse. Il lui avait maintes fois reproché sa réserve, qu'il appelait de la froideur.

Elle le rassurerait; elle lui montrerait qu'elle l'aimait, et ce qu'elle n'avait pas été pour lui, elle le serait désormais. Tout pour qu'il fût heureux.

Est-ce que les gens heureux deviennent fous?

A ce moment on tourna brusquement la clef dans la serrure, et la porte d'entrée s'ouvrit.

C'était Emmanuel, pâle, les lèvres contractées, la respiration oppressée, en proie évidemment à une violente émotion.

— Toi! s'écria-t-elle; tu m'as fait peur.

— Ah! je t'ai fait peur.

Il la regarda avec une étrange fixité ; puis quand il la quitta des yeux, ce fut pour examiner attentivement le salon, allant d'un meuble à l'autre. Il s'arrêta longtemps aux deux siéges qui avaient été occupés par Georges et par Charlotte pendant la fin de leur entretien. Par leur position ils disaient clairement comment les interlocuteurs avaient été placés.

Les journaux que Charlotte lisait au moment de l'arrivée de Georges avaient éjetés par elle sur une table, et recouverts avec un ouvrage en tapisserie auquel elle travaillait depuis quelques semaines. Emmanuel souleva cette tapisserie et trouva le paquet de journaux.

— Ah! tu lisais les journaux, dit-il en la regardant de nouveau.

— Oui.

— Tu en as fait acheter beaucoup?

— J'ai envoyé acheter des journaux, et on me les a tous apportés.

— Tu prends donc intérêt aux journaux maintenant?

— Une fois par hasard.

— Par hasard?

Il se passa la main sur le front comme pour chasser les idées qui se présentaient a son esprit.

— Tu es surprise de ma rentrée? dit-il après un moment de silence.

— Assurément.

— Tu ne m'attendais pas si tôt?

— Je t'attendais à ton heure ordinaire ; mais ce n'est pas ton retour qui me surprend, c'est ton air inquiet, ce sont ces questions. Qu'as-tu?

— Rien.

En disant ce mot, il détourna la tête Mais presque aussitôt il vint à sa femme et lui prenant les deux mains :

— Ce n'est pas vrai, dit-il ; j'ai quelque chose, et je suis honteux d'agir comme je le fais depuis cinq minutes avec une femme telle que toi ; pardonne-moi.

— De tout cœur, mon ami, et d'autant plus facilement que je ne vois pas ce que j'ai à te pardonner. Tu as bien le droit, il me semble, de me poser des questions.

— Non. Au moins pas dans cette forme et d'une manière détournée. Avec une femme loyale telle que toi, on ne prend point ces chemins honteux. Quand on veut savoir une chose, on la demande franchement.

— Et que veux-tu savoir ? Demande. Je suis prête à te répondre.

Il se recueillit un moment, et elle le vit pâlir ; ses mains tremblaient. Elle-même ressentit une commotion au cœur. Evidemment il allait se passer quelque chose de grave.

Il baissa les yeux et d'une voix sourde :

— Tu n'as pas vu Georges ?

— Georges ?

— Oui, Georges ; je te demande si Georges ne sort pas d'ici.

Elle resta suffoquée par l'émotion et la frayeur. Que répondre ? La vérité. Mais comment la dire ? comment raconter ce qui s'était passé entre eux. Une question en entraînerait une autre. Elle serait amenée à tout dire ou, si elle parvenait à cacher le terrible secret qu'elle avait reçu (et il faudrait bien qu'elle le cachât), elle le ferait si mal qu'Emmanuel se sentirait trompé et sa jalousie s'exaspérerait. Alors qu'arriverait-il ?

— Tu ne réponds pas ? dit-il après quelques secondes d'un silence terriblement long pour tous deux.

— C'est que la question est de telle nature, que...

— Je comprends qu'elle te surprenne ; mais, de ton côté, tu dois comprendre aussi que je ne te l'adresse pas à la légère. Ce n'est pas une plaisanterie qui me fait ainsi trembler les mains et qui étrangle mes paroles dans ma gorge. Tu ne vois pas mon trouble !

— Il m'épouvante.

— Il ne faut pas qu'il t'épouvante, mais il est bon qu'il te fasse sentir que tu dois répondre à ma question, si étrange qu'elle puisse te paraître. J'ai des raisons pour te poser cette question. Un autre à ma place ne dirait pas ces raisons, et voulant interroger sa femme sur un fait tel que celui que je te demande, il procéderait probablement avec adresse. J'ai horreur de l'adresse et des moyens détournés qu'elle emploie. Je ne veux que la franchise et la loyauté. Je te dis donc pourquoi je te pose ma question. Il y a dix minutes, en arrivant au haut du grand escalier, j'ai aperçu de loin un monsieur qui sortait d'ici, ou tout au moins qui tirait la porte de cet appartement. Ce monsieur s'est tourné vers moi comme pour descendre par l'escalier que je venais de monter. J'étais en pleine lumière et, par conséquent, parfaitement visible ; lui, au contraire, était dans l'ombre du corridor et, par conséquent, on ne pouvait pas voir sa figure. Cependant, à la démarche et à l'ensemble de la personne, il m'a semblé reconnaître Georges. Georges sortant de ta chambre, c'était impossible.

En disant ces derniers mots, Emmanuel eut une contraction qui arrêta les paroles dans sa gorge ; mais bientôt il continua :

— Ce monsieur, que ce fût M. Georges ou un autre, m'ayant aperçu au milieu du palier, tourna brusquement sur lui-même, et, au lieu de continuer à venir vers moi comme il venait, il fila rapidement devant moi, de manière à descendre par l'autre escalier. Je le suivis.

Un geste échappa à Charlotte, qui fut remarqué et compris par Emmanuel.

— Comment, moi, ai-je suivi un homme qui sortait de chez toi ? dit-il, c'est là ce que signifie ce mouvement que tu n'as pas pu retenir ? Je te l'expliquerai, car l'heure des explications a sonné, et il faut que tout ce qu'il y a d'obscur entre nous soit éclairci, mais plus tard. Pour le moment, ce n'est pas de cela qu'il s'agit. En suivant l'homme qui marchait rapidement dans l'ombre devant moi, je calculais qu'il allait bientôt passer dans la lumière et que je pourrais le reconnaître. J'allongeai le pas ; mais lui aussi allongea le sien. Cette poursuite était vraiment ridicule. J'eus honte de moi. Je m'arrêtai.

D'ailleurs celui que je suivais allait arriver à l'escalier et en tournant il me présenterait son visage de profil ; je verrais bien si c'était Georges. Mais je m'étais trompé ; au lieu de prendre l'escalier, il prit le corridor qui continue à droite, et de cette manière, je ne vis toujours que son dos. La réflexion avait eu le temps de calmer ma première émotion. Je ne continuai point à le suivre. Il m'était impossible de supporter les regards des gens de service qui nous examinaient curieusement. Je descendis l'escalier et, comme je prenais le chemin le plus court, j'allai l'attendre en bas. Ce n'était pas une fausse ressemblance : c'était bien Georges. J'allai droit à lui.

Charlotte écoutait ce récit avec une poignante anxiété, les yeux baissés, n'osant pas regarder son mari ; mais elle avait eu le temps de se remettre de son premier trouble, et maintenant elle veillait sur elle, décidée à ne répondre que quand elle saurait tout.

— Selon mon habitude, je procédai avec Georges, comme je viens de procéder avec toi, continua Emmanuel, je lui posai directement une question :

— Pourquoi donc m'as-tu évité tout à l'heure ? lui dis-je.

— Il me répondit avec toutes les apparences de la sincérité, je dois le reconnaître, qu'il ne comprenait pas ce que je voulais dire ; il n'était pas venu au Grand-Hôtel pour nous, mais pour un Américain, un de ses amis, qu'il me nomma ; ce n'était pas lui que j'avais aperçu à ta porte et que j'avais suivi ; la preuve, c'est qu'il n'était monté qu'au premier et nous habitons le second.

Je fus confondu de cette assurance, car enfin je l'avais vu, comme je te vois. J'insistai ; lui, de son côté, persista dans ses dénégations. La situation était étrange. Comment en sortir ? Fallait-il croire mes yeux, ou bien fallait-il croire Georges ? Qu'aurais-tu fait ?

— Mais je ne sais : j'aurais été décontenancée.

— La question engagée comme elle l'était, n'avait pas de solution possible : il fallait, en effet, dire à Georges qu'il mentait ; ou bien il fallait reconnaître que je ne l'avais pas vu. J'abandonnai Georges et je vins à toi. Tu sais que j'ai toujours pris la défense de Georges et que je n'ai jamais voulu admettre les accusations qu'on porte contre sa loyauté, mais enfin je n'ai pas en lui la confiance que j'ai en toi.

Georges peut très bien vouloir arranger la vérité ; toi, tu ne le peux pas ; tu es la sincérité même, et, d'un autre côté, tu n'as pas, j'en suis certain à l'avance, les mêmes raisons que Georges pour ne pas répondre franchement. Dans notre rencontre d'hier, il m'a fait toutes sortes de questions sur moi, sur toi, sur ta santé, même sur la mienne, auxquelles je n'ai pas répondu. Aujourd'hui, il a voulu sans doute satisfaire sa curiosité, et c'est ainsi que je m'explique sa visite, — si toutefois tu as reçu sa visite.

— Mais...

Il l'arrêta vivement.

— Note bien, ma chère Charlotte, que j'ai pleine foi en ta parole, et que c'est cette foi qui me dicte ma demande. A personne, bien entendu, je n'adresserais une pareille question. Mais pour moi, tu le sais d'ailleurs, tu es au-dessus du soupçon. Dis-moi qu'il fait nuit en ce moment, alors qu'un rayon de soleil se joue dans ces rideaux, je croirai ta parole et récuserai le témoignage de mes yeux. Toi seule peux me tirer de la situation inextricable au milieu de laquelle je me débats comme dans une nuit noire : j'ai vu un homme à la porte de cet appartement ; cet homme, mon ami, me dit que je me suis trompé. Je m'adresse à toi, à ta franchise, à ta loyauté. Ai-je été le jouet d'une hallucination ? ou bien suis-je victime d'un mensonge ? As-tu vu Georges ? ou ne l'as-tu pas vu ?

Elle hésita quelques secondes ; puis d'une voix basse, mais ferme cependant :

— Je ne l'ai pas vu, dit-elle.

X

Charlotte avait passé par les résolutions les plus opposées pendant cet entretien.

Quand Emmanuel avait fait appel à sa loyauté, elle avait voulu avouer la visite de Georges. Sans doute celui-ci lui avait demandé le secret, mais il n'avait pu prévoir alors que les choses se présenteraient ainsi. Et lorsqu'elle avait pris l'engagement de taire cette visité, elle n'avait pas prévu non plus qu'elle aurait à répondre à une interrogation directe. Dans l'esprit de Georges comme dans le sien, il n'avait été question que de silence, et non de mensonge. Jamais elle n'aurait consenti à s'engager pour une pareille tromperie.

Au contraire, quand Emmanuel avait parlé de la curiosité de Georges, à propos de sa santé, elle avait résolu de nier coûte que coûte.

S'il s'inquiétait déjà des questions qu'on pouvait lui adresser sur sa santé, que serait-ce quand il en arriverait à soupçonner que Georges avait voulu avoir avec elle une conversation à ce sujet!

Assurément, elle pouvait avouer la visite de Georges, sans avouer en même temps ce qui s'était dit entre eux pendant cette visite.

Mais il fallait alors qu'elle expliquât d'une façon quelconque ce que Georges était venu faire.

Si elle ne disait rien, c'était la jalousie d'Emmanuel qui s'exaspérait.

Si elle disait une partie de la vérité, c'étaient les craintes vagues qu'il paraissait ressentir à propos de sa santé, qui prenaient un développement effrayant. Qu'il eût des doutes sur son état mental, comme Georges l'avait indiqué, et ces doutes se changeaient en une certitude terrible, le jour où il savait qu'on s'occupait de lui. On ne se préoccupe, en effet, que de ceux qui sont en danger.

La situation, pour elle, était pleine d'angoisses; et ce qui la compliquait encore, c'était la réponse négative de Georges. Pouvait-elle dire oui, quand celui-ci avait dit non?

En présence d'une pareille contradiction, Emmanuel chercherait pourquoi Georges, pris sur le fait, avait nié quand même. Jusqu'où n'irait-il pas dans cette recherche, et quels résultats n'aurait-elle pas pour lui? On ne se cache, on ne ment que lorsqu'on est en faute. Georges était donc en faute?

Quelle faute?

Cette interrogation devenait alors pour lui vertigineuse.

Si aux Charmeaux il avait pu tomber dans la tristesse et la mélancolie pour une jalousie incertaine et rétrospective, que n'éprouverait-il pas lorsque cette ja-

lousie se baserait sur un fait certain et présent?

Puisqu'il venait à elle pour savoir la vérité, c'est qu'il doutait d'avoir reconnu Georges dans l'obscurité.

D'un mot, par oui ou par non, elle pouvait donc incliner ses doutes dans le sens qu'elle voulait.

Il ne s'agissait pas d'elle, il s'agissait de son mari : ce n'était pas sa propre loyauté, sa franchise, son honneur qu'elle devait faire entrer en première ligne dans la délibération de sa conscience, c'était le repos, l'intérêt de son mari.

Pour elle, assurément, elle ne voulait pas, elle ne pouvait pas mentir.

Mais pour lui?

C'était alors qu'elle s'était résolue à dire qu'elle n'avait pas vu Georges.

En entendant cette réponse, Emmanuel, qui était penché vers sa femme, recula d'un pas comme s'il avait reçu un choc en pleine poitrine.

Pendant plus d'une minute il resta immobile, les yeux fixes, grands ouverts, puis se passant à plusieurs reprises la main sur son front contracté, et rejetant ses cheveux en arrière :

— C'est bien, dit-il, évidemment je n'ai pas vu Georges.

L'accent avec lequel il prononça ces quelques mots fut si profondément désolé, que Charlotte sentit les larmes lui monter aux yeux. Jamais cet homme, par qui elle se savait adorée, ne lui avait donné une si grande preuve d'amour : ce n'était pas en lui qu'il avait foi, c'était en elle ; il récusait ses propres yeux pour croire ce qu'elle lui disait.

— Il est possible, dit-elle, que ce soit Georges que tu aies vu dans le corridor ; il peut très bien avoir passé devant notre appartement et, s'apercevant qu'il se trompait, être retourné sur ses pas. Il n'y a dans tout cela, il me semble, qu'un enchaînement de circonstances fortuites, auxquelles il n'y a pas lieu d'attacher grande importance.

Il secoua la tête.

— En tous cas, il n'y aurait pas là de quoi provoquer cette émotion : le Grand Hôtel appartient à tout le monde, et parce que Georges aurait passé dans notre corridor, cela ne signifierait pas nécessairement qu'il venait ici ou qu'il sortait de cet appartement. Il ne faut pas s'exagérer ainsi les choses et les porter à l'extrême.

— Ne plaide pas les circonstances atténuantes.

— Je ne plaide pas, mon ami; je cherche à expliquer ce qui au premier abord paraît étrange, j'en conviens.

— Étrange?

— Incroyable, si tu veux; mais ce qui, en réalité, peut être naturel lorsqu'on a cherché...

— Cherché?

— Je veux dire lorsqu'on a trouvé une explication.

— Les explications, je les repousse: toutes sont absurdes.

— Cependant.

— Il n'y a qu'une chose que j'admette, dans cette circonstance, — ta parole. J'ai vu Georges. Georges dit que je ne l'ai pas vu. J'affirme; il nie. Tu ne peux pas expliquer. Tu peux seulement constater un fait. Tu as vu ou tu n'as pas vu Georges; pour moi tout est là.

Il fit une pause de manière à forcer sa femme à répondre une seconde fois. Il était évident pour Charlotte qu'il voulait l'obliger à répéter ce qu'elle avait dit, et n'osant pas le lui demander directement, il avait pris cette forme détournée pour arriver à son but. Par les mots ce n'était pas une interrogation précise; par l'accent, par le regard qui accompagnaient ces paroles, c'en était une pressante.

Comme néanmoins elle ne répondait pas immédiatement, il insista:

— Je te dirai plus tard toute l'importance qu'il y a pour moi dans cette réponse: sache seulement qu'elle est capitale et qu'elle peut décider ma vie.

— Ta vie?

— Notre bonheur, notre avenir.

Il était suspendu sur elle, les yeux dans ses yeux.

Elle le regarda longuement, et d'une voix qu'elle voulait rendre ferme, mais qui, malgré ses efforts, frémissait:

— Je ne l'ai pas vu, dit-elle.

Il se leva vivement, et marchant à pas précipités.

— Eh bien, cela suffit, dit-il, au moins cela me suffit; que demander de plus? Tu ne l'as pas vu, tu le dis, tu le répètes.

Elle fit un signe négatif.

— Il est désormais certain que j'ai été victime d'une hallucination. Les choses ne peuvent s'être passées que de cette manière: j'ai cru voir, je n'ai pas vu.

— Tu t'es trompé.

— Je ne me suis pas précisément trompé, mais j'ai eu devant les yeux un fantôme créé de toutes pièces par mon imagination. C'est ma tête qui a vu Georges, c'est mon esprit: ce ne sont pas mes yeux. Voilà tout. C'est bien simple. Moi aussi j'ai mon explication; elle paraît absurde, et cependant elle est la vraie, elle est la seule bonne.

Il avait débité ces quelques mots d'une ix saccadée, en les accompagnant d'une gesticulation incohérente: il était évident qu'il était en proie à un trouble violent.

Charlotte, pendant qu'il parlait, le regardait avec épouvante: que disait-il? que voulait-il faire entendre?

Quand il se tut en s'arrêtant brusquement, elle courut à lui, et lui jetant les bras autour du cou, elle le serra tendrement contre elle.

— Qu'as-tu? lui dit-elle avec l'accent d'une mère qui vient au secours de son enfant; tu me fais peur: parle; dis-moi ce qui t'oppresse: ne suis-je pas ta femme?

Il la serra dans une étreinte puissante, puis d'une voix passionnée:

— Ma femme, ah! répète ce mot, que je voudrais toujours entendre; tu m'aimes, n'est-ce pas? tu m'aimes?

— Si je t'aime! tu doutes de moi?

— Non Charlotte, mais il est des heures où l'on a besoin d'entendre ce qu'on sait le mieux. Ce n'est pas de toi que je doute, c'est de moi. J'ai besoin que tu mettes le calme dans mon cœur, et que tu rendes la tranquillité à mon esprit troublé. Si tu savais comme ce mot que tu viens de prononcer m'a été doux.

Il la repoussa doucement, de manière à bien la voir; puis, dans une contemplation muette, il la regarda pendant plusieurs minutes, les yeux dans les yeux.

— Ma femme, ma chère femme, dit-il en prononçant lentement les mots.

Il la prit par la main et la fit asseoir sur le canapé; puis, l'enlaçant d'un bras, il s'assit près d'elle.

Charlotte était éperdue; elle sentait qu'elle traversait une crise décisive pour tous deux, et après ce qui s'était passé

entre elle et Georges, elle n'était pas assez maîtresse de sa volonté pour juger la
situation et prendre un parti.

Elle laissait aller les choses sans oser
les diriger.

Et, entraînée par la parole de son mari, qui la remuait profondément, elle le
suivait, alors que, pour se maintenir sûrement dans la ligne qu'elle avait adop-
tée, elle eût dû le précéder.

Jusqu'où allait-il la conduire ?

Qu'allait-il lui faire dire maintenant ?

Elle avait conscience d'être à sa discrétion, et si, une fois encore, il faisait appel
à sa loyauté, elle sentait qu'elle se
jetterait à ses genoux et lui confesserait
la vérité entière ; les paroles se pressaient
sur ses lèvres, et ce n'était pas trop de ce
qui lui restait de forces pour les retenir.

Pour Emmanuel, il s'était calmé, et
l'exaltation qui, quelques instants auparavant, l'avait emporté, avait été dominée
par son émotion : la tendresse de Charlotte, son élan, ses caresses, les simples
mots qui lui étaient échappés, avaient
instantanément détendu et amolli ses
nerfs crispés.

Mais à cette exaltation avait bien vite
succédé une morne désolation qui n'était
pas moins inquiétante.

La lutte n'était pas finie, et Charlotte
avait le pressentiment qu'elle était à peine commencée : elle connaissait trop bien
son mari pour ne pas comprendre que
s'il persistait dans sa tristesse, c'était
qu'il n'avait pas dit tout ce qu'il voulait
dire.

En effet, il la força à se tourner vers
lui.

— Tout à l'heure, tu me demandais de
parler, dit-il, et moi-même je sens qu'il
faut que je parle. Mais ce que j'ai à t'apprendre est si triste, que tu regretteras
mon silence.

— Eh bien, alors, ne parle pas ; je ne
veux que ce que tu veux toi-même. Si
tout à l'heure je te demandais de parler,
c'était parce que tu me faisais peur par
ton exaltation. Tu n'es plus exalté. Tu
viens de me sourire. Pourquoi, maintenant, parlerais-tu ? Je suis rassurée. Je
n'ai rien à te demander. Je ne désire rien
savoir.

— Et moi je désirerais ne pas parler ;
mais je n'en suis pas, par malheur, à
consulter mon désir ; il faut que je parle ;
et toi, pauvre femme adorée, il faut que
tu m'écoutes.

XI

Après quelques secondes de silence,
Emmanuel, qui tenait dans sa main les
deux mains de sa femme, continua ainsi :

— Je t'ai dit, il y a quelques instants,
que l'heure des explications avait sonné
pour nous. Je m'étais imposé cette parole
afin de ne pouvoir pas revenir en arrière
et de ne pas me réfugier encore dans un
silence qui m'étouffe. Je n'ai que trop différé l'aveu qui m'oppresse ; ma conscience
me serait moins lourde si j'avais eu autrefois le courage de prendre la résolution que la fatalité m'impose aujourd'hui.

— L'aveu implique une faute, il me
semble, et tu ne peux pas avoir commis
de faute envers moi.

Il secoua tristement la tête.

— En tous cas, dit-elle en poursuivant
avec force, si tu en as commis une, je ne
veux pas la connaître.

— Hélas ! pauvre femme, je suis plus
coupable que tu ne peux l'imaginer. Mon
excuse, si tu peux m'excuser jamais, était
dans mon amour. Je t'aimais trop ; la
peur de te perdre a fait ma lâcheté et ma
faute.

Charlotte avait été un moment décon-
certée, mais à ces mots elle pressentit ce
qu'allait être cet aveu, et elle n'eut plus
qu'une pensée — l'empêcher.

Mais comment ?

— Je ne veux rien entendre, dit-elle, jamais je n'accepterai d'être ton juge.

— Si tu ne veux pas m'entendre, tu
m'obligeras à t'écrire, et la douleur que tu
m'imposeras ne sera que plus cruelle.
J'aime encore mieux parler en te sentant
près de moi, en tenant ta main dans la
mienne, en écoutant tes interruptions
pleines de tendresse, que de t'écrire, seul
avec moi-même. Il a été un temps où je
n'avais pas peur d'être seul ; mais hélas !
ce temps est loin. Si tu savais quel supplice horrible c'est d'avoir peur de la
solitude.

— Pourquoi n'es-tu pas toujours près
de moi, alors ? Ne sommes-nous pas heureux ensemble? Ai-je jamais voulu m'éloigner de toi pour une heure, pour une
minute ?

— Tu es la meilleure des femmes, et je serais moins malheureux si j'avais des reproches à t'adresser.

Elle n'avait certes pas le cœur à la plaisanterie, mais elle voulut essayer de le distraire de son idée.

— Je ne te comprends plus, dit-elle ; parlons d'autre chose.

Mais il ne se laissa pas détourner.

— Tu ne me comprendras que trop tout à l'heure, dit-il, et si tu veux bien ne pas fixer ainsi tes yeux sur les miens, si tu veux me permettre de me confesser dans l'ombre, je parlerai plus librement.

Elle baissa les yeux.

— Sans doute, dit-il, je pourrais commencer en me réfugiant derrière des circonstances atténuantes et appeler le souvenir de ton père à mon aide. Je pourrais te dire que, si je n'ai point parlé quand je le devais, c'est que j'ai craint de désoler M. de la Héraudière qui, dans sa position, avait besoin de ménagements. Il y aurait du vrai là-dedans ; mais ce ne serait pas toute la vérité et je ne serais pas sincère. Ce qui est vrai, c'est que j'ai tout sacrifié pour devenir ton mari. Voilà pourquoi, avant notre mariage, je ne t'ai point dit et n'ai point dit à ton père, un secret qui pouvait l'empêcher.

— Puisque notre mariage est accompli, il n'est pas utile de connaître ce secret.

— Plus utile que jamais, pour toi aussi bien que pour moi. Tu ne m'as que bien rarement entendu parler de ma mère, et ce silence a pu te paraître un oubli coupable : tu as pu croire que je n'aimais pas ma mère.

Si Charlotte avait pu conserver des doutes sur la confidence que son mari voulait lui faire, ces derniers mots l'auraient éclairée. Où voulait-il en venir, le malheureux ? car bien certainement ce n'était pas seulement pour parler de sa mère qu'il avait abordé cet entretien, pour lui si plein de douleurs.

— Je n'ai rien cru, dit-elle, si ce n'est que ce souvenir t'était pénible.

— Horrible ! voilà la vérité, pour moi, Charlotte, vertigineux.

Il plaça vivement ses deux mains devant ses yeux comme pour se mettre à l'abri d'une vision.

Puis après un moment de silence, d'une voix sourde, à peine perceptible :

— Ma mère est morte folle ; elle s'est noyée, dans un accès de délire. Comprends-tu ?

Il se tut, arrêté par l'émotion ; mais ce ne fut que pour un court moment ; bientôt il continua :

— Si tu as deviné qu'il y avait un terrible mystère sur les Charmeaux, le voilà expliqué. C'est aux Charmeaux, dans l'étang du parc, que ma mère s'est jetée ; car elle s'y est jetée volontairement, hélas ! elle n'y est pas tombée par accident. C'est là ce que j'aurais dû t'apprendre il y a quatre ans, ce que j'aurais dû révéler à ton père surtout, et c'est ce que je n'ai pas fait. Voilà ma faute, et elle est d'autant plus grande qu'elle a été préméditée : ce n'est point sans avoir conscience de mon action que je l'ai commise. Avec un autre homme que M. de la Héraudière, j'aurais peut-être parlé, au moins je tâche de le croire, avec lui je me suis tu. Il croyait à la loi d'hérédité, c'est-à-dire qu'il était convaincu que la folie est transmissible il aurait donc repoussé un gendre qui avait eu des fous parmi ses ascendants, par peur que ce gendre ne devînt fou un jour. Je ne parlai point ; notre mariage se fit. Voilà mon crime.

Il s'arrêta encore.

Jamais Charlotte ne l'avait vu si plein d'angoisse. Mais que pouvait-elle dire ? Elle ne trouvait rien dans son esprit bouleversé. Silencieusement, elle lui pressait la main en le regardant avec toute la tendresse, toute la pitié qui gonflaient son cœur.

Tout ce qu'elle avait pu faire pour empêcher cette confidence, elle l'avait fait ; elle ne pouvait rien maintenant, et d'ailleurs il fallait qu'elle connût la conclusion de ce terrible entretien. Ce serait alors seulement qu'elle pourrait lui venir en aide d'une façon efficace, pour le consoler ou le soutenir. Jusque là tout ce qu'elle dirait, tout ce qu'elle ferait serait inutile et peut-être même maladroit.

Il reprit :

— Si je t'ai avoué franchement ma faute et sans chercher hypocritement à l'atténuer, je veux maintenant t'expliquer comment j'ai été amené à la commettre. Mon amour d'abord, qui m'a entraîné vers toi d'une force irrésistible. Combien je t'aimais alors, tu ne pourras jamais l'imaginer.

— J'ai vu cet amour.

— Tu as vu quelques élans, tu as entendu quelques cris que je ne pouvais pas renfermer; mais ce qu'il y avait de tendresse et de passion dans mon cœur, tu ne l'as jamais su, car je m'attachais à le cacher. Notre mariage s'est fait dans des circonstances telles que tu n'aurais probablement pas consenti à m'épouser, si au lieu du mari que tu acceptais pour contenter ton père, tu avais su trouver en moi l'amant le plus passionné.

Ce fut au tour de Charlotte de détourner les yeux.

Mais Emmanuel n'insista pas sur ce souvenir qu'il avait évoqué presque malgré lui; il poursuivit.

— Si puissant que fût cet amour, je n'aurais cependant jamais poussé l'égolsme féroce de la passion jusqu'a faire de toi ma femme, si j'avais pensé que je devais devenir fou un jour ou l'autre. J'ai besoin que tu me dises que tu me juges incapable d'une pareille infamie. Il y a des gens qui, se sachant poitrinaires ou scrofuleux, associent sans remords leur vie à celle d'une femme qui ne les connaît pas. Je ne suis point de ceux-là. Si j'avaie pensé que j'avais fatalement hérité de ma mère, j'aurais renoncé à toi, et, plutôt que de te perdre avec moi, je me serais brûlé la cervelle, si je n'avais pas eu la force de te fuir. Me crois-tu ?

— Oh ! oui, je te le jure.

— Ce fut alors que pour la première fois je pensai sérieusement à la maladie de ma mère et à l'héritage qu'elle avait pu me transmettre. Jusque là je ne m'étais pas demandé si je pouvais devenir fou. La question ne s'était jamais imposée à mon esprit : on ne pense pas à la folie quand on se sent pleinement maître des volonté et de sa raison. Mais au moment de devenir ton mari, il ne s'agissait plus de moi seul, il s'agissait de toi que j'adorais. M'était-il permis d'unir ta vie à la mienne? M'était-il permis de me marier? M'était-il permis d'avoir des enfants ?

Charlotte eut un frisson qu'Emmanuel sentit au tremblement de sa main.

— Grâce à Dieu, nous n'en avons pas eu, dit-il en s'interrompant, et nous n'en aurons jamais, rassure-toi.

— Et qui t'a dit que je craignais d'avoir des enfants ?

— Ton frémissement à ce mot que j'ai prononcé. Mais ce n'est pas de cela que nous pouvons nous occuper en ce moment. Où en étais-je ?

Il réfléchit un moment.

— Je te disais que j'avais examiné la question de savoir si je pouvais me marier. Je te jure que j'ai passé là des journées pleines d'anxiété, et ceux qui m'ont rencontré sur la route de Sarzeau à la Crique, que je faisais deux fois par jour, ont dû me prendre pour l'homme le plus triste de la terre. Je m'imposai toutes sortes d'épreuves ; j'essayai de mille manière la force et la résistance de ma raison. Enfin, je sortis de cette dure expérience avec la conviction que je n'avais point hérité de ma mère. Notre mariage se fit. Tu sais ce qu'ont été ces quatre années de voyage, pour moi un long enivrement. C'est donc rarement que, pendant ces quatre années, cette interrogation s'est présentée à mon esprit : comment aurais-je prévu le malheur! Nous revînmes en France, et je pense que tu n'as pas oublié notre conversation en chemin de fer ?

Elle fit un signe pour dire que cette conversation avait laissé en elle des souvenirs qui ne s'effacent pas.

— Tu as vu alors que Georges s'imposait à mon esprit. Je te questionnai beaucoup sur lui. Cependant je n'allai pas, dans ces questions, aussi loin que j'aurais voulu, retenu que je fus par mon respect pour toi et par un sentiment de pudeur. Ce que j'aurais voulu, il faut bien que je l'avoue aujourd'hui, c'eût été de savoir si tu avais aimé Georges.

— Mon Dieu !

— Cela est affreux, n'est-ce pas ? et cette jalousie rétrospective doit te paraître douteuse. Elle est cependant bien naturelle : nous aimons et nous n'avons qu'un souci, nous faire aimer; mais du jour où nous sommes aimés, nous n'avons plus qu'un souci, hélas beaucoup plus qu'un souci, une angoisse. qui est de savoir si celle qui nous donne son amour ne l'a pas déjà autrefois donné à un autre. Si cette jalousie fait souffrir bien des hommes, elle a été pour moi plus cruelle peut-être que pour tout autre, et c'est alors que j'ai senti que j'étais bien le fils de ma mère. Tu m'écoutes ?

— Si je t'écoute, ah ! mon Dieu.

— Ma mère, il faut bien que tu saches tout, ma pauvre mère est devenue folle de jalousie. Elle avait aimé mon père passionnément, cette amour était tel qu'elle avait épousé, elle fille d'une famille noble, un paysan enrichi. Mon père était un homme ardent, emporté, plein d'une force qu'il fallait qu'il dépensât ; ma mère était une femme de sentiment. A-t-elle eu à se plaindre de mon père ? je n'en sais rien. Ce que je sais seulement, c'est qu'elle a cruellement souffert de la jalousie et qu'elle a tourmenté mon père. Avec sa force, mon père a résisté facilement à cette lutte ; ma mère y a succombé. Jusqu'à notre retour en France, je me croyais le fils de mon père, à qui je ressemblais, d'ailleurs, par la force et la santé, même par cette encolure de Bourguignon ; mais pour les choses de sentiment, j'étais, à mon insu, le fils de ma mère. Ce fut aux Charmeaux que j'acquis cette preuve terrible. Là où elle avait souffert, je souffris comme elle. La pensée de Georges ne quitta plus mon esprit ; tu as bien dû le voir.

— J'ai vu que tu souffrais, et j'ai été heureuse quand tu m'as dit que nous allions quitter les Charmeaux.

— Maintenant que tu sais la vérité, tu dois te demander pourquoi j'ai voulu venir à Paris, où j'étais à peu près assuré de rencontrer Georges. C'est que le propre de la jalousie est de chercher la certitude qui doit faire notre malheur. A Paris, il me semblait que j'apprendrais ce que je voulais savoir. J'ai si bien tourné et retourné cette idée dans ma tête, qu'elle est devenue une manie. Georges hante mon esprit. Je le vois partout : la nuit, le jour. Je le vois, je lui parle. Comprends-tu maintenant pourquoi je t'ai demandé tout à l'heure si tu l'avais vu ? J'en suis arrivé, en effet, à ne plus m'en rapporter à moi.

Charlotte poussa un cri étouffé.

— Tu ne l'as pas vu, continua Emmanuel ; mais moi je l'ai vu : j'étais donc sous l'influence d'une hallucination. Toi tu ne peux pas te tromper, tu ne peux pas tromper. Sens-tu ma frayeur, mon horrible épouvante, Charlotte ; je suis le fils de ma mère. Que vais-je devenir ? Il me semble que j'ai encore ma raison. Mais tout chancelle autour de moi. Je vais atteindre l'âge où ma mère s'est noyée. Que va-t-il se passer ? Oh ! ma chère femme, ne m'abandonne pas, et si je ne te fais pas horreur, soutiens-moi. Je suis bien certain que si tu es près de moi, tu peux me sauver ; je verrai par tes yeux, je parlerai par ta bouche : tu seras mon esprit, ma raison, ma conscience, ma femme. Mais pour cela, il faut que tu me pardonnes : le pourras-tu jamais ?

Sans répondre, elle se jeta dans ses bras et le tint fortement embrassé.

Il se laissa aller contre son épaule et, sur son cou, elle sentit tomber des larmes brûlantes.

XII

Tous deux étaient à bout de forces.

Cependant après quelques instants, Emmanuel se redressa :

— Maintenant, dit-il, j'ai une dernière prière à t'adresser : c'est de tâcher d'effacer de ton souvenir cette terrible confession. Je l'ai faite, parce que je devais la faire ; mais ce que je te demande c'est de l'oublier, ou tout au moins de te conduire avec moi comme si tu l'avais oubliée. Jamais un mot à ce sujet, n'est-ce pas, jamais une allusion. Moi de mon côté, je m'efforcerai de chasser cette idée fixe qui s'impose à mon esprit ; avec ton aide, surtout avec ton amour, j'y parviendrai peut-être.

Charlotte n'avait pas répliqué. Qu'eût-elle dit ? Elle aussi sentait sa raison chancelante, et elle n'osait plus parler.

Il fallait qu'elle se recueillît : elle avait été emportée par un torrent qui l'avait roulée dans un gouffre. A quoi se cramponner maintenant ? Comment se sauver ? Surtout comment le sauver ?

De quel côté étendre la main ? Quel mouvement faire ?

Elle avait cru être habile en agissant comme elle avait agi, et elle avait commis au contraire une faute qui pouvait avoir les plus effroyables conséquences.

Pour ne pas exciter la jalousie de son mari, elle s'était engagée dans un mensonge, et elle avait ainsi provoqué l'explosion de l'affreuse maladie qu'elle avait précisément voulu écarter.

Pouvait-elle maintenant revenir sur ce qu'elle avait dit ?

Fallait-il qu'à son tour elle se confessât avec une entière sincérité ?

Ne serait-ce pas une nouvelle faute ajoutée à la première ?

Et celle-là ne serait-elle pas plus grave encore dans ses conséquences que la première ne l'avait été ?

Toutes ces questions se heurtaient dans sa tête, et elle se sentait incapable de les résoudre.

Elle était même incapable de les examiner raisonnablement, car avant tout il fallait qu'elle s'occupât d'Emmanuel et le tirât de la prostration dans laquelle il était tombé après cette crise. Il était près d'elle, plongé dans un accablement morne, le visage pâle, les yeux sombres ; c'était à lui qu'elle devait penser tout d'abord.

Plus tard, elle réfléchirait et chercherait un moyen pour sortir de cette affreuse situation.

Mais, par malheur, il ne suffit pas de chercher pour trouver ; lorsque, dans le calme de la nuit, elle avait examiné à nouveau cette situation, elle était restée impuissante en face des difficultés qui, de tous côtés, l'enserraient.

Pas d'issues : ou tout au moins elle n'en avait pas vu.

Les expériences lui étaient défendues ; elle ne pouvait pas s'engager à la légère, et la seule route qui lui était permise était celle qui, par des points déterminés, la conduirait au but certain.

Ces points, ce but, elle ne les avait pas trouvés ; la seule chose positive qui était résultée de son examen était la conviction qu'elle tenait entre ses mains la vie de son mari ; mille routes pour se perdre, pas une seule pour se sauver.

Elle avait alors pensé à s'adresser à Georges : ce qu'elle n'avait pas vu, il le verrait peut-être ; il la conseillerait ; il la guiderait.

Mais son esprit ne s'était pas arrêté longtemps à cette idée ; elle ne devait pas revoir Georges ; c'était même un crime d'avoir pensé l'appeler près d'elle.

Qu'arriverait-il si une seconde fois Emmanuel le rencontrait ou si, par un hasard quelconque, il apprenait sa visite ?

Cependant, quand son impuissance pour sortir de cette situation fut reconnue par elle, elle fut bien obligée de revenir encore à Georges. Il lui fallait un conseil, et c'était à Georges seul qu'elle pouvait s'adresser. A qui se confier ? Elle ne voyait personne autour d'elle. Un médecin ? elle n'en connaissait point à Paris, et elle ne pouvait consulter le premier venu.

Elle ne verrait pas Georges ; elle lui écrirait, et par ce moyen les conséquences dangereuses de sa démarche seraient évitées.

Elle s'entoura de toutes les précautions que prend une femme coupable pour écrire cette lettre, et sans éveiller l'attention, elle put jeter dans la boîte de l'hôtel un court billet ainsi conçu :

« Ce que vous m'avez dit d'Emmanuel me cause la plus douloureuse angoisse. Je ne peux pas admettre qu'il n'y a qu'à attendre les bras croisés Je veux consulter un médecin qui me conseille. En connaissez-vous un auquel je puisse m'adresser avec pleine confiance ? Faites-le-moi connaître, je vous prie. Je vous demande instamment de ne pas m'apporter vous-même votre réponse : vous voudrez bien me l'envoyer chez ma couturière, Mme Leblanc, rue Louis-le-Grand, n° 53, où j'irai la prendre.

» CHARLOTTE.

» Le médecin que je vous demande doit être un homme de conscience autant que de savoir. »

Ce fut seulement trois jours après avoir écrit ce billet qu'elle put aller chercher la lettre de Georges, car pendant ces trois jours, Emmanuel ne la laissa pas seule un instant.

La réponse de Georges ne contenait que ces quelques mots non signés :

« Louville, rue Lepelletier ; je lui annonce votre prochaine visite. Vous trouverez en lui l'homme que vous demandez : son nom fait autorité dans la science. »

Si Charlotte n'avait pu que difficilement trouver l'occasion d'aller chercher cette lettre chez sa couturière, elle eut bien plus de peine encore pour se rendre chez le docteur Louville.

Il fallait faire coïncider l'heure de la consultation du médecin avec les heures où Emmanuel était absent pour ses affaires ; il fallait qu'elle eût elle-même de bonnes raisons pour expliquer sa sortie, si elle était connue ; toutes conditions difficiles à réunir.

Enfin un jour qu'Emmanuel avait un rendez-vous avec ses entrepreneurs et son architecte, elle put se faire conduire rue Lepelletier.

Pendant tout le temps qu'avait duré cette attente, elle avait arrangé ce qu'elle dirait au docteur Louville ; mais quand elle tira le cordon de sa sonnette, elle ne trouva pas un seul mot de ce qu'elle avait préparé.

Quel homme était ce docteur? Comment allait-il la recevoir?

Elle trouva un homme jeune encore, aux cheveux frisés et pommadés, cravaté de bleu, décoré de rouge, de vert, de jaune, de blanc, habillé avec goût, qui la reçut en souriant.

— M. Saffarel a dû vous annoncer ma visite? dit Charlotte.

— C'est à madame Narbanton alors que j'ai l'honneur de parler? dit le docteur Louville en donnant à son visage l'expression d'une émotion sympathique. M. Saffarel m'a écrit, en effet, et je vous communiquerais sa lettre chaleureuse si je n'avais pour règle de brûler toutes les lettres de ce genre. Il faut ne conserver aucun document qui puisse divulguer des secrets que les familles tiennent à ensevelir. C'est précisément d'un de ces secrets que vous voulez m'entretenir, n'est-ce pas?

— Oui, monsieur.

— La lettre de M. Saffarel, avec une clarté et une précision dignes en tout point de l'homme éminent qui l'a écrite, me dit qu'il s'agit d'un cas d'hérédité. Ou, plus justement, afin de préciser, il s'agit de savoir si M. votre mari est menacé du même sort que sa mère, dans un avenir éloigné, très éloigné.

— Hélas! monsieur, ce n'est plus d'un avenir plus ou moins éloigné qu'il s'agit, c'est du présent.

— Du présent! Alors, madame, veuillez vous expliquer, car si je vous comprends, et je ne crains que trop de vous comprendre, les faits ont marché depuis la lettre de M. Saffarel. Je vous écoute, madame.

Le docteur Louville avait une manière d'écouter vraiment admirable, et les confidents de tragédie auraient gagné à prendre ses leçons : l'intérêt la pitié, l'encouragement, tout se trouvait réuni dans son attitude et dans l'expression de son visage.

Cependant Charlotte se sentit mal à l'aise : elle eût été plus libre avec un vieux bonhomme bourru qu'avec ce médecin qui faisait profession de bienveillance et d'élégance.

Mais elle n'était pas venue pour écouter ses répugnances plus ou moins justes, ni pour consulter ses propres convenances; il ne s'agissait pas d'elle; les heures, les minutes pressaient; il fallait parler; elle parla.

Tout ce qui s'était passé avec Georges, tout ce qui s'était dit et passé ensuite entre elle et son mari, elle le rapporta fidèlement, sans rien cacher ou rien atténuer.

Elle aussi, avait sa confession douloureuse; et ce n'était point à un cœur ami qu'elle s'adressait.

Le docteur Louville, pendant qu'elle avait parlé, n'avait pas changé son attitude; il était resté les yeux fixés sur elle, le regard attendri; et, de temps en temps seulement, il avait levé la main pour l'encourager, en lui marquant bien qu'il sympathisait avec sa douleur.

— Ainsi, dit-il, monsieur votre mari va atteindre l'âge qu'avait madame sa mère lorsque ce suicide est arrivé?

— Oui, monsieur.

— Parfait. Encore une question. Ainsi monsieur votre mari vous a bien dit qu'il voyait sans cesse devant lui M. Saffarel?

— Il m'a dit : « Georges hante mon esprit; je le vois partout, la nuit, le jour; je le vois, je lui parle. » Ce sont ses propres paroles. Elles sont trop frappantes pour que je les oublie.

— Parfait.

— Veuillez remarquer, dit-elle en insistant, que c'est sur ma parole qu'il a consenti à croire qu'il n'avait pas vu ce qu'il avait en réalité parfaitement vu.

— Il ne faut pas, madame, vous exagérer votre responsabilité en tout ceci : elle n'est pas aussi grande que vous pouvez le croire; je tiens à vous rassurer là-dessus. Si vous aviez avoué la visite de M. Saffarel, vous auriez exaspéré la jalousie de votre mari.

— Peut-être, mais en la niant je l'ai amené fatalement à croire qu'il avait été victime d'une hallucination.

— Sachez, madame, qu'on ne se reconnaît point ainsi victime d'une hallucination sans être dans certaines conditions particulières, Et c'est là le cas de votre mari. Si grande que soit sa foi en votre parole, il n'eût point admis qu'il n'avait pas vu M. Saffarel s'il n'avait pas eu conscience qu'il subissait des hallucinations visuelles.

— Alors, demanda Charlotte en hésitant, mon mari est pour vous... halluciné?

— Parfaitement, madame, et je dois ne pas vous cacher que son état me paraît grave, alors surtout qu'il se produit avec cette coïncidence d'âge.

— Elle pâlit affreusement; le docteur Louville vint vivement à elle.

— Vous trouvez-vous mal?

— Non, monsieur, l'émotion seulement.

— Remettez-vous, rassurez-vous; je ne dis pas que le cas de votre mari soit désespéré; je crois qu'il est guérissable.

— Ah! monsieur que faut-il faire? guidez-moi; sauvez-le.

— L'isolement, madame.

Elle le regarda comme si elle n'avait pas entendu cette réponse.

— Je veux dire que votre mari doit être soustrait aux influences qui l'entourent et au milieu desquelles sa maladie s'est développée. Il faut le confier à des soins éclairés, et soyez certaine qu'on vous le rendra promptement guéri.

— Quels soins? ne puis-je pas le soigner moi-même?

— Non madame, cela pourrait être dangereux pour vous et pour lui : vous ne savez pas de quoi un halluciné est capable : sans vous citer des exemples, je vous rappellerai seulement le souvenir de sa mère. Le conseil que je vous donne est de le placer pendant un certain temps dans une maison de santé.

— Une maison de santé, mon mari; mais sa folie, si folie il y a, n'est causée que par la peur d'être fou, et vous voulez lui donner précisément la preuve qu'il est fou.

— Je vous répète ce que je vous ai dit, madame : en gardant près de vous M. votre mari, vous l'exposez, et vous vous exposez vous-même à tous les dangers ; en le plaçant dans une maison de santé, vous assurez sa guérison.

— Jamais, monsieur.

— Alors, madame, dit le docteur Louville en se levant, il était inutile de me consulter si vous ne vouliez pas suivre mon avis. Les gens du monde ont, je ne le sais que trop, une manière de comprendre la folie qui n'est pas celle des médecins. Fasse le Ciel que la responsabilité que vous assumez en ce moment ne vous soit pas trop lourde!

—————

XIII

Charlotte sortit bouleversée de chez le docteur Louville.

Elle était venue lui demander l'espérance, et c'était l'épouvante qu'elle emportait.

Une maison de santé!

En descendant l'escalier, elle se répétait machinalement ce mot, et devant elle gesticulaient des fous empaquetés dans des camisoles de force.

Enfermer Emmanuel avec de pareilles gens était impossible.

Comment une pareille idée était-elle venue à ce médecin, s'il était l'homme que Georges avait dit?

Georges avait-il été trompé?

Avait-il voulu la tromper?

Mais alors?

Devant cette interrogation, elle s'était rejetée e rayée en arrière, honteuse d'avoir pu accueillir un instant un pareil soupçon. La peur et le désespoir ne devaient pas la rendre injuste : Georges, assurément, l'avait adressée au médecin qu'il savait le plus capable de l'éclairer, et si ce médecin avait parlé d'une maison de santé, c'est que son système sans doute était que les hallucinés ne peuvent être soignés que dans l'isolement.

Elle en verrait un autre.

Ou plutôt elle n'en verrait aucun.

Ce n'était pas aux autres qu'elle devait demander la guérison de son mari, c'était à elle-même, à sa tendresse, à son amour.

Si elle avait été moins réservée dans l'expression de cette tendresse, Emmanuel ne se serait pas inquiété; il n'aurait pensé ni à Georges ni à personne, et il eût continué d'être heureux comme il l'avait été pendant quatre années.

Puisqu'elle savait d'où venait le mal, le remède n'était difficile ni à trouver ni à appliquer.

Lorsqu'il se verrait entouré de prévenances, lorsqu'il aurait la preuve sans cesse répétée qu'elle ne vivait que pour lui, il cesserait de s'inquiéter, et, avec le repos, la confiance reprendrait place dans son esprit. La maladie, qui pouvait le menacer, mais qui certainement n'était point encore déclarée, serait encore conjurée. Les gens heureux ne deviennent pas fous. C'était à elle qu'il appartenait de rendre Emmanuel assez heureux, pour qu'il pût penser qu'à son bonheur.

La tâche méritait d'être courageusement entreprise : ainsi elle payerait à Emmanuel, tout ce qu'il avait fait pour elle depuis leur mariage.

Ce qui nous accable dans la vie et nous rend souvent lâches, c'est l'incertitude. Lorsque Charlotte vit clairement ce but devant elle, elle reprit courage. C'était une lutte à soutenir, elle la soutiendrait. Elle se sentait assez de tendresse et assez de dévouement dans le cœur pour la mener à bonne fin.

Cependant elle avait été trop profondément ébranlée pour reprendre son calme aussitôt, et lorsque Emmanuel rentra, il la trouva encore tout émue.

Sous le regard interrogateur qu'il fixa sur elle, avec cette curiosité anxieuse qu'il montrait maintenant chaque fois qu'il avait été absent, elle se troubla.

— Tu détournes les yeux ? dit-il.

— Pourquoi me regardes-tu ainsi ?

— Parce que je te trouve étrange ; je cherche à deviner ce qui s'est passé en mon absence.

— Toujours, dit-elle tristement.

— Oh ! en toi seulement ; ne me fais pas l'injure de croire que j'ai d'autre souci en ce moment que de savoir pourquoi, à mon retour, je te trouve le visage pâle, les paupières abaissées, les coins de la bouche tirés. Quand je te vois ainsi et que je te demande si tu es souffrante, tu me réponds toujours négativement, voilà pourquoi je cherche à deviner ce qui a pu t'attrister. Pour cela et non pour autre chose ; sois-en bien certaine. Mais si mon regard te gêne, je ne te regarderai plus ainsi.

— Ce qui me peine, dit-elle d'une voix douce, c'est l'expression d'inquiétude que je vois dans ce regard ; je voudrais, quand tu es inquiet, que tu le dises franchement. Pourquoi, en rentrant, ne m'as-tu pas posé directement la question qui pesait sur ton esprit ? Voilà, mon ami, ce que je te demande pour l'avenir. C'est un engagement réciproque que je te propose. Si tu as quelquefois l'occasion de m'observer avec curiosité, moi aussi j'ai souvent à m'occuper de ton humeur noire.

— Oh ! moi, tu sais par malheur ce qui me rend sombre.

— Eh bien ! ne sois plus sombre sans venir à moi aussitôt ; d'un mot je pourrais peut-être chasser cette tristesse. Depuis que nous sommes à Paris, nous vivons beaucoup trop séparés.

— Qui l'a voulu ? Qui s'est refusé à m'accompagner bien souvent ?

— J'ai eu tort, j'en conviens, et je te promets que désormais, il en sera autrement.

Il me déplaît de rester seule : maintenant je sortirai toujours avec toi... si tu veux.

— Si je veux.

— C'est donc entendu : plus de séparation, plus de solitude ni pour toi ni pour moi, partant plus d'inquiétude.

Si nous recommencions notre vie d'autrefois, si nous sommes toujours ensemble, nous n'aurons ni l'un ni l'autre à prendre souci de ce que nous aurons fait ou pensé séparément.

Elle eût voulu préciser davantage son projet ; mais de peur d'inquiéter Emmanuel en lui montrant une sollicitude trop visible, elle s'en tint à cette demande d'intimité plus étroite.

Leur installation dans leur hôtel de la rue de Boulogne, lui permit d'ailleurs de prendre des habitudes nouvelles sans qu'il y eût un contraste trop manifeste avec le passé.

N'était-ce pas une vie nouvelle qui commençait pour eux ?

Si tout bas et en cachette Charlotte put pleurer des larmes amères en pensant aux terribles circonstances dans lesquelles cette installation se faisait ; tout haut et en présence d'Emmanuel, elle eut mille bonnes raisons pour montrer une joie qui devait entraîner celui-ci.

Et de fait elle l'entraîna, pendant plusieurs jours elle eut la satisfaction de ne plus lui voir son air sombre.

Son humeur redevint ce qu'elle avait été pendant leurs années de voyage.

Ah ! comme elle avait bien fait de ne pas suivre l'avis du docteur Louville !

Dans son triomphe, cependant, se glissa une triste pensée, et ce ne fut pas sans un douloureux sentiment de remords qu'elle fit un retour dans le passé. Si aux Charmeaux, si pendant leurs premières semaines de séjour à Paris, elle avait été pour Emmanuel ce qu'elle était maintenant, se serait-il abandonné à la jalousie et par suite à l'inquiétude ? La maladie affreuse dont il était menacé maintenant, n'eût-elle pas été étouffée dans son germe?

A tout prix, il fallait qu'elle le maintînt dans la voie où elle avait eu le bonheur de le faire entrer.

D'elle-même, de sa tendresse, de son dévouement, elle était sûre ; mais ce n'était pas assez encore, il fallait plus.

Il fallait qu'elle trouvât un moyen d'occuper son esprit et son imagination pour l'heure où les plaisirs de leur nouvelle vie viendraient à s'affaiblir.

Parmi les personnages avec lesquels ils avaient établi ou renoué des relations se trouvait un vieil ami de M. de la Héraudière, nommé M. Portail. C'était un professeur au Jardin des Plantes, qui s'était fait un nom distingué dans la science par ses travaux sur l'anatomie comparée et la physiologie. Il avait reporté sur la fille un peu de l'amitié très vive qu'il avait eue autrefois pour le père, et en même temps l témoignait à Emmanuel beaucoup de sympathie.

Charlotte résolut de s'adresser à lui et, sans avouer toute la vérité, de lui demander de la guider.

— Ainsi, dit M. Portail après l'avoir écoutée, ce que vous voudriez, ce serait une occupation intellectuelle pour votre mari.

— Je voudrais un travail qui occupât fortement son esprit et qui lui demandât une partie du temps dont il ne sait trop que faire.

— Je comprends ce que vous voulez, et je partage votre sentiment : vous avez peur que votre mari s'ennuie ; c'est là trop souvent le sort des gens riches ; l'oisiveté de l'esprit est chez eux la cause de grands malheurs, et c'est par là que la fortune est mauvaise. Moi qui n'ai jamais eu que cinq mille francs à dépenser par an, je n'ai jamais connu l'ennui.

— Vous êtes un savant.

— Ma chère petite, on ne naît pas savant, on le devient; c'est affaire de travail et de volonté. Votre mari est intelligent, il sait beaucoup, il a beaucoup vu, il peut très bien devenir ce que vous appelez un savant. Que vous dit l'anatomie !

Bien entendu, Charlotte avait la plus haute estime pour l'anatomie, cependant elle osa déclarer qu'elle ne lui disait pas tout ce que M. Portail en pensait. D'ailleurs ce qu'elle aurait voulu, autant qu'elle pouvait expliquer ce qu'elle désirait vaguement bien plus qu'elle ne le voulait, ç'aurait été un travail dans lequel elle aurait pu s'associer à son mari.

M. Portail eut un sourire qui signifiait clairement que pour lui le travail d'une femme était chose bien légère, mais il ne voulut pas repousser franchement Charlotte.

— Et la botanique ! dit-il, qu'en pensez-vous? les fleurs, la nature, la campagne ; il y a là des choses d'observations pour lesquelles les yeux d'une femme peuvent être utiles.

Mais Charlotte eut encore une objection : elle désirait rester à Paris.

M. Portail était la patience même; s'il ne s'était jamais ennuyé, il ne s'était jamais fâché : d'ailleurs, bien que l'idée de Charlotte lui parût bizarre, il ne voulait pas la décourager. Il n'avait jamais été marié, et il ne connaissait guère les femmes qu'au point de vue anatomique; mortes, il les avait disséquées; vivantes, il ne les avait pas étudiées; pour lui, c'étaient des êtres agréables, mais peu raisonnables qu'il fallait manier avec ménagement comme des fleurs délicates.

Tout à coup, il se frappa le front.

— J'ai votre affaire, dit-il, et je vais faire de vous...

— De moi ?

— De vous et de votre mari, mes deux collaborateurs. Il faut que vous sachiez, ma chère petite, que depuis longtemps je m'occupe d'un travail sur les mouvements des muscles de la face chez l'homme et chez quelques animaux.

Charlotte eut un mouvement de surprise qui n'échappa pas à M. Portail.

— Voilà précisément, dit-il en souriant, que vous venez d'entrer dans mon sujet ; votre muscle frontal s'est contracté, vos sourcils se sont élevés, vos yeux se sont écarquillés, votre bouche s'est ouverte, en un mot vous avez éprouvé un sentiment de surprise en m'entendant vous proposer de vous associer à mes travaux sur les muscles de la face.

— J'avoue que j'ai été étonnée.

— Non, surprise seulement; dans l'étonnement qui succède à la surprise et qui ne la précède pas, l'élévation des sourcils est beaucoup plus énergique. Vous ne seriez étonnée que si je ne m'expliquais pas, et c'est précisément ce que je vais faire. Il y a dans mon ouvrage, ou plutôt il y aura un chapitre consacré à l'expression, telle qu'elle a été comprise et rendue par les grands artistes peintres et sculpteurs. Ce chapitre, je ne suis pas en état de l'écrire, car j'ai toujours fréquenté beaucoup plus les amphithéâtres que les musées ; j'ai besoin de notes et d'observations : pour les musées d'Italie et d'Allemagne, j'ai des correspondants qui répondront au dictionnaire que je leur ai adressé ; je m'étais réservé les musées de Paris, mais je vois que je n'aurai jamais le temps de faire sérieusement cette étude, si je veux publier mon livre avant de mourir ; voulez-vous vous en charger?

— Que dites-vous donc là ? demanda Emmanuel en s'approchant, car cet entretien avait lieu après un dîner, M. Portail et Charlotte étant seuls dans le salon tandis qu'Emmanuel tenait compagnie à nos autres convives dans le fumoir.

— M. Portail me demandait, répondit vivement Charlotte, si nous pouvions étudier pour lui dans les tableaux du Louvre l'expression des passions.

— Je ne comprends pas très bien, dit Emmanuel.

— Voici ce dont il s'agit, répliqua M. Portail.

Et longuement il expliqua son plan.

XIV

Emmanuel accueillit avec enthousiasme l'idée de M. Portail.

Étudier les maîtres de la peinture et de la sculpture dans un but déterminé, ce serait fort intéressant ; parcourir chaque jour avec Charlotte les musées de Paris et les collections particulières, ce serait charmant.

Il voulut se mettre au travail dès le lendemain, et il obligea le vieux savant qui ne s'était jamais couché après dix heures, à rester dans son cabinet pour lui rédiger le questionnaire auquel leurs observations devaient répondre.

En voyant cet empressement, Charlotte s'applaudit de son projet : le travail achèverait ce que la tendresse avait commencé.

Ce que M. Portail demandait était des plus simples et n'exigeait pas des connaissances spéciales soit en anatomie, soit en peinture ou en sculpture : il s'a-

gissait de passer attentivement en revue toutes les œuvres des maîtres anciens et modernes qui se trouvaient à Paris et de noter comment ces maîtres avaient rendu les diverses émotions qui peuvent nous agiter : la joie, la colère, la haine, la honte.

Au premier abord, le champ paraissait immense et d'une telle étendue, qu'il faudrait de longs jours et de longs mois pour le parcourir. Mais bientôt il s'était singulièrement restreint; car, à part quelques exceptions, les maîtres anciens comme les modernes ont plutôt cherché la beauté et le pittoresque que l'expression de la vie : pour un Laocoon, des centaines de Vénus aux beaux bras ; pour un *Philosophe*, des milliers d'officiers, de chevaliers, de seigneurs en soie ou en velours.

Cependant, malgré cette déception à laquelle ils n'avaient pas tout d'abord songé, ils purent faire encore dans les musées de longues promenades pleines d'intérêt.

Ils partaient après leur déjeuner pour le Louvre ; puis, après avoir passé deux ou trois heures dans les galeries, ils rentraient chez eux mettre en ordre leurs observations, après les avoir discutées et les avoir contrôlées par les impressions de l'un et de l'autre. C'étaient alors de longues conversations, d'interminables digressions qui souvent les conduisaient jusqu'au soir ; et plus d'une fois, quand on venait annoncer que le dîner était servi, Emmanuel s'écriait : Déjà !

Ainsi leur temps se trouvait rempli, ainsi leurs journées avaient un but.

Mais peu à peu, Emmanuel montra moins d'ardeur pour cette étude qui, pendant les premières semaines, l'avait véritablement passionné.

Il eut des prétextes pour ne plus aller au Louvre; et souvent, en travaillant dans son cabinet, Charlotte le vit poser machinalement sa plume et rester les yeux fixes, perdus dans l'espace, regardant devant lui sans voir, et murmurant entre ses dents des mots inintelligibles.

Alors l'inquiétude s'empara d'elle de nouveau. Que trouver, pour l'arracher aux tristes pensées qui malgré tout le dominaient? Qu'inventer? Plus tendre, plus attentive, elle ne pouvait pas l'être.

Cette tristesse fit de rapides progrès, et si pendant les premiers jours il s'était efforcé de la cacher, il la laissa bientôt librement paraître et même il en parla.

— Travaillons, disait-il tout à coup en reprenant sa plume ; tu ne devrais pas me laisser m'absorber ainsi dans mes pensées ; pourquoi ne m'as-tu pas parlé quand tu m'as vu poser ma plume ?

— Parce que j'ai cru que tu avais à réfléchir.

— Et oui, réfléchir ; mais c'est justement ce qu'il ne faut pas. Je suis comme un homme qui tombe malgré lui dans le sommeil ; il faut m'empêcher de dormir. Encore si je dormais ! Mais je rêve éveillé.

Il se serra la tête comme pour comprimer sa volonté et la retenir.

— Toujours là même angoisse : si je pouvais dépasser l'âge de ma mère. Tout est là. Il y a des enfants pour lesquels on attend des crises critiques ; sept ans pour eux est une date fatidique. Moi aussi, j'attends mes sept ans. Arriverai-je jamais là : alors tout sera fini. Perdu ou sauvé ! Je compte les jours, je compte les heures. Quand tu me vois les yeux sur la pendule, je compte les minutes écoulées et celles qui me restent à courir. Quand tu n'es pas avec moi, je passe mon temps le nez dans le calendrier.

— Travaillons, dit-elle, pour ne pas le laisser persister dans ce courant d'idées.

— Sois certaine, chère femme, que je sais gré de tes efforts : tu es admirable de soins et de prévenances ; ce n'est pas un reproche que je t'adresse quand je te dis qu'il faut me secouer. Assurément, tu fais tout ce que tu peux ; plus que tu ne peux. Encore un peu de courage ; nous n'avons plus que quelques semaines, que quelques jours.

Les nuits aussi devinrent mauvaises.

Souvent Charlotte l'entendait allumer brusquement une bougie.

S'il avait voulu lire, elle aurait compris qu'il eût besoin de lumière ; mais il ne lisait point, et il restait dans son lit, les yeux ouverts, avec l'expression de la frayeur empreinte sur le visage.

Quelquefois aussi au milieu de la nuit, dans l'obscurité, elle l'entendait crier. Alors, si elle accourait près de son lit, le premier mot qu'il lui disait était :

— De la lumière, une bougie, vite, vite, je t'en prie.

Puis il voulait qu'elle restât près de lui et qu'elle lui tînt la main.

Aussitôt il se calmait, et sa main brûlante reprenait sa chaleur naturelle.

Il lui demandait pardon de l'avoir ainsi éveillée.

Mais quand elle l'interrogeait pour savoir ce qui l'avait troublé, il refusait de répondre, ou plus justement il se rejetait sur des explications qui étaient évidemment arrangées pour atténuer la vérité ou même pour la cacher.

Il avait eu le cauchemar, ou bien une mauvaise digestion, ou bien une autre explication encore.

Ce fut seulement après qu'elle l'eut longtemps prié et supplié qu'il se décida à avouer la vérité.

— J'ai peur de l'ombre, dit-il, non pas parce qu'elle est l'ombre, mais parce qu'elle donne une forme sensible et visible aux rêves de l'esprit. Je le vois : il me faut la lumière pour être certain que je me trompe.

Ainsi, rien de ce qu'elle avait essayé n'avait réussi : tendresse, travail, tout avait été inutile.

L'obsession à laquelle il cédait n'avait disparu que pour quelques semaines ; elle n'avait pas été domptée : elle réapparaissait plus menaçante que jamais.

Quel caractère allait-elle prendre ?

Pleine d'anxiété, elle ne savait plus que faire.

La frayeur de la date fatidique qui oppressait Emmanuel l'avait à son tour gagnée.

Maintenant elle était presque certaine que cette date ne se passerait pas sans une catastrophe ; et chaque jour qui s'écoulait rendait le danger plus imminent.

Autrefois doux et facile avec les domestiques, Emmanuel était maintenant irritable et emporté ; pour un rien il avait des accès de colère terrible. Et en se cachant de lui, elle était obligée d'intervenir pour faire rester ceux qu'il avait chassés et que le lendemain il eût été le premier à redemander.

Même contre elle il avait de ces emportements que rien ne justifiait, et dans son irritation il en venait parfois jusqu'à lui reprocher la tendresse qu'elle lui témoignait.

— Pourquoi m'embrasses-tu ?

— Je ne croyais pas te contrarier.

— Tu sais bien que ce n'est pas cela que je veux dire. Je te demande pourquoi tu m'embrasses avec ces yeux émus ? Tu as beau vouloir sourire, tu ne me trompes pas ; je vois bien que tes yeux sont mouillés et que tes lèvres sont frémissantes. Tu es donc bien inquiète, que tu laisses ainsi paraître ton émotion !

— Je ne suis pas inquiète le moins du monde.

— Pourquoi n'es-tu pas franche ? est-ce là ce que nous nous étions promis ? Je ne m'aperçois pas moi-même de mon état ; mais je suis la marche de ton inquiétude, et par là, je sais à quoi m'en tenir. Tu es troublée, tourmentée beaucoup plus que tu ne l'étais il y a huit jours. Pourquoi ne veux-tu pas en convenir ? ce serait plus honnête.

— Pourquoi serais-je plus tourmentée ?

— C'est ce que je te demande de me dire. Devrais-tu avoir avec moi ces ménagements, bons pour un enfant ou un vieillard ? Je n'ai pas conscience de mon état. Tu sais très bien que le propre des gens privés de leur raison, c'est de croire précisément qu'ils sont raisonnables. Que suis-je ? Je n'en sais rien. Il y a des heures où je crois avoir ma raison ; mais il y en a d'autres, la nuit surtout, où je crois l'avoir perdue.

— Qui a sa raison dans le rêve ?

— Toujours me rassurer, quand, au contraire, je te demande de m'éclairer. En qui avoir confiance, si ce n'est en toi, si dévouée, si aimante ? Mais voilà, justement parce que tu m'aimes, tu crains de me dire la vérité.

— Quelle vérité ?

— Celle qui te désole et te remplit de craintes. Enfin écoute-moi et fais-moi la promesse que je vais te demander.

— D'avance je m'engage à ce que tu peux désirer.

— Ce que je suis aujourd'hui, je n'en sais rien, puisque tu refuses de me répondre ; mais si le présent est certain pour moi, l'avenir l'est bien plus encore. Que serai-je demain ? Sens-tu tout ce qu'il y a d'effrayant et de vertigineux dans cette interrogation ?

— Cette interrogation est celle que nous pouvons tous nous poser : que serons-nous demain ? morts ou vivants ? C'est le secret de Dieu.

— Mourir n'est rien ; ce qui est tout, c'est...

Elle lui mit la main sur la bouche.

— Le mot m'épouvante assez, dit-il en continuant, pour que je ne tienne pas à le prononcer. Enfin, si cela arrive, promets-moi de ne pas me mettre dans une maison de santé !

— Mon Dieu ! s'écria-t-elle, je t'en prie....

Mais de la main il l'arrêta :

— Laisse-moi prendre cette précaution, dit-il ; il paraît tout naturel qu'en prévision de la mort on fasse son testament ; moi, c'est un engagement que je te demande en prévision de cette autre mort non moins effrayante. Je ne donne pas, j'implore. Il me semble qu'alors tu n'auras pas plus de peine à me soigner malade, que tu n'en as en ce moment pour m'empêcher de devenir malade. J'ai une peur effroyable des maisons de santé.

— L'engagement que tu me demandes, je jure de le tenir.

— Oh ! non, pas ainsi, je t'en prie, je ne veux pas d'un engagement en termes aussi précis. Car il peut très bien arriver qu'il faille, quand même, me placer dans une maison de santé. Il y a des... malades qu'on ne peut garder sans danger pour soi et même pour eux. Si je suis dans ce cas, il faudra bien me mettre dans l'impossibilité de nuire aux autres. Mais d'un autre, je puis aussi ne pas être dangereux ; alors je te supplie de me garder près de toi. C'est là une tâche terrible que j'impose à ta jeunesse, mais tu es femme à l'accomplir jusqu'au bout, courageusement.

— Oui, jusqu'au bout.

— Près de toi, il me semble que si ce que nous redoutons se réalisait, je guérirais ; dans une maison de santé, jamais.

— L'engagement que tu demandes, dit-elle, je suis prête à le prendre, mais c'est à une condition.

— Des conditions ! dit-il, en passant instantanément de la prière à la colère.

— Une seule, qui est de ne plus revenir sur ce sujet.

— Si tu prends l'engagement que je te demande, je n'aurai pas de raison pour revenir sur ce sujet ; je serai tranquille... autant qu'on peut être tranquille quand on a un couteau suspendu au-dessus de la tête et qu'on voit le fil qui le retient s'amincir chaque jour.

— Je le prends, et une fois encore je te jure que je le tiendrai.

— Dans les termes que je t'indique?

— Dans les termes que tu veux.

XV

Les choses continuèrent à aller de mal en pis, en prenant chaque jour un caractère de plus en plus menaçant.

Non content d'allumer de temps en temps sa bougie pendant la nuit, Emmanuel voulut qu'une lampe brûlât toujours dans sa chambre. Puis bientôt, ne trouvant plus la lampe suffisante, il fit installer dans cette chambre plusieurs becs de gaz, qu'il allumait lui-même tous les soirs et qu'il n'éteignait que le matin.

Puis, tout cela ne suffisant pas encore à le défendre contre les visions qui le poursuivaient, il voulut quitter cette chambre et en prendre une autre.

— Il est certain, dit-il à sa femme, qu'elle est en communication avec la maison voisine : il y a quelque porte bien cachée dans le mur mitoyen. Où ? je n'en sais rien. Je la vois s'ouvrir pendant mon sommeil, mais lorsque je suis éveillé, naturellement je ne la trouve plus.

Il s'installa dans la partie opposée de l'hôtel, et non content de cette précaution, il fit mettre des serrures de sûreté aux portes et aux fenêtres, qu'il ferma soigneusement tous les soirs. Il ne pouvait dormir que s'il sentait son trousseau de clefs sous son oreiller.

Tout cela n'était que trop significatif, et Charlotte vivait dans une angoisse continuelle. L'explosion qui s'annonçait par ces signes, pouvait se produire d'un moment à l'autre, et elle était sans moyens pour la prévenir ou l'arrêter.

Quand ses transes étaient trop vives, elle voulait consulter un médecin, mais elle rejetait aussitôt cette idée : à quoi bon s'adresser à un médecin, puisqu'elle ne pouvait pas employer le remède qu'il lui ordonnerait?

Elle espérait qu'en gagnant du temps, elle le sauverait : pour elle, tout était là ; et le temps s'écoulait, lentement il est vrai pour son anxiété, mais enfin les heures, les journées se passaient. Encore deux semaines, et le terme fatal serait atteint.

Ce n'était plus qu'une affaire d'heures et de jours : puisqu'elle avait réussi jus-qu'à-là, devait-elle désespérer maintenant.

Malheureusement les symptômes prenaient chaque jour plus de gravité : il ne dormait presque plus ; parfois même il ne voulait pas se coucher et il passait la nuit à marcher dans son cabinet en lisant à haute voix le premier livre qui lui tombait sous la main ; d'un autre côté, son irritation était devenue extrême ; il s'exaspérait à propos de tout, même contre sa femme.

Après lui avoir si instamment demandé de rester toujours près d'elle, il ne voulut plus qu'elle l'accompagnât lorsqu'il sortait.

Ce fut pour Charlotte une crainte nouvelle à ajouter à toutes celles qui la tourmentaient déjà. Pourquoi voulait-il être seul maintenant ? A quels dangers était-il exposé ?

Elle n'eut que trop tôt une réponse à ces questions anxieuses.

Un matin qu'elle était avec lui dans son cabinet, le valet de chambre entra, apportant une carte qu'il remit à Charlotte.

Elle la regarda, et se tournant vers son mari :

— « Le docteur Verbist, oculiste, » dit-elle ; tu connais ce monsieur?

Sans lui répondre, Emmanuel se leva vivement, et s'adressant au valet de chambre en le menaçant de la main :

— Vous ne faites que des sottises, s'écria-t-il, c'était à moi qu'il fallait remettre cette carte, et non à madame.

— Madame a étendu la main, répliqua le domestique, sans rien perdre de sa dignité.

— Vous répondez encore ; je vous chasse ; vous entendez ; votre vue m'exaspère; sortez, mais sortez donc.

Charlotte fit un signe au domestique, qui sortit immédiatement sans répliquer.

Emmanuel allait le suivre, mais elle l'arrêta :

— Tu ne m'as pas répondu, dit-elle.

— Répondu ? A quoi?

— Je t'ai demandé si tu connaissais cet oculiste?

— Certainement. C'est un homme très remarquable, un Belge ; ses ouvrages sur les maladies des yeux sont connus de tout le monde.

— Je ne t'en ai jamais entendu parler.

— Je n'avais pas eu à m'occuper de lui jusqu'à ce jour; maintenant j'ai besoin de lui.

—Tu l'as donc demandé ? dit Charlotte, qui commençait à s'inquiéter.

— Il était convenu qu'il viendrait ce matin; je l'attendais. Sonne, je te prie, et dis qu'on le fasse entrer. Tu nous laisseras ensemble; j'ai à lui parler.

Elle fit ce qui lui était demandé, et presque aussitôt elle vit entrer un homme d'une cinquantaine d'années, à la tournure grave, ayant en tout l'air d'un ministre anglican qui, dès la porte, lui lança un coup d'œil qui semblait dire qu'il voulait lui parler en particulier.

Surprise, elle le regarda plus attentivement et elle le vit, au moment où Emmanuel ne pouvait pas l'observer, répéter sa demande; en même temps, il passa mystérieusement un doigt sur ses lèvres.

Il n'y avait pas à se méprendre sur cette pantomime parfaitement claire : il voulait un entretien qui ne devait pas être connu d'Emmanuel.

Que signifiait ce mystère ? Si le docteur Verbist avait été un médecin ordinaire, elle eût pu avoir des soupçons; mais un oculiste ?

Comme elle restait immobile, cherchant à s'expliquer ce qu'elle ne comprenait pas, elle sentit que les yeux d'Emmanuel se posaient sur elle.

Il voulait qu'elle sortît, et sous peine de provoquer un mouvement d'impatience, peut-être même une scène, elle ne pouvait qu'obéir.

Elle se dirigea vers la porte.

Mais à ce moment le docteur Verbist intervint :

— Est-ce que madame est obligée de sortir ? demanda-t-il.

— Je vous laisse seuls, dit-elle.

— Alors, madame, si vous n'avez pas d'autre raison pour nous quitter, je vous prie de rester.

— Cependant, interrompit Emmanuel.

— Je n'ai point amené d'aide, continua le docteur, car l'opération que j'ai à vous faire est pour aujourd'hui des plus simples.

— Une opération ? demanda vivement Charlotte.

— Rassurez-vous, madame, répondit l'oculiste, presque rien.

— A vrai dire, continua Emmanuel, il s'agit plutôt d'un pansement que d'une opération; n'est-ce pas, docteur ?

Et croyant n'être pas vu de sa femme, il fit au médecin un signe pour lui dire de l'appuyer.

— Sans doute, répondit le docteur Verbist, et c'est précisément pour cela que je n'ai point amené d'aide, comme je vous le disais. Cependant je serais bien aise d'avoir quelqu'un près de moi, pour me donner ce qui m'est nécessaire, et je pense que madame pourra mieux que personne m'être d'un utile secours.

Charlotte écoutait avec surprise, comprenant de moins en moins ce que tout cela signifiait. Quelle était cette opération qu'elle apprenait par hasard ? Pourquoi Emmanuel ne lui en avait-il pas parlé ? Pourquoi voulait-il la lui cacher ? Pourquoi le médecin lui faisait-il des signes mystérieux ? Elle se perdait dans toutes ces questions. Evidemment il se passait quelque chose de grave; mais quoi ?

Pendant qu'elle réfléchissait, Emmanuel tira le médecin dans l'embrasure d'une fenêtre et lui dit bas quelques mots à l'oreille.

— Parfaitement, répondit le médecin; vous pouvez compter sur moi; il sera fait comme vous désirez.

Qu'allait-on faire ?

— Voudriez-vous, madame, dit le médecin, s'adressant à elle, avoir la complaisance de me procurer un foulard et une feuille de ouate ?

Elle sortit pour aller chercher ce qu'on lui demandait.

— J'aurais voulu, dit aussitôt Emmanuel à mi-voix, que ma femme ne connût pas cette opération : je vous l'avais expliqué hier.

— Mais elle ne la connaîtra pas.

— Cependant il me sera bien difficile maintenant de ne pas répondre à ses questions. C'était pour éviter ces questions que je vous ai prié hier de demander à me voir seul.

— C'est aussi ce que j'ai fait; mais le domestique auquel je me suis adressé m'aura mal compris. Me trouvant en présence de madame, j'ai cru que pour mieux entrer dans votre idée, je devais paraître agir avec franchise. Voilà pourquoi je lui ai demandé de me servir d'aide. Après mon départ, rien ne vous sera plus facile que de lui donner l'explication que vous voudrez : kératite, iritis, sclérotite, rétinite, vous n'aurez que l'embarras des noms.

— Ah ! parfaitement, dit Emmanuel avec satisfaction.

Charlotte rentra et donna au médecin ce qu'il avait demandé. Celui-ci plia le mouchoir en large cravate. Puis, cela fait, il prit sur le bureau d'Emmanuel une feuille de papier, la coupa en petits carrés et roula ceux-ci comme s'il avait voulu en faire des allumettes.

De plus en plus étonnée, Charlotte regardait ces étranges préparatifs.

Quand tout fut prêt, le médecin lui mit dans les mains un foulard plié et la feuille de ouate, puis il pria Emmanuel de s'asseoir dans un fauteuil, en pleine lumière.

— Que dois-je faire ? demanda celui-ci.

— Rien, monsieur, vous tenir immobile seulement ; quand je vous aurai introduit dans les yeux, au moyen de ces allumettes en papier, la pommade que vous savez, je vous banderai les yeux avec cette ouate et ce foulard, et vous resterez tranquille dans ce fauteuil pendant dix minutes. Alors je vous examinerai.

Le médecin tira de sa poche une petite boîte en buis, puis ayant trempé dedans le bout de ses allumettes en papier, il le passa sous les paupières d'Emmanuel ; cela fait, il lui banda les yeux avec la ouate et le foulard.

A peine avait-il fait cette opération qu'il fit signe à Charlotte d'attendre à l'autre bout de l'appartement.

Mais comme elle se préparait à obéir, Emmanuel, qui n'avait cependant pas pu voir ce signe, puisque ses yeux étaient hermétiquement clos, la retint près de lui :

— Reste là, dit-il, donne-moi la main, le temps me sera moins long.

En entendant ces quelques mots, le médecin leva les bras au ciel dans un mouvement découragé : décidément il ne pourrait par aucun moyen arriver à avoir l'entretien qu'il avait demandé.

Pendant quelques secondes il resta plongé dans une réflexion attentive, cherchant évidemment comment il sortirait de cette nouvelle difficulté.

Tout à coup il fouilla vivement dans sa poche et, en ayant tiré une carte, il écrivit dessus quelques mots au crayon.

Il était à la gauche d'Emmanuel tandis que Charlotte était à droite ; ils étaient donc séparés par une distance d'à peu près deux longueurs de bras.

Il fit signe à Charlotte d'allonger la main et, sans faire de bruit, de prendre la carte qu'il lui tendait.

Elle obéit.

— Lisez, dit le médecin par un coup d'œil expressif.

Elle lut :

DOCTEUR VERBIST

n° 31, rue de la Chaussée-d'Antin.

Puis au-dessous, écrit au crayon :

« Veuillez venir me voir demain, de deux à quatre heures, pour une communication des plus graves ; il s'agit de la vie de votre mari. »

Elle le regarda épouvantée ; il lui confirma par un signe de tête ce qu'il venait d'écrire.

— Pourquoi ta main tremble-t-elle ? demanda Emmanuel ; qu'as-tu ?

— Veuillez ne pas bouger, dit le médecin d'un ton de commandement.

— Mais...

— Ne parlez pas ; encore trois minutes et je vous rends la liberté.

Au bout des trois minutes, l'oculiste enleva le bandeau, et ayant soulevé les paupières, il parut satisfait de son examen.

— Maintenant, dit-il à Emmanuel, vous allez garder la chambre aujourd'hui toute la journée, en priant madame de vous faire la lecture d'un livre intéressant pour passer le temps. Demain, vous resterez encore enfermé jusqu'à deux heures ; de deux heures à quatre heures, vous sortirez et vous marcherez rapidement, autant que possible là où vous ne serez pas exposé à la poussière, au bois de Boulogne, par exemple. Je reviendrai après-demain.

Sur ce mot, il salua et sortit.

XVI

Charlotte espérait pouvoir faire parler Emmanuel après le départ du médecin, et par quelques questions, apprendre une partie de la vérité, en attendant le lendemain.

En pareille circonstance, l'attente était véritablement affreuse : « il s'agit de la vie de votre mari, » avait écrit l'oculiste.

Comment cette vie se trouvait-elle menacée ?

Mais il ne lui fut pas possible de réaliser son espérance.

A peine le médecin avait-il tiré la porte, qu'Emmanuel alla à la bibliothèque et prit un livre. A la façon dont il le lui tendit, elle vit bien qu'il voulait échapper aux questions, et elle comprit que si elle voulait persister dans son idée de le faire parler, elle n'arriverait à rien, si ce n'est à l'irriter.

Elle prit donc le livre et l'ouvrit :

— Tu n'as jamais lu *Mauprat* ? dit-il.

— Non.

—Je crois qu'il t'intéressera ; pour moi, je l'ai à peu près oublié et je serai bien aise de le retrouver : voilà notre temps pris jusqu'à ce soir, et peut-être même jusqu'à demain.

Elle se mit à lire.

Pour lui, assis dans un fauteuil, il resta immobile jusqu'à l'heure du dîner.

Ecoutait-il cette lecture ? Charlotte, en l'observant à la dérobée, vit qu'il marmottait entre ses dents des paroles pour elle inintelligibles.

Pendant le dîner, il n'était pas possible de parler devant les domestiques.

En sortant de table, il se plaignit de douleurs de tête et voulut se coucher immédiatement.

Evidemment il y avait chez lui parti pris de vouloir échapper à toutes les questions. Elle renonça donc à lui en poser.

Le temps avait marché : elle n'avait plus que quelques heures à attendre.

Mais voudrait-il sortir, et se conformerait-il jusqu'au bout aux prescriptions du médecin ?

Jusqu'à une heure cinquante minutes elle resta dans l'anxiété.

A ce moment il prit son chapeau, et, l'ayant embrassée tendrement comme de coutume, il sortit après lui avoir dit qu'il rentrerait vers quatre heures.

En deux minutes elle fut habillée, et comme deux heures sonnaient, elle entrait chez le docteur Verbist.

On la fit entrer dans un salon où se trouvaient réunies douze ou quinze personnes ayant toutes des figures plus ou moins hétéroclites : les unes s'étaient enfoncées dans les angles de l'appartement, et elles restaient là le visage collé contre la muraille comme si elles avaient été en oraison, les autres portaient des bandeaux sur les yeux ou des abat-jour en carton vert.

Fallait-il qu'elle attendît le défilé de tous ces malades? Ce serait à mourir d'impatience.

Elle sortit dans le vestibule, où se tenait un domestique, et ayant mis une pièce de cinq francs sous la carte de visite, elle plaça le tout dans la main du domestique en le priant de porter cette carte au docteur Verbist.

Cinq minutes après, elle était reçue par celui-ci.

— Vous avez pu sortir? dit l'oculiste en venant au-devant d'elle.

— Mon mari s'est conformé à votre prescription.

— J'ai été vraiment bien inspiré en ordonnant cette promenade, dit le médecin en se frottant les mains avec une satisfaction évidente ; sans elle, je crois bien que vous n'auriez pas pu venir.

— Me voici.

Elle dit ces deux mots de manière à faire comprendre à l'oculiste qu'elle attendait avec une douloureuse impatience les explications qu'il pouvait lui donner.

— C'est juste, dit-il, veuillez vous asseoir, madame, et je suis tout à vous.

Mais avant de parler, il resta un moment la tête appuyée sur sa main, cherchant évidemment comment il allait commencer.

— Ne craignez rien, dit Charlotte, je suis forte et prête à tout entendre.

— Vous savez alors que monsieur votre mari est... halluciné ?

— Je le crains.

— Vous le craignez : eh bien, madame, vos craintes ne sont que par malheur trop fondées.

— Que s'est-il passé ?

— Je vais vous le dire.

— Je vous en prie, monsieur, parlez sans ménagement; n'ayez pas peur de me dire toute la vérité; je vous la demande, et le plus grand service que vous puissiez nous rendre, c'est de m'éclairer.

— J'étais avant-hier dans ce cabinet, commença l'oculiste, et il pouvait être environ trois heures, lorsque je vis entrer monsieur votre mari, que je n'avais pas l'honneur de connaître.

Il s'assit sur ce siége que vous occupez vous-même, et il me dit qu'il venait me consulter pour une maladie des yeux dont il souffrait ; cette maladie, selon lui, était tout a fait étrange.

Vous connaissez monsieur votre mari, madame ; je n'ai donc pas à vous parler de la façon dont il se présenta ; tout ce que j'en veux dire, c'est qu'au premier abord il inspire la sympathe.

Ce mot acheva ce que la demande de l'oculiste avait commencé ; en se trouvant vis-à-vis d'un médecin qui lui témoignait de l'intérêt, Charlotte eut un moment d'espérance.

— J'ai pour habitude, continua le docteur Verbist, d'examiner mes malades pendant qu'ils s'expliquent ; c'est pour cela que je les place dans la lumière. En entendant parler d'une maladie grave, alors que mon examen ne me révélait rien de particulier dans les yeux de monsieur votre mari, si ce n'est cependant quelque chose d'étrange dans l'expression du regard, je fus surpris, et je le priai de me dire tout de suite en quoi consistait cette maladie.

Ici l'oculiste s'arrêta, et quittant le ton du récit :

— Mon Dieu, madame, dit-il, vous me voyez assez embarrassé : je suis assurément tout disposé à me rendre à votre demande ; cependant il est des choses difficiles à expliquer, surtout à une femme.

— Je ne suis pas une femme en ce moment, je suis une garde-malade qui doit tout savoir.

— Je vous obéis. Interrogé par moi, monsieur votre mari m'expliqua que sa maladie consistait dans un trouble de la vision qui était de telle nature qu'il voyait ce qui n'existait pas. Ainsi...

— Parlez monsieur, je prévois ce que vous allez dire.

— Ainsi il voyait perpétuellement devant lui, la nuit comme le jour, et encore plus la nuit que le jour, une personne qu'il me nomma, M. Saffarel, député au Corps législatif. En entendant cela, je fus fixé et compris tout à fait à qui j'avais affaire. Je ne pensai donc plus qu'à éconduire au plus vite ce singulier client, car mon temps ne m'appartient pas ; il est à mes malades. Mais les personnes qui sont dans l'état de monsieur votre mari, ont une persistance invincible. Longuement il m'expliqua ce qu'il avait fait pour se guérir lui-même : les lumières allumées pendant la nuit, le changement d'appartement, etc., tout ce que vous savez vous-même. Tout avait été inutile : il continuait à voir sans cesse M. Saffarel.

En désespoir de cause, il venait à moi pour que je le guérisse. Là dessus, je lui expliquai que je ne connaissais pas de remède à cette maladie et que je l'engageais à consulter un autre médecin. Puis je me levai. Mais il ne se laissa pas ainsi congédier ; il me dit qu'il avait lui-même trouvé le remède qui seul pouvait le guérir et que ce qu'il me demandait c'était d'appliquer ce remède : je suis venu, dit-il, pour que vous me creviez les yeux.

— Mon Dieu, s'écria Charlotte.

— Hélas ! madame, il faut bien que je vous dise tout, puisque vous voulez tout entendre. Ici même se place une chose dont j'ai été vivement ému, et qui à vrai dire, m'a dicté ma conduite envers vous. Crever les yeux n'est rien, continua monsieur votre mari, et je me serais moi-même fait cette petite opération si je n'avais pas voulu qu'elle fût faite avec grand soin. Car il faut que vous sachiez — c'est lui qui parle, — il faut que vous sachiez que je suis marié à une femme charmante que j'adore. Pour elle je ne veux pas être défiguré. Il faut donc que vous me fassiez cette opération assez proprement pour qu'il n'en reste pas trace. Ce que je veux, c'est ne plus voir ce qui me trouble la raison et m'impose des tortures qui me conduiraient au suicide. Mais je veux conserver mes yeux tels qu'ils sont, cela doit être facile.

— C'est horrible ! s'écria Charlotte, en se cachant le visage dans son mouchoir.

Après un moment de silence, le docteur Verbist continua :

— J'avais tout d'abord été disposé à renvoyer monsieur votre mari, mais ses dernières paroles me touchèrent ; je vis en lui tant de véritable tendresse que je fus pris de pitié. Au lieu de le brusquer, j'entrai dans son idée et lui dis que je trouvais comme lui le remède qu'il m'indiquait excellent ; mais que malheureusement je ne pouvais pas l'appliquer avec la facilité qu'il s'imaginait. Sans doute, crever les yeux n'était rien, mais les crever assez habilement pour qu'il ne restât pas traces de l'opération était une chose délicate, qui demandait des précautions et des soins préliminaires. Il devait subir un traitement préparatoire.

A ce mot, il se montra désolé, disant que vous ne connaissiez pas son projet auquel vous vous opposeriez, et que ce traitement préparatoire vous l'apprendrait.

En voyant que vous ignoriez la vérité, j'insistai davantage, et afin de pouvoir vous avertir, je dis que je ne pouvais appliquer mon traitement que chez lui, pour que ses yeux ne fussent pas exposés à l'air après le pansement. Ce fut ainsi que j'obtins votre adresse, et que je pus aller vous voir hier.

— Ah ! monsieur, combien je vous suis reconnaissante ?

— J'avais cru que je pourrais avoir avec vous un entretien particulier ; mais les soupçons de votre mari, vous l'avez vu, m'en ont empêché ; c'est alors que j'ai inventé la comédie du foulard, puis celle de mon ordonnance, afin de vous permettre de venir pendant cette promenade de deux heures. Il fallait que vous fussiez prévenue, car il était évident pour moi que vous ne connaissiez pas toute la gravité de la maladie de votre mari, et que vous ignoriez notamment quelques-uns des faits qui la caractérisent ; ainsi cette demande de lui crever les yeux Il y a là, madame, une indication qui doit appeler toute votre attention.

— Mais que faire ?

— Mon Dieu, madame, je suis médecin oculiste, je ne suis pas médecin aliéniste, et c'est un aliéniste que vous devez consulter.

— Mais un aliéniste me conseillera de placer mon mari dans une maison de santé, et cela est impossible.

— Il ne m'appartient pas de vous donner un conseil ; tout ce que je dois vous dire, c'est que l'état de monsieur votre mari est très grave et que vous ne sauriez agir avec trop de précaution. Rappelez-vous qu'il a parlé de suicide. Prenez donc le plus vite possible les mesures que des personnes compétentes vous indiqueront. Il y a urgence. Et pour moi cette urgence est si grande, que craignant de ne pas vous voir aujourd'hui, malgré l'ordre de promenade que j'ai donné à votre mari, j'ai prévenu par une lettre M. Saffarel de ce qui se passait.

— Georges ?

— J'ai voulu, autant qu'il était en mon pouvoir, prendre toutes les précautions pour prévenir un malheur imminent.

Monsieur votre mari m'avait beaucoup parlé de M. Saffarel ; il m'avait dit qu'il était votre plus proche parent ; je l'ai averti, pour le cas où l'on vous empêcherait de venir ici, car je ne pouvais pas vous écrire directement, de peur que ma lettre ne fût ouverte par votre mari. Voyez donc M. Saffarel ; voyez toutes les personnes en qui vous aviez confiance mais, hâtez-vous, madame.

Après avoir remercié le docteur Verbist comme elle le devait, ou plus justement comme elle put, Charlotte le quitta.

— Que faire ?

Son hésitation ne fut pas longue : ayant consulté sa montre, elle vit qu'il était deux heures et demie.

— Conduisez-moi au Corps législatif, dit-elle à son cocher.

XVII

En allant au Corps législatif, Charlotte n'avait qu'une idée : empêcher Georges de venir rue de Boulogne.

Sur la lettre du docteur Verbist, il voudrait à coup sûr accourir près d'elle pour se mettre à sa disposition, et il pourrait se rencontrer avec Emmanuel.

Il ne fallait pas que cela pût arriver.

Elle avait plus de temps qu'il ne lui fallait pour faire cette démarche avant qu'Emmanuel fût de retour.

Elle expliquerait à Georges son affreuse situation et lui ferait comprendre combien il serait dangereux qu'il vînt rue de Boulogne.

Elle n'avait pas songé à se demander comment elle pénétrerait dans le palais du Corps législatif, et son cocher l'avait conduite à l'entrée par où passent les personnes qui ont des billets pour assister aux séances.

— Madame a une carte ? demanda un gardien lorsqu'elle se présenta à cette porte d'entrée.

Elle s'arrêta interdite, car elle était dans une disposition morale, où l'obstacle le plus insignifiant vous embarrasse.

— Non, dit-elle.

— Alors vous ne pouvez pas entrer.

— J'ai besoin de voir un député.

— On a toujours besoin de voir les députés, et c'est pour cela qu'on veut entrer ; lequel ?

— M. Georges Saffarel.

Charlotte commençait à être fort mal à son aise : elle sentait une vingtaine d'yeux braqués sur elle : elle entendait un murmure confus de chuchottements.

Mais une femme jeune, élégante et jolie ne reste point au milieu d'un groupe d'hommes, sans qu'un chevalier français vienne à son secours.

Ce chevalier surgit tout à coup sous la forme d'un homme d'une cinquantaine d'années, au ventre ballottant, au visage fleuri, à la figure joufflue et rougeaude, portant dans toute sa personne, dans sa tête, légèrement renversée en arrière, aussi bien que dans sa poitrine décorée, qui bombait en avant, l'auréole d'un vainqueur, — un vainqueur bourgeois bien entendu, qui, après avoir fait sa fortune dans un commerce quelconque, avait la gloire d'administrer présentement les affaires de la France, et considérait le Palais-Bourbon comme lui appartenant.

Il s'approcha de Charlotte, le chapeau à la main et le bras arrondi.

— Vous désirez voir M. Georges Saffarel? dit-il avec son sourire le plus engageant.

En entendant cette interpellation, Charlotte se retourna vivement et regarda en face celui qui lui adressait la parole.

Ce qui eût peut-être rassuré une autre femme, la blessa ; mais elle n'était point en situation d'écouter ses sentiments : il lui fallait voir Georges.

— Oui, monsieur.

— Eh bien, madame, si vous voulez me faire le plaisir d'accepter mon bras, je vais avoir l'honneur de vous conduire.

Charlotte avait eu le temps de revenir de son premier mouvement de surprise, et la réflexion lui avait indiqué un moyen de sortir de son embarras sans avoir besoin de se promener à travers le Palais-Bourbon au bras de ce guide trop aimable.

— Je vous suis bien reconnaissante de votre offre de service, dit-elle; mais plutôt que de me mettre à la recherche de M. Saffarel, je préférerais l'attendre ici.

— Ici! au milieu de ce monde?

— Dans ma voiture ; ce que je désirerais, ce serait donc que vous voulussiez bien faire passer ma carte à M. Saffarel.

Ce rôle de commissionnaire ne pouvait pas convenir à ce vieux vainqueur, et ce n'était point ainsi qu'il avait compris que les choses se passeraient.

S'il s'était mis à la disposition de Charlotte, c'était pour avoir la satisfaction de se montrer dans les couloirs avec une jolie femme à son bras.

Porter une simple carte pour obliger cette jolie femme, qu'il ne reverrait sans doute jamais, ne lui disait rien d'agréable.

Il voulut expliquer à Charlotte qu'un député ne pouvait pas quitter ainsi la séance pour venir dans la rue, parler à une femme, si charmante qu'elle soit ; qu'il y avait dans le palais des salles dans lesquelles les députés recevaient les visites de leurs amis ou de leurs électeurs.

Charlotte persista dans son idée; et, à la fin, elle parvint à remettre au député sa carte, sur laquelle elle avait écrit quelques mots pressants.

Deux minutes après, elle voyait Georges arriver rapidement, tenant dans sa main une poignée de lettres.

— Que se passe-t-il? demanda-t-il.

— Vous n'avez donc pas reçu une lettre du docteur Verbist?

— On vient de me remettre à l'instant même mon courrier; je ne l'ai pas encore décacheté.

Ces quelques paroles avaient été échangées par la portière de la voiture, Georges étant sur le trottoir et Charlotte la tête avancée dans l'encadrement de la glace.

— J'ai à vous parler, dit-elle.

— Emmanuel?

— Il est en grand danger. Pouvez-vous me donner quelques minutes ?

— Tout le temps que vous voudrez. Vous savez bien qu'avant tout je suis à vous.

Disant cela, il ouvrit la portière, et, montant dans la voiture, il s'assit auprès de Charlotte.

— Allez droit devant vous, dit-il au cocher, du côté des Champs-Elysées.

— Non, interrompit-elle vivement, pas aux Champs-Elysées; n'importe où, sur le quai.

Il était regrettable pour Charlotte que Georges n'eût pas lu la lettre du docteur Verbist; son récit eût été ainsi simplifié, et il n'eût point été nécessaire qu'elle en-trât dans des détails qui l'embarras-saient.

— Avez-vous vu le docteur Louville, depuis que j'ai été le consulter ? deman-da-t-elle.

— Sans doute ; le lendemain même ; avez-vous pu supposer qu'après votre let-tre, je resterais sans m'inquiéter d'Emmanuel?

— Que vous a dit M. Louville ?

— Il m'a dit que d'après vos explica-tions, il jugeait l'état d'Emmanuel très grave, et que, pour lui, le seul remède était en traitement dans une maison de santé. Il m'a dit aussi que vous aviez re-poussé son conseil sans vouloir rien en-tendre, et que vous ne consentiriez ja-mais à placer votre mari dans une mai-son de santé.

— Et c'est tout ?

— C'est tout ; il m'a de plus longuement développé les raisons qui rendaient ce traitement indispensable, aussi bien dans l'intérêt d'Emmanuel que dans le vôtre ; mais comme vous connaissez ces raisons, et qu'elles ont été sans influence sur vous, il est inutile que je vous les répète. Je ne veux pas que vous puissiez suppo-ser un instant que je désire une sépara-tion entre Emmanuel et vous ; alors sur-tout que cette séparation serait amenée par le placement de votre mari dans une maison de santé. Ma situation est délicate et je suis tenu à des ménagements qui m'ôtent une grande partie de ma li-berté.

Sa situation ! C'était de lui qu'il par-lait, c'était à lui qu'il pensait dans un pa-reil moment.

— Ce que je voulais savoir, dit-elle, c'était si M. Louville vous avait parlé des hallucinations d'Emmanuel.

— Sans doute ; il m'a dit que votre mari croyait voir sans cesse devant lui certaines personnes, et que j'étais une de ces personnes.

— Alors vous savez ce qui a déterminé ma visite. Depuis que j'ai été chez M. Lou-ville, les hallucinations d'Emmanuel ont augmenté, au moins en violence, et elles sont devenues si intolérables pour lui, qu'il y a trois jours il a été demander au docteur Verbist, un oculiste que vous de-vez connaître, de lui crever les yeux.

— Hélas ! le malheureux est fou.

— C'est ce qu'a pensé le docteur ; alors comme Emmanuel lui avait parlé de vous en lui disant les liens de parenté qui vous unissent, il vous a écrit pour vous préve-nir. J'ai eu peur qu'en lisant cette lettre vous ne vouliez venir rue de Boulogne.

— C'est assurément ce que j'aurais fait; car, si grande qu'ait été la réserve que j'ai cru devoir m'imposer et que jusqu'à ce jour j'ai pu observer, en pareille cir-constance, je n'avais qu'une chose à faire; aller à vous. J'y serais donc allé pour vous demander quel parti vous vouliez prendre ; ce que je vous demande, d'ail-leurs, en me mettant à votre disposi-tion.

— Quel parti voulez-vous que je pren-ne? Que puis-je ?

— Je comprends que vous ayez répondu au docteur Louville que vous ne consen-tiriez jamais à suivre son conseil et à pla-cer Emmanuel dans une maison de santé; mais la situation n'était pas alors ce qu'elle est maintenant : vous aviez des craintes; maintenant, vous avez une cer-titude.

— Emmanuel m'a fait jurer que je ne le mettrais jamais dans une maison de santé.

— Ce sont là de ces serments qu'on prête facilement, mais qu'on ne tient que dans la limite du possible. Nos appréhen-sions se sont par malheur réalisées : au-jourd'hui Emmanuel est fou : pouvez-vous le laisser libre alors qu'il est incapable de se conduire?

— Je le conduirai.

— Le pouvez-vous? Quelle autorité au-rez-vous sur lui?

— Celle que donnent la tendresse et la reconnaissance.

— Et s'il perd cette reconnaissance, comme il a perdu la raison, que ferez-vous ?

— Il sera temps alors de chercher.

— Il sera temps, dites-vous, et s'il est trop tard? De quoi un fou n'est-il pas ca-pable, soit contre lui-même, soit contre les autres. Je ne veux certes pas ajouter un tourment à tous ceux que vous endu-rez déjà, mais enfin il faut bien vous rap-peler le souvenir de la mère d'Emma-nuel. On ne l'avait pas placée dans une maison de santé. Y eût-elle guéri, je n'en sais rien. Mais le certain, c'est qu'elle n'aurait pas pu se jeter dans un étang,.. Que jusqu'à ce jour Emmanuel n'ait rien fait ou rien dit de nature à nous permettre de craindre une pareille fin, c'est possible, mais qui sait ce qui peut se passer?

— Il a parlé de suicide au docteur Verbist.

— Il a parlé de suicide, et vous hésitez: et vous demandez quel parti prendre, arrêtée, enchaînée par je ne sais quel serment; eh bien moi je n'hésite plus.

— Vous!

— A votre exclamation je comprends que vous vous demandez de quel droit je me permets d'intervenir dans une affaire do cette importance. Je vais vous le faire connaître, ce droit. Mais avant tout sachez que je ne voulais à aucun prix me rapprocher de vous, car ce rapprochement ne peut être que plein de souffrances pour moi.

Et comme elle se rejetait en arrière.

— Si je parle ainsi, dit-il, c'est que ces paroles devaient être prononcées. Maintenant j'arrive au droit que j'ai d'intervenir. Je suis votre plus proche parent, votre cousin, celui d'Emmanuel : en cette qualité et conformément à la loi, j'ai le droit de demander que mon cousin, atteint d'aliénation mentale, soit placé dans un établissement d'aliénés. Voilà mon droit, il est précis et je suis prêt à le faire valoir, si vous ne vous décidez pas à sortir d'une inertie dangereuse à tous les points de vue, pour lui et pour vous.

— Mais que puis-je? dit-elle, en se tourdant les mains: comment voulez-vous que je sorte de ce que vous appelez mon inertie?

— Vous pouvez, vous devez une chose, et tout vous oblige, votre conscience, l'intérêt d'Emmanuel, le vôtre, à la faire: vous en tenir à l'avis d'un médecin.

Puis se penchant par la portée ouverte, il arrêta le cocher et lui dit de rebrousser chemin pour aller rue Lepelletier.

— Je vais vous conduire chez Louville, dit-il à Charlotte; si vous n'avez pas confiance en lui, nous en verrons un autre; si vous n'avez pas confiance dans cet autre, nous en verrons un troisième, puis un quatrième.

— Mais Emmanuel doit rentrer à quatre heures, dit-elle, il faut qu'il me trouve.

— En nous pressant, nous avons le temps de voir Louville; demain, si vous le voulez, nous verrons les autres.

XVIII

— Je vous attendais, madame, dit le docteur Louville, lorsqu'il vit entrer Charlotte dans son cabinet.

Charlotte, surprise, se tourna vers Georges pour lui demander l'explication de ces paroles.

— Je veux dire, continua le médecin, qu'un jour ou l'autre vous deviez me revenir ; je regrette seulement que ce soit si tôt. Que se passe-t-il donc ?

Ce fut Georges qui se chargea de répondre, en répétant le récit que Charlotte lui avait fait.

— Ainsi, demanda le docteur Louville, les hallucinations visuelles sont devenues plus fréquentes ?

— Surtout plus violentes, répondit Charlotte.

— Parfait. Il ne s'y mêle pas des hallucinations de l'ouïe? Ainsi il n'entend pas des voix ?

— Je ne crois pas.

— Lorsqu'il a été trouver le docteur Verbist, n'est-ce pas une voix qui lui a ordonné de se faire crever les yeux?

— Je ne sais pas.

— Vous ne savez pas ; pour moi cela est probable, ces deux hallucinations vont généralement ensemble. Maintenant que désirez-vous de moi ?

— Un conseil, dit Georges.

— Je ne puis pas vous donner d'autre conseil que celui que j'ai déjà indiqué à madame et qu'elle a repoussé: l'isolement dans une maison de santé.

— Vous ne pensez pas que madame puisse soigner utilement son mari chez elle?

— Avant de me prononcer d'une manière décisive, j'ai besoin d'examiner le malade. Tout ce que je puis aujourd'hui, c'est répéter ce que j'ai déjà dit, en l'appuyant, car les circonstances sont plus graves qu'elles ne l'étaient la première fois que j'ai eu l'honneur de voir madame.

— Vous entendez, dit Georges, se tournant vers Charlotte.

Le docteur Louville adressa à Georges son plus aimable sourire, et d'un ton de gronderie amicale :

— Ne soyez pas trop sévère pour madame, dit-il, et mettez-vous à sa place : elle aime son mari, elle veut le garder auprès d'elle, quoi de plus naturel? Et puis, d'un autre côté, madame nourrit contre les maisons de santé des préjugés que partagent par malheur quelques gens du monde. Voilà son excuse.

— Mon mari m'a fait promettre de ne jamais le placer dans une maison de santé.

— A-t-on jamais vu une personne raisonnable exiger un pareil engagement, s'écria le médecin; cela seul suffirait pour constater la folie chez votre malheureux mari. Mais vous n'aviez pas le droit, madame, de prendre un pareil engagement? votre mari ne vous appartient pas; que son état compromette l'ordre public ou la sûreté des personnes, et le préfet de police ordonnera d'office son placement dans un établissement d'aliénés.

— Il ne compromet ni l'ordre public, ni la sûreté des personnes.

— Vous le croyez; mais qu'en savez-vous? Un aliéné, madame, n'est pas un malade comme un autre, qu'on peut soigner tranquillement à sa manière. C'est à nous, médecins aliénistes, qu'il appartient de prononcer si un malade est ou n'est pas dangereux et non aux gens du monde. Je veux bien admettre avec vous que votre mari n'est pas dans un état qui compromette la sûreté des personnes, mais êtes-vous certaine qu'il ne compromettra pas sa propre sûreté? Parce que vous voyez votre mari raisonner juste le plus souvent et ne déraisonner que rarement, parce qu'il est debout, parce qu'il mange, parce qu'il va et vient comme tout le monde, vous ne le regardez pas comme menacé de mort.

— Hélas!

— Eh bien, sachez, madame, que si vous le laissez libre de faire ce qu'il veut, il est aussi bien en danger que s'il avait une fluxion de poitrine, une fièvre typhoïde ou le choléra. Vous ne savez pas où conduisent les hallucinations. Tenez: un halluciné croit apercevoir sa femme aux prises avec des assassins; il se figure qu'il ne peut la secourir; il prend son rasoir et se coupe la gorge. Un autre croit voir sa femme entre les bras d'un surveillant, il se jette sur ce gardien et le tue. Un soldat, au régiment, croit la nuit voir l'image de sa fiancée qui serait morte au pays, il se tue pour la rejoindre.

Pendant que le docteur Louville parlait, Charlotte tenait sa montre dans sa main, et bien qu'elle écoutât avec une poignante angoisse les explications du médecin, elle suivait sur le cadran la marche des aiguilles. Encore quelques minutes et il serait quatre heures.

— Je pourrais vous citer des exemples de ce genre jusqu'à demain, continua le docteur Louville, et si vous voulez lire un des nombreux livres publiés sur les hallucinations, vous verrez que le suicide est trop souvent la terminaison fatale de cette maladie.

— C'est ce qu'il faut tout d'abord empêcher, dit Georges; ensuite nous chercherons la guérison.

— J'ai indiqué le seul moyen; madame l'a repoussé et le repousse. Si vous êtes convaincu, monsieur, que la vie de M. Narbanton est en danger, prenez vous-même les mesures que la loi met à votre disposition: ou demandez le placement de votre parent dans une maison de santé; ou, si vous craignez de la résistance, provoquez l'interdiction; faites-vous nommer tuteur; alors vous agirez pour le mieux des intérêts du malade, malgré madame s'il le faut. Plus tard, lorsque nous lui rendrons son mari guéri, elle nous saura gré de la violence que vous lui aurez faite. Au reste, je n'ai pas besoin d'insister sur ce point auprès d'un jurisconsulte tel que vous; vous savez aussi bien que moi ce que la loi vous permet.

Charlotte se levant vivement se plaça entre Georges et le docteur Louville.

— Ne croyez pas, dit-elle, que je veuille lutter contre vous, ou lutter contre la loi. Ce que j'ai voulu, ce que je veux, c'est sauver mon mari. Pour cela, je donnerais ma vie; vous ne me touchez donc pas quand vous me dites que je l'expose en gardant Emmanuel. Si je ne me suis pas rendue aux conseils qu'on me donnait, c'est parce que j'ai cru que je pouvais donner à mon mari des soins meilleurs que ceux qu'il recevrait dans une maison de santé. J'ai cru aussi que, puisque sa principale maladie était la peur de la folie, il ne fallait pas lui prouver qu'il était fou en l'enfermant avec des fous. Enfin, j'ai voulu le garder, parce qu'il est mon mari et que c'est mon devoir de me consacrer à lui.

— Votre devoir ne va pas jusqu'à vous obliger au sacrifice de votre vie, dit sentencieusement le médecin.

— Chacun comprend le devoir à sa manière, et à cet égard j'entends me diriger d'après mon propre sentiment.

— Alors, ma chère cousine, il est inutile de demander des conseils, interrompit Georges.

— Il est des conseils que j'accepte, il en est d'autres que je repousse. Vous me dites qu'en gardant mon mari près de moi et en refusant de le placer dans une maison de santé, je compromets sa vie. Je ne le croyais pas ; j'espérais, au contraire, le soutenir et, par mes soins, empêcher son mal de s'aggraver. Mais enfin il est possible que je me trompe et que les transes qu'il m'a fallu traverser en ces derniers temps aient égaré mon jugement. J'ai été si bouleversée ; je l'ai entendu si souvent me supplier de ne pas l'abandonner ; j'ai vu si souvent son effroi à la pensée qu'il pouvait devenir fou et qu'on le placerait dans une maison de santé, que sans doute j'envisage mal la situation. Je vois par ses yeux. Enfin, au milieu de tous ces tourments, tiraillée de tous côtés, j'en suis venue à ne plus savoir que faire ni comment me diriger. Dans ce désastre, vous dites que je dois suivre votre avis, sous peine de perdre mon mari. Mon sentiment, je vous l'avoue, se refuse à vous écouter. Mais je comprends que, dans des circonstances aussi terribles, je ne puis pas me laisser guider par mon sentiment. Vous, monsieur…..

Elle se tourna vers Louville.

— Vous êtes médecin et votre nom fait autorité. Vous...

Elle s'adressa à Georges.

— Vous êtes mon cousin, mon camarade d'enfance, l'ami de mon mari. Tous deux assurément, vous ne pouvez avoir qu'une chose en vue : sauver Emmanuel. Vous vous réunissez et vous me dites que je dois le placer dans une maison de santé. Mon cœur, mon sentiment, mon instinct, tout en moi se révolte contre ce conseil. Mais je suis seule contre vous deux ; je suis une femme ignorante, et mon instinct, je le reconnais, ne peut pas prévaloir contre votre opinion raisonnée. Cependant, permettez-moi encore de résister.

Georges fit un geste pour interrompre.

— C'est un dernier effort, dit-elle, et je vous prie de me laisser vous l'expliquer librement, car je n'ai que quelques minutes à moi ; il faut, vous le savez, que mon mari me trouve chez moi lorsqu'il va rentrer. Voici ce que je voudrais : il est impossible qu'on fasse enfermer mon mari sans qu'un médecin l'ait vu.

— Assurément, dit le docteur Louville.

— Alors, monsieur, je vous demande de le voir.

— Je suis à votre disposition.

— Mais je vous demande aussi de ne pas le voir seul. Ne soyez pas blessé par ma prière. Certainement j'ai toute confiance en vous : mais enfin, vous pouvez vous tromper. Tous les jours un médecin admet un de ses confrères en consultation. Vous choisirez vous-même ce confrère. Ce que je désire seulement, c'est que par son nom il impose son ordonnance, de sorte qu'il ne soit pas possible d'hésiter ou de revenir en arrière quand il aura prononcé.

— Et où voulez-vous que ces messieurs voient Emmanuel? demanda Georges.

— J'ai pensé à cela. Le voir franchement en disant qu'on vient l'examiner est impossible.

— Cela n'est pas nécessaire ; avec ce que nous savons déjà, il suffit que nous puissions le revoir n'importe où durant quelques instants et le faire parler.

— Eh bien, nous avons un ami chez qui nous pouvons nous rencontrer, M. Portail, le professeur du Jardin des Plantes, que vous devez connaître.

— Parfaitement, répondit le médecin.

— Alors entendez-vous avec votre confrère et trouvez-vous chez M. Portail ; nous nous y rendrons de notre côté. Convenez de tout cela avec M. Saffarel, je vous prie.

— J'irai vous dire ce qui a été décidé.

— Non ; veuillez seulement vous entendre avec M. Portail que vous mettrez au courant de ce qui se passe. M. Portail de son côté nous écrira pour nous dire qu'il a besoin de nous à une heure qu'il nous indiquera ; par ce moyen nous pourrons nous rencontrer certainement avec ces messieurs. Faites pour le mieux ; mon espoir est en vous, Georges, et en vous, monsieur.

Et sans autre adieu, elle sortit rapidement.

— Voilà une petite femme qui prend les choses par le côté tragique, dit Louville après le départ de Charlotte.

— Elle a toujours été passionnée.

— Mauvaise disposition ; ça peut conduire loin. Enfin, pour le moment, c'est de son mari qu'il s'agit. Voulez-vous que nous appelions Patras en consultation ?

— Qui vous voudrez.

— C'est lui que le tribunal m'adjoint le plus souvent.

— Prenez-le ; pour moi, peu importe ; en vous est ma confiance.

— Prévenez-moi alors quand vous vous serez entendu avec le bonhomme Portail. Vous le connaissez ?

— De nom seulement.

— Eh bien, vous allez voir le bonhomme le plus étrange qui se puisse rencontrer ailleurs que dans une maison d'aliénés atteints de la manie raisonnante au plus haut degré.

— Vous entendez par manie raisonnante ?

— Cette disposition qui fait que les maniaques raisonnants ont tous une sensibilité morale exagérée et très mobile. La moindre chose les exalte outre mesure, et alors ils parlent beaucoup et gesticulent ; avec cela, des qualités, mais plus brillantes que solides. Ce sont ces malades qui nous donnent le plus de peine ; les aliénistes seuls savent les reconnaître, et, à leur égard, la majorité des médecins demeure comme le public dans un état d'ignorance regrettable. Au reste, maintenant que vous êtes averti, vous verrez.

Georges se dirigeait vers la porte, quand le docteur Louville le retint.

— Enchanté, monsieur Saffarel, dit-il, de cette occasion qui nous réunit. Vous verrez ce que sont les médecins aliénistes. On nous a beaucoup attaqués en ces derniers temps. Je suis bien aise que vous nous voyiez à l'œuvre. Si jamais la loi de 1838 est discutée devant la Chambre, vous pourrez parler de l'aliénation mentale avec une expérience personnelle et réfuter les préjugés qui ont cours parmi les gens du monde. Nous serons fiers d'être défendus par une voix comme la vôtre. Et peut-être même alors parlerez-vous au nom du gouvernement, car tout nous amène à un ministère libéral où votre place est marquée d'avance.

XIX

Charlotte était auprès de son mari, qu'elle ne quittait plus d'ailleurs, lorsque celui-ci reçut une lettre de M. Portail.

En reconnaissant l'écriture de l'adresse, Charlotte eut un cruel serrement de cœur.

— C'est M. Portail qui m'écrit, dit Emmanuel après avoir lu la lettre ; il demande que nous l'allions voir ce soir à huit heures, chez lui. En voilà une idée !

— Une idée comme une autre.

— J'ai bien envie de lui répondre que cela nous est impossible.

— Pourquoi impossible ? Tu avais un projet pour ce soir ?

— Mon Dieu, non ; seulement c'est aujourd'hui l'anniversaire de notre arrivée à Tunis, et en ouvrant le *Tour du monde* ce matin, j'ai vu qu'il commençait la publication d'un voyage dans ces pays. J'avais espéré que nous lirions ce soir ce voyage. Ainsi nous serions remontés de quatre années en arrière, et par la lecture nos souvenirs nous seraient revenus comme un parfum. Ah ! si l'on pouvait vivre dans le passé ! Il a été si doux pour moi, ce passé, si rempli de joies, et l'avenir est si effrayant ! Enfin, nous retrouverons le *Tour du monde* demain,...si nous avons un demain ; allons ce soir chez M. Portail. Il ne faut peiner personne, surtout les vieillards ; eux non plus n'ont pas le lendemain assuré.

Emmanuel fut surpris, en entrant chez le savant, de le trouver en conférence avec deux messieurs assis à chaque coin de la cheminée. L'un déjà vieux, à la face rouge encadrée dans une cravate blanche, parlait lentement et posément — l'autre, jeune encore, vêtu avec élégance, répondait en souriant et en plaisantant aux observations de son vis-à-vis.

Quels étaient ces messieurs ? La curiosité d'Emmanuel ne fut pas satisfaite, car M. Portail ne fit aucune présentation, et après avoir serré la main d'Emmanuel et de Charlotte, il continua la conversation au point où elle avait été interrompue.

— Ainsi, pour vous, dit M. Portail s'adressant au plus jeune de ses deux visiteurs, la nature a créé un type spécifique de l'homme.

— Je ne vous chicanerai pas sur les mots; j'admets la nature, puisque c'est de ce terme vague que vous voulez vous servir, et je vous dis qu'en dehors de ce type spécifique il n'y a qu'erreur et confusion : tout écart de ce type est une anomalie.

— Où est-il, votre type ? interrompit le vieux.

— Bien entendu, continua M. Portail, chacun de ceux qui admettent ce type a la prétention de s'en rapprocher, de sorte qu'on juge les autres d'après soi-même : je suis avare, les prodigues sont fous; je suis prodigue, j'accuse alors les avares de folie.

A ce mot, Charlotte vit Emmanuel tressaillir : à la dérobée, il regarda autour de lui : évidemment il se demandait quels étaient ces gens. On avait parlé de folie, il était inquiet, et toutes les questions se choquaient dans son esprit troublé. Ah! comme elle eût voulu se jeter à travers cet entretien et le détourner? Mais l'épreuve était commencée; il fallait maintenant la laisser aller jusqu'au bout. C'était devant des juges qu'il comparaissait, le malheureux. Qu'allaient-ils décider de lui ?

Son espérance était dans le docteur Patras; comme son confrère, il n'arrivait pas avec une idée préconçue. Et puis avec ces cheveux blancs, avec cette tête vénérable, il était impossible qu'il voulût faire enfermer Emmanuel.

Elle ne le quitta plus des yeux, tâchant de suivre et de lire sur son visage les impressions par lesquelles il passait.

Cependant l'entretien continuait ; mais comme il était maintenu par M. Portail dans des généralités théoriques, Emmanuel peu à peu se rassura, et Charlotte vit son émotion se calmer.

Mais bientôt le docteur Patras descendit des hauteurs où M. Portail semblait vouloir rester.

— J'en appelle à monsieur, dit-il en s'adressant à Emmanuel, pour lui Jeanne d'Arc était-elle hallucinée? Il n'a pas de parti pris, c'est le bon sens qui va répondre par sa bouche. Oui, ou non, croyez-vous que la Pucelle a été saisie par les transports de la théomanie?

Emmanuel resta longtemps sans répondre, les yeux baissés, le front rouge, montrant dans toute sa personne l'attitude de la honte ; parfois il relevait les yeux sur son interlocuteur, mais il les baissait aussitôt, comme s'il n'osait le regarder ; cette mobilité du regard avait quelque chose de tout à fait caractéristique.

— Je ne sais, dit-il enfin, et je serais vraiment bien embarrassé pour me prononcer.

En parlant ainsi, il avait balbutié, ses gestes avaient été gauches, et, dans les muscles de son visage, il s'était produit des tressaillements.

— Pour mon ami Narbanton, dit M. Portail, Jeanne d'Arc est une illuminée.

— Illuminée et hallucinée n'est pas du tout la même chose, continua le docteur Patras. En effet, qu'est-ce que l'hallucination et comment se produit-elle ?

Continuant ainsi, il avait expliqué l'hallucination; et tout en paraissant se tenir dans la théorie, il avait très habilement décrit l'état d'Emmanuel.

Alors, lui venant en aide, le docteur Louville avait insisté, et cette conversation s'était transformée en un véritable interrogatoire, qui portait adroitement sur les principaux points que les deux médecins voulaient toucher.

Après s'être défendu pendant le premier moment, Emmanuel s'était bien vite livré, et il avait même été au devant des questions, comme s'il était entraîné par la curiosité d'approfondir un sujet qui, depuis longtemps, obsédait son esprit.

Rien de personnel ne lui avait été demandé par les médecins, et cependant en moins d'une demi-heure ils avaient appris tout ce qu'ils avaient intérêt à savoir.

Quel supplice pour Charlotte, suspendue aux lèvres du vieux Patras!

Enfin celui-ci s'était levé, et M. Louville l'avait suivi ; puis, après avoir salué Charlotte et serré longuement la main à Emmanuel, ils étaient partis, accompagnés par M. Portail, qui avait voulu les reconduire jusqu'à l'escalier.

— Quels peuvent être ces messieurs ? demanda vivement Emmanuel; pourquoi M. Portail ne nous a-t-il présentés les uns aux autres? Pourquoi ont-ils parlé d'hallucination?

— Mais, mon ami, je n'en sais rien ; il me semble qu'ils ont continué une conversation commencée.

— Pourquoi cette conversation roulait-elle, en nous attendant, sur ce sujet? Pourquoi, lorsqu'ils sont partis, m'ont-ils serré la main comme s'ils voulaient me tâter le pouls? Tout cela est bien étrange. Tu as donc parlé de mes craintes à M. Portail? Tu as peut-être voulu avoir une consultation; ces gens sont des médecins, n'est-ce pas?

Il s'était animé et parlait avec une violence contenue.

A ce moment le savant rentra dans le salon.

Il avait pris son attitude « bonhomme », mais en réalité il paraissait profondément troublé.

— Voilà de curieux originaux, n'est-ce pas? dit-il d'un ton dégagé en s'adressant à Emmanuel.

— En effet.

— Enfin, nous en sommes débarrassés, et nous pouvons nous occuper de nos affaires. Je vous demande pardon, ma chère petite, de vous avoir exposée à cette conversation, fort peu intéressante pour une femme.

— Vous les connaissez... beaucoup? demanda Emmanuel, poursuivant son idée.

— Nous disions donc, continua M. Portail, évitant de répondre à cet interrogatoire, que je vous ai écrit ce matin pour vous prier de venir. Vous avez peut-être été surprise, ma chère enfant, que je n'aille pas vous voir?

— Il est de fait, répondit Emmanuel, que nous n'avons nullement deviné ce qui pouvait nécessiter cette prompte visite.

— Je vais vous dire ce que vous n'avez pas deviné : il s'agit d'une collection de photographies pour mon ouvrage, que je veux vous soumettre, et comme la collection est volumineuse, je ne pouvais la transporter rue de Boulogne; d'autant mieux que je n'ai jamais su porter des papiers sans en égarer la moitié en chemin.

Il ouvrit un grand portefeuille et commença à leur montrer sa collection de photographies.

A un moment donné, il put glisser quelques mots à Charlotte :

— Ils ont reçu une mauvaise impression de cet entretien; demain ils me feront connaître leur avis délibéré en commun; j'irai vous voir et vous le porterai.

Le lendemain, en effet, dans le milieu de la soirée, il arriva rue de Boulogne.

Charlotte était seule dans le salon, Emmanuel dormait sur un fauteuil dans son cabinet de travail.

— Eh bien! s'écria Charlotte en faisant signe à M. Portail de parler à voix basse.

— Ils sont unanimes à conseiller le placement dans une maison de santé. Voici leur consultation.

Elle prit en tremblant la feuille de papier que M. Portail lui tendait, et pour la lire elle alla s'adosser contre la porte qui faisait communiquer le salon avec le cabinet de travail de son mari, de manière à la fermer.

Lorsqu'elle eut achevé sa lecture, elle plia ce papier et voulut le mettre dans la poche de sa robe, mais ses mains tremblaient tellement qu'elle fut assez longtemps sans trouver cette poche.

Enfin elle revint vers M. Portail.

— Et vous, dit-elle, que me conseillez-vous?

— Où est Emmanuel? dit-il sans répondre à cette question.

— Il a passé une nuit affreuse, se couchant, se relevant, poussant des cris aussitôt qu'il s'endormait; après dîner, il s'est mis dans son fauteuil, où le sommeil l'a pris. Nous pouvons parler, vous pouvez me répondre.

— Mais moi, mon enfant, je ne suis pas médecin.

— Vous êtes un savant.

— Peut-être, mais je n'entends rien à la médecine pratique et encore moins à la médecine aliéniste qu'à toute autre. Vous avez consulté des médecins, il me semble qu'il est bien difficile que vous ne fassiez pas ce qu'ils vous ordonnent : je ne conseille pas le placement dans une maison de santé, m'a dit Patras, je l'ordonne. Et j'ai toute confiance en Patras. Pour Louville, c'est autre chose, il voit des fous partout. Mais Patras est un homme sérieux. D'ailleurs, c'est un des rares médecins aliénistes qui ne fasse pas de spéculation : il est pauvre, désintéressé et il n'a pas de maison de santé lui appartenant. Quand il conseille le placement d'un malade, ce n'est pas pour le prendre en pension. C'est un médecin, ce n'est pas un marchand de soupe, comme on dit vulgairement.

— Et M. Louville.

— Louville, c'est différent; il n'a pas de maison en son nom, mais il est, dit-on, l'associé du docteur Bergeresse, qui exploite un établissement magnifique aux environs de Versailles, dans les bois de Velizy. C'est même là qu'on vous conseille de placer votre mari. M. Saffarel m'a remis une lettre pour vous, dans laquelle il appuie fortement ce conseil.

— Il ne s'agit pas de M. Saffarel, dit-elle en prenant la lettre sans la lire, mais de M. Louville ; il me semble que si, son avis est intéressé, il ne mérite pas grande confiance.

— Mais celui de Patras ! Songez, mon enfant, que toute irrésolution peut perdre votre mari.

— Vous voulez donc, vous aussi, que je le place dans cette maison de santé ?

— Moi, je ne veux rien, je n'ose rien vouloir et je comprends si bien vos angoisses que je les partage. Je vous répète ce qui m'a été dit. Patras, avec qui j'ai longuement causé, m'a montré tout le danger qu'il y avait de laisser notre malade libre et ne doutant pas du placement, il m'avait même donné la marche à suivre pour que ce placement pût se faire sans violence et sans provoquer de crise chez votre mari. Je le conduisais demain à Velizy sous un prétexte quelconque et je le laissais dans l'établissement du docteur Bergeresse.

— Ah ! mon Dieu ! s'écria Charlotte, c'est horrible ? Que faire, que faire. Il me semble que la folie me gagne aussi.

Dans son émotion, elle avait oublié de modérer sa voix ; tout à coup la porte du cabinet s'ouvrit avec violence, et Emmanuel parut :

— Qui donc est là ? s'écria-t-il.

Il était tremblant : ses yeux étaient largement ouverts ; ses pupilles dilatées étaient fixes ; son visage était couvert d'une pâleur cadavérique.

Il regarda un moment avec épouvante autour de lui ; puis, reconnaissant M. Portail :

— Ah ! c'est vous, dit-il ; j'avais cru... un mauvais rêve. Et qui nous procure le plaisir de votre visite ce soir ?

— Je venais vous demander de m'accompagner demain à Velizy, pour voir une collection de dessins et de photographies.

— A Velizy ?

— Oui, chez une personne de ma connaissance.

— Est-ce que tu peux venir demain à Velizy ? dit-il en se tournant vers sa femme.

— Mais je ne sais...

— Si tu ne sais pas, c'est que tu n'as pas d'empêchement ; alors, j'accepte pour toi et pour moi ; c'est entendu, mon cher monsieur Portail.

— Alors, je viendrai vous prendre vers midi.

— A midi, soit ; nous serons prêts.

XX

La nuit fut affreuse pour Charlotte.

L'heure de la résolution suprême avait sonné. Elle tenait la vie de son mari entre ses mains.

En ces derniers temps elle avait, dans ses nuits sans sommeil, longuement agité la question de savoir quel parti prendre, mais alors elle n'était point sous le coup d'une résolution immédiate, le lendemain peut-être lui apporterait un secours inespéré, et elle avait pu ne pas se prononcer.

Maintenant plus de lendemain, maintenant plus de miracle à attendre.

La question se posait impérieuse, pressante, et il fallait la résoudre dans le sens de la maison de santé ou dans le sens contraire.

De nouveau elle agita, dans son esprit enfiévré, les raisons du pour et du contre, toutes pour elles aussi fortes d'un côté que de l'autre, et le matin arriva sans qu'elle eût osé arrêter sa détermination.

Emmanuel, au contraire, dormait avec tranquillité, et, quand il entra le matin dans la chambre de sa femme, il était souriant :

— La pensée d'aller passer une journée à la campagne m'a donné une bonne nuit, dit-il en l'embrassant ; le ciel est avec nous ; vois, pas un nuage.

Le ciel avec eux ! Etait-ce possible ? Elle était dans un de ces moments où l'on admet les présages. S'il avait plu, c'eût été un motif pour ne pas quitter Paris ; mais non, il faisait beau, il fallait donc aller à Velizy ; le ciel le voulait.

Emmanuel s'habilla gaiement, et ce fut gaiement aussi qu'il déjeuna.

— Sommes-nous étourdis, dit-il, nous n'avons pas pensé à inviter le bonhomme

Portail à déjeuner; ne me laisse donc pas faire de ces maladresses. Nous l'inviterons à dîner ce soir.

Ce soir! Chaque mot venait ainsi raviver son angoisse.

— Comme tu es sombre! dit-il en la regardant; es-tu souffrante ce matin? Si tu es mal à ton aise, il ne faut pas sortir aujourd'hui. Nous irons à Velizy un autre jour. Demain nous appartient. Veux-tu que j'envoie prévenir M. Portail?

Elle regarda la pendule, qui marquait onze heures et demie.

— On ne le trouverait pas chez lui, il est en route déjà pour venir ici.

— Alors nous le prierons d'aller sans nous à Velizy; ce sera pour un autre jour.

— Non; je ne suis pas souffrante, je t'assure, dit-elle apres un moment d'hésitation.

Il s'était levé et il lui avait pris la main :

— Bien, vrai? demanda-t-il avec une tendre inquiétude.

— Bien vrai.

— Alors, chasse cette tristesse qui assombrit ton regard ; que deviendrais-je, si tu t'abandonnais ; je comprends que tu n'aies que trop de raisons pour t'attrister, mais reste forte encore, il me semble que cela va aller mieux. Encore du courage.

M. Portail était l'exactitude même : comme midi sonnait, il arriva. Charlotte sans trop raisonner s'était dit qu'il ne viendrait peut-être pas : il aurait réfléchi; ou bien un accident.

On partit pour le chemin de fer. En montant en wagon, Charlotte n'avait qu'une idée : si le train déraillait, s'ils étaient tués tous deux. On devait aller jusqu'à Versailles, et là on prendrait une voiture pour Velizy. Mais en route Emmanuel demanda que cet itinéraire fût changé et qu'on descendît à Chaville : de Chaville on irait à pied à Velizy, à travers les bois. Cela devait être possible.

M. Portail, qui avait souvent herborisé dans ces bois, assura que rien n'était plus facile et qu'il connaissait les chemins aussi bien qu'un homme du pays.

Il faisait une belle journée de printemps; le ciel était pur, l'air était tiède, les oiseaux chantaient et, sous bois, on respirait une odeur de sève.

— Vraiment, dit Emmanuel, vous avez eu une heureuse inspiration, mon cher monsieur Portail; comme il fait beau, comme il fait bon, comme on est heureux de vivre : il me semble que je vis d'une vie nouvelle.

Il prit la main de sa femme, et lui serrant le bras sous le sien, il continua :

— Vous n'avez jamais imaginé, n'est-ce pas, qu'il y aurait un autre amour que celui de la science?

— Je n'ai pas d'imagination, dit gravement le savant et je ne suis pas un rêveur.

Emmanuel ne continua pas l'entretien, mais il pressa tendrement le bras de Charlotte.

Il ralentit bientôt le pas et laissa M. Portail prendre une certaine avance.

— Devine-tu pourquoi je reste en arrière, dit-il. C'est que le chemin va bientôt faire un coude. Tu vois là-bas. Alors, pendant que M. Portail continuera, je pourrai t'embrasser. Oh! ma chère femme, combien je t'aime, et comme je suis heureux près de toi!

A ces paroles de tendresse, elle ne put répondre que par une étreinte; elle était éperdue, anéantie; il lui semblait que, si elle parlait, elle ne pourrait s'empêcher de crier la vérité.

Ils marchèrent assez longtemps, ainsi serrés l'un contre l'autre, Emmanuel, parlant doucement, tendrement, Charlotte ne disant rien.

Puis ils rejoignirent M. Portail, qui s'était assis sur le bord du chemin pour les attendre.

— Nous voici arrivés, dit-il.

Charlotte tressaillit, et, brusquement, elle abandonna le bras de son mari pour ne pas se trahir par le tremblement qui l'agitait.

— Arrivés où? demanda Emmanuel.

— Où nous allons; la maison est au tournant de ce chemin, là dans ces arbres.

— Et où allons-nous? continua Emmanuel. Vous nous avez parlé de dessins et de photographies, mais vous ne nous avez rien dit du propriétaire : il est bon de savoir chez qui l'on va, pour ne pas faire de sottises.

— Un médecin de mes amis, qui dirige un établissement...

— Un établissement? interrompit vivement Emmanuel avec un soubresaut.

— Un établissement... d'hydrothérapie, continua M. Portail après un court moment d'hésitation.

— Un établissement d'hydrothérapie au milieu de ces bois, cela est bizarre.

— Mais non ; nous ne sommes plus au milieu des bois, nous allons déboucher sur la route de Versailles à Choisy, et il se trouvait là un château avec des dépendances considérables, le tout construit au temps de Louis XIV ; on a approprié ce château aux besoin de l'hydrothérapie et on en a fait un établissement magnifique.

— Donne-moi le bras, dit Emmanuel en se tournant vers sa femme.

Elle espéra qu'il avait des soupçons et qu'il allait refuser d'entrer dans cet établissement ; mais il suivit M. Portail sans rien dire, et bientôt ils arrivèrent devant un amas de constructions que dominait un lourd château.

M. Portail donna sa carte au domestique, qui la reçut, et on les fit entrer dans un salon d'attente.

Charlotte était défaillante.

— Tu vois que tu étais souffrante ce matin, dit Emmanuel, remarquant sa pâleur, nous aurions dû rester à Paris, cette course à pied t'a fatiguée.

— Non, ce n'est rien, dit-elle, en s'efforçant de réagir contre l'anéantissement qui la paralysait.

M. Portail, de son côté, était en proie à une agitation fébrile ; il marchait de long en large dans le salon sans pouvoir rester en place.

— Eh bien, qu'avez-vous donc ? demanda Emmanuel ; êtes-vous tous deux malades ?

A ce moment, le domestique qui avait pris la carte de M. Portail rentra et dit à celui-ci quelques mots à voix basse.

M. Portail parut se défendre, mais bientôt il céda.

Alors il s'approcha de Charlotte.

— Voulez-vous me confier votre mari pour un moment, dit-il.

— Mais...

— Et pourquoi donc ? demanda Emmanuel.

— Un mot à vous dire en particulier.

Pendant que ces paroles s'échangeaient rapidement, le domestique avait ouvert une porte donnant sur un vestibule sombre.

M. Portail prit le bras d'Emmanuel et se dirigea vers la porte.

Charlotte se leva instinctivement, un coup d'œil de M. Portail la retint devant son fauteuil sur lequel elle retomba.

Le vestibule dans lequel M. Portail et Emmanuel étaient entrés était long de huit ou dix mètres ; au bout était une porte que le domestique, qui les précédait, ouvrit.

Ils se trouvèrent dans un vaste cabinet de travail ; devant un bureau était assis un homme à cheveux gris qui écrivait. Il se leva et se tint debout.

— M. le docteur Bergeresse, dit M. Portail, poussant Emmanuel devant lui ; M. Narbanton.

Emmanuel s'inclina ; lorsqu'il releva la tête, M. Portail n'était plus près de lui ; à grands pas il se dirigeait vers la porte par laquelle ils étaient entrés.

Cette porte s'ouvrit devant le vieux savant et, aussitôt qu'il fut passé, elle se referma vivement sans qu'il fût possible de voir la main qui la manœuvrait.

Stupéfait, Emmanuel se tourna vers le docteur Bergeresse.

— Que signifie tout cela ? s'écria-t-il.

— Je vais vous l'expliquer, monsieur, si vous voulez bien m'écouter avec calme.

— Du calme ; c'est donc vrai, c'est donc une tromperie.

— Une précaution... dans votre intérêt.

Sans répondre, Emmanuel courut à la porte par laquelle le savant était sorti. Mais elle était fermée en dehors, il ne put pas l'ouvrir.

— Charlotte, cria-t-il, Charlotte.

Personne ne répondit. Il regarda autour de lui, une porte à deux ventaux faisait vis-à-vis à celle qui lui barrait le passage. D'un bond il y courut, et vivement il l'ouvrit.

Mais il recula aussitôt de trois ou quatre pas : devant lui il avait vu deux domestiques taillés en Hercule qui lui barraient le passage.

Tournant sur lui-même, comme une bête qui ne trouve pas d'issue dans la cage où elle s'est laissée prendre, il revint devant le docteur Bergeresse.

— Veuillez m'écouter, dit celui-ci.

Mais sans répondre, Emmanuel se prit la tête dans ses deux mains, et la comprimant avec force :

— C'est donc vrai ! s'écria-t-il.

Alors, d'une voix douce, le docteur Bergeresse se mit à lui expliquer que les docteurs Louville et Patras avaient décidé que le seul moyen de guérir les hallucinations qui le tourmentaient était de le placer pendant un certain temps dans l'isolement ; que cet isolement et tous les soins que son état exigeait, il les trouverait dans l'établissement que lui, Bergeresse, dirigeait depuis trois années avec un succès sans cesse croissant ; que si on avait employé un moyen détourné pour l'amener dans cet établissement, c'était pour éviter une crise et une séparation douloureuse pour tous.

Emmanuel écoutait-il ces paroles ? Il restait comme hébété. A ce mot seulement, il montra qu'il avait compris le discours du médecin.

— Ah ! Charlotte, s'écria-t-il d'une voix brisée.

Puis se levant aussitôt d'un bond.

— Je veux sortir d'ici, s'écria-t-il avec force.

— On ne sort d'ici que guéri, dit gravement le docteur Bergeresse : et si vous vous laissez emporter par la violence, vous reculerez d'autant votre guérison. Je vous ai fait préparer un pavillon séparé, où vous serez chez vous sans contact avec mes autres malades.

— Des fous ! s'écria Emmanuel.

Et avant que le docteur Bergeresse eut pu le retenir, il courut vers la porte par laquelle il avait déjà voulu sortir. Les deux domestiques étaient toujours à leur porte. Tête baissée, il s'élança en avant pour passer entre eux. Mais ils ne reculèrent point : et leurs quatre mains, s'abaissant en même temps, le retinrent malgré les efforts qu'il fît pour se débarrasser de leur étreinte.

— Du calme, disait le docteur Bergeresse, de la douceur, mes enfants.

XXI

En sortant du cabinet du docteur Bergeresse, M. Portail avait trouvé Charlotte dans le vestibule ; car après un moment d'hésitation elle s'était décidée à les suivre.

Il la prit par la main, et la poussant doucement mais résolûment devant lui, il la força à rebrousser chemin et à rentrer dans le salon d'attente dont il ferma vivement la porte.

— Emmanuel ! s'écria-t-elle.

— Mon enfant, dit M. Portail, il vous faut de la raison, du courage. La situation est affreuse pour vous, je le sens par ce qu'elle m'inspire de douleur et de pitié. Mais c'est dans son intérêt, pour son bien. Une séparation franche eût été trop cruelle ; des adieux eussent été dangereux pour lui.

— Des adieux !

A ce moment, à travers les deux portes fermées, retentit l'appel désespéré d'Emmanuel.

— Charlotte ! Charlotte !

— Mon Dieu, s'écria-t-elle, laissez-moi passer, laissez-moi aller à lui, il m'appelle, vous l'entendez.

Mais on n'entendait plus rien et M. Portail la serrait dans ses bras pour la retenir.

— Songez, mon enfant, disait-il, qu'il est impossible maintenant de revenir en arrière. Le coup est porté ; votre mari sait qu'on l'a amené chez le docteur Bergeresse et pourquoi on l'a amené ; le mauvais est accompli ; il faut maintenant attendre le bon du temps et des soins du médecin.

— Mais nous ne pouvons le laisser enfermer ainsi, c'est odieux.

— Que voulez-vous que nous fassions ?

— Je veux le voir.

— Que lui direz-vous ? Pouvons-nous résister à l'ordonnance des médecins ? D'ailleurs, si c'était cela que vous vouliez, il ne fallait pas venir ici.

— C'est vrai ; je ne sais comment je suis venue. Dans un cauchemar, il me semble. J'ai marché, parce que vous marchiez ; à vrai dire, j'espérais ne pas aller jusqu'au bout. Que sais-je ? un miracle.

La porte s'ouvrit, et le docteur Bergeresse parut ; il vint rapidement vers Charlotte, et lui prenant les deux mains :

— Pauvre dame ! dit-il, pauvre dame !

— Le docteur Bergeresse, dit M. Portail.

— Ah ! monsieur, s'écria Charlotte s'adressant au médecin ; où est-il ?

— On le conduit en ce moment au pavillon que je lui ai fait préparer.

— Que dit-il ?

Sans répondre, le docteur Bergeresse se dirigea vers une fenêtre qui donnait sur le parc et écartant le coin du rideau.

— Voici le pavillon, dit-il à Charlotte, au milieu de ce bouquet d'arbres. Vous voyez que monsieur votre mari sera dans d'excellentes conditions de calme et d'isolement. Il aura un domestique spécialement attaché à sa personne, qui ne le quittera ni jour ni nuit, de manière à empêcher ce que mes confrères redoutent. L'ameublement de ce pavillon est confortable : il s'y trouve une petite bibliothèque, un piano. M. Narbanton pourra rester absolument seul, sans aucune communication avec mes autres malades. Il mangera chez lui, et son service sera ce qu'il voudra : il n'aura qu'à commander.

— Ce n'est pas de tout cela que j'ai souci, mais de lui, de son état moral.

— C'est précisément la guérison de son état moral que nous espérons obtenir par ces moyens.

— Que va-t-il penser de mon abandon?

— Me confier votre mari n'est point l'abandonner, bien au contraire.

Prise entre le docteur Bergeresse d'un côté et M. Portail de l'autre, Charlotte ne tarda pas à être réduite au silence. A chacune de ses paroles, ils avaient une réponse immédiate; le médecin s'appuyait sur la science, M. Portail sur l'amitié.

Elle n'avait pas l'esprit à discuter ; c'était pour le bien d'Emmanuel qu'on agissait.

Que pouvait-elle répondre ? Qu'elle ne comprenait pas comme eux cette manière de faire le bien. On lui répliquait qu'elle se trompait. Et alors elle était bien forcée de se taire.

Harcelée, troublée par la répétition de paroles toujours les mêmes, pleine d'angoisse et de douleur, elle finit par le rendre : elle ne verrait point son mari et le laisserait aux mains du docteur Bergeresse.

— Je vous écrirai chaque jour, dit celui-ci.

— N'écrivez pas, dit-elle, je viendrai, je veux que vous me disiez vous-même ce que vous pensez.

Ils sortirent. Au moment où ils franchissaient la porte d'entrée, une voiture s'arrêtait sur la route.

Georges descendit de cette voiture et vivement il vint vers Charlotte. Comme elle marchait les yeux baissés et obscurcis par les larmes qui les remplissaient, elle ne le vit que lorsqu'il se plaça devant elle. Par un brusque mouvement, elle recula de deux pas en arrière.

— Vous, s'écria-t-elle, vous ici !

— Je suis venu me mettre à votre disposition pour le cas où je pourrais vous être utile. Que s'est-il passé ?

Ce fut M. Portail qui se chargea de répondre à cette question.

— Et maintenant? demanda Georges.

— Nous rentrons à Paris, répondit M. Portail.

Georges alors proposa à Charlotte de la ramener à Paris ; mais elle n'accepta point. Elle ne voulait point rentrer à Paris ; elle voulait s'établir dans un hôtel à Versailles, afin de pouvoir venir plusieurs fois par jour chez le docteur Bergeresse.

Georges insista : ce qu'elle voulait faire n'était pas raisonnable ; mais M. Portail la soutint.

— Laissons-lui la liberté, dit-il, et n'ajoutons point à sa douleur l'irritation de nos contradictions. Conduisons-la à Versailles et installons-la à l'hôtel.

Elle s'enferma dans une chambre de l'hôtel des Réservoirs, et elle tâcha de passer le temps en lisant un livre qu'elle envoya acheter.

Le lendemain matin, elle se fit conduire à l'établissement du docteur Bergeresse. Mais le docteur n'était pas visible et elle dut attendre l'heure à laquelle il recevait. Encore si elle eût pu voir Emmanuel ou seulement interroger le domestique qui le soignait.

Mais on l'avait fait entrer dans le salon où la veille s'était accomplie leur séparation, et il n'y avait là personne qu'elle pût questionner.

Elle avait passé son temps à tenir levé un coin du rideau de la fenêtre par laquelle il lui était possible d'apercevoir le pavillon où Emmanuel était enfermé.

Peu à peu d'autres personnes étaient venues s'asseoir dans ce salon, et elle avait compris qu'elle n'était pas seule à souffrir de l'inquiétude et de l'angoisse.

Enfin elle avait été reçue par le docteur Bergeresse.

La nuit avait été mauvaise pour le malade, très agitée, tourmentée par des hallucinations. Il se croyait emprisonné par des gens qui voulaient sa perte ; enfin il était en proie à ce qu'en médecine aliéniste on nomme le délire de persécution.

Pendant que le médecin lui donnait ces explications, elle avait une demande sur les lèvres, qu'elle n'osait formuler franchement : le voir. Mais le docteur Bergeresse allant au-devant de cette demande, lui avait signifié que le malade devait être maintenu dans un isolement complet.

Pendant quatre jours, elle était venue ainsi jusqu'à trois fois dans la même journée, et la réponse avait toujours été la même.

Au bout de ces quatre jours le médecin, lassé par ses questions, lui avait expliqué qu'il était inutile qu'elle restât à Versailles, attendu qu'il ne croyait pas qu'elle pût voir Emmanuel avant plusieurs semaines, un mois peut-être. Il était plus sage à elle de retourner à Paris, d'où elle pourrait venir d'ailleurs facilement tous les jours.

La vie dans une chambre d'hôtel était si pénible pour elle qu'elle s'était rendue à ce conseil, et elle était rentrée à Paris.

Le soir même de son retour, elle avait reçu la visite de Georges.

C'était au moment même où, sortant de sa chambre, elle passait dans la salle à manger pour le dîner : il parut à la porte du salon.

— J'ai forcé la consigne, dit-il en s'excusant, j'ai voulu vous voir, et je pense que les ordres que vous avez donnés n'étaient pas pour moi.

— Je vous demande pardon, dit-elle d'une voix douce mais résolue, pour vous comme pour tout le monde. Je désire rester dans la solitude, dans une solitude absolue, c'est-à-dire ne voir personne et ne m'occuper de rien.

— Cependant, dit-il en montrant la table sur laquelle étaient deux couverts placés en face l'un de l'autre, comme si deux personnes devaient s'asseoir devant cette table servie.

— Vous pouvez croire que je reçois quelqu'un à dîner ! Ce couvert est celui de mon mari ; il sera mis à chaque repas pendant tout le temps que se prolongera notre séparation ; pour moi, sa place ne sera jamais vide ; encore moins sera-t-elle occupée.

Georges ne prolongea pas sa visite et, après avoir demandé des nouvelles d'Emmanuel, il se retira.

Les quelques semaines demandées par le docteur Bergeresse se prolongèrent pendant quarante-cinq jours. Ce fut seulement au bout de ce temps que Charlotte eut la permission de voir Emmanuel.

— Peut-être ne vous reconnaîtra-t-il pas, dit le médecin ; il ne faut pas trop vous en émouvoir ; c'est une épreuve à tenter ; je vais vous accompagner.

Pour la première fois elle pénétra dans ce pavillon sur lequel elle avait tenu ses yeux fixés pendant tant d'heures douloureuses.

Le docteur Bergeresse la laissa dans un petit salon qui servait d'entrée, et passa dans une pièce voisine.

Quelques minutes s'écoulèrent, terriblement lentes pour son angoisse.

Enfin la porte s'ouvrit, et elle le vit s'avancer.

Il vint à elle cérémonieusement et la saluant avec toutes les marques du respect :

— On m'assure, princesse, que vous voulez me voir, dit-il, me voici à vos ordres.

Elle crut que le parquet lui manquait sous les pieds et tout tourna autour d'elle. Lui ! c'était lui qu'elle retrouvait dans cet état : amaigri, les yeux brulants, les lèvres crispées, marchant avec des gestes incohérents, jetant rapidement de tous côtés des regards inquiets.

M. Bergeresse fit un signe à Charlotte pour lui dire de se contenir.

— C'est sans doute au sujet de mon invention que vous désirez me consulter. Je suis, madame, à votre disposition.

Il se dirigea alors vers une étagère sur laquelle étaient rangées une douzaine de petites fioles pleines d'un liquide incolore.

Il prit une de ces fioles, et revenant vers Charlotte :

— Voici cette encre fameuse, et je suis heureux de vous en offrir une bouteille, puisque vous la demandez. Ne craignez rien, vous pouvez vous en servir en toute sûreté. Le premier jour après que vous aurez écrit, elle sera apparente comme l'encre ordinaire ; le second jour, elle sera un peu moins lisible ; le troisième, elle pâlira ; le quatrième, elle commencera à se décolorer ; le septième, il ne restera plus rien. Si vous trouvez qu'une semaine c'est trop long, je chercherai un moyen pour que la décoloration aille plus vite encore.

Il y a des gens qui veulent inventer une encre indélébile. C'est bête. Qu'est-ce qu'on peut faire avec une encre de ce genre ? des billets à ordre. Moi j'ai cherché une encre d'un usage plus général.

« Je t'adore ». On reçoit la lettre ; on la lit ; on est enchanté. Huit jours après, il n'y a plus rien sur le papier : liberté complète des deux côtés. N'est-ce pas précieux ? C'est ce que j'appelle « l'encre héroïque » : en effet elle meurt plutôt que de mentir.

Il avait débité ces paroles avec l'emphase d'un charlatan qui vante sa marchandise. Tout à coup sa voix prit un accent sérieux.

— Vous me demandez comment j'ai été amené à faire cette découverte. C'est bien simple. On avait pris envers moi un engagement, on m'avait fait une promesse, un serment. On a manqué à ce serment. Alors je me suis dit que cette personne ne m'écrivait probablement pas parce qu'elle avait peur qu'il restât trace de ses engagements. J'ai donc inventé cette encre et je lui en ai envoyé une bouteille. Eh bien, elle ne m'a pas écrit. Sans doute, elle ne croit pas à la vertu de mon encre. Quand vous en aurez fait l'expérience, voulez-vous me rendre le service d'aller voir cette dame, et de l'assurer qu'elle peut m'écrire ; il ne restera rien de ce qu'elle dira. N'oubliez pas son adresse, je vous prie : Mme Narbanton, rue de Boulogne.

Ayant salué, il rentra rapidement dans sa chambre.

XXII

Lorsqu'une personne est enfermée dans un établissement public d'aliénés, la loi donne d'office l'administration de la personne et des biens de ce malade à la commission de surveillance de cet établissement.

Mais lorsqu'au lieu d'un établissement public dirigé avec des garanties de probité, il s'agit d'une maison de santé établie par la spéculation particulière, la loi n'a plus la même confiance, et elle ne confère point la gérance de la fortune des malades aux directeurs de ces maisons.

Dans ce cas, les tribunaux interviennent ; et si le malade n'est point interdit, s'il a de la fortune ou tout au moins des biens, ils nomment une personne qui a pour mandat d'administrer cette fortune,

et ordinairement ils prennent pour administrateur l'un des parents de l'aliéné.

C'était ainsi que Georges, après délibération du conseil de famille et sur les conclusions du procureur impérial, avait été choisi pour être l'administrateur provisoire de la fortune d'Emmanuel.

L'accomplissement de cette fonction avait eu pour résultat obligé d'établir bien vite des relations suivies entre Charlotte et lui.

Tout d'abord, il est vrai, Charlotte avait persisté dans sa résolution de ne voir personne, et à la première lettre par laquelle il lui avait demandé une entrevue, elle avait répondu qu'elle ne voulait pas s'occuper d'affaires et qu'elle le priait de faire pour le mieux.

Mais bientôt elle avait été forcée de sortir de cette réserve.

A la réunion du conseil de famille, elle s'était trouvée en présence de Georges elle avait dû répondre à ses interrogations et dans une discussion qui s'était engagée on l'avait doucement blâmée de sa résolution.

— Assurément la douleur était des plus respectables, mais enfin les affaires sont des affaires : il ne fallait pas laisser en souffrance des intérêts, qui eux aussi étaient respectables.

Les parents d'Emmanuel, ceux que la loi appelle des héritiers présomptifs, avaient été les premiers à insister sur ces observations.

Sans être embrouillées, les affaires d'Emmanuel étaient assez compliquées, comme il arrive ordinairement pour les fortunes immobilières d'une certaine importance. Elle avait eu des explications personnelles à fournir, des signatures à donner. Et tout cela avait nécessité de nombreuses conférences avec Georges, qu'elle avait dû quand même lui accorder.

Quels motifs eût-elle pu avouer hautement, pour les refuser ?

Elle n'en avait qu'un, et bien légitime celui-là, mais précisément elle ne pouvait pas en parler. Comment déclarer au juge de paix et au conseil de famille que Georges ne pouvait pas être nommé administrateur provisoire, pour cette unique raison qu'Emmanuel était jaloux de lui ? Comment faire entendre à Georges que si elle ne voulait pas le recevoir, c'était pour épargner des soupçons à son mari, le jour où celui-ci, rentrant guéri dans sa maison, voudrait savoir ce qui s'était passé en son absence ? Il y a des choses qu'une femme ne dit jamais, à moins de tout dire.

Son silence même, sa persistance à s'enfermer dans une réserve absolue, eussent été une sorte d'aveu.

Elle avait donc répondu aux interrogations de Georges ; puis, peu à peu, elle avait été amenée à lui poser elle-même quelques demandes.

Seulement, elle avait eu grand soin de s'en tenir strictement aux affaires : ce n'était point pour elle, ce n'était point d'elle qu'elle parlait, c'était pour Emmanuel, c'était de lui.

Mais les femmes ont une façon de traiter les questions d'intérêt qui n'est pas celle des gens d'affaires : dans leurs déterminations secrètes aussi bien que dans leurs paroles, la question du sentiment intervient toujours.

Cela était arrivé pour Charlotte.

A son insu elle avait été amenée à entrer dans des explications à propos de ses décisions ou de ses désirs. Des discussions s'étaient engagées, et pour les soutenir, elle avait été moralement contrainte à donner les motifs qui la faisaient agir. Ce n'était pas à Georges qu'elle pouvait dire : « Je veux, parce que je veux. »

Engagés dans cette voie, ils avaient été vite, et ils avaient été loin.

Comment à chaque pas ne point retourner en arrière ? N'était-ce pas rentrer en eux-mêmes ?

— Comment, disait Georges, à propos d'une idée que Charlotte lui soumettait, c'est là ce que voulez ; autrefois vous n'auriez point pensé ainsi.

— Nous ne sommes plus à autrefois.

Elle le disait. Elle le croyait. Mais, au contraire, ils étaient à autrefois.

Comment échapper aux souvenirs qui les enveloppaient ? N'avaient-ils pas pendant de longues années vécu de la même vie ; n'avaient-ils pas eu les mêmes idées, les mêmes espérances, les mêmes joies ?

Ce mot seul « autrefois » les amenait invinciblement sur une pente gazonnée et fleurie le long de laquelle ils descendaient doucement, sans qu'il leur fût possible de se cramponner et de s'arrêter.

Il fallait dévaler jusqu'au fond, et là ils se trouvaient en plein dans leurs années de jeunesse et d'amour.

Si leur bouche alors se taisait, leur cœur parlait.

Que de souvenirs !

Pour échapper au vertige qui la troublait, Charlotte se rejetait aussitôt dans les affaires : elle voulait des explications, des commentaires, et elle forçait Georges à parler.

Mais le bruit de ces paroles ne dominait pas le tumulte de son cœur.

Alors elle se promettait de ne plus se laisser entraîner sur ce terrain et de s'en tenir strictement aux choses d'intérêt : mais cette résolution était pour elle plus facile à prendre qu'à exécuter fidèlement.

Georges qui, pendant les premiers temps, n'était venu rue de Boulogne que lorsqu'il avait des affaires urgentes à traiter avec elle, y venait maintenant régulièrement chaque soir.

— Puisque vous allez tous les jours chez le docteur Bergeresse, avait-il dit, tandis que moi je ne puis y aller que trop rarement, retenu que je suis par mes occupations, je viendrai quelquefois le soir prendre des nouvelles d'Emmanuel.

— Je vous écrirai chaque soir en rentrant, si vous le désirez, avait-elle répondu.

— Je vous remercie ; j'aime mieux venir, si vous le permettez. Nous n'en sommes pas encore malheureusement à une période où son état se puisse définir par un mot précis.

— Hélas !

— Vous vous expliquerez mieux en paroles que par lettres, ou tout au moins je ressentirai mieux vos impressions ; et c'est par ces impressions surtout que nous pouvons en ce moment nous faire une opinion.

Elle avait cédé.

Comment refuser cette demande? C'était par amitié, par intérêt pour Emmanuel qu'il agissait. Là encore un refus eût été trop caractéristique.

Après avoir commencé par ne venir que tous les trois jours, Georges était venu tous les deux jours, puis enfin tous les jours régulièrement.

Charlotte, qui allait à Velizy chaque jour, ne rentrait à Paris que vers six ou sept heures, selon qu'elle avait pu prendre tel ou tel train. A neuf heures, Georges arrivait rue de Boulogne.

Avant tout, son premier mot était pour demander des nouvelles d'Emmanuel, et longuement il se faisait expliquer dans quel état elle l'avait quitté : l'avait-elle vu ? l'avait elle reconnue ? Que disait, que pensait le docteur Bergeresse ?

C'était seulement quand il s'était fait donner tous les renseignements qu'il pouvait demander sans inconvenance qu'il abandonnait Emmanuel. Encore semblait-il vouloir surtout apporter une diversion au chagrin de Charlotte et à sa propre émotion.

— C'est quand nous avons perdu ceux qui nous étaient chers, disait-il, que nous savons seulement combien nous les aimions. J'espère qu'Emmanuel n'est pas pas perdu pour vous, mais il est assez malheureux pour avoir droit à toute votre pitié.

Sans doute, ces paroles pouvaient, elles devaient même calmer les inquiétudes qui, tout d'abord, lui avaient fait désirer l'éloignement de Georges.

Cependant elle ne la rassuraient pas complétement, et ce n'était pas sans un certain serrement de cœur qu'elle voyait entrer Georges chaque soir.

Que craignait-elle ?

Elle ne pouvait pas le préciser.

Comment se fût-elle fâchée de ces témoignages de sympathie? Dans sa douleur, ce lui était maintenant un soutien de pouvoir parler de son mari.

Parfois même, on eût dit qu'elle le faisait avec une sorte d'affectation, comme si elle tenait à affirmer hautement sa tendresse et son amitié pour ce mari.

Alors elle se plaisait à dire combien il était bon ; combien il l'aimait, combien elle l'aimait.

Georges ne manifestait aucune gêne lorsqu'elle parlait ainsi; tout au contraire, il l'appuyait.

Assurément ce n'était point elle-même : elle aimait Emmanuel et n'aimait que lui. Si autrefois elle avait aimé Georges, cet amour était mort, et ce n'était plus qu'un cadavre qu'elle portait enseveli au fond de son cœur.

Ce n'était pas davantage Georges qu'elle redoutait.

Lui aussi, lui le premier, avait laissé s'éteindre cet amour de sa jeunesse. Dans sa vie dévorée par l'ambition, il n'y avait plus place pour la passion, ni même pour la tendresse. S'il l'avait aimée, il ne l'aurait point abandonnée autrefois. Pourquoi reviendrait-il à elle maintenant, puisqu'il s'était éloigné quand elle était libre et qu'elle pouvait devenir sa femme ?

Ses craintes étaient sans fondement; elles étaient même une injure pour Georges.

Cependant, ces raisonnements qu'elle échafaudait les uns par-dessus les autres, ne parvenaient à le convaincre, et au fond de sa conscience ou de son cœur, Il y avait une voix qui protestait contre la présence de Georges dans cette maison.

Elle n'aurait pas dû la tolérer, et, si elle avait bien cherché, elle aurait sans doute trouvé quelque moyen pour l'empêcher.

Mais c'était au début qu'il aurait fallu trouver ce moyen; maintenant il était impossible d'interrompre le cours des choses.

Cependant les semaines et les mois s'écoulaient lentement sans apporter une amélioration sensible dans la maladie d'Emmanuel. La guérison promise par Louville et par le docteur Bergeresse ne s'était pas prononcée. Et si la crise de délire aigu qui s'était manifestée pendant les premières semaines de l'isolement, s'était peu à peu apaisée, elle avait été remplacée par un affaissement moral et une apathie intellectuelle qui constituaient un état grave.

Chaque jour Charlotte revenait à Paris moins confiante dans l'avenir, et, après avoir cru un moment aux espérances que lui donnait le docteur Bergeresse, elle commençait à douter fortement de sa parole.

— Il veut garder éternellement Emmanuel, disait-elle à Georges; il ne le guérira jamais.

Ses plaintes devinrent tellement vives que Georges lui proposa d'aller avec elle à Velizy. Il interrogerait le docteur Bergeresse, et, elle présente, il le forcerait à s'expliquer catégoriquement. Croyait-il ou ne croyait-il pas à la guérison? La question ainsi posée, il faudrait bien qu'il répondît.

Il fut convenu qu'ils iraient à Velizy le mardi suivant, et qu'ils partiraient de Paris par le train de deux heures, Georges étant occupé jusqu'à ce moment.

Mais il se trouva en retard et au lieu d'arriver rue de Boulogne à l'heure convenue, il arriva une heure après, de sorte qu'ils ne purent prendre que le train de train de trois heures et qu'ils n'arrivèrent à Velizy qu'à quatre heures seulement.

En descendant de voiture, Charlotte remarqua que Georges disait quelques mots à mi-voix au cocher, mais elle n'entendit pas ses paroles, et d'ailleurs elle n'avait pas de raisons pour y faire attention.

XXIII

Interrogé par Georges, le docteur Bergeresse fit la réponse qu'il avait toujours faite à Charlotte :

— Son malade était guérissable, et il comptait bien le guérir; seulement, il fallait du temps. Combien ? C'était ce qu'il ne pouvait préciser. Il y avait déjà de l'amélioration. Elle continuerait.

C'était tout ce qu'on avait pu en obtenir.

Resté seul avec lui, pendant que Charlotte allait voir Emmanuel qui, depuis quelques jours, ne voulait plus sortir de son pavillon, dans lequel il est resté enfermé, les volets clos et la lumière constamment allumée, Georges n'avait pas été plus heureux : d'un côté promesse de guérison, de l'autre demande de temps.

Quand ils étaient l'un et l'autre sortis du cabinet du docteur Bergeresse, il se faisait tard déjà, et le soleil s'abaissait à l'horizon.

En arrivant sur la route, grande avait été la surprise de Charlotte de ne point trouver à la place ordinaire la voiture qui les avait amenés de Versailles. Ils avaient interrogé une petite fille qui gardait une chèvre dans un fossé et l'enfant avait répondu que le cocher était reparti à Versailles.

— Alors, nous n'avons qu'à aller à pied à Versailles, avait dit Charlotte en se tournant vers Georges.

Mais celui-ci n'avait point accepté cet itinéraire. Les sept kilomètres à faire sur la route pavée n'étaient pas pour lui engageants, et puisqu'ils devaient marcher à pied, il aimait mieux gagner le chemin de fer en coupant à travers bois. Il connaissait un chemin raccourci par l'étang de Villebon, qui les mènerait promptement et sûrement à Viroflay. Ce serait une promenade.

A ce mot de promenade, Charlotte avait tressailli ; et Georges, remarquant son mouvement, qu'il avait compris , s'était hâté de se corriger.

— Il est vrai, avait-il dit, que ce sera une promenade forcée, mais j'ai toujours eu pour système de faire contre mauvaise fortune bon cœur. Puisque nous sommes dans un mauvais pas par la sottise de notre cocher, tirons-nous-en de notre mieux. N'est-ce pas là votre avis ?

Elle avait regardé le soleil ; il ne ferait pas nuit avant une heure; Georges annonçait que le chemin par les bois était court; elle ne voulait pas paraître avoir peur ; elle avait accepté.

Ils s'étaient donc engagés dans le bois, s'avançant côte à côte dans un large chemin frayé.

Pendant dix ou quinze minutes ils avaient marché sans échanger une seule parole : Georges paraissant prendre plaisir à regarder autour de lui; Charlotte au contraire tenant ses yeux baissés sur le sable du chemin.

Bientôt ce chemin s'était rétréci et les ornières étaient devenues plus profondes.

Evidemment ils entraient dans une partie du bois plus déserte.

Charlotte avait alors relevé la tête avec une certaine inquiétude pour voir où était le soleil. Mais elle ne l'avait pas aperçu : comme il s'était de plus en plus abaissé, il avait disparu derrière la cime des grands arbres, et l'on ne voyait plus au ciel qu'une lueur fauve, tandis que sous bois l'ombre emplissait confusément les taillis. Le silence s'était fait dans la forêt, et les oiseaux avaient cessé leurs chants. La nuit allait bientôt les envelopper.

Tandis que Georges marchait en avant, elle avait tiré sa montre. Il était six heures et quelques minutes; en cette saison d'automne, ce devait être le moment du coucher du soleil. Combien durerait le crépuscule, et combien de chemin avaient-ils encore à faire? Elle allait donc se trouver seule, au milieu des bois, la nuit, avec Georges?

Mais elle avait chassé cette idée.

Qu'importait, après tout? N'était-elle

pas seule avec lui tous les soirs depuis plusieurs mois?

Cependant elle n'avait pu s'empêcher de l'interroger bientôt :

— Au moins, connaissez-vous bien votre chemin? lui avait-elle dit d'un ton qu'elle voulait rendre assuré.

— Avez-vous peur?

— Et de quoi?

— Je veux dire : avez-vous peur que je vous égare?

— J'avoue que j'aimerais assez à avoir la certitude que nous sommes dans la bonne route.

— Je sais où je vous conduis, soyez sans crainte ; je n'ai pas pris ce chemin à la légère.

Elle crut remarquer qu'il avait prononcé cette réponse d'une façon étrange. Mais une fois encore elle se fâcha contre elle-même.

Pourquoi ces inquiétudes éternelles? Pourquoi ces soupçons? Pourquoi ces craintes?

Ils avaient continué à marcher en silence. Mais Georges, au lieu d'aller en avant, s'était rapproché d'elle et de temps en temps elle avait senti qu'il lui frôlait le bras. Il lui avait semblé aussi qu'il tournait les yeux souvent de son côté et qu'il les fixait longuement sur elle, au lieu de regarder autour de lui, comme il l'avait toujours fait jusqu'à présent.

Le chemin était devenu de plus en plus mauvais; à vrai dire, ce n'était plus qu'une cavée caillouteuse qui montait assez rapidement. La lueur jaune restée au ciel après le coucher du soleil s'était éteinte et la nuit était brusquement tombée.

— La nuit est venue bien vite , dit-elle.

— Dans quelques instants, nous aurons la lune pour nous éclairer.

— Vous connaissez donc les heures de la lune, maintenant?

— J'ai vu ce matin, en déchirant un feuillet de mon calendrier, que la pleine lune se lèverait aujourd'hui à six heures trente minutes du soir.

Sans trop savoir pourquoi, elle ne se laissa pas rassurer par cette réponse, en apparence bien simple et bien naturelle cependant.

Mais pour elle, qui connaissait Georges, il n'était point naturel qu'il eût souci de l'heure de la lune.

Elle voulut affirmer son assurance, et précisément parce qu'elle se sentait troublée, montrer qu'elle était calme.

— Alors allons moins vite, dit-elle, car ce chemin est un casse-cou; la lune nous aidera à nous en tirer.

— Si vous vouliez vous appuyer sur mon bras? dit-il.

— Je vous remercie.

Mais elle avait à peine prononcé ces trois mots qu'un caillou, qu'elle n'avait pas vu, roula sous son pied.

Elle glissa en arrière et sa tête s'inclina en avant.

Georges, qui marchait tout près d'elle, et qui avait avancé le bras au moment où il lui avait adressé sa proposition, la retint vivement.

— Vous voyez, dit-il, en lui tenant le poignet doucement serré, que vous avez tort de ne pas vous appuyer sur moi. Je n'ai assurément pas plus d'adresse et plus de légèreté que vous, mais j'ai ce que vous n'avez pas, c'est-à-dire des yeux de chat qui me permettent de voir dans la nuit ce que vous ne voyez pas. C'est bien assez de vous avoir amenée dans ce mauvais chemin sans encore vous laisser tomber. Je n'abandonne pas votre main.

Disant cela, il lui passa le bras presque de force sous le sien.

Sentant qu'elle ne se dégagerait pas par une résistance ouverte, elle abandonna son bras, mais sans s'appuyer.

Après quelques secondes, il tourna à demi la tête vers elle :

— Vous ne vous appuyez pas, dit-il ; il vous est donc pénible de vous retrouver aujourd'hui près de moi comme autrefois.

— Ah! ne parlons pas d'autrefois! s'écria-t-elle vivement.

Disant cela, elle voulut dégager son bras; mais de sa main restée libre, il la saisit au poignet et la retint.

— Je ne parlerai que de ce que vous voudrez, dit-il, de cette belle soirée d'automne, qui semble faite à souhait pour nous. Ne sentez-vous comme moi son charme et sa douceur?

Elle ne répondit pas, il continua :

— L'automne est décidément notre saison. Combien de fois, pendant ce mois de septembre, nous sommes-nous ainsi promenés côte à côte au bord de la mer. Mais alors vous n'aviez pas peur de vous appuyer sur moi.

— Je vous ai prié de ne pas rappeler un passé qui n'a que faire ici en ce moment : je vous demande d'avoir égard à ma prière.

— Et quand je ne rappellerais pas ce passé franchement et à haute voix, croyez-vous qu'en ce moment je pourrais m'empêcher d'y revenir tout bas. Votre bras est contre ma poitrine. Nous sommes seuls. La nuit nous enveloppe, l'air est doux. Tout ramène mon esprit et mon cœur au temps où j'ai été heureux, au seul temps de ma vie où j'ai connu la joie : cette saison d'automne, cette nuit sereine, ces étoiles qui nous regardent, les mêmes qui nous regardaient autrefois, tout, jusqu'à ce bruissement de la brise dans les feuilles qui ressemble au murmure de la mer sur la grève de la Crique. Pourquoi donc ne voulez-vous pas que je parle du passé, quand son parfum me trouble la tête et m'enivre.

— Parce que ce n'est pas au passé que je pense ; parce que ce n'est pas dans le passé qu'est mon esprit en ce moment.

— Et où donc est-il ?

Elle étendit la main :

— Tout près d'ici, dit-elle, au-delà de ces arbres, auprès du malheureux qui souffre dans sa solitude. Vous voyez bien que nous ne pouvons pas parler ici du passé.

— N'en parlez pas ; je veux bien respecter votre silence, mais de votre côté laissez la parole à mon émotion, alors que je me retrouve dans des conditions qui évoquent ce passé.

— Vous oubliez toujours le présent.

— Ce présent que vous rappelez sans cesse comme pour m'assassiner...

— Non, mais pour vous fermer la bouche.

— Ce présent n'empêchera pas le passé d'exister. Effacerez-vous mes souvenirs ?

Ils avaient monté lentement la cavée, et ils étaient arrivés sur un plateau où le chemin reprenait large et facile, sans cailloux, couvert d'herbes et de mousses douces au pied.

Profitant d'un mouvement que Georges avait fait, Charlotte dégagea enfin son bras.

— Le chemin est maintenant facile, dit-elle, je vous remercie ; nous pouvons marcher seuls.

— Ce n'est pas parce que vous pouvez marcher seule que vous me retirez votre bras ; c'est pour me punir de ce que j'ai dit.

— Eh bien ! quand cela serait ?

— Ce serait alors une cruauté inutile ; vous pouvez me peiner ; vous ne pouvez pas m'empêcher de parler.

— Il est vrai que je ne peux pas fermer mes oreilles à vos paroles, mais au moins je peux leur fermer mon cœur : ce n'est pas ce que nous entendons qui nous touche, c'est ce que nous sentons. Parlez, parlez tant que vous voudrez.

Ils marchèrent encore pendant quelques minutes, et Georges garda le silence.

Charlotte espérait qu'il avait renoncé à poursuivre cet entretien, lorsque tout à coup il s'approcha d'elle et la prit par la main.

— Nous voici arrivés, dit-il.

— Arrivés, reprit-elle avec surprise.

Elle regarda autour d'elle.

Ils étaient sur un plateau de la forêt ; au-dessous d'eux, de tous côtés, s'étendaient des bois qui se perdaient dans l'ombre. Ce plateau avait été mis en coupe à la saison précédente et il ne restait debout que quelques baliveaux qui se dressaient avec des formes bizarres : sur le sol, les cépées avaient commencé à pousser des jets feuillus qui se mêlaient confusément aux hautes herbes : çà et là des amas de bois et de bourrées formaient des grandes taches sombres.

A l'endroit où ils s'étaient arrêtés, il y avait eu un atelier pour le travail des bois et le sol était couvert d'une épaisse couche de ces copeaux qui se détachent de ces brins de châtaigniers qu'on prépare pour en faire des lattes ou des cercles.

A ce moment même, la lune, qu'on apercevait depuis quelques instants comme un disque rouge à travers les branches, s'éleva au-dessus de la cime des plus hauts arbres.

Autour d'eux, partout, des bois : les fonds dans l'ombre recouverts d'une légère vapeur ; les côteaux éclairés par la lumière pâle de la lune.

Nulle trace d'habitation ; dans les bois, le sommeil ; dans l'air, le silence.

— C'est ici que j'ai voulu vous amener, dit Georges en lui serrant la main, et vous voyez que nous ne nous sommes pas égarés.

XXIV

Charlotte avait été surprise par les premières paroles de Georges; tout d'abord elle avait voulu croire qu'elle ne les comprenait pas et qu'elle se laissait encore aller à des inquiétudes que rien ne justifiait.

Mais il n'y avait plus d'illusion à se faire; ses inquiétudes n'étaient pas fausses; le danger qu'elle avait vaguement redouté venait d'éclater.

Georges ne lui donna pas le temps de la réflexion.

— Si vous avez cru à un malentendu en ne trouvant pas notre cocher, dit-il, vous vous êtes trompée. C'est moi qui l'ai renvoyé à Versailles, afin de me ménager cette promenade avec vous et cet entretien. Vous voyez que je suis franc.

— Ce n'est pas votre franchise que je demande, que j'implore; c'est votre pitié. Ne sentez-vous pas qu'il est impossible que je vous entende? Je ne le peux pas, je ne le veux pas.

Elle prononça ces derniers mots avec une résolution désespérée, mais Georges ne se laissa pas toucher.

— Vous ne voulez pas? reprit-il; et comment m'empêcherez-vous de parler? comment m'empêcherez-vous de vous dire tout ce que j'ai à vous dire, quand moi je veux parler et tout dire? Qui vous viendra en aide pour m'imposer silence au milieu de ces bois déserts, quand vous êtes à moi, quand je n'ai qu'à étendre la main pour vous prendre dans mes bras?

Instinctivement, elle recula.

Il ne fit rien pour la retenir.

— Vous êtes si bien à moi, dit-il, que je n'étends même pas cette main qui vous effraye en ce moment. Chez vous, oui, vous auriez pu m'échapper si je vous avais parlé comme je vous parle : vous l'auriez voulu, vous l'auriez tenté. Et voilà précisément pourquoi je ne vous ai pas parlé chez vous. Voilà pourquoi j'ai attendu mon heure et j'ai choisi mon lieu. Me décidant à rompre un silence qui m'étouffe, il fallait que, quand j'aurais commencé, je fusse certain de pouvoir aller jusqu'au bout; et j'ai cette certitude : rien ne m'arrêtera.

— Pas même mes prières?

— A vos prières demandant que je me taise, j'opposerais mes prières pour vous demander de parler, et nous resterions ainsi en face l'un de l'autre. Comprenez donc que, si je me suis décidé à vous amener ici, c'est que rien ne peut me faire abandonner ma résolution. Il y a trois semaines, revenant de Velizy et traversant ces bois en pensant à vous, comme toujours, je me suis dit que si je vous avais là près de moi, je pourrais vous contraindre à cet entretien que je veux depuis plusieurs mois. Alors je n'ai plus cherché qu'une occasion pour amener cette promenade et ce tête-à-tête. Vous-même me l'avez offerte.

— Ah! c'est infâme, s'écria-t-elle; dans les circonstances présentes, vos paroles sont une trahison.

— Ne parlons pas de trahison ; car si nous étions devant des juges, le premier qui pourrait en être accusé, ce ne serait pas moi. Ce serait celui qui, profitant d'une amitié trop confiante, s'est fait aimer d'une femme qui n'était pas libre. Vous me comprenez, Charlotte, et vous ne parlerez plus de trahison, car si vous insistiez sur ce mot, je vous dirais que la mienne, si trahison il y a, n'est qu'une revanche.

Elle baissa la tête. Il poursuivit :

— Je savais quelles résistances je rencontrerais en vous, et voilà pourquoi j'ai voulu avoir le temps de les vaincre sans que vous me fermiez la bouche. Je vous aime, Charlotte.

A ce mot, elle tendit vers lui ses mains suppliantes ; mais il continua :

— Je vous aime, et l'heure est venue de vous dire que je n'ai jamais cessé de vous aimer.

— Pourquoi m'avez-vous écrit cette lettre, pourquoi avez-vous quitté la Crique? dit-elle.

— Vous me posez précisément les questions auxquelles je veux répondre et pour lesquelles doit commencer cette explication qui va décider notre vie à tous deux.

Alors, il la prit de nouveau par la main et, presque de force, il l'obligea à s'asseoir. Elle tournait ainsi le dos à la lumière de la lune, et son visage se trouvait noyé dans l'ombre, tandis que celui de Georges était éclairé en plein.

— Regardez-moi bien en face, dit-il, en reculant de quelques pas, et voyez dans

mes yeux si je ne parle pas avec sincérité.

Elle était profondément troublée, éperdue, tremblante. Bien évidemment, elle
ne pouvait pas échapper à cet entretien,
et il fallait qu'elle entendît tout ce qu'il
voudrait dire. Que dirait-il? Au mot « je
vous aime » elle avait senti un anéantissement de sa volonté; un frisson l'avait
agitée depuis la tête jusqu'aux pieds; et
elle était presque défaillante lorsqu'il
l'avait forcée à s'asseoir.

— Pourquoi vous ai-je écrit? dit-il,
pourquoi ai-je quitté la Crique? Voilà ce
que je dois vous expliquer. Mon explication sera des plus simples; elle tiendra
dans deux mots : pour vous. Pour votre
repos, Charlotte.

— Mon repos!

— Vous voulez dire qu'au lieu d'assurer
votre repos, j'ai failli vous tuer. Cela est
vrai, et connaissant votre tendresse... votre amour....

— Mon Dieu! s'écria-t-elle en se cachant la tête entre les mains.

— Sachant quelle était votre fidélité en
la parole donnée, j'aurais dû prévoir l'effet que produiraient cette lettre et ce départ. Là est ma faute, là est mon crime.
Maintenant que je les ai confessés, laissez-moi vous dire comment j'ai été amené à les commettre. Quels étaient les
sentiments de votre père pour moi? vous
les connaissez, je n'ai point à vous en
parler. Mon oncle me jugeait en vertu de
certains préjugés, et il me condamnait
avec une sévérité égale à son injustice.

Elle leva la main.

— Ah! ne craignez rien; je ne veux pas
accuser sa mémoire, et ce n'est pas dans
ma bouche que vous trouverez un mot de
blâme contre lui : mais enfin il faut bien
que je rappelle la façon dont il me traitait. Prêt à devenir votre mari, c'est-à-
dire le fils de votre père, je me suis demandé quelle influence ces sentiments
hostiles auraient sur notre vie à tous les
trois, la sienne, la vôtre, la mienne. J'ai
craint de faire votre malheur et en même
temps de faire celui de votre père. Quelles
n'eussent pas été nos souffrances dans
une lutte entre lui et moi; quelles n'eussent pas été les siennes! Et cette lutte,
vous le savez comme moi, n'aurait assurément pas pu être évitée, même au prix
des plus grandes concessions de ma part.
Ah! certes, je vous aimais tendrement, et

c'est la puissance même de mon amour,
c'est son désintéressement qui a fait passer la considération de votre repos avant
la satisfaction de ma passion.

Il se tut, en proie à une émotion qui
faisait trembler sa voix; mais bien vite et
avant que Charlotte pût se remettre, il
continua :

— En même temps et d'un autre côté, un
mariage que je croyais avantageux et par
la fortune et par les qualités que vous apportait celui qui vous aimait, se présentait
pour vous. Je devais me décider. Longuement je balançai cette décision, et vous ne
saurez jamais par quelles angoisses j'ai
passé pendant les derniers temps de mon
séjour à la Crique. Enfin j'arrêtai dans
ma conscience que je devais me sacrifier
à la tranquillité de votre père et à votre
propre repos : je vous écrivis et je partis.
Quelle lettre à écrire! quel départ à accomplir! Enfin, poussé par la conviction
que j'assurais les dernières années de
l'homme que j'aimais comme un père, je
partis. Ah! si j'avais su alors que ces années que je croyais devoir être longues ne
seraient que de semaines. Mais qui pouvait prévoir ces deux catastrophes si précipitées : la mort de votre père et votre
mariage. Allez à la Crique, Charlotte, et
demandez à Martin et à Barbe si les larmes emplissaient mes yeux, et si ma voix
tremblait quand j'ai couru en Bretagne.

De nouveau l'émotion l'arrêta, et pendant quelques minutes ils restèrent en
face l'un de l'autre, silencieux : Charlotte les yeux baissés, la respiration oppressée, Georges penché sur elle, la regardant.

Enfin il reprit :

— Je me jetai dans le travail pour ne
pas m'abandonner à ma douleur, et la
vie politique m'occupa. Les circonstances, le hasard, si l'on veut une bonne
chance, me donnèrent des succès qui auraient pu distraire ou consoler un cœur
moins profondément atteint. Mais je ne
vous oubliai point. Combien de fois,
quand on me croyait absorbé dans le travail, n'étais-je pas au contraire de cœur
et d'esprit avec vous. Je me demandais où
vous étiez; je vous suivais dans vos voyages. La première fois que j'ai parlé et que
j'ai entendu des applaudissements, où
croyez-vous que mes regards se soient
portés? Sur ceux qui m'applaudissaient?

Non ; mais sur la tribune réservée au public.

Bien que mon esprit sût parfaitement que vous n'étiez pas là, mon cœur vous cherchait. Il m'a manqué alors cette joie suprême que donne le regard attendri de la femme aimée, quand elle vous dit : « Je suis fière de toi. » Personne n'a été fier de moi, personne ne m'aimait. De là mon attitude qui fait dire à mes ennemis que je ne suis qu'un ambitieux, et que je n'ai ni cœur, ni entrailles. Mais qu'importe ce que disent ennemis ou amis ? Ce n'est ni des uns ni des autres que j'ai souci. Enfin, vous êtes revenue en France. J'ai pu vous revoir. Je ne sais quelles ont été alors vos impressions ?

Il fit une pause comme s'il attendait qu'elle parlât, mais elle garda le silence :

— Pour moi, reprit-il, j'ai senti une nouvelle fois avec une terrible intensité, combien était profonde ma passion. Cependant je me suis éloigné de vous, et j'ai voulu me sacrifier encore à votre repos. Mais des circonstances sont venues de nouveau pour nous rapprocher et dans des conditions où il n'était plus possible d'imposer silence à mon amour. Cependant, par respect pour vous, j'ai fait cet effort suprême de me taire, et pendant plusieurs mois j'ai vécu près de vous sans qu'un mot, sans qu'un regard vinssent rappeler le passé. Est-ce vrai, cela ?

Sans répondre, elle inclina la tête.

— Eh bien ! cet effort je ne puis plus le continuer. Est-ce parce que le courage me manque ? Non, mais c'est parce que l'espérance m'est venue.

Leurs regards se rencontrèrent, et comme ils restaient liés l'un à l'autre, elle se cacha le visage.

— Oui, l'espérance, dit-il, quand j'ai compris, quand j'ai senti que vous m'aimiez toujours, que vous n'aviez jamais cessé de m'aimer...

— Ce n'est pas vrai, dit-elle ; celui que j'aime, c'est mon mari, vous le savez bien.

— Vous me l'avez dit vingt fois, non parce que cela était vrai, mais parce que vous vouliez me le faire croire et que vous vouliez le croire vous-même. Mensonge, Charlotte. Pour votre mari, vous avez de la compassion, de la tendresse, de l'amitié, un dévouement qui irait jusqu'à donner votre vie pour lui. Mais celui que vous aimez, précisément parce que vous êtes une âme fidèle, c'est celui qui le premier vous a parlé d'amour. C'est moi, Charlotte, et vous m'aimez comme je vous aime. Si je pouvais ouvrir votre cœur, j'y lirais, en caractères qui n'ont pas parlé, les impressions et les sentiments qui ont rempli mes années de jeunesse. Rien de ce qui s'est passé depuis n'a pu les effacer, et c'est parce que le souvenir les lit et les répète toujours, que vous êtes à moi, malgré vos efforts pour m'échapper.

Ces efforts mêmes ne sont-ils pas un aveu ? Vous voulez résister ; mais vous ne le pouvez pas. Si vous l'aviez pu, est-ce que vous auriez consenti à me recevoir tous les soirs ? Si vous l'aviez pu, est-ce que vous m'auriez écouté. Si vous pouviez, est-ce que vous me laisseriez parler en ce moment ? Vous souffrez de votre faiblesse, vous vous en indignez, mais vous ne pouvez vous y soustraire, parce que votre amour est plus puissant que vous, et parce que contre lui vous êtes sans forces. C'est lui qui vous retient là tremblante et paralysée devant moi. Et c'est lui aussi qui me jette à vos genoux.

En parlant, il s'était insensiblement rapproché d'elle et, penché sur son front, il la brûlait de son haleine.

Il s'agenouilla devant elle et, comme elle étendait les mains pour le repousser, il l'enlaça.

Elle voulut se dégager, elle voulut parler. Mais il lui ferma les lèvres par un baiser. Et il sentit qu'elle fléchissait dans ses bras.

XXV

Le lendemain matin, vers midi, Georges arriva rue de Boulogne, et à sa grande surprise, il apprit que Charlotte était déjà sortie.

Sortie sans l'avoir attendu ; après ce qui s'était passé la veille, après qu'il l'avait avertie de sa visite, que signifiait cela ?

Il revint le soir, à son heure ordinaire.

Charlotte n'était pas rentrée.

Il l'attendit jusqu'à dix heures, puis jusqu'à onze heures.

Elle ne rentra pas.

Il interrogea la femme de chambre

celle-ci répondit à ses questions que sa maîtresse avait passé une nuit très agitée, qu'elle s'était levée de bonne heure, et qu'elle était partie sans dire si elle rentrerait ou ne rentrerait pas.

Le lendemain, le surlendemain, il ne l'avait pas davantage rencontrée.

Cependant, la femme de chambre lui avait dit que « madame » était revenue à Paris, mais pour peu de temps.

Une heure après son arrivée, elle était repartie, emportant une malle.

Que contenait cette malle? personne n'en savait rien.

Apprenant cela, il ne s'était pas bien vivement inquiété :

—Ce sont les dernières vibrations de la résistance, s'était-il dit.

Et il lui avait écrit une longue lettre, qui devait achever promptement cette agonie.

Non-seulement elle n'avait point répondu, mais encore elle ne s'était pas trouvée au rendez-vous qu'il lui demandait.

Il avait alors commencé à s'étonner et à penser qu'il y avait là quelque chose de plus grave qu'il n'avait cru tout d'abord. Connaissant Charlotte, il aurait dû prévoir ce qui arrivait. Si elle avait pu céder à un moment d'entraînement irrésistible, elle s'était reprise bien vite en retrouvant la raison et la volonté ; si elle avait pu s'abandonner, il était bien certain qu'elle n'était pas femme à se donner.

Il avait été un niais de ne pas faire ce raisonnement et de se laisser griser par un triomphe inespéré.

— Décidément, se dit-il, ce qui est difficile en ce monde, ce n'est pas d'avoir une femme, c'est de la garder.

Comment garder Charlotte?

Ou plutôt comment la reprendre? Avant tout, comment la revoir?

Il lui avait écrit, et afin d'écarter tout soupçon il lui avait fixé un rendez-vous chez le notaire en prétextant une affaire urgente.

Elle n'avait pas plus répondu à cette lettre qu'à la première, et elle ne s'était pas trouvée chez le notaire.

Il était alors retourné à Velizy, et le docteur Bergeresse lui avait dit que Mme Narbanton venait tous les jours voir son mari ; mais les heures de ses visites étaient irrégulières ; tantôt elle venait le matin, tantôt, au contraire, le soir.

Puisqu'elle se rendait à Velizy tous les jours, il était certain qu'elle habitait Versailles ; il avait couru à l'hôtel des Réservoirs où elle avait logé aussitôt après l'entrée d'Emmanuel dans l'établissement du docteur Bergeresse.

Mais à l'hôtel des Réservoirs on lui avait répondu qu'on ne l'avait pas vue depuis six mois.

Alors le dépit l'avait pris, et, puisque bien décidément elle le fuyait, il s'était promis de ne plus la revoir.

Mais il n'avait pas pu tenir bien longtemps cet engagement, et il avait dû reconnaître qu'il aimait Charlotte plus profondément qu'il ne l'avait cru quand il avait voulu renoncer à elle.

Il était retourné rue de Boulogne ; mais de nouveau on lui avait fait la réponse qu'il avait déjà entendue plusieurs fois : « Madame n'était pas à Paris ; elle venait de temps en temps et repartait aussitôt, au bout de deux ou trois heures ; pendant qu'elle était là, elle donnait les ordres les plus sévères pour qu'on ne reçût personne. »

Il avait insisté, et la femme de chambre qui lui donnait ces renseignements, avait affirmé que ce qu'elle disait était l'exacte vérité.

Elle avait l'intelligence ouverte, cette femme de chambre, et, de plus, une certaine expérience ; elle savait donc à peu près à quoi s'en tenir sur les sentiments que Georges pouvait éprouver pour sa maîtresse, et, bien entendu, elle était disposée à le servir : il y a des secrets qui rapportent cher quand on a l'adresse nécessaire pour les exploiter.

Mais Georges n'était point homme à se livrer, et dans les offres de service de la camériste, il n'avait pris que ce qui ne pouvait compromettre personne, ni lui, ni Charlotte.

— Ces absences inexplicables m'inspirent des craintes sérieuses pour la santé de ma cousine, dit-il.

— Pour vrai, il se passe quelque chose de grave chez madame ; depuis que monsieur a quitté la maison, on peut dire qu'elle n'était pas gaie, mais sa tristesse ne ressemblait en rien à ce qu'elle laisse paraître depuis six semaines ; tenez, précisément depuis le jour où monsieur a accompagné madame à Velizy. Elle parle sans lever les yeux sur personne. En marchant, elle s'arrête tout à coup et reste immobile en regardant à terre et alors elle murmure tout bas des mots qu'on n'entend pas. Enfin je vous assure qu'elle est bien drôle.

— Voilà pourquoi il faut que je la voie; le chagrin peut avoir attaqué sa raison. Quand elle viendra ici, prévenez-moi donc; je viendrai aussitôt, quand même ce serait la nuit, et quoi qu'il puisse arriver, vous m'introduirez près de votre maîtresse. C'est un service que vous nous rendrez à tous et dont il vous sera tenu compte.

Trois jours après, à dix heures du soir, Georges reçut un mot de la femme de chambre, par lequel celle-ci le prévenait que sa maîtresse était arrivée, et que tout donnait à croire qu'elle voulait passer la nuit à Paris.

Il courut aussitôt rue de Boulogne; et ce fut la femme de chambre elle-même qui vint la première à sa rencontre.

— C'est encore pire, dit-elle en répondant à l'interrogation de son regard : madame est lugubre; elle fait peur; elle est dans sa chambre, enfermée.

— Alors que faire?

— Je peux vous introduire par le cabinet de toilette, seulement il faudra que vous disiez que vous êtes entré tout seul.

— C'est bien; je me charge de tout; conduisez-moi.

Doucement elle passa devant lui en glissant et lui-même marcha sur la pointe des pieds. Par un couloir de dégagement, elle le mena dans le cabinet de toilette qui se trouvait entre la chambre de Charlotte et celle d'Emmanuel.

Le cabinet était sombre, mais par les portes ouvrant dans les deux chambres pénétrait un double rayon de lumière.

De sa main étendue Georges sans parler renvoya la domestique, et avec précaution il ferma derrière elle la porte du cabinet.

Alors il fit quelques pas en avant vers la lumière qui le guidait : le tapis étouffait le bruit de ses pas.

En avançant la tête il aperçut Charlotte dans sa chambre : assise devant une table, elle écrivait. Comme elle lui tournait le dos, il ne put voir son visage; mais aux mouvements saccadés de la main qui tenait la plume, il était évident qu'elle était sous le coup d'un trouble profond. De temps en temps, elle s'arrêtait brusquement, et se cachait la tête entre ses deux mains. Puis elle recommençait à écrire.

Près d'elle, sur la table, était posé un verre à moitié rempli; à côté de ce verre se trouvait une fiole enveloppée d'une étiquette rouge.

Georges, dans l'angle de la porte, restait à la regarder, sans avancer.

Tout à coup elle se leva vivement : par un mouvement involontaire, il recula. Mais elle ne venait pas dans le cabinet de toilette. Quand il regarda de nouveau, il la vit agenouillée devant un portrait d'Emmanuel qui faisait vis-à-vis à son lit.

Dans cette position elle présentait de face son visage à Georges. Elle était d'une pâleur mortelle. Son front était traversé par des rides, ses sourcils étaient relevés par une contraction spasmodique, tandis que les coins de sa bouche étaient abaissés. En tout, l'expression d'une souffrance désespérée.

— Grâce, dit-elle en tendant ses mains crispées vers le portrait.

Puis, se relevant bientôt, elle revint à la table. Elle ramassa les feuilles de papier qu'elle venait d'écrire; puis, après les avoir pliées et mises sous enveloppe, elle traça quelques mots sur cette enveloppe.

Cela fait, elle parut tomber dans une méditation profonde : fixement, elle regardait devant elle sur la table et ses lèvres semblaient murmurer des mots que Georges n'entendait pas. Elle était effrayante à voir.

Poussé par l'émotion, il allait entrer dans la chambre, lorsqu'elle étendit la main et, prenant la fiole à l'étiquette rouge, elle en versa le contenu entier dans le verre.

D'un bond, Georges fut près d'elle, et prenant le verre, il le jeta dans la cheminée.

Surprise par cette brusque irruption, elle avait poussé un cri, et instinctivement elle s'était jetée en arrière.

Elle revint promptement à elle, et de ses deux mains tendues elle voulut repousser Georges.

— Qu'alliez-vous faire? dit-il.

— Partez, dit-elle sans lui répondre, partez.

Il répéta sa question.

Alors, après un moment de silence, elle s'avança vers lui, et le regardant en face :

— Mourir ! dit-elle.

Il baissa les yeux et frissonna ; mais se remettant bien vite :

— Vous me haïssez donc ?

Elle ne répondit pas, mais elle le regarda avec une inexprimable expression de surprise.

— Si vous me haïssez, dit-il, il n'est pas nécessaire de vous tuer pour me fuir.

— Ce n'est pas vous que je fuis, c'est moi-même. C'est à mon propre mépris, à mon propre dégoût que je veux échapper par la mort.

— Mourir !

Elle le regarda de nouveau, longuement, jusque dans l'âme, puis, détournant la tête, mais aussi parlant d'une voix ferme cependant :

— Je suis enceinte, dit-elle.

— Enceinte.

— Comprenez-vous maintenant pourquoi je dois mourir ?

— Vous devez vivre.

— Ah ! dit-elle, vous en jugez ainsi. Vous jugez que, quand mon mari rentrera guéri dans la maison, il doit y trouver un enfant dont il ne sera pas le père, et une femme qui l'aura déshonoré. Une femme qu'il aimait, et qui l'aimait. Une misérable, sans courage, sans honneur qui s'est laissé entraîner.

— Si vous vous êtes laissé entraîner, vous n'êtes pas coupable, et alors ce n'est pas à vous de mourir.

— A vous. Je ne vous en empêcherais certes pas si telle était votre résolution.

— Ce n'est pas de moi qu'il s'agit en ce moment, c'est de vous. Pour moi, s'il faut que j'expie plus tard un moment d'égarement, une surprise involontaire....

— Involontaire !

— Je saurai alors vous prouver que je sais prendre des résolutions viriles. Ce que je veux en ce moment, ce n'est pas vous parler de moi, ce n'est pas davantage vous parler de vous, mais de ceux que vous voulez entraîner avec vous dans la tombe, de votre enfant, de notre enfant....

— Ah ! taisez-vous, s'écria-t-elle en se jetant les mains sur le visage.

— De votre mari.

— Ne parlez pas de mon mari.

— Si vous croyez avoir le droit de vous tuer, c'est bien ; ceci est affaire entre vous et Dieu. Mais avez-vous le droit de tuer votre enfant ? Avez-vous le droit de tuer votre mari ?

— Je ne tue pas mon mari.

— Que faites-vous donc ? Que deviendra-t-il sans vous s'il ne guérit point ? Que deviendra-t-il si, guérissant, il ne vous retrouve plus ici ? Son désespoir quand il apprendra votre mort le rejettera fatalement dans sa maladie. Vous voyez donc bien que vous ne pouvez pas mourir ?

— Et vous, ne comprenez-vous pas que je ne peux pas vivre ? Mon mari mourra de désespoir, dites-vous, si, rentrant dans cette maison il ne m'y trouve plus. Croyez-vous qu'il ne mourra pas plus sûrement encore s'il y trouve un enfant dont il ne peut pas être le père ?

Georges resta un moment silencieux. Jusque-là les paroles s'étaient précipitées entre eux avec une rapidité qui ne permettait pas la réflexion.

— Vous êtes dans un état de crise, dit-il, qui ne vous laisse pas la liberté de vous-même. De mon côté je ne saurais pas m'exprimer comme il convient. Tout ce que je puis vous dire aujourd'hui, c'est que je suis certain de pouvoir empêcher votre suicide, et, par là, empêcher en même temps la mort de votre enfant et celle de votre mari.

— Mais...

— Demain, je vous le prouverai. Donnez-moi jusqu'à demain, et si demain je ne vous apporte pas cette preuve, vous serez libre. A demain.

Et ouvrant le verrou, il sortit par le salon, laissant Charlotte immobile, stupéfiée au milieu de sa chambre.

XXVI

Charlotte n'était pas dans des dispositions où l'on se laisse dominer par la curiosité.

C'était à bout de forces qu'elle avait pris sa terrible résolution, car pendant longtemps elle l'avait jour et nuit, sans un instant de repos, balancée dans sa tête.

En ne pensant qu'à elle seule, il n'y avait pas d'hésitation possible. La mort serait la délivrance. Ce serait fini. Plus d'angoisses, plus de honte. Elle échapperait au dégoût qui la suffoquait. Elle ne se verrait plus.

Mais en pensant à son mari, cette mort qui tranchait tout, ne s'était plus présentée de même. A qui allait-il être livré, le malheureux ? Il n'avait que des parents éloignés qui n'avaient pas pour lui une bien vive amitié. Les uns le plaindraient, mais ne s'occuperaient pas de lui. Les autres, elle le savait pour les trop bien connaître, ne verraient dans sa maladie qu'une occasion favorable pour mettre la main sur sa fortune. Que deviendrait-il, placé entre l'indifférence de ceux-ci et la cupidité de ceux-là ? Quel serait son sort ?

Retenu dans l'établissement du docteur Bergeresse, la maladie qu'on disait en ce moment guérissable, deviendrait sans doute incurable ; il vivrait, il mourrait fou.

Si, contre toute espérance, il recouvrait un jour la santé, quel coup ne recevrait-il pas en rentrant dans la maison et en n'y trouvant plus celle qu'il avait tant aimée ? Sa raison à peine affermie ne succomberait-elle pas de nouveau ?

Ne succomberait-elle plus sûrement s'il y trouvait une femme coupable et un enfant dont il ne pourrait pas être le père ?

Lorsqu'on a agité pendant de longues journées de fièvre, et dans des nuits sans sommeil de pareilles pensées, et lorsqu'enfin, l'esprit bouleversé, le cœur broyé, on s'est décidé à mourir, on n'ouvre pas facilement ses oreilles et encore moins son âme à la voix qui veut vous arrêter ou vous ramener en arrière.

Pour que cette voix vous frappe, il faut qu'elle soit bien puissante et que ses paroles soient ou bien fortes ou bien habiles.

Telles avaient été celles de Georges.

Tant qu'il avait voulu démontrer à Charlotte, par une série de raisons plus ou moins probantes, qu'elle ne devait pas se tuer, elle l'avait à peine écouté : tout ce qu'il lui disait là, elle se l'était dit et répété. Mais ses derniers mots et surtout son brusque départ avaient produit sur elle un effet que les arguments les plus éloquents eussent été impuissants à provoquer.

Que signifiaient ces mots énigmatiques ?

Que voulait-il lui proposer ? Que voulait-il faire ?

Quelque nouvelle infamie sans doute.

Mais que ce fût ou ne fût pas une infamie, elle avait abandonné le présent pour entrer dans l'avenir. Elle avait cherché, et son esprit avait été ainsi arraché aux étreintes de l'idée fixe qui le dominait.

Pendant toute la nuit, marchant dans sa chambre, elle avait examiné toutes les probabilités qui se présentaient à sa pensée, mais sans pouvoir se fixer à aucune.

Que pouvait-il contre un fait ?

Toutes les habiletés n'empêcheraient pas que ce fait existât : elle était enceinte.

Que voulait-il ?

Quelquefois, elle s'arrêtait et se rejetait brusquement en arrière, comme si elle venait d'apercevoir un gouffre au bord duquel elle se trouvait près de tomber.

Lorsque la femme de chambre entra le matin à l'heure ordinaire dans son appartement, elle la trouva endormie sur une chaise, les bras ballants, la tête inclinée sur la poitrine.

Au bruit que fit la porte, Charlotte s'éveilla et poussa un cri.

— Madame ne s'est pas couchée ? dit la femme de chambre.

— Que voulez-vous ? Laissez-moi.

La femme de chambre tourna un moment dans la pièce ; puis, au lieu de sortir, elle vint se placer devant sa maîtresse.

— Je voulais expliquer à madame comment M. Saffarel a pu pénétrer hier jusqu'à elle. Quand M. Saffarel est entré, je lui ai dit que madame était sortie. Mais il m'a répondu qu'il avait vu de la lumière dans la chambre de madame, et que je le trompais. Puis, comme je me tenais devant la porte pour lui barrer le passage, il a ouvert la porte du corridor de service, et j'ai été si syncopée que je n'ai pas pensé à le retenir. J'ai couru après lui ; mais il était trop tard, M. Saffarel était déjà dans le cabinet de toilette. Je tenais à dire cela à madame, afin qu'elle sût bien qu'il n'y a pas de ma faute.

Charlotte n'aimait pas les longues explications, et elle ne les supportait pas ordinairement chez ses domestiques; cependant elle écouta celle-ci avec attention.

— Elle ne voulait pas le voir, se dit la femme de chambre en sortant, ce qui n'empêche pas qu'elle est bien aise de l'avoir vu. Mais c'est égal, je voudrais bien savoir pourquoi elle ne s'est pas couchée?

Et cette question fut un objet de discussion pour les domestiques ; il y avait là quelque chose d'étrange qui les intriguait. La cuisinière, qui était sentimentale, soutenait que si « madame » était triste, c'était à cause de la maladie de « monsieur; » elle aimait son mari. Le valet de chambre, qui était bellâtre, déclarait de son côté que si « Madame » ne s'était pas couchée, c'était parce que M. Georges l'avait plantée là; il savait, lui, par expérience quel peut être le chagrin d'une femme que son amant abandonne. Quant à la femme de chambre, son usage du monde et sa connaissance des passions lui faisait admettre ces deux opinions contraires : « madame » aimait « monsieur, » cela était certain, mais en même temps il était bien probable qu'elle aimait aussi M. Georges. Ces choses-là, prétendait-elle avec autorité, se voient tous les jours, de sorte que ce grand désespoir pouvait bien être causé et par la maladie du mari et par les reproches de l'amant.

Comme ils querellaient sans se mettre d'accord, un commissionnaire apporta une lettre dont la femme de chambre reconnut l'écriture.

— Les hommes qui plantent là les femmes sont rares, dit-elle en se tournant vers son camarade mâle, voilà une lettre de M. Georges; il revient et demande son pardon. Nous connaissons ça.

C'était en effet une lettre de Georges. Charlotte l'ouvrit en déchirant l'enveloppe, de ses mains impatientes et nerveuses.

Elle ne contenait que quelques lignes :

« Veuillez ne pas sortir aujourd'hui avant de m'avoir vu ; je compte être chez vous vers deux heures. Si, contre toute prévision, je me trouvais en retard, je vous prie de m'attendre. Vous comprendrez alors que je ne vous ai point donné une vaine espérance.

« Le possible, l'impossible, je l'aurais fait pour vous, heureux de vous montrer que je suis tout à vous.

» GEORGES SAFFAREL. »

Elle relut cette lettre.

Mais l'eût-elle lue vingt fois, elle n'y eût jamais trouvé que la même chose, c'est-à-dire une énigme.

On voulait agir sur elle par la surprise; quelle serait cette surprise? Tout était là. Elle n'avait qu'à attendre. A deux heures elle serait fixée.

Les minutes, les heures s'écoulèrent lentement. Enfin le moment approcha. Elle ne quitta plus la pendule des yeux. Deux heures sonnèrent. Puis les aiguilles marquèrent cinq minutes, un quart d'heure, vingt minutes.

Elle alla se coller le visage contre la fenêtre qui ouvrait sur la cour. De là, elle le verrait arriver. Mais bientôt la honte la prit. Eh quoi! elle en était venue à ce point de guetter son arrivée !

Elle alla s'asseoir et ne voulut même plus regarder la pendule.

Bientôt la porte de la cour retomba dans son cadre. Quelqu'un venait d'entrer. Lui sans doute. Elle ne bougea pas.

La porte s'ouvrit brusquement, et la femme de chambre entra en courant.

— Madame, s'écria-t-elle, c'est...

Mais Charlotte n'en entendit pas davantage; par la porte ouverte, elle venait d'apercevoir dans le vestibule Emmanuel.

Son mari!

Elle demeura immobile.

Mais lui accourut les bras ouverts pour l'embrasser. Elle recula d'un pas, et fléchissant les jambes, elle tomba à ses genoux. Dans une étreinte puissante, il la releva vivement et la tint serrée sur sa poitrine.

Pendant plusieurs minutes, ils restèrent ainsi sans parler.

Enfin il l'obligea doucement à relever la tête.

— Regarde-moi donc, dit-il ; c'est bien moi, moi ici dans ma maison, près de toi, près de ma femme.

Puis jetant les yeux autour de lui :

— Remercie-le donc, dit-il, c'est à lui que je dois ma délivrance.

La première pensée de Charlotte, en entendant ces paroles, fut de croire qu'il déraisonnait ; mais ayant levé les yeux, elle aperçut Georges qui était resté dans l'embrasure de la porte.

Si elle avait été stupéfiée à la vue de son mari, elle fut glacée à la vue de Georges : le sang s'arrêta dans ses veines, et elle resta la bouche ouverte, les yeux fixes.

— Eh bien oui, continua Emmanuel, c'est lui qui est venu m'arracher aux soins du docteur Bergeresse. Sans lui je serais toujours dans cette maison infernale. J'avais beau leur dire que j'étais guéri ; ils me répondaient avec une compatissante pitié que j'avais encore besoin de leurs soins. Ils tenaient à me garder ; ma pension était bonne à toucher. Toi-même, pauvre femme, tu aimais mieux croire le docteur Bergeresse que me croire moi-même. Ah ! ce n'est pas un reproche que je t'adresse : tu t'en rapportais au médecin, au père Portail, c'est bien naturel. Est-ce curieux ? Quand j'ai commencé à être malade, personne ne voulait croire que je l'étais ; quand j'ai commencé à être guéri, personne n'a voulu croire à ma guérison. Lui seul m'a cru ; il est venu à mon secours, et Bergeresse a bien été obligé de me lâcher, le gredin. Mais ne parlons pas de cela. Remercie-le plutôt.

Disant cela, il alla prendre Georges par la main et l'amena devant Charlotte qui, malgré ses efforts, ne pouvait pas se remettre.

— Et quand je pense, continua-t-il en s'adressant à Georges, que je me suis imaginé pendant un moment que tu m'avais fait enfermer ? Enfin tout cela est fini, bien fini, heureusement.

Il avait débité ces paroles d'une voix saccadée avec des gestes nerveux, le regard brûlant.

— Maintenant, dit-il en s'adressant à sa femme, envoie-moi, je t'en prie, chercher un coiffeur ; je suis dans un état horrible. Je veux que tu retrouves ton mari. Je vais m'habiller. Tu entends, un coiffeur, pas un barbier ; parce que barbier, chirurgien, médecin, c'est tout un ; et je ne veux pas qu'il entre un médecin ici, ah ! non, ah ! non, non, non !

Il passa dans son appartement et les laissa seuls.

— Vous voyez, dit Georges en s'approchant d'elle et en parlant bas, vous voyez que vous pouvez ne pas mourir : aux yeux du monde, vous avez le droit maintenant d'avoir un enfant.

Elle le regarda, tremblante, éperdue.

— Puisque vous avez un mari, dit-il.

Elle recula jusqu'à la cheminée et poussa un cri étouffé.

— Ah ! c'est infâme, dit-elle, infâme.

— Il fallait vous sauver : un seul moyen se présentait ; je l'ai pris.

— Me sauver ?

— Vous empêcher de vous tuer, si vous voulez. Et maintenant vous ne vous tuerez pas.

— Et c'est vous qui l'avez fait mettre dans cette maison de santé !

— Je vous ai donné le conseil de le placer dans cette maison quand il ne s'agissait que de lui ; je l'en ai fait sortir quand il l'a fallu pour vous.

— Et lui ?

— Eh bien, ne sera-t-il pas mieux près de vous que dans cette maison où l'on ne le guérissait point ?

— Vous avouez qu'il n'est point guéri, et vous voulez qu'il reste libre ? Et si ce que les médecins nous faisaient craindre se réalise ? si dans un accès de délire, — elle baissa la voix, — il se tue ?

— Vous veillerez sur lui.

— Et s'il trompe ma surveillance ?

— Eh bien, alors... vous serez veuve.

— Ah ! mon Dieu ! s'écria-t-elle dans un mouvement d'indignation ; c'est vous qui parlez ainsi ; vous !

— Je vous aime.

— Eh bien, dit-elle en marchant jusqu'à lui, je vous jure — elle étendit la main au-dessus de sa tête — que si jamais je suis veuve, je resterai veuve.

A ce moment, la porte de l'appartement d'Emmanuel s'ouvrit.

— Eh bien, dit celui-ci, et ce coiffeur ? vous m'oubliez donc ?

XXVII

Lorsque Charlotte se trouva seule, elle examina la situation que le retour de son mari lui créait.

Devait-elle reprendre son dessein interrompu ou devait-elle l'abandonner ? Devait-elle mourir ou devait-elle vivre ?

Dans cet examen, Emmanuel était tout, elle-même n'était rien. Ce qu'elle devait chercher, ce n'était pas ce qui pouvait être le mieux pour elle, mais seulement ce qui serait le moins terrible pour lui.

Qu'elle se tuât, et il restait seul, abandonné ; bientôt on le replacerait chez le docteur Bergeresse ou dans tout autre établissement.

Qu'elle ne se tuât point, au contraire, et elle pourrait le garder, le soigner, peut-être même le rendre à la santé.

Réduite à ces deux termes, la question n'était pas douteuse : il fallait qu'elle vécût pour lui.

Malheureusement, elle ne pouvait pas s'en tenir à cette conclusion, efficace dans le présent, jusqu'à un certain point, mais insuffisante dans l'avenir.

Que se passerait-il, en effet, le jour où l'enfant qu'elle portait viendrait au monde ?

Il est vrai qu'en suivant le plan qui lui était donné, elle n'avait pas à se préoccuper de cette expectative : d'après ce plan, il fallait qu'Emmanuel se crût le père de cet enfant, et alors ce qui pouvait être pour lui le plus grand des malheurs devenait, au contraire, la plus grande des joies.

Mais de cela elle se sentait incapable. Jamais elle ne dirait à Emmanuel qu'il était le père de cet enfant, jamais elle ne ferait rien pour qu'il le crût.

S'il ne recouvrait pas la raison, cette question terrible de la paternité pourrait rester incertaine.

Mais s'il la recouvrait et si elle était obligée de s'expliquer, tout serait perdu. Incapable d'ajouter le mensonge à sa faute, il faudrait alors qu'elle confessât la vérité.

Ainsi elle se trouvait placée dans cette effroyable alternative : ou de s'appliquer à soigner son mari pour le guérir, et alors d'être exposée à son désespoir le jour où il pourrait comprendre la vérité ; ou de ne pas le guérir et alors de le garder près d'elle en profitant de l'impunité que sa présence lui apportait.

Quand une situation se montre ainsi, ce n'est point d'une minute à l'autre qu'on lui trouve une solution. A mesure que l'analyse la creuse, les dangers apparaissent, et devant la profondeur de l'abîme qui s'ouvre béant, on recule épouvanté. Loin de se pouvoir rassurer par la lumière qu'on y projette d'une main tremblante, on se sent affolé par le vertige.

Ce fut ce qui arriva pour Charlotte.

— Il faut trouver, se disait-elle, il faut se décider.

Mais elle ne trouvait point, et elle ne se décidait point.

Les heures de la nuit s'écoulèrent et, quand le jour se leva, les ombres qui enveloppaient son esprit étaient de plus en plus épaisses.

Elle remit au lendemain à prendre une résolution : avec le calme, la clairvoyance lui viendrait peut-être.

Et puis, il n'y avait pas urgence à prendre un parti immédiat ; elle était seule à connaître sa grossesse, et des mois s'écouleraient encore avant qu'on pût la deviner.

Ce n'était pas au moment où Emmanuel rentrait dans sa maison après une si longue absence qu'elle pouvait lui causer une pareille douleur.

Avant tout il fallait voir quel effet le calme du foyer et les soins de la tendresse produiraient sur lui.

Comme toujours, cette remise au lendemain d'une détermination décisive, apaisa son angoisse : elle réfléchirait, elle verrait, c'était du temps gagné. Et dans ces crises il semble que le temps gagné soit le salut.

Elle ne tarda pas à voir cependant qu'elle n'avait pas encore épuisé toutes les difficultés qui l'accablaient.

Il lui en restait une à laquelle elle n'avait même pas songé, et la plus cruelle de toutes.

La première pensée d'Emmanuel en s'éveillant fut pour Georges.

— J'ai oublié de te prévenir, lui dit-il, que j'ai invité Georges à dîner pour aujourd'hui.

— Georges !

Par un effort de volonté, elle retint les paroles qui lui montaient aux lèvres.

— Sans doute, continua Emmanuel ; n'est-ce pas tout naturel ? Tu parais surprise. Pourquoi serais-tu surprise ? Voilà qui serait étrange, vraiment. Georges est venu à mon secours ; il n'a cru aucun de ceux qui lui disaient que je n'étais pas guéri ; il n'a cru qu'à son amitié et son cœur. Il m'a ramené dans ma maison ; n'est-il pas juste, n'est-ce pas un devoir pour moi, et même pour toi, de lui marquer notre reconnaissance ? Tu ne réponds pas ?

Il avait parlé avec volubilité, presque avec colère.

Que répondre, pour ne pas l'exaspérer ?

— J'avais espéré passer cette journée dans l'intimité, dit-elle.

— C'est ce que je veux aussi ; mais Georges, il me semble, ne dérange en rien notre intimité ? Je veux que ce dîner soit une fête de famille : Georges est de ta famille ; il est ton cousin ; il est ton plus proche parent.

— Je n'avais pas pensé à lui, voilà tout.

— Voilà tout, voilà tout. C'est un tort. Tu aurais dû la première penser à cela. Il est vrai, et c'est là ton excuse, il est vrai qu'autrefois j'ai voulu tenir Georges à l'écart ; mais j'ai été coupable. Ou plutôt je l'aurais été si je n'avais pas été déjà malade. C'est la maladie seule qui m'avait mis dans l'esprit les idées qui me tourmentaient. Aujourd'hui que je suis guéri, je n'ai plus, Dieu merci, ces idées, et je tiens beaucoup à montrer que je m'en suis débarrassé. N'est-ce pas la meilleure preuve de ma guérison ? Réponds donc.

— Tu n'as besoin de preuves pour personne.

— Non, mais enfin je tiens à en donner. Et puis, d'un autre côté, je tiens à réparer envers Georges les torts que j'ai eus envers lui. Georges a été pendant longtemps mon meilleur ami, mon camarade, mon frère. Je veux lui montrer que je le considère toujours comme tel. Tu me feras plaisir en ne l'oubliant pas.

Jamais il ne lui avait parlé sur ce ton. Mais de cela elle ne prit pas souci. C'était maintenant sa manière de tout dire, même les choses insignifiantes, d'une façon nerveuse et impatiente. Elle ne répliqua rien.

Après le déjeuner, il avait voulu sortir, et, bien entendu, elle l'avait accompagné. Il s'était fait conduire à la librairie Pagnerre, et là il avait acheté la collection des vingt-cinq ou trente almanachs que publie chaque année cette maison.

Aussitôt cette acquisition faite, il avait commandé au cocher de les ramener rue de Boulogne, et à peine rentré il s'était mis à examiner les almanachs, les comparant les uns avec les autres, en couvrant de chiffres une feuille de papier. Charlotte, qui travaillait auprès de lui, à un ouvrage de tapisserie, n'osait l'interroger, et c'était à la dérobée seulement qu'elle le regardait.

Tout à coup il se leva, et vint auprès d'elle en tenant sa feuille de papier.

— Avoue, dit-il, que tu n'as pas idée de ce que je fais. C'est un calcul, et je te jure qu'il me donne une grande sécurité. J'ai dépassé l'âge où ma mère est morte.

— Mais je sais cela.

— Tu sais cela, et moi je le savais aussi ; seulement je n'en avais pas la preuve. C'est pour avoir cette preuve que j'ai acheté tous ces almanachs. Chez Bergeresse on m'avait, sur ma demande, donné un calendrier, mais j'avais peur qu'il ne fût faux. On doit toujours et en tout se défier de ce qui vient de ces médecins. Avec ces almanachs, j'ai fait ma preuve. J'ai bien véritablement dépassé l'âge de ma mère, depuis trois mois. C'est à partir de ce moment que j'ai été de mieux en mieux, et maintenant il est bien certain qu'il n'y a plus aucun danger ; cette date était fatale.

Il fallut, le soir, se mettre à la même table que Georges ; et comme ils n'étaient que trois, Charlotte se trouva naturellement placée entre son mari et celui qui avait été son amant.

Il fallut qu'elle s'acquittât de son rôle de maîtresse de maison : il fallut qu'elle se mêlât à la conversation qui, grâce à la loquacité d'Emmanuel, ne languit pas un instant. Il fallut qu'elle répondît à Georges qui s'arrangea plusieurs fois pour l'entraîner dans des sujets où, par des allusions et des mots couverts qu'elle seule pouvait comprendre, il disait tout ce qu'il voulait lui faire entendre.

La souffrance fut telle qu'à un moment donné elle crut qu'elle allait s'évanouir ; la tête, le cœur, tout lui manquait.

Assurément, s'il lui fallait subir chaque jour pareille torture, elle n'aurait pas la force d'aller jusqu'au bout : le courage lui ferait défaut, l'énergie morale aussi bien que l'énergie physique.

Il fallait donc qu'elle trouvât un moyen pour s'en affranchir ; et ce moyen, c'était d'emmener Emmanuel loin de Paris. Georges, retenu par sa position et son ambition, ne les suivrait pas.

Elle pensa tout d'abord à reprendre leurs voyages sur leur yacht. Mais la crainte qu'Emmanuel n'éprouvât une crise aiguë en pleine mer ou dans un pays à moitié sauvage la retint. Que ferait-elle de lui ?

Alors elle pensa à la Crique.

Il lui en coûtait de revenir coupable dans cette maison où elle avait vécu jeune fille; mais elle ne devait pas avoir égard à ses sentiments : c'était avant sa faute qu'elle aurait dû penser à la maison paternelle et à son enfance.

Au premier mot, Emmanuel, avec la mobilité qu'il portait maintenant dans tout, applaudit à cette idée, et il voulut partir aussitôt.

— Rien ne nous retient à Paris, dit-il ; mettons-nous en route ce soir. En Bretagne, loin des Bergeresse, des Louville, seuls ensemble, ce sera le bonheur.

Si ce ne fut pas le bonheur pour Charlotte, ce fut au moins le calme. Elle put se consacrer entièrement à son mari; une mère n'eût pas eu plus de soins et de prévenances pour son enfant malade.

Ces soins et aussi la tranquillité de cette maison, où rien ne lui rappelait de pénibles souvenirs, firent plus pour Emmanuel que la science du docteur Bergeresse. Peu à peu, il retrouva un sommeil paisible, et son excitation fébrile s'apaisa. Si ce n'était pas la guérison, au moins c'était une espérance, presque un commencement de guérison.

Sur deux ou trois points seulement il y avait encore une lacune dans sa raison.

Ah ! si Charlotte avait eu du temps devant elle ! Mais les jours, les mois avaient marché, et le moment arrivait où elle allait être obligée de lui avouer sa grossesse, qui pour tout le monde était déjà visible.

Comment lui porter ce coup ? Ce n'était plus à un fou qu'elle avait affaire, mais à un homme qui raisonnait.

Ne l'avait-elle ramené si près du rivage que pour le rejeter au loin, au moment où il n'avait peut-être plus que quelques pas à faire pour être sauvé ?

Elle différa encore son aveu.

Mais il vint un jour enfin où elle ne put pas se taire plus longtemps. Elle se sentait observée par lui. Il la regardait marcher. Il lui posait des questions qui prouvaient que son esprit était inquiet.

L'heure était venue : il fallait parler.

Elle parla.

Et, supplice atroce, alors qu'elle eût voulu se confesser dans l'ombre à voix basse, elle parla, les yeux fixés sur ceux de son mari, tâchant de lire dans son âme les mouvements que cette confidence y soulevait.

Tout d'abord, il resta hésitant, comme s'il ne comprenait pas ou bien comme s'il analysait ce qu'il venait d'entendre ; son regard était anxieux, ses sourcils étaient contractés par l'effort de la réflexion.

Mais bientôt son visage s'éclaira, ses bras s'ouvrirent et, amenant Charlotte sur sa poitrine.

— Ah ! chère femme ! dit-il.

Mais en posant les lèvres sur le visage glacé de Charlotte, il frissonna. Alors, s'éloignant d'elle de manière à la bien voir :

— Pourquoi es-tu glacée ? dit-il ; tu trembles. Qu'as-tu ?

Incapable de répondre, incapable de soutenir son regard, elle baissa les yeux.

Pendant quelques secondes, ils restèrent ainsi. Que se passait-il en lui ? Charlotte se sentait mourir.

Tout à coup il revint à elle :

— Ah ! je comprends, dit-il ; mais il ne faut pas t'effrayer ; tu sais bien qu'il y a près de six mois que je suis guéri.

XXVIII

Emmanuel ne parla plus que de son enfant; ce serait un garçon, on le nommerait Charles.

Il voulut aller avec Charlotte au cimetière pour annoncer cette grande joie à M. de la Héraudière.

— L'âme de ton père nous entendra, dit-il. Quelle joie c'eût été pour lui s'il avait pu te voir, pâle comme tu l'es, marchant à pas si fléchissants, sous ces arbres maintenant si forts et si beaux ! Mais les morts nous voient, et ils prennent part à nos bonheurs ou à nos chagrins. Comme il va être heureux !

Pour Charlotte, cette visite fut une cruelle expiation, tandis que pour Emmanuel elle fut un triomphe.

La pensée de son enfant lui fit faire ce que Charlotte avait été impuissante à obtenir par ses prières : il renonça à écrire aux journaux. En effet, depuis qu'il était sorti de chez le docteur Bergeresse, une de ses manies était d'écrire des lettres pour demander la suppression des maisons de santé; pendant deux ou trois heures tous les jours, il écrivait ces lettres et il les envoyait à tous les journaux. Bien que personne ne lui eût jamais répondu et qu'il n'eût jamais vu une de ses lettres imprimée, il ne se décourageait point.

— Cela produira son effet plus tard, disait-il; c'est par la persévérance qu'on réussit.

En présence de cette joie, il y avait une question qui s'imposait à Charlotte : comment avait-il admis cette paternité? que croyait-il, et pour quelle époque attendrait-il la naissance de cet enfant?

Il lui était impossible de l'interroger à ce sujet et elle restait livrée à ses craintes : qu'arriverait-il si l'accouchement avait lieu avant le temps qu'il s'était lui-même fixé? La lumière ne se ferait-elle pas alors dans son esprit? Et après ces espérances qui l'avaient élevé si haut, la chute ne serait-elle pas mortelle pour lui?

Ce qui rendait ces questions plus poignantes chaque jour, c'était de voir que chaque jour sa guérison s'accentuait.

Assurément, le jour où avec la raison complète, la mémoire lui serait revenue, il ne pourrait plus se tromper lui-même.

Mais la mémoire lui reviendrait, elle? Se souviendrait-il de tout ce qui se serait passé pendant sa maladie? C'était ce que Charlotte ne savait pas, et ce qu'elle se demandait avec une terrible anxiété.

Si malheureuse qu'elle fût d'être enceinte, elle ne faisait pas porter à son enfant le poids de sa faute, et, par un sentiment de maternité tout naturel, elle eût voulu nourrir elle-même cet enfant.

Mais sous l'impression de l'incertain elle n'osa pas prendre cette résolution : si après l'accouchement, il lui fallait mourir, elle voulait que son enfant pût vivre. Elle se décida donc à choisir une nourrice.

En entendant pour la première fois parler de nourrice, Emmanuel fut très surpris.

— Je suis trop nerveuse, dit Charlotte, trop fiévreuse.

— Et pourquoi es-tu fiévreuse ?

Que répondre ! Elle fit ce qu'elle faisait toujours quand elle était amenée à mentir, elle se tut.

Et ce fut seulement quand l'esprit d'Emmanuel se fut habitué à cette idée de nourrice, qu'elle en reparla : alors il se rendit.

Bien souvent il l'avait interrogée pour savoir quand elle croyait accoucher et toujours elle avait évité de répondre avec précision, de sorte que c'était lui qui avait fixé ce moment à la fin de septembre.

Mais elle accoucha au commencement de juillet.

Lorsqu'il la vit prise des premières douleurs et qu'il ne lui fut pas possible de se tromper sur ce qui allait se passer, il laissa paraître une profonde stupéfaction.

Et Charlotte, dont les souffrances physiques étaient éteintes par l'horrible angoisse qui l'étouffait, fut effrayée du regard qu'il attacha sur elle.

Pendant plusieurs minutes il ne la quitta pas des yeux, puis tout à coup il lui tourna le dos ; mais au mouvement de son épaule et de son bras, elle comprit qu'il comptait sur ses doigts ; puis il compta une seconde fois, puis une troisième.

Alors, revenant à elle :

— Mais ce n'est pas possible, dit-il, nous allons avoir un enfant qui ne vivra pas.

Lorsque le docteur Kerfons, qu'on avait été chercher à Vannes, arriva, Charlotte était entrée dans la période des dernières douleurs. Mais, les yeux attachés sur Emmanuel, qui avait voulu rester près d'elle, elle ne poussait pas un cri : des larmes coulaient seulement sur son visage bouleversé.

— Criez donc, dit le docteur Kerfons.

La nourrice était dans une [pièce voisine, prête à recevoir l'enfant; il fallut que le médecin se fâchât, pour forcer Emmanuel à passer près d'elle au dernier moment.

Un cri, un seul, annonça la fin de l'accouchement.

Emmanuel courut à la porte; en même temps le médecin parut, tenant l'enfant dans ses deux mains.

— Viable ? s'écria Emmanuel.

— Magnifique; il pèse au moins quatre kilogrammes.

Et donnant l'enfant à la nourrice il rentra dans la chambre de Charlotte.

Emmanuel était resté hésitant; allait-il passer dans la chambre de sa femme? Allait-il voir l'enfant?

Il se retourna vers la nourrice et longuement il regarda l'enfant : doucement il lui appuya la main sur la tête.

Alors il revint vers sa femme : elle était étendue sur un lit, prise d'un frisson qui faisait trembler le drap qui la couvrait.

Lorsqu'elle le vit entrer, son frisson s'arrêta subitement, et la bouche ouverte, les yeux fixes, elle le regarda s'avancer vers son lit.

Jamais assurément elle n'avait été si près de la mort.

Il se pencha sur elle, et lui prenant la main :

— Il a des cheveux, dit-il, son crâne est solide.

— Parbleu ! s'écria le docteur Kerfons.

Mais il n'eut pas plutôt lâché cette exclamation qu'il comprit, à l'expression d'épouvante chez la femme et d'angoisse chez le mari, qu'il venait de se jeter à travers un drame qu'il ne connaissait point.

— Oh! oh! des cheveux, dit-il en les examinant en dessous l'un après l'autre; à peine un duvet. Quant au crâne, mon cher monsieur, je vous engage à ne pas appuyer trop fort dessus. Mais assez parlé, je vous prie; madame a besoin de calme.

Puis, emmenant Emmanuel, il lui recommanda la plus grande prudence; la secousse avait été rude; la malade avait besoin de repos; une émotion trop forte pouvait la tuer.

Charlotte voulut avoir son enfant près d'elle.

Ainsi, elle pourrait voir comment Emmanuel le regardait.

Tout d'abord et pendant les premiers jours, il attacha sur lui des yeux inquiets qui révélaient un profond désordre dans son esprit. Evidemment, il se faisait en lui un travail mystérieux.

Mais peu à peu ses yeux s'adoucirent et l'expression d'angoisse des premiers jours se dissipa : après une lutte entre le doute et la foi, c'était la foi qui l'avait emporté Il croyait à sa paternité.

En voyant ce résultat, une autre femme que Charlotte se fût peut-être rassurée : désormais il n'y avait plus rien à craindre. Mais pour elle, ce ne fut pas la fin de ses souffrances, ni de ses cruelles interrogations : avait-elle le droit, même pour assurer la tranquillité et la santé de son mari, de lui imposer cet enfant ? Plutôt que de le tromper, plutôt que de lui voler sa tendresse, ne fallait-il pas avouer la vérité ?

Encore et toujours les tourments de l'incertitude et du remorde.

Cependant les choses reprirent leur marche régulière; elle se releva; l'enfant se développa et Emmanuel s'attacha à lui chaque jour davantage, et il en vint à le regarder longuement avec une expression de bonheur.

Un jour, deux mois après la naissance, il prévint Charlotte qu'il avait une grande nouvelle à lui annoncer.

— Je viens d'écrire à Georges, dit-il, pour qu'il vienne nous voir. Nous voici en septembre; nous profiterons de sa présence pour faire le baptême de Charles, car je veux qu'il soit notre parrain; nous lui devons bien cela.

Georges parrain de son enfant!

Elle ne répondit pas, mais le soir même elle écrivit à Georges la lettre suivante :

« Malgré la demande de mon mari, ne venez pas. Trouvez une raison solide pour refuser : un voyage, ce que vous voudrez; mais ne venez pas. S'il vous reste dans le cœur un peu de pitié ou d'honneur, ne venez pas. »

Malgré cette lettre, Georges annonça qu'il arriverait le dix septembre.

Emmanuel voulut que Charlotte vînt avec lui à Vannes au-devant de Georges et, comme elle s'était fait une loi de ne le laisser jamais seul nulle part, elle ne put pas refuser.

Alors recommença pour elle le supplice qu'elle avait déjà enduré à Paris, mais plus cruel encore cette fois, car elle eut à subir Georges du matin au soir, dans une intimité étroite.

Cependant il y eut cela de bon dans cette intimité à trois, qu'elle fut préservée par la présence continuelle de son mari contre toute entreprise de Georges. Malgré ses tentatives et ses efforts, les jours s'écoulèrent sans qu'il pût avoir avec elle l'entretien particulier qu'il cherchait par tous les moyens.

A la fin, le dépit le prit, et il annonça qu'il était obligé de rentrer à Paris avant l'époque qu'il avait fixée pour son départ.

Charlotte respira : elle se crut sauvée.

Mais la veille précisément de ce départ, elle se trouva face à face avec Georges, au détour d'une allée. Ils étaient seuls, Emmanuel venant de s'éloigner du côté de la maison.

Elle voulut reculer et retourner sur ses pas, mais il avança vivement et la retint par la main. Elle voulut se dégager, il lui serra le poignet de manière à lui faire comprendre qu'il ne l'abandonnerait pas.

Ils restèrent un moment en face l'un de l'autre, se regardant.

— N'aurez-vous pas pitié, dit-il enfin et ne voudrez-vous pas voir ma souffrance?

— Et vous, ne voyez-vous pas la mienne?

— Vous avez votre enfant, tandis que moi vous me séparez du mien.

— Ah! ne parlez pas ainsi, cet enfant ne sera jamais à vous. Vous entendez, jamais. J'aimerais mieux tout dire à mon mari que de voir cet enfant dans vos bras.

— Ah! Charlotte, vous êtes implacable.

— Et vous, ne l'avez-vous pas été : rappelez-vous comment vous m'avez amenée dans vos bras : si je ne peux pas me pardonner, je ne vous pardonnerai pas davantage; si je me méprise, je vous méprise aussi. Ah! si vous avez lu dans mon cœur il y a un an, tâchez donc d'y lire maintenant; lisez toute la haine, tout le mépris que j'ai pour vous, toute la tendresse que j'ai pour mon mari.

— Ne me parlez pas de votre mari et n'oubliez jamais que si j'ai pu le faire sortir de la maison de santé du docteur Bergeresse, je puis l'y faire replacer et l'y laisser mourir. Et c'est ce que je ferai, entendez-vous bien, si vous ne voulez pas reconnaître les droits que j'ai sur vous et ceux que j'ai sur cet enfant, sur mon enfant.

A ce moment, ils entendirent un cri étouffé tout près d'eux, et presque aussitôt la chute d'un corps sur la terre.

Charlotte, épouvantée, regarda autour d'elle : l'allée dans laquelle ils se trouvaient était bordée par des herbes gigantesques au feuillage épais et léger qu'on nomme des arundinaria et qui formaient là une sorte de salle de verdure. Par un sentier tournant, elle courut dans cette salle, suivie de Georges.

Emmanuel était étendu sur le sol tout de son long, sans connaissance.

XXIX

Charlotte s'était précipitée à genoux à côté d'Emmanuel étendu sur le sable du jardin.

Il paraissait mort; son visage était décoloré; sa poitrine n'était plus soulevée par la respiration.

Vivement elle lui avait posé la main sur le cœur : il ne battait plus.

Epouvantée, elle l'avait pris dans ses deux bras pour le relever; mais elle n'avait pas pu soulever ce corps ballant.

Alors elle s'était tournée vers Georges qui, marchant moins vite, était arrivé après elle.

— Courez à la maison, dit-elle; amenez Martin, un domestique, quelqu'un.

Georges parti, elle avait défait la cravate d'Emmanuel et déboutonné le col de sa chemise : puis elle lui avait fortement frotté les mains dans les siennes, quittant l'une pour reprendre l'autre.

Elle était éperdue, non désespérée : il était vivant : ce visage pâle et convulsé ne portait pas l'empreinte sinistre de la mort.

Qu'avait-il éprouvé? une congestion cérébrale, une attaque d'apoplexie, une syncope?

Elle crut remarquer que la pâleur du visage s'affaiblissait et que la poitrine se soulevait doucement. De nouveau elle lui tâta le cœur; il battait.

Il rouvrit les yeux et, la voyant penchée sur lui, il la regarda longuement.

— Qu'as-tu, que veux-tu? s'écria-t-elle.

Mais il ne répondit pas, soit qu'il n'entendît pas encore, soit qu'il ne pût pas parler; seulement il continua de la regarder.

Bien souvent, au temps où il commençait à être malade, elle avait été profondément remuée par les regards tristes qu'il attachait sur elle, mais jamais elle n'avait trouvé dans ces regards de désolation pareille à celle qu'elle voyait en ce moment.

Elle voulut répéter ses interrogations, mais l'émotion arrêta les paroles dans sa gorge.

Il continua à la regarder sans rien dire, secouant légèrement la tête avec une expression d'accablement et de douleur véritablement navrante.

S'appuyant sur une main, il se souleva doucement et, approchant son visage de celui de Charlotte, il la regarda encore.

A ce moment, un bruit de pas précipités retentit dans l'allée : c'était Georges qui accourait avec les domestiques.

Emmanuel quitta Charlotte des yeux et regarda dans la direction d'où venait le bruit. En apercevant Georges, l'expression de son visage changea subitement : sa figure rougit, les veines de son front et de son cou se gonflèrent, ses dents fortement pressées les unes contre les autres firent entendre un grincement, son regard lança des flammes.

Mais presque aussitôt un nouveau changement se fit en lui : sa figure redevint pâle, son nez se dilata, ses joues se creusèrent, ses lèvres furent agitées par des mouvements convulsifs, et, chose étrange, ses yeux parurent rouler d'un côté à l'autre.

Georges ayant continué d'approcher, Emmanuel se rejeta brusquement en arrière, tandis qu'un de ses bras se portait en avant.

Charlotte, pendant ces différentes transformations de physionomies, rapides comme l'éclair, ne l'avait pas quitté de vue, et elle avait compris les mouvements par lesquels il passait aussi clairement que s'ils avaient été expliqués par la parole. Lorsque, tout d'abord, il l'avait regardée, il était sous le coup d'une immense douleur. Puis, lorsqu'il avait aperçu Georges, sa douleur avait été remplacée par la frayeur. Enfin à cette frayeur avait succédé presque instantanément l'épouvante.

Il avait donc entendu leur entretien ?

Avant qu'elle pût examiner cette question, Emmanuel s'était de nouveau soulevé.

— Donne-moi la main, dit-il à sa femme.

Et comme elle lui tendait la main :

— Non, dit-il, en paraissant se raviser; il vaut mieux que je m'aide du bras de Georges, il est plus fort.

— Qu'as-tu donc éprouvé ? demanda celui-ci.

— Ah ! c'est vrai, oui, ce que j'ai éprouvé ? répondit Emmanuel, s'appuyant sur le bras que Georges lui tendait. C'est bien simple. J'ai cru vous apercevoir dans le jardin ; au lieu de rentrer à la maison, je me suis dirigé de votre côté.

Si bien maître qu'il fût ordinairement de son sang-froid, Georges baissa les yeux, tandis que Charlotte, au contraire, restait suspendue aux lèvres de son mari.

— En marchant vivement vers vous, continua Emmanuel, sans regarder à terre, j'ai heurté une racine du bout du pied et je suis tombé; comme ma tête a porté sur une pierre, je me suis évanoui. C'est bien simple, n'est-ce pas? C'est même assez bête.

Ils marchèrent en silence jusqu'à la maison, évitant de se regarder les uns et les autres.

— Je vais me reposer un peu, dit Emmanuel en entrant ; je te remercie, Georges. Je monterai bien seul ; Charlotte m'accompagnera.

Comme celle-ci, en arrivant dans la chambre, s'empressait autour de lui, il l'arrêta doucement :

— Je n'ai besoin de rien, dit-il ; je voudrais seulement dormir ; passe dans ta chambre, je te prie ; je t'appellerai quand je m'éveillerai.

Il resta quatre heures sans l'appeler et elle eut tout le temps ainsi de réfléchir. Avait-il surpris leur entretien ? Tout semblait l'indiquer. Mais alors comment expliquer l'accueil qu'il avait fait à Georges, son attitude avec lui, ses paroles ? D'un autre côté aussi, comment expliquer sa colère quand il l'avait aperçu, puis ensuite sa frayeur ?

Il y avait là des contradictions devant lesquelles son esprit s'égarait sans pouvoir arriver à une conclusion.

Maintenant, qu'allait-il se passer ?

Quand Emmanuel vint la rejoindre dans sa chambre, rien ne donnait à penser qu'il avait employé son temps à dormir ; en tous cas, son sommeil avait dû être pénible, car son visage était contracté par la souffrance et dans ses yeux se lisait le désespoir.

Elle tenait en ce moment son enfant sur ses genoux ; brusquement il détourna la tête et il s'arrêta.

Mais bientôt il reprit sa marche et vint jusqu'à elle :

— Descendons, dit-il, Georges est seul, il doit être inquiet ; il ne faut pas qu'il soit inquiet.

Il n'y avait aucune exaltation dans son attitude ni dans son accent, mais en entrant dans le salon, cette exaltation se montra pour ainsi dire instantanément : il parla beaucoup, et, ce qui n'était pas arrivé depuis longtemps, il déraisonna.

En le regardant, il était impossible de reconnaître l'homme qu'on avait vu le matin : c'était bien un fou qu'on avait devant soi.

Georges sortit un moment et aussitôt cette exaltation tomba ; il rentra, elle reparut.

Charlotte était stupéfaite : elle ne savait que croire ; ce qui se passait sous ses yeux était tellement étrange qu'elle n'osait aller jusqu'au bout des pensées qui se présentaient à son esprit.

Pendant les deux journées que Georges passa à la Crique, l'attitude d'Emmanuel ne se modifia pas : en présence de Georges, il montrait une exaltation fiévreuse qui donnait à croire qu'il était revenu au plus mauvais temps de sa maladie ; en arrière de lui et en tête-à-tête avec Charlotte, il laissait paraître un accablement et un désespoir mornes.

Il ne se plaignait pas ; il ne répondait même pas à ses questions, mais il la regardait et son regard en disait autant que les plaintes les plus éloquentes.

Si grande que fût son anxiété, elle ne voulut pas cependant interroger Georges pour savoir ce qu'il pensait de cette situation ; et quand celui-ci, de son côté, cherchait à l'entretenir, elle parvint à lui échapper.

De même qu'Emmanuel avait voulu aller au-devant de Georges à son arrivée, de même il voulut le conduire à son départ. Charlotte, n'osant pas le laisser aller seul dans l'état où il était, l'accompagna.

— Et maintenant, demanda Georges quelques instants avant le moment de les quitter, qu'allez-vous faire ?

— Je ne sais trop, répondit Emmanuel, rester ici, sans doute, puisque nous y sommes bien ; car nous nous trouvons bien à la Crique ; n'est-ce pas, Charlotte ?

— Très bien.

— Très bien pendant la bonne saison, continua Georges, mais j'espère que vous reviendrez passer l'hiver à Paris. Tu entends, Emmanuel, je compte sur toi.

— Cela dépend de Charlotte.

— Non, cela dépend de toi ; tu n'as qu'a manifester le désir de venir à Paris pour que ma cousine soit prête aussitôt. Du reste, je te préviens que si je te ne vois pas arriver à la fin de décembre, je t'en voie prendre ici de force.

Georges avait parlé sur le ton de la plaisanterie ; mais à ce mot Emmanuel eut un tressaillement et recula d'un pas. Bien vite il se remit, et, prenant lui aussi le ton de la plaisanterie :

— Tu n'auras pas besoin d'employer la force, dit-il, nous irons à Paris.

On ouvrit la porte et on appela les voyageurs pour monter en voiture. Georges tendit la main à Emmanuel et celui-ci la lui serra ; il prit ensuite la main de Charlotte, qui se laissa faire.

En revenant à la Crique, Emmanuel et Charlotte firent la plus grande partie du chemin sans échanger une parole.

Enfin pour échapper à la gêne de cette situation, elle voulut engager la conversation sur des choses insignifiantes, mais il ne répondit pas et resta plongé dans sa méditation.

En apercevant seulement le toit de la maison, il sortit de sa stupeur, et la regardant longuement :

— Pauvre femme ! dit-il.

Et ce fut tout.

Elle eût voulu répondre et mettre à profit cet épanchement pour l'obliger à parler, mais on arrivait dans le jardin et déjà Martin accourait pour tenir les chevaux.

Elle espéra qu'une occasion se présenterait bientôt ou que tout au moins elle pourrait la faire naître, mais son espérance fut déçue.

L'exaltation qui s'était montrée chez Emmanuel pendant les dernières journées du séjour de Georges se calma, et les craintes que Charlotte avait pu avoir pour une rechute ne se réalisèrent heureusement pas, mais d'un autre côté l'accablement et le désespoir persistèrent.

Pour le petit Charles, plus une seule caresse; pour elle, plus un seul mot d'épanchement.

Parfois il s'arrêtait devant la nourrice et, pendant plusieurs minutes, il regardait l'enfant avec une expression si étrange, que Charlotte effrayée allait instinctivement se placer près de lui, et quelquefois même prenait son fils dans ses bras, comme si elle eût pressenti le besoin de le défendre.

Les semaines, les mois s'écoulèrent sans amener aucun changement dans cette situation.

Emmanuel ne sortait de son mutisme habituel que pour parler des choses de la vie ordinaire : tout son temps, il le passait seul à lire, et c'était à peine si elle pouvait l'arracher à ses livres pour lui faire faire une courte promenade.

Au mois de décembre seulement, et pour la première fois, le nom de Georges fut prononcé entre eux.

— Je viens de recevoir une lettre de Georges, dit Emmanuel ; il me rappelle ma promesse d'aller passer la fin de l'hiver à Paris.

— Mais cette promesse n'était pas sérieuse.

— Une promesse est toujours sérieuse. D'ailleurs, il suffit que Georges en demande l'exécution pour que nous soyons obligés à la tenir. Je tiens à ne pas fâcher Georges.

— Que nous importe!

— A moi, il importe beaucoup. Au reste, il faut qu'il ait bien à cœur le désir de nous voir pour nous rappeler cet engagement en ce moment où la politique devrait le prendre tout entier. Les journaux disent qu'il va probablement entrer dans le nouveau ministère. C'est une grande preuve d'amitié qu'il nous donne de penser à nous au milieu de si graves préoccupations. Nous partirons à la fin du mois, comme je l'ai promis.

XXX

Du mois de septembre au mois de décembre, Emmanuel n'avait pas eu un seul accès de délire : s'il était resté plongé dans une mélancolie noire, au moins n'avait-il pas déraisonné.

Mais en arrivant à Paris, ou plus justement en revoyant Georges, la fièvre et l'exaltation reparurent.

Cela se produisit dans des circonstances tellement caractéristiques que les soupçons de Charlotte déjà fortement excités se précisèrent.

Emmanuel était avec elle dans le salon, lorsqu'on annonça Georges, et ils causaient tranquillement sans que rien indiquât le trouble ou l'émotion chez Emmanuel. Mais au nom de Georges, sa physionomie changea subitement, et dans ses gestes comme dans ses paroles, l'incohérence se montra aussitôt : l'homme raisonnable, une minute avant l'entrée de Georges, déraisonnait maintenant.

Un autre fait frappa encore Charlotte.

Georges, dont les journaux avaient beaucoup parlé en ces derniers temps comme ayant des chances sérieuses pour prendre place dans le ministère en formation, n'avait pas été nommé ministre. Et comme le décret qui instituait le nouveau ministère avait paru au *Journal officiel*, le jour même où Georges avait fait sa première visite rue de Boulogne, cela avait naturellement fourni un inévitable sujet de conversation. Emmanuel avait témoigné « à son ami » tout le chagrin que lui causait cette déception, et « l'ami » avait répondu en se plaignant amèrement de l'ingratitude et de l'injustice des hommes.

Pour quelqu'un qui n'eût pas bien connu Emmanuel, l'expression de ses regrets eût pu paraître sincère; mais Charlotte n'était pas femme à se laisser prendre aux apparences. Pour elle, ce n'était pas du chagrin que son mari éprouvait, mais de la joie, — la joie du triomphe et de la vengeance. S'il avait éprouvé du chagrin, il aurait dit seulement un mot à Georges de sa déception, il n'y fût point revenu à plaisir, tournant et retournant le couteau dans la plaie de l'amour-propre blessé et de l'ambition déçue. C'était la joie qui le faisait revenir sans cesse à ce sujet ; c'était elle qui lui faisait trouver des adresses de langage pour aviver cette plaie sous prétexte de la panser. Et tout cela avec une violence de gestes et une exubérance de paroles qui pouvaient faire croire que, sous l'influence de l'exaltation, il n'avait pas conscience de ce qu'il disait, mais qui ne trompait pas Charlotte.

Ce ne fut pas tout.

Après le dîner, ce qui n'était jamais arrivé, il les laissa seuls ensemble, prétextant une lettre pressée à écrire.

Charlotte eût voulu se retirer, mais cela était impossible, et elle dut subir l'entretien en tête-à-tête avec Georges, que son mari semblait avoir voulu lui imposer.

Lorsqu'il fut sorti, ils demeurèrent en face l'un de l'autre assez longtemps sans parler ; enfin, Georges vint s'asseoir près d'elle.

— Ainsi, dit-il, vous voilà revenue à Paris ?

— J'ai suivi mon mari ; c'est lui qui, au reçu de votre lettre, a voulu revenir, ce n'est pas moi : vous le savez bien.

— Je sais que j'ai rencontré dans Emmanuel un allié qui me sert utilement.

— Ne parlez pas ainsi ; ce ton de raillerie à propos d'un homme dont vous avez fait le malheur est indigne d'un esprit élevé, et ce qui sans doute vous touche davantage, il est maladroit. Mon mari n'est pas votre allié. Détrompez-vous sur ce point. Il sait beaucoup de choses, s'il ne sait pas tout. Il paraît nous obéir, j'en conviens. Mais en agissant ainsi, il a un but. Lequel ? je n'en sais rien. Seulement je suis certaine qu'il en a un.

— Votre mari est fou.

— Pas tant que vous croyez, et il serait plus sage à vous de vous défier de lui que de le railler.

— Que voulez-vous dire ?

— Que nous sommes entre ses mains.

— Vous vous trompez, c'est lui qui est entre les miennes, et il y aurait folie à lui, véritable folie, vous l'entendez bien, à l'oublier. Mais il ne l'oubliera pas.

— Encore cette horrible menace, n'est-ce pas ? Eh bien ! écoutez ce que je n'ai pas pu vous dire il y a quatre mois à la Crique. Je vous jure que, si vous entreprenez la moindre chose contre Emmanuel, ou même si vous continuez à me poursuivre comme vous l'avez fait jusqu'à présent, je vous jure que je me tue. J'ai pu résister à la mort tant que j'ai pensé que ma vie pouvait être utile à mon mari. Mais aujourd'hui, je sais qu'elle lui est une souffrance, et qu'il serait moins malheureux si je n'étais pas près de lui ; rien ne m'arrêtera. Si fort que vous vous croyiez, vous devez comprendre que vous ne pouvez rien contre la mort.

— Moi, non, mais notre enfant ; il vous retiendra, lui.

— Peut-être ; mais encore faudra-t-il que vous ne me poussiez pas trop fort.

Il y eut un moment de silence ; puis bientôt il reprit :

— Ah ! Charlotte, vous êtes implacable ; vous me voyez malheureux, accablé, et vous frappez sur moi les coups les plus cruels ; tout me manque dans la vie ; le but que j'ai poursuivi échappe à ma main ; et c'est l'heure que vous choisissez pour m'éloigner de vous et me séparer de mon enfant.

— Vous savez bien que mon fils ne sera jamais le vôtre, pas plus que jamais je ne serai votre femme ; ni lui, ni moi, jamais, jamais !

Elle s'était levée et elle avait prononcé ces derniers mots la main étendue avec une énergie désespérée. Puis, sans baisser les yeux devant les siens, elle était sortie du salon pour passer dans la pièce où se trouvait Emmanuel.

Le résultat de cet entretien fut décisif, Georges ne reparut plus rue de Boulogne, et quand Emmanuel lui écrivit pour l'engager à dîner, il répondit par un refus coloré sous un prétexte. A une seconde et une troisième lettre, il fit la même réponse ; et, ce qui fut tout à fait caractéristique pour Charlotte, ce fut la satisfaction que son mari éprouva en recevant ces réponses.

Après la troisième lettre, Emmanuel voulut inviter lui-même Georges, et se faisant accompagner par Charlotte, il l'alla trouver au Corps législatif. Mais Georges, sans se déranger, envoya un billet de deux lignes pour dire qu'il ne pouvait quitter la séance.

— Nous partirons demain pour les Charmeaux, dit Emmanuel en tendant ce billet à sa femme, maintenant rien ne nous retient plus à Paris.

Elle voulut l'interroger ; en même temps, elle voulut aussi le détourner de son projet d'aller aux Charmeaux où il se trouverait fatalement sous l'influence de mauvais souvenirs, mais aux premiers mots il l'arrêta, et elle comprit qu'elle n'obtiendrait rien de lui. Après tout, c'était quitter Paris et s'éloigner de Georges, c'est-à-dire pour le moment le point capital.

Elle se rendit donc. Si tristes que fussent les Charmeaux, si dangereux qu'ils pussent être, ils valaient encore mieux que Paris.

Ils partirent sans avoir revu Georges et ce qui s'était déjà produit se répéta, Emmanuel retrouva le calme : plus de flèvre, plus d'exaltation ; seulement une mélancolie noire.

Encore cette mélancolie perdit-elle beaucoup du caractère farouche qu'elle avait eu en Bretagne.

Il ne rechercha plus la solitude comme autrefois, et il ne s'enferma plus pour lire pendant de longues heures ; au contraire, il se rapprocha de sa femme et il parut se plaire auprès d'elle comme aux premiers temps de leur mariage.

Il est vrai qu'un rien suffisait pour le rejeter dans son humeur sombre : que Charles survînt dans les bras de sa nourrice, et aussitôt il s'éloignait de sa femme ou bien brusquement il se taisait. Son regard changeait instantanément d'expression, et d'amical il se faisait dur.

Les mois s'écoulèrent : à l'hiver succéda le printemps, puis l'été. Charlotte commença à renaître à l'espérance. Son fils grandissait, Emmanuel s'adoucissait

et l'on n'entendait plus parler de Georges.

Si peu portés qu'ils fussent l'un et l'autre à s'occuper de choses politiques, ils ne purent rester indifférents aux grands événements qui surgirent alors et les bruits de guerre entre la France et la Prusse arrivèrent jusque dans leur retraite. En lisant les journaux, ils virent que parmi les députés qui poussaient le plus fortement à cette guerre, était Georges Saffarel.

La guerre fut déclarée, commencée et elle se poursuivit.

Un matin, le 5 septembre, un jardinier vint annoncer à Emmanuel, qui se promenait dans le parc en lisant le journal, qu'un monsieur qui n'avait pas voulu dire son nom demandait à l'entretenir.

Ce monsieur, c'était Georges. En l'apercevant, Emmanuel recula brusquement.

— Tu es surpris de me voir, dit Georges ; je viens te demander l'hospitalité, et ensuite un service. La dernière armée qui tenait la campagne vient d'être battue, l'empereur a été fait prisonnier ; le Corps législatif a été envahi, la République est proclamée. Dans ces circonstances, j'ai cru devoir quitter Paris et je désire m'éloigner de France. Il va se passer des choses terribles, et il est sage à ceux que le peuple rend sottement responsables de ce grand désastre de disparaître momentanément : peux-tu me procurer un passe-port qui me permette d'entrer en Suisse sans être reconnu ?

Emmanuel resta assez longtemps sans répondre, comme s'il n'avait pas compris ; puis tout à coup, faisant signe à Georges de l'attendre, il sortit brusquement.

Deux minutes après, il rentra tenant dans sa main une feuille de papier timbré.

— Voici un passe-port pour l'étranger que j'avais demandé il y a un mois, dit-il, et qui ne m'a pas servi. Je vous le donne.

Au mot « vous », Georges le regarda avec surprise.

— Il me plaît, dit Emmanuel, que vous me deviez la vie, et j'ai une véritable satisfaction à venir en aide à votre lâcheté. Prenez ce passe-port et partez. Et cependant j'avais préparé une autre expiation, mais je ne peux pas me venger d'un homme qui a peur.

Georges le regarda un moment en face, puis, haussant les épaules :

— Tu es fou, dit-il.

Emmanuel s'avança sur lui, les poings fermés, mais avant de le toucher il s'arrêta.

— Si j'étais fou, dit-il, je vous tuerais, et la justice n'aurait rien à dire, puisqu'elle aurait affaire à un fou. Mais comme j'ai assez de raison pour réfléchir, j'aime mieux vous donner la vie. Partez. En exil, ce qui vous reste de conscience parlera, et vous comprendrez alors pourquoi depuis un an j'ai feint la folie.

Sur ce mot il sonna, un domestique parut :

— Que l'on attelle, dit-il, et que l'on conduise monsieur à Dijon, vivement.

Puis sans rien ajouter, il sortit.

Charlotte ne sut rien de cette visite, et les choses suivirent aux Charmeaux leur cours ordinaire, jusqu'au jour où Emmanuel lui annonça son départ avec vingt hommes du village qu'il avait organisés pour faire aux Prussiens, qui déjà avaient envahi la plus grande partie des départements de l'Est, la guerre des francs-tireurs.

Tout le monde sait, les gens de parti exceptés, la lutte qui a été soutenue dans l'Est et particulièrement en Bourgogne par les corps francs : ce n'est pas le lieu d'en rien dire ici.

De la fin de septembre au mois de janvier, Emmanuel ne revint que deux fois aux Charmeaux et encore pour quelques heures seulement.

Mais souvent on entendit parler de lui et de ses hommes.

Parfois on restait des semaines, des quinzaines, des mois sans nouvelles de lui ; puis, sans qu'on sût au juste comment, le bruit se répandait d'un coup de main heureux entrepris sous son commandement, et en fin de compte il se trouvait quelque témoin pour le raconter en détail.

Sans doute, il fallait faire la part de l'exagération populaire et de la légende dans ces récits, mais le certain était qu'il se battait courageusement et qu'il n'épargnait pas sa vie. Deux de ses hommes, revenus blessés au village, racontaient de lui des faits héroïques.

On parla trop, et quand l'ennemi fut forcé d'évacuer Dijon, il voulut se venger sur le château de celui qu'il désespérait d'atteindre ; un matin, un détachement de cavalerie arriva avec l'ordre de brûler les Charmeaux.

Plus d'une fois, Charlotte avait reçu et soigné des blessés prussiens. Elle crut que cela lui donnait le droit de se défendre. Elle réclama contre cet ordre de barbarie. Le chef du détachement la renvoya au chef de corps qui se trouvait à deux lieues de là, dans un village de la plaine, où il s'était arrêté « pour voir le feu. » Après avoir obtenu la promesse qu'on ne brûlerait pas les Charmeaux avant deux heures, elle commanda d'atteler une carriole et se fit conduire à ce village.

Les deux heures écoulées, comme elle n'était pas de retour, les soldats qui étaient pressés firent sortir les domestiques du château et ayant entassé des amas de paille et de bois contre les portes dans le sens du vent, ils y mirent le feu et quand les flammes arrivèrent au toit, ils partirent.

Il était bien certain que rien n'arrêterait l'incendie.

Il se développa en effet rapidement sans que les paysans pussent rien faire pour l'arrêter : frappés de stupeur, ils restaient immobiles à le regarder, poussant des exclamations et des plaintes.

Tout à coup un grand cri s'éleva dans la foule ; une femme venait de paraître à l'une des fenêtres du premier étage, portant un enfant dans ses bras. C'était la nourrice, qui n'avait pas abandonné le château avec les autres domestiques.

Comment la sauver ? on lui cria « courage, on va à votre secours », mais en réalité personne ne s'élança : les escaliers étaient en feu ; et les flammes qui montaient du rez-de-chaussée, empêchaient de dresser une échelle pour atteindre le premier étage.

La nourrice poussait des cris déchirants, qu'on entendait au milieu du crépitement des flammes.

Voyant qu'on ne venait pas à son secours, elle abandonna la fenêtre et rentra dans le château.

A ce moment, Emmanuel parut ; instantanément il fut au courant de ce qui se passait.

— Une échelle ! cria-t-il.

En moins d'une minute on lui en apporta une, qu'on dressa contre la fenêtre.

Il s'élança et disparut dans un tourbillon de flammes et de fumée.

Quelques secondes s'écoulèrent, et on le vit redescendre, portant l'enfant dans un drap roulé.

Mais il était arrivé trop tard, l'enfant avait reçu des brûlures dont il ne guérit point : il mourut deux jours après sur les genoux de sa mère.

— J'ai fait ce que j'ai pu, dit Emmanuel, mais Dieu n'a pas voulu qu'il fût sauvé.

Et la prenant dans ses bras, pour la première fois depuis quinze mois il l'embrassa.

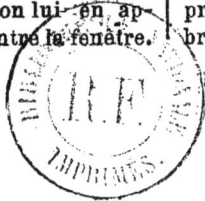

HECTOR MALOT

FIN

Paris. — Imp. de DUBUISSON et Cie, 5, rue Coq-Héron.

www.ingramcontent.com/pod-product-compliance
Lightning Source LLC
Chambersburg PA
CBHW072042090426
42733CB00032B/2110